馬克思與馬克思主義

marx and marxism

A new biography of Karl Marx,
tracing the life of this titanic figure
and the legacy of his work

GREGORY CLAEYS
格雷戈里・克雷斯　王榮輝 譯

目次

PART 1 馬克思 MARX

PART 2 馬克思主義 MARXISM

致謝 Acknowledgements

我要感謝Sorin Antohi、Myriam Bienenstock、Artur Blaim、Zsolt Czigányik、Casiana Ionita、Christine Lattek、Michael Levin、Aladár Madarász、Rudolf Muhs、Kit Shepherd、Keith Tribe、Norbert Waszek分別從許多面向為本書的各個部分提供了寶貴意見。我也要感謝匈牙利布達佩斯的中歐大學（Central European University）、俄國頓河畔羅斯托夫的南聯邦大學（Southern Federal University）、波蘭格但斯克的烏托邦研究學會（Utopian Studies Society）、巴西的坎皮納斯大學（University of Campinas）與羅馬尼亞的布加勒斯特博物館（Bucharest City Museum）等地的聽眾；還有特別是參與二〇一七年於羅馬尼亞錫納亞（Sinaia）舉行的「烏托邦與革命」研討會的人士。此外，我還要感謝大英圖書館、倫敦圖書館與倫敦大學皇家哈洛威學院館際互借的工作人員。

諸多馬克思 Many Marxes

馬克思是二十世紀的耶穌基督。一九一八年的復活節那天，一份先前曾宣稱「基督復活」的俄國報紙以「一百年前的今天，卡爾．馬克思誕生」取而代之[1]。如果該報當時說他行走在水上或死而復生，或許也沒有什麼人會感到訝異。馬克思的外表也頗像聖父。這位留著灰鬍子與頭髮蓬亂的老人家（這是馬克思最為人所熟悉的肖像），與許多基督徒心中所想像的坐在天庭聖座上的主教有著極高的相似性。我們可以設想西席．德米爾（Cecil Blount DeMille）或史蒂芬．史匹柏（Steven Spielberg）也會這樣選角。

那麼，歷史為何且如何提名馬克思擔任這個角色呢？就像他的朋友「杜林根裁縫」約翰．埃卡留斯（Johann Georg Eccarius）所形容的，馬克思可能是個「先知」[2]。然而，有別於耶穌基督，他從不滿足於只是撫慰窮苦的人們，他懷有雄心壯志，想要終結貧窮，終結被撫慰的必要。不過，我們還是不太明白，馬克思之所以變得「偉大」，究竟是因為他的著作如此受歡迎，抑或他代表了一個時代所趨的理念。在他辭世時，他的大部分作品（或許有四分之三）仍未為世人所知。[3]如今很少人閱讀過他早期的論戰作品，像是《神聖家族》（*Holy Family*, 1845）或《哲學的貧困》（*The Poverty of Philosophy*, 1847），更少人閱讀過《科隆共產黨人審判案》（*The Cologne Communist Trial*, 1852），或是用來攻擊麥克斯·施蒂納（Max Stirner）的《德意志意識形態》（*The German Ideology*, 1845-6）。到他於一八八三年過世時，先後出版了《政治經濟學批判》（*A Contribution to the Critique of Political Economy*, 1859）與《資本論》（*Capital*, 1867）卷一。《路易·波拿巴的霧月十八日》（*The Eighteenth Brumaire of Louis Bonaparte*, 1852）與《法蘭西內戰》（*The Civil War in France*, 1871）講述了馬克思的政治與歷史分析。當然，《共產黨宣言》（*The Communist Manifesto*, 1848）代表了馬克思的整體方案。

到了二十世紀初期，馬克思的這份遺產持續增長。特別是在蘇聯與東德出版的馬克思作品和相關評論，總是精選過的。到了一九二〇年代，他的許多手稿在莫斯科由首位卓越的馬克思學家大衛·梁贊諾夫（David Riazanov）彙編成冊，他後來遭史達林槍殺。與馬克思有關的信函一點一滴地浮出檯面。一九二七年，馬克思早期的重要文本《黑格爾法哲學批判》（*Critique of Hegel's Philosophy of Right*, 1843）出版[4]。一九三二年，《一八四四年哲學與經濟學手稿》（*Economic and Philosophic Manuscripts of 1844*，又稱《巴黎手稿》〔*The Paris Manuscripts*〕）問世，其異化理論似乎對史達林主義提出了「人道主義」（humanist）的批判，這也使馬克思得以擺脫極權主義的污名。到了一九六八年，該書在共產主義集團外被公認為馬克思的代表作，時至今日，它也往往被視為僅次於《資本論》的一部作品。只不過，馬克思棄置這份手稿，究竟是因為它不充分、還是因為它被取代，這個疑問仍然未解。

辨識馬克思的「真正意旨」與發掘可用的文本一樣，始終是當代學者的課題。也因此，各式各樣的詮釋如雨後春筍般冒出。書架上形形色色關於馬克思的著作，慫恿、乞求、斥責、甚或恫嚇著潛在讀者。拂去這些書冊上的灰塵，我們很快就會了解到，存在的並非只有一個面向的馬克思或單獨一種馬克思主義，而是有許許多多種。在一系列複雜的議題中，獨鍾其中一種觀點，勢必會帶來爭議。然而，歷史證明有些看法比其他看法更具影響力，其中很大一部分是因為它們回答了我們更多的問題。後來的讀者喜歡問：何以馬克思做為一位思想家如此成功？他是否有一套自己的「體系」（system），如果是的話，這套體系是由什麼組成的？馬克思是否引領我們走向列寧？走向史達林？走向修正主義者愛德華・伯恩斯坦（Eduard Bernstein）或是「叛徒」卡爾・考茨基（Karl Kautsky）？馬克思的異化理論是否仍具有意義？馬克思是一個經濟決定論者嗎？他是否認為資本主義的終結無可避免？階級是社會分析最重要的一環嗎？馬克思是不是否定了個人在歷史上的角色？他是民主主義者，還是極權主義者？隨著所處環境的改變，馬克思以不同的方式回答了這些問題，也使得問題複雜化。他的第一個共產主義理論試驗場，一八四八年的歐洲，到他於一八八三年去世之間，早已發生極大的變化。這時的俄國不僅成為反動的縮影，同時也是潛在的革命發生地。

然而，在其他方面，不只是歐洲，而是全世界，正如馬克思在他去世前所預測的那樣。他預言了一個如福音派或十字軍般意欲征服全球的資本主義。他對於這個過程的理解，仍是有史以來最具說服力的詮釋之一。馬克思成功的最大祕訣（這也是本書探討的重點）在於，他一方面將這項洞察整合成一套簡單的公式，讓普羅大眾得以輕鬆地消化，同時呈現出一套複雜而包羅萬象的世界觀，讓受過良好教育的人感到既迷人、又具智力啟發性。沒有一個競爭者能夠全面涵蓋到這種程度，他們也無法成功激發馬克思主義時常引導出的，那種非凡的知性快感和道德狂熱感。

普羅大眾與菁英對於馬克思的解讀的界線是被刻意維持的。許多馬克思主義知識分子竭力使馬克思及其「體系」盡可能晦澀難懂，藉以合理化他們引領不成熟的群眾朝正確方向前進的地位。他們通常會採用曲折晦澀、令人費解的黑格爾式語彙，這使得馬克思主義成為一種靈知的，只有少數人才能懂的神祕科學。這類似於中世紀教會堅持使用拉丁文來排除群眾接近神聖的文本。這種不可理解的誘惑力證明是十分強而有力的。諸如「辯證法」（dialectic）或「否定」（negation）等字彙，或許可以穿透無知的面紗並消除許多人的迷信，但也能成為捍衛難以理解的事物的武器。在最簡化的形式上，官方的馬克思列寧主義或「辯證唯物主義」（Diamat）變成一種枯燥乏味的公式化教條。在這裡，複雜的理論被簡化為一些拘泥儀式、鸚鵡學舌般的短句。這套世界觀意欲回答每一個問題，而引用這套觀點來回應任何質問或懷疑的人都抱持一種更加尖銳與堅持的態度。大部分後來的讀者在面對這些論述時都是囫圇吞棗。但是成千上萬成為「馬克思主義者」的人（某些最教條的那種）連一行馬克思都沒讀過，甚至毫無閱讀能力。某些讀者則把這當成一種美德，不認為有何違常之處。

那些真的仔細閱讀馬克思的人，將他視為哲學家、經濟學家、歷史學家、社會學家、政治理論家，甚或文學巨匠。本書主要透過社會主義的歷史做為了解馬克思的方法。如同十九世紀的許多失落的激進分子，馬克思認為共產主義（社會主義的一種）回應了當時最迫切的問題：極速擴張的資本主義。當時有（如今也有）許多社會主義觀點可採用。馬克思擇取了哪一個、擇取的原因及其造成的影響，都是我們今日會對他的著作提出的最重要的問題。但是，我們必須像對待其他的思想家一樣，嚴格地審視馬克思，不帶任何崇拜之心，只在該給予肯定時給予肯定。

這個方法也勾勒出馬克思更實際的一面，而非拘泥於形而上的理論綱要。它描繪出馬克思以一種特別有說服力的方式，在資本主義替代方案的複雜領域上進行探索，雖然仍有犯錯之時，且有時會誇大自身的成就。這讓他看起來不那麼黑格爾，後期也沒那麼哲學導向。在這裡，馬克思既不被描繪成天才，也並非惡棍。與他的名字相關的種種運動，為數以億計受暴政與侵略所苦的受害者帶來了希望，但事實上，也證明是災難性的，並導致數百萬人死亡。毫無疑問，這些失敗有部分得歸咎於馬克思，不過大部分與他無關，因為馬克思從未有將想法付諸實踐的權力，也因此從未被迫與歷史的必然性妥協。無論如何，在現代社會的所有偉大評論家中，馬克思是我們最需要去正視、去質疑、去了解的一個對象。我們將會看到，他對於資本主義的批評以及對未來的展望，跨越世紀和我們的時代說話，即使他提出的問題比以往任何時候都更難回答，而且他的答案有時是錯誤的。

正如馬克思是本書的核心人物，一九一七年十一月的布爾什維克革命則是關鍵的歷史事件。很少有共產主義者效仿馬克思。更多的人追隨了列寧的革命路線。第二部分將探討馬克思的思想如何演變至今，以及它們與馬克思的原始觀點的關聯性。

PART 1
馬克思
MARX

CHAPTER 1 青年卡爾 The Young Karl

一八一八年五月五日，卡爾・馬克思出生於靠近法國邊境的萊茵區小城特里爾（Trier），當地大約有一萬兩千名居民。[1]前此，這處以天主教徒為主、傾向自由主義的小城在被法國占領的二十年裡，一直過著幸福的日子。許多居民，包括馬克思未來的岳父路德維希・馮・威斯特華倫（Ludwig von Westphalen），無不對革命信念心存同情，一八三〇年代，甚至同情聖西蒙（Claude Henri de Saint-Simon）追隨者的社會主義計畫。馬克思的父親出生於一個世代為拉比的家庭，原名希爾雪・哈－列維・馬克思（Hirschel ha-Levi Marx），而後改名為亨利希・馬克思（Heinrich Marx），他皈依新教，從事法律方面的工作（自一八一七年左右起），然而，在特里爾歸於普魯士王國後，猶太人被迫放棄這些職業。他也同情自由主義者，鼓吹擴大參政權，並且協助當地的濟貧計畫。他的妻子亨莉雅塔（Henrietta）則是來自荷蘭的一個拉比家族。

學生時代的少年卡爾多數時光都花在像是荷馬或奧維德等古典作家上。他算不上是特別傑出的學生。他的校長是個同情盧梭以及康德的共和派人士，視一七八九年法國大革命為啟蒙運動的自由精神與平等精神的延伸。馬克思吸取這種信念，在他最初完成的論文（1835）中，其中一篇便主張，職業的選擇應以「人類的福祉與我們自己的完美」為準繩，最幸福的人是「讓最多數人幸福的人」（1:8）。在此我們見證了他十七歲之際，便渴望藉由「他心中的神聖之光，對於良善的熱情，對於知識的執著，對於真理的嚮往」定義「人的本質」（the nature of man）（1:637）[2]——這或許是馬克思為自己人生所下過的最佳定義。三十五年後，在寫給女兒蘿拉（Laura）一封論及愛爾蘭問題的信中表示，雖然他希望階級鬥爭加速升溫，卻也同時「受到人性情感的影響」（43:449）。後者因而在他的人生中一直是居於主導地位的主題。他的女婿保羅・拉法格（Paul Lafargue）曾回憶道：「有幸能夠投身科學研究的人，最重要的是必須將他們的知識用於服務人類。他最喜歡的格言之一是：『為人類奮鬥。』」[3]稱他為「世界性的人道主義者」並不為過。然而，他總是迴避這種多愁善感的浪漫意涵。

一八三五年十月，馬克思離開特里爾前往波昂（Bonn）研讀法律。彷彿注定要走上學術生涯，他過著傳統的喧鬧求學生活，諸如酗酒、鬥毆、在牢裡度過一晚。一八三六年十月，他來到柏林，研究重心從法律轉向哲學。在提交《德謨克利特的自然哲學和伊比鳩魯的自然哲學之區別》（*The Difference between the Democritean and Epicurean Philosophy of Nature*）這篇論文九天後，馬克思於一八四一年獲頒哲學博士學位（在他對柏林大學感到失望後，轉由耶拿大學〔University of Jena〕頒發）。伊比鳩魯被視為啟蒙時期法國唯物主義的先驅，儘管馬克思也認為在伊比鳩魯身上可以預見某種黑格爾式的自我意識觀，然而馬克思在序言中將其稱為「最高神性」（1:30）。

黑格爾與青年黑格爾派

這位剛出爐的博士將這個世界視為一顆等待撬開的牡蠣。在這些年裡，馬克思自認處在現代哲學發展的最前線，而且有能力調和由啟蒙運動與他不久後所稱的「資產階級社會」[4]相互碰撞所產生的最極端的悖論。這份自信直接來自於他和當時德國最偉大的哲學家黑格爾（Georg Wilhelm Friedrich Hegel, 1770-1831），及其門徒之間的衝撞。

透過馬克思去理解黑格爾，我們必須對四個主題有相當的了解：黑格爾的形上學、歷史哲學、政治理論以及方法，亦即著名的「辯證法」。承襲柏拉圖，黑格爾的哲學起點是純粹的觀念論（idealism，或稱唯心論、唯心主義）：唯有心靈或精神，或是自覺的理性，才是真實的。「物質」（thing）是不存在的，「因為『物質』只是一種念頭」。[5]黑格爾主要關心的是，根據人類對自由的渴望來定義人性與歷史。在一定程度上，他以精神去意識其自身的自由本性來描述這一切。正如黑格爾的《精神現象學》（*The Phenomenology of Spirit*, 1807）所述，人性是從樸素的經驗主義（naïve empiricism），只知道我們的感官呈現給我們的事物，發展到它的邏輯終點，也就是一個了解絕對（或是上帝或精神本身的性質）的最終階段。精神朝向自我意識發展的過程是「辯證的」，藉由否定前一個階段同時保留其中的某些部分，讓每個階段在矛盾中不斷地演進到下一個階段，黑格爾稱這過程為「揚棄」（Aufhebung/sublation）。每個階段都涉及到自我意識在本質上的自我「異化」，在歷史中的發展，在人類的自我意識中，在一個由低而高的過程中再次浮現。

鮮少有現代讀者會覺得，以如此抽象的術語建構的體系是易於理解的。然而，如果我們將精神視為人類進步發展的一種隱喻，視為對於存在真實的社會制度和關係裡的一種可憑經驗驗證的自由欲望所做的描述，這套理論就合理多了。因此，查爾斯・泰勒（Charles Taylor）曾寫道，黑格爾的目標在於，定義「一種人在其中曾與自己合一也曾與社會中的他人合一的、完全的、完整的生命。」[6]野心真不小！就前者來說，這意謂著將我們自己被疏離的靈魂與上帝、絕對存在合為一體，同時也認知到這個世界是由我們所創造，從而解決未能達成這種認知的「異化」（Entfremdung/alienation）問題。就後者來說，它意謂著實現「歸屬於共同體的意識」。[7]這方面的典範莫過於雅典的伯里克利（Pericles），他所謂的「自發的和諧」也被稱為黑格爾的「烏托邦」。[8]

憑藉解釋後續階段如何體現精神不斷發展自我意識，黑格爾的歷史哲學吸引了許多人。簡言之，歷史是具有「意義」的。馬克思終身的知識伙伴恩格斯（Friedrich Engels, 1820–1895）認為，「黑格爾的思維模式有別於所有其他哲學家的思維模式，在於其背後的特殊歷史觀念」；他曾表示，黑格爾是最先假定「歷史有發展的內在連貫性」的人（16:474）。從只有君主是自由的波斯專制統治起，人類歷經了自由意識（限於少數人）開始萌芽的希臘「城邦」；接著是羅馬，這時的奴隸制度彰顯出並非人人都有自由可言；然後是基督教，承認人類是具有靈性的存在；然後又繼續到了日耳曼世界，在經歷宗教改革後，這時明顯演變成「人類本身就是自由」。[9]然而，現代人如何能期待效仿先人的成就呢？在古希臘，美德是公眾之事，而不僅限於個人，但如今也沒有回頭路了。現代的個體性主張衝擊了古代的共和主義。年輕的黑格爾深受法國大革命震撼。一八〇六年十月，當拿破崙進入耶拿時，他在馬背上窺見了「世界的精神」。黑格爾對於理性的讚美被視為在革命期間試圖尋找某種理性崇拜的映照。[10]然而，晚年的黑格爾相信，現代普魯士或許會是精神進一步發展的例證。

儘管如此，在這個原本平緩的敘述中，足以描繪出商業與工業時代之間特性的極度不和諧卻帶來了重大的窒礙。黑格爾是第一位直面商業社會現實、重要的現代德國哲學家。他認為，市民社會（civil society）這時不僅意識到個人主義的正面價值，也意識到透過「需求與欲望系統」的運作帶來的相互依存的增長。不過，另方面，也對任何廢除奴役、實現自由的夢想構成了一種特殊威脅。後來這也成了馬克思的出發點。

當黑格爾在一七九三年左右開始著手研究十八世紀蘇格蘭幾位重要的政治經濟學家，諸如詹姆士・史都華（Sir James Steuart）、亞當・弗格森（Adam Ferguson）與亞當・斯密（Adam Smith）時，這種威脅對他來說才變得顯而易見。[11]他發現一些會令人非常不安的事情。這些作家大體上將人類的演進定義為從「粗野」或「純樸」到「有教養」。諸如新興的國際市場、新型的機械、日益專業化的分工以及工坊裡的集中化生產——他們是最早的目擊者——是如何被精心設計來滿足日益增長的商品需求與無限增生的需求欲望。工人本身也確實從這些發展中獲益，可惜並不明顯。特別是斯密，被與一種增加經濟自由並減少國家干預的理念連結起來。不過他也意識到，巨額的財富或許會在勞動力的重要性日益下降的同時創造出來。在商業社會中，專業化與貧窮似乎矛盾地交織在一起。在一八〇三至〇四年間，黑格爾在闡述斯密的演講中表示，「生產的數量與勞動力的價值以相同比例上升與下降；勞動變得更加枯萎，它成了機器的工作，單一勞動者的技能十分有限，工廠勞動者的意識枯竭到呆滯的極致。」他補充道，「工廠和工坊奠基於階級的苦難之上。」[12]如果這個階級變得夠大，肯定會威脅到任何關於「提升自由是人類的命運」的假設。

黑格爾的確擔心這種可能性。但我們不能因為他沒能預見資本主義的未來路線而責怪他。工廠的普及性與爆發性當時還沒那麼明顯。有人認為，這或許只會局限於「世界工廠」，亦即英國。黑格爾也認為，財富不均是「絕對的必然」，工作會變得「更機械性、更呆板、更沒有活力」。但這就是進步的代價。[13]古雅典終究依賴奴隸制度，而現代的體制也沒那麼具有壓迫性。暴民起身反抗的危險依然存在。不過，這裡沒有挑戰財產權的問題；做為占有的結果，黑格爾認為這是神聖不可侵犯的。這確實是「人格的體現」、「自由最早的具體化」。現代的自我從早期的宗教義務以及個人義務中解放，轉而聚焦於由財產建構的客觀關係。[14]藉以實現個體性的工具便是這樣的權利，但也暗示著，沒有財產的人其實甚至不算是人。無論如何，機器可能取代操作機器的人類勞動，「藉由機器的改良，人類可以回復自由。」「因此，人類一開始被犧牲，」但在那之後，「借助更高程度的機械化的條件，人們將重獲自由。」[15]這明顯預示了馬克思日後對於這個問題的反思。

然而，精神自由（精神的自我認識）和社會自由（在社會、工作與政治上）此時似乎完全分處兩極。這確實適用於普遍工業化的模式，少數人的自由似乎取決於對多數人的剝削。黑格爾的重要政治著作《法哲學原理》（*Philosophy of Right*, 1821）據稱解決了這個問題。書中假定，現代的勞動分工既實現了個人自由，也實現了透過交換滿足需求，進而大舉藉由追求個人利益的個體來創造共同利益。然而，國家仍得調解在市民社會中相互抵觸的勢力與市場造成的緊張情勢；直到一八四三年，馬克思都是這麼認為。為此，對財富累積進行某些限制是不可或缺的。若國家將其官僚機構做為一個「普遍階級」，在自身的「階級榮譽感」（Standesehre：集體榮譽感）保護下，去維護「共同體的普遍利益」，社會的和諧便能得到保障。可是，官僚機構能夠符合這樣的期待嗎？國家能夠容忍對於擴大參政權與言論、集會自由不斷升高的要求，還是會反倒予以鎮壓？

黑格爾後來的思想體系被認為是在暗示，現代的普魯士是最理性的國家。他的一些較為保守的追隨者以及這個國家的官僚，對於這樣的結論頗為沾沾自喜。不過，他們也面臨到一個更激進的團體的挑戰，即青年黑格爾派（或稱左翼黑格爾派）。這些人認為，正命題、反命題以及更高的合命題的辯證，代表了更深遠的進步運動，主要是在神學與政治批評方面的前進，而且由於宗教為既有秩序提供了重要的支持，前者必得先於後者。[16]儘管原先對於黑格爾的體系並沒有什麼熱情，到了一八三七年，在青年黑格爾派的柏林水坑裡，也就是哲學和酒精隨性摻雜的博士俱樂部（Doctors' Club），馬克思與他們的觀點產生碰撞。對於自身的聰慧喜形於色外加極度驕傲，青年黑格爾派認為，理性的進展還能更上一層樓，這樣的進展很可能就發生在他們團體裡的一人或數人身上，因此他們無不拚命地想要拔得頭籌。對他們來說，「青年」代表的是活躍的、激進的、懷疑的與實踐的，他們希望哲學可以「被實現」，意思就是，唯有最終能夠落實或「以具體的行動……實踐真理」，一切的思想才是有意義的。[17]這也成了馬克思的核心原則；在一八四五年左右與之分道揚鑣前，馬克思一直是這個團體的忠實成員。

在這一點上，神學成為分裂黑格爾追隨者的關鍵。青年黑格爾派都有興趣接觸黑格爾的宗教論述。右翼黑格爾派主要則是意欲捍衛，他們認為黑格爾的體系能夠證明基督教的真理。神學家大衛・史特勞斯（David Strauss）的《耶穌傳》（*The Life of Jesus, Critically Examined*, 1835）一書，不只讓恩格斯最終拋開他的宗教信仰，更藉由指出，正如所有宗教都反映了自身所賴以崛起的社會背景一樣，早期基督教的大部分內容也屬於神話，幫助其他青年黑格爾派成員遠離「正統信仰」。很快地，批評宗教顯然變成是在破壞國家。在腓特烈・威廉四世（Friedrich Wilhelm IV）於一八四〇年登基，反黑格爾的哲學家弗里德里希・謝林（Friedrich Schelling）於一八四一年開始在柏林大學授課後，普魯士便顯得愈來愈反動，三名青年黑格爾派學者——布魯諾・鮑威爾（Bruno Bauer, 1809-1882）、路德維希・費爾巴哈（Ludwig Feuerbach, 1804-72）以及施蒂納（1806-1856）——站上了批判的火線。[18]

黑格爾昔日最有成就的學生、同時也是馬克思此刻的密友鮑威爾認為，普魯士是自由的嚴重阻礙。他極力主張，應該以（否定市民社會的利己主義的）公民責任這種新的共和國精神取代黑格爾的政治理想。鮑威爾也認為無神論是黑格爾體系的邏輯終點，他以一本猛烈諷刺的小冊子將這個概念詮釋得鞭辟入裡。[19]他早已指出，人類的自我意識其實就是「上帝」或「絕對精神」所指。他痛擊宗教所造成的幻象、虛假外表和自欺欺人，堅持將之剷除，而這一切很快成了馬克思的核心觀點。鮑威爾還相信，藉由自我意識的集體認同，便可克服利己主義。這時他比史特勞斯更進一步否定了耶穌基督的歷史存在（儘管他欽羨古希臘時期的實用宗教）。然後他公然地鼓吹無神論，這也導致他不久便丟了工作。鮑威爾認為，宗教代表一種顛倒的現實；這種想法吸引了對於基督教或猶太教根本毫無敬意的馬克思。馬克思這時斷言，除非是無神論，否則任何哲學都不值得討論，並計畫和鮑威爾一起創辦一份名為《無神論檔案》(*The Archives of Atheism*) 的期刊。一八四四年，依循著與馬克思同樣的軌跡，鮑威爾抨擊勞動分工這個問題，並強調分工對認同勞動的集體性的干擾。但鮑威爾隨後轉而反對社會主義與共產主義，他甚至警告，藉由讓所有人服從絕對平等的教條，國家將會控制日常生活的每個細節，進而廢止「在最小的事情上的自由」。[20]也因此，他很快就招致馬克思的憤怒。

上帝的聖經形象只是人類意識的具象化，「人類的道德本質被當成絕對存在」，這樣的想法成了費爾巴哈所宣揚的重要主題。[21]他的《基督教的本質》(*The Essence of Christianity*, 1841) 一書將上帝描繪成人類欲望的投射，並譴責黑格爾哲學是宗教的最終階段。一八四三年，費爾巴哈在兩篇短文中批評黑格爾，他強調黑格爾賦予精神的種種性質其實不過是人的本質罷了。神學不是為了要在人性中發現上帝、聖靈或神聖的元素，而是關乎人類的自我理解。這意謂著，哲學必須在人類種種真實的、具體的關係中探討人類。「神學的祕密是人類學」成了這個新觀點最討喜的口號。[22]這時人類成為世界的中心點，由「類存在」(Gattungswesen/species-being；借自史特勞斯的用語) 來定義。[23]

這個關鍵詞彙擁有足夠的模糊性，能夠發揮許多作用。對於費爾巴哈來說，它意謂著與物種同一，「人類的絕對一致性」，將我們的真實本性認作物種的真實本性，然後在這樣的本性之中，也就是唯一可能實現人類的能力之處，來實現人類的能力。它代表著戰勝主觀的個體性，透過教化 (Bildung) 實現一種自我放棄。它同時是宗教與社會性 (sociability) 的原則。約翰・托斯 (John Toews)

寫道，「生活中，凡是將人類活動表現為『類存在』的面向都是『神聖的』，諸如婚姻、愛情、友誼、勞動、知識。」[24]在這裡，共同體的意識同樣也代表支持這些活動與關係的責任。鮑威爾也用「類存在」的概念去描述黑格爾派所說的「絕對」的內容和自我意識的活動。但他批評費爾巴哈，認為他以過於抽象的方式界定人類本質，從而限縮了人類的能力。相反地，他認為人類具有自我發展的無限潛能，因為這事實上是他們的物種本質。

這輛思想列車的加速度十分驚人。在義大利的馬克思主義者安東尼奧．拉布里奧拉（Antonio Labriola）後來的表述中，費爾巴哈「給了歷史的神學解釋一記最後的打擊（是人創造了信仰，而非信仰創造了人）。」[25]對於恩格斯而言，「這個咒語被打破了；這個『系統』已爆裂，並且被棄置一旁……熱情普世皆然：一時間，我們都是費爾巴哈派」（26:364）。在費爾巴哈眼裡，異化完全與精神無關，而是與社會有關，「人的本質」「只存在於共同體中，存在於人與人的統一」。[26]但這顯然是一種理想化的共同體或烏托邦，而非任何現實的社會。類意識（species-consciousness）是一種值得嚮往的倫理觀點，並非只是一種基於相似性的存在整體的描述。一八四四年八月，馬克思致信費爾巴哈，其中提到「社會主義的哲學基礎可以寄託於」這個「社會的概念」。因此，人類的進步是朝著類存在發展，這也被理解為「有意識的生存活動」；馬克思認為，「自由的、有意識的活動是人的類特性」（3:276）。人是一種類存在，「因為他把自己當成實在的、充滿生命力的物種；因為他把自己視為一個普世的存在，從而也是一個自由的存在」（3:275）。（我們不難看出這裡殘留了許多黑格爾的影子。）所以，愛、正義、慈悲，這些與神性相關的概念，其實是人類社會的特質。此外，這些異化的特質可以被人類取回，一如黑格爾所主張的。費爾巴哈發現，「『人與人』之間的社會關係」或許能夠成為「真唯物主義」與「真科學」的準則（3:328）。

儘管如此，這仍是一種非常抽象且虛無飄渺的「唯物主義」。其核心概念，如人的類存在或集體本質等，解釋了何以上帝和天堂是理想的人類共同體的特質，何以費爾巴哈稱自己的哲學為「人本主義」。然而，費爾巴哈仍接受了愛的信條，他說，愛「無非是透過道德情感的媒介的物種一致性的實現」。[27]因此，他的想法看起來頗疑似無神論版的基督教。馬克思認為，「對於宗教的批判是所有批判的前提」（3:175），宗教是國家的基礎（如同黑格爾所主張），對於虛構的專斷統治的批判，乃是對於真實的統治批判之序曲。然而，在這個關鍵點上，馬克思被驅策前行，他超越了哲學，轉向歷史，轉向一種顯然完全脫離人本主義的新型唯物主義。

馬克思與費爾巴哈戲劇性的決裂，部分肇因於青年黑格爾派對於後者的另外兩個回應。兩者都質疑，一種集體的「類存在」想法如何與一個日趨自私自利的市民社會的現實相互調和。首先，鮑威爾的弟弟愛德嘉（Edgar Bauer）指出，國家只是利己主義的縮影，應該被那些沒有財產的人們廢除。為此，愛德嘉遭判處煽動叛亂罪，在獄中度過了四年。然而，馬克思抓住了這個想法，儘管這意謂著此時無法在國家或市民社會中找到實現的可能。[28]其次，將自我賦權的理智想像投射到它的邏輯極端，施蒂納在《唯一者及其所有物》（*Der Einzige und sein Eigentum; The Ego and Its Own*, 1845）一書中，將市民社會分解成受感官欲望驅使的利己主義，從而摧毀了社會性或道德性的所有顯著防衛，並非基於純粹的自利與需求。不過，施蒂納卻也主張費爾巴哈的「人性」概念本身仍具有（如恩格斯所言）「抽象的神學光環」，因此是「完全神學的」與理想主義的（38:12）。在本質上，它假定了一種人的宗教。（鮑威爾也這麼認為。）如果黑格爾是被「費爾巴哈派分解黑格爾派思想的方式」（4:303）賜死，這反過來就是費爾巴哈神學棺材上的最後一枚釘子。

施蒂納似乎把各種利他的人道主義視為宗教的另一種變體。如果「類存在」只是一種神學的概念，那麼「人」就像穿著新衣的裸體國王，剝去他的神學外衣，馬克思已準備好嘲笑他的困窘。如果「人」和「類存在」是神學的概念，那麼做為利己主義的替代品，「批評」可以恢復或促進什麼呢？要是所有道德立場都因源於宗教而站不住腳，那麼這時還有什麼道德立場能夠存在下去呢？「人的統一」是一種神學的假設嗎？「社會」也是嗎？

在某個層面上，這歸結到一個簡單的問題：如果我們批評「利己主義」，為何我們要愛人、甚至要幫助別人，特別是陌生人？上帝命令我們基於我們的共同人性這麼做，這樣的傳統答案不再是選項。無論是馬克思或恩格斯都不想再頌揚一種新的宗教，或是像英國的社會學家羅伯特．歐文（Robert Owen）或聖西蒙主義者那般宣揚某種變形的古老宗教。施蒂納似乎藉由簡單地讚揚實際的利己主義提供了一個答案，從而迴避掉這個問題。不過，施蒂納卻也很快就成為相同邏輯的受害者，他的「利己的人」概念被指責為不過是另一種抽象的類型，理想化了人類的本質。對恩格斯而言，施蒂納除了模糊且不明確的「無私的」「心靈的利己主義」外，再也沒有其他的基礎，「人類的愛」是個（馬克思也明智地未去採用的）死胡同陳述。恩格斯認為，僅此一點「是我們人類的愛的出發點，否則它將無法實現。」恩格斯表示，施蒂納應該了解，「他的利己的人必然會出於純粹的利己主義而成為共產主義者。這是回應這個傢伙的方式。其次，必須有人告訴他，在其利己主義中，人心本身從一開始就是無私的與自我犧牲的，於是他終將以自己反對的事情做為結局」(38:12)；這顯然是兩者兼得。馬克思似乎再也不相信這些論述。

然而，此時摩西．赫斯（Moses Hess；將在下文中討論）和愛德華．甘斯（Eduard Gans, 1797-1839）提出了另一種可能；甘斯是馬克思在一八三六至三八年的講師之一，他支持聖西蒙派的主張。他們認為，在現代社會中聯合的進步正在取代對抗主義，包括「人對人的剝削」都將由一場「無可避免」的革命來達到「完全終結」。[29]甘斯曾在一八三〇至三一年期間探訪過英國的工廠，他的結論是，那裡的工人過得並不比奴隸或封建時代的奴僕好。他甚至提到「無產階級與中產階級的鬥爭」，並主張「自由的公司」或「聯合」(社會化〔Vergesellschaftung/socialization〕) 是工人的必要回應。不同於黑格爾，甘斯相信貧窮並非不可避免，而是有可能終結的。不過，他也提出警告，一個基於聖西蒙派的口號「每個人根據他們的能力」所建立的社會，有可能會淪為「監控的奴隸制度」。[30]這顯露出這段時期各式各樣社會主義思想之間的緊張關係；現在我們必須簡要地審視一下這些思想。

雅各賓派與社會主義的背景，一七八九至一八四二年

社會主義者試著在未伴隨資本主義而來的貧窮、不平等、競爭以及浪費等情況下重組社會，以滿足大多數人的需求。如同許多空想主義的前輩一樣，他們也想建構更寬容、更良善、更和平的群

體歸屬與人際關係，進而極小化或完全消弭剝削和壓迫的情形。他們擁抱友誼、信任、和諧、博愛、融洽與團結等價值；這些價值在現代社會裡雖然式微，卻可能被重建或再造。他們的主要問題始終是，這些可以藉由熱情的短暫爆發來實現的紐帶如何在漫長的時間和廣闊的空間中繼續維持。從十九世紀初起，許多嘗試回應這些目標的構想應運而生，從混合公有制與私有制，一直到合作社、集體生活與共產主義等各種模式，應有盡有。馬克思主要一直是個社會主義者，他的目標是提供一個框架，讓人類得以在一個無須利用多數人去成就少數人的集體環境中，最大程度地發展自我。社會性理論必然是馬克思的體系的核心。是什麼原因促使他選擇他所採用的獨特體系，並認為這個體系能夠回答這些問題，將是我們在此探討的重點。

多年來，在一些小型社群或如修道院般的宗教團體裡，人們進行了許多共享財產的嘗試，而且往往相當成功。湯瑪斯・摩爾（Thomas More）的《烏托邦》(*Utopia*, 1516）一書定義了這種想法的文學表述，有些人認為它回歸希臘的人類原始形象，一個富饒、平等的黃金年代，有些人則連結到基督教觀念中的現世天堂。在《烏托邦》裡，財產是共有的，人們鄙視奢華享受，經常輪流負責農村和城市的工作，平等與透明則普遍盛行。平等是之後大多數激進的改革運動中一再出現的主題，往往與危機、千禧年、救贖及末日等觀念聯繫在一起。在現代，法國大革命是終結不平等與封建特權殘留勢力的重要嘗試。馬克思與大部分的馬克思主義者都認為，一七八九年的革命以及隨後推翻路易十六的行動，已為一場「資產階級」或中產階級的革命預先鋪路，這場革命之後為雅各賓派（Jacobins,

1792）的平民革命和羅伯斯比（Robespierre）的獨裁統治（1793-94）所承繼。革命證實了暴虐的君主專政能夠（也應該）被推翻，並建立此後一再被複製的動盪模式。但這還遠遠不夠。格拉克斯・巴貝夫（Gracchus Babeuf）的「平等陣線」（Conspiracy of the Equals, 1796），其失敗的政變代表了革命的共產主義派別。《平等宣言》（*Manifeste des Égaux*, 1796）的作者席凡爾・馬雷夏爾（Sylvain Maréchal）定義了它的原則，以消弭主僕、貧富之間的差異為核心，廢除繼承與私人財產，並且在革命委員會的監督下，強制推行義務勞動。所有產品都置於公共商店裡，教育和醫療照護則是免費且普及。[31]「巴貝夫主義」（Babouvism，由少數革命獨裁者製造所得平等）為菲利普・邦納羅蒂（Philippe Buonarroti）以及後來的奧古斯特・布朗基（Auguste Blanqui, 1805-1881）所承襲，他們堅持由一小群謀反者以暴力奪取政權，並且藉由獨裁專政監控革命的進程。布朗基的思想遺產對於馬克思主義至關重要，只不過，我們將會見到其對於列寧的重要性更甚於馬克思。

一八一四年，王朝在法國復辟之後，一些早期的社會主義領頭羊活躍了起來。他們大多反對暴力，有些人甚至反對「政治」，因為暴力與政治造成了不必要的紛爭。他們認為，政治對抗（政治鬥爭）如同「刀與叉」的問題。推翻國王或擁有選票並不能養活窮人或緩解新式工廠的惡劣工作條件。在英國，「社會主義」一詞特別與羅伯特・歐文（1771-1858）連結在一起。身為一名富有的棉花紡紗廠老闆，歐文十分關心工人的福祉。在蘇格蘭新拉奈克（New Lanark）的工廠裡，他成功改善了工人的工作狀況。之後，他持續努力推動通過工廠法案，藉以提高就業年齡、降低工時並教育年輕人。一八一七年，在全國性經濟危機期間，他曾建議將失業工人安置在農村社區或由五百至一千五百名居民組成的「合作村」（Villages of Co-operation）中。在這裡，農業和製造業兩者的工作交替進行，不再有競爭，財產也將共享。歐文希望，這個「社會體系」（不久將被簡稱為「社會主義」）最終能夠取代所有現行的組織形式，大城市與集中化的工業都將遭到棄絕。他的追隨者，尤其是喬治・穆迪（George Mudie）、威廉・湯普森（William Thompson）以及約翰・格雷（John Gray），成為最早從社會主義觀點去探究自由政治經濟學這門現代新興科學的評論者。他們提出了初步的危機理論（經濟危機於一八二五年首度出現），並成為馬克思後來的危機論述基礎；他們還說明了為何工資會低於勞動價值，以及勞動如何獲得公平的回報。[32]

對於這些方案的需求源自於使用新機器的工人的福祉明顯日益惡化。我們將會見到，如同一八四四年的馬克思，歐文以亞當・斯密在《國富論》（*The Wealth of Nations*）第五卷中關於「精神殘害」的著名段落裡所描述的勞動分工的危害效應做為起點。斯密曾在第一卷中表明，工坊的專業化如何使得製造像別針這類商品變得有效率，因為每個人在專注於任務賦予的單一工序時會更有生產力；這時他則將重點轉向因此造成的負面影響。他憂心忡忡地指出，狹隘的專業分工與不斷地重複可能會讓勞動力「變成極盡愚蠢且無知的人類」。[33]資本主義的情況可能會面臨致命的崩壞。

斯密解決這個問題的方法是提供勞動者更多的教育機會。歐文的方法則更為徹底。馬克思非常佩服他在新拉奈克的作為，像是縮短工時與導入未成年者的教育等。歐文協助開啟了後來稱為「協作」（co-operation）的工人所有權利潤分配制（雖然在新拉奈克並非採取這種方法）。正如我們將會見到的，這種想法成為馬克思的共產主義願景的核心，雖然要等到一八五〇年代後期。同樣遠遠早於馬克思，歐文也是個唯物主義者與無神論者，他反對宗教與傳統婚姻，曾在一八一七年公開譴責前者是社會進步的主要障礙，至於後者，他至少支持自主離婚。他堅信，人的個性是由環境所造成，不會受任何原罪所影響，這對馬克思的觀點同樣至關重要。此外，如同馬克思，歐文也不會博取輿論的認同；馬克思「最為讚賞歐文的是，每當他的想法變得廣受歡迎，他便會提出讓他不受歡迎的新主張」。[34]

在法國，社會主義尤其受到夏爾．傅立葉（Charles Fourier, 1772-1837）的大力推動，如同歐文，他也排斥現行的商業體系，認為那是一種道德崩壞。他的小規模共同體或「法倫斯泰爾」（phalanstère；傅立葉幻想的社會主義基層組織）的想法，同樣只限於幾千人，並不屬於共產主義。土地、建築和機器是共有的，利潤則是根據投入的資本（十二分之四）、勞動表現（十二分之五）與才能（十二分之三）來分配。傅立葉的社會制度在心理上比歐文的體系更為細緻且繁複，他提出工作應當呼應每個人的志趣，而且應當經常互換角色；應當提供豐富且多樣的食物；也應當妥善滿足集體生活在性方面的需求。馬克思認同這種勞動觀，認為非常理想且具有創造力地反映了內在能力與個人傾向。

最後一位具有影響力的社群主義者是埃蒂耶納．卡貝（Étienne Cabet, 1788-1856），他在早期的一部小說《伊卡利亞旅行記》（*A Voyage to Icaria*, 1840）裡所表述的想法，啟發了一場全國性政治運動。一八四七年，德國的共產主義者為了否決他所提議的美國共產主義聚居地，在倫敦討論了整整一週之久，其中有部分是受到馬克思與恩格斯的影響，因為移民代表得拋棄事業，而且，「如果沒有所需要的完全排他性和宗教性」，共產主義就無法小規模建立。[35]儘管如此，卡貝確實在德州達拉斯

（Dallas）附近建立了一處短暫的聚居地，其中一個分支還延續半個世紀之久。

對馬克思更具影響力的是聖西蒙（1760–1825）的追隨者，聖西蒙本身不是社會主義者，但他的遠見卓識，預見了工業社會的未來，主要是在以科學和技術的「事務管理」來取代「人的政府」方面。馬克思與恩格斯採用這個假設來證明，工業的進步意謂著國家的廢除。[36]聖西蒙派也宣揚某種新宗教藉以凝聚群體（如同歐文），他們還效仿天主教，試圖融合教會與社會。聖西蒙派創造了「勞動組織」這個詞彙，到了一八二〇年代後期，其倡導國家對於工業的管控，而不是工人的合作。然而，他們的目標並不是建立財貨共同體（community of goods），而是一個「每個人都能根據他自身的能力分派工作，按照他的工作獲得報酬」的系統。[37]這影響到社會主義者路易．布朗（Louis Blanc）所著的《勞工組織》（*Organization of Labour*, 1839），該書同時預示了馬克思後來對於協作的看法。[38]湯瑪斯．卡萊爾（Thomas Carlyle）的《過去與現在》（*Past and Present*, 1843）一書中對於國家工業管理軍事化的提議也源自於此；馬克思與恩格斯反對書中的封建以及家長作風（paternalist），不過，在某些方面，這恰恰成為一個世紀後蘇聯經濟組織的前兆。儘管如此，這些計畫都贊成工業集中化，而不支持歐文和傅立葉及之後的一些社會主義者，如威廉．莫里斯（William Morris）所偏好的鄉村與都市間的平衡。

一八三〇年代晚期，德國發生了一場小規模的社會主義運動。[39]其知識分子領導人是科隆的糖商之子摩西．赫斯（1812-1875）。赫斯或許是對青年馬克思影響最巨的人物，在關鍵的數年間（1843-45），馬克思經常在巴黎和他會面，而赫斯往往在智力上領先馬克思一步乃至更多。赫斯的《人類的神聖歷史》（*The Holy History of Mankind*, 1837）最初受到巴貝夫的啟發，利用黑格爾的範疇來描述透過共產主義以及回歸人類的初始狀態，人如何在與自己疏離、與上帝疏離之後得到調解。未來，國家將會消失，人類將會形塑出一個完美的共同體，婚姻完全奠基於感情之上，家庭成為社會紐帶的重心。赫斯還預言了一場即將到來的工人革命，他在一八四七年，便以極其類似馬克思在《共產黨宣言》中的措詞來形容此事。在《歐洲的三頭政治》（*The European Triarchy*, 1841）一書中，赫斯預見英國工業化將成為一個位居歐洲中心的新共產主義社會（「新耶路撒冷」〔New Jerusalem〕）的基礎，並由法國和德國共同引領，那將會是終結剝削，機器讓人們擺脫苦工，同時容許社會完全平等的地方。繼另一位青年黑格爾派學者奧古斯特·雪斯可夫斯基（August Cieszkowski）之後，赫斯堅持主張黑格爾的哲學此刻應該採取行動（或「實踐」），藉以創造全新的未來，而非僅僅局限於思索歷史的意義。[40]

到了一八四三年，赫斯「完全醉心於共產主義的哲學發展」。[41]這時他預言，國家將會由個體之間合作定義的「統一的社會生活」所取代。在一篇討論貨幣的論文（1845）中，他把現存的商業機制描述成人類異化的表現。恩格斯（彼時尚未成為馬克思的思想伙伴）於一八四二年十月與赫斯進行了一場熱烈的對話後，成了「狂熱的共產主義者」。馬克思本人是在一八四一年年中，在柏林的博士俱樂部遇見赫斯。雖然當時馬克思年僅二十三歲，赫斯卻覺得小自己六歲的馬克思極具啟發力。赫斯形容他「或許是唯一現存的、名副其實的哲學家」，「他結合了敏銳的機智以及深刻的哲學思考」。他深信，馬克思會「給中世紀的宗教和政治最後一擊」，並表示，「想像把盧梭、伏爾泰、霍爾巴赫、萊辛、海涅以及黑格爾融為一體。我說的是『融合』，不單只是拼湊而已——然後你就會得出馬克思博士。」[42]然而，赫斯在一八四六年五月與馬克思決裂，他認為馬克思對他的共產主義同伴太過苛刻。他後來指責馬克思對於「工人的痛苦與窮人的飢饉」「只有科學和學理上的興趣」，他還補充道，「你無視這些苦難……你對於撼動人心的事無動於衷。」[43]

第二位值得注意的德國共產主義者是個真正的平民，即裁縫威廉・魏特林（Wilhelm Weitling, 1808-1871）。不過，他的準千禧年（quasi-millennial）觀點卻是馬克思所鄙視的福音派類型。如同湯瑪斯・摩爾，魏特林倡導服裝統一和公共飲食，馬克思輕蔑地將之斥為「軍營共產主義」（barracks communism）。[44]受聖西蒙啟發，魏特林相信未來的共和國應由三位智者管理：醫生、科學家和工程師；他甚至認為可能會出現新的彌賽亞。一八四六年三月，魏特林與馬克思在布魯塞爾的一小群共產主義狂熱者聚會上相遇，魏特林藐視經濟學的研究，並暗示馬克思對真正的工人階級知之甚少。馬克思立即把他訓斥得像犯了錯的小學生，同時駁斥無用且缺乏堅實策略的假道學陳腔爛調。他刻薄地表示，充滿「荒謬的先知和愚蠢追隨者」的俄國是魏特林的最好去處。最後，馬克思「在極度氣憤及惱火下」拍桌叫罵，以致燈座搖晃不已，他堅稱，「無知未曾幫助過任何人」。[45]

這是馬克思首度攻擊共產主義的同志。不久之後，他又批評另一名魏特林追隨者，亦即住在紐約的赫曼・克利格（Hermann Kriege），稱他「脫離現實的感情主義（emotionalism）」而且「情感氾濫」；克利格曾宣揚「以愛對抗自私」，而且認為共產主義意謂著，移民到美國的人都應獲得一百六十畝的免費土地（6:35, 41-2, 46）。馬克思對對手的猛烈抨擊，在他面對同時代頭號勁敵時達到顛峰，此人就是法國互助主義（mutualism）無政府主義者皮耶－約瑟夫・普魯東（Pierre-Joseph Proudhon, 1809-

1865）。在歷經數次激烈的夜談後，馬克思在《哲學的貧困》（1847）一書中批評普魯東，誠如恩格斯後來所述，「他們之間有著無法逾越的鴻溝」（26:278）。[46]這些暴走行為是否象徵著一種門派清洗或分裂的模式，並在日後深深困擾著共產主義的發展？馬克思是否像普魯東所擔心的那樣，意欲以源於「理性宗教」的「新不寬容」為基礎遂行個人獨裁？[47]

CHAPTER

2

馬克思轉向共產主義的過程
Marx's Conversion to Communism

叛逆青年通常會淪落成穩重正經。在適當的時機下，馬克思很容易成為堅定忠誠的自由派教授或官僚，緊緊地投入普魯士國家的懷抱，正如他的敵人的可能作為。他在許多方面保留了資產階級甚或貴族的習氣在他個人品味裡。然而，傳統職涯不是一個選項，馬克思的目標就是完全改變世界。無疑地，他認為自己是現代普羅米修斯，同時握有天上的力量權柄並且是拯救人類的世間主宰。過去或許從未有一人，在沒有眾神的加持下，獨自扛起為人類建立完全的公義的任務。這就是馬克思。

新聞業是這項使命的第一站。馬克思在這方面頗具天賦。他在一八四二年任職於科隆的《萊茵報》(*Rheinische Zeitung*)，同年成為編輯。他迅速地擴大了該報的發行量，使其成為德國最重要的反對派報紙。在政治上，馬克思此時是激進的民主主義者，認為共和主義是無神論的天生盟友。他的第一篇主要作品(一八四二年五月)是一篇為新聞自由提出的激昂辯護，內容譴責了「新聞審查是最惡劣的壓迫」(1:159)。[1]由此我們瞥見了馬克思的志向：「自由確實是人的本質，因此就連自由的反對者在反對自由的現實的同時，也實現著自由……沒有一個人反對自由，如果有的話，最多也只是反對別人的自由」（1:155）。接踵而來的是，對農民有權撿拾枯枝進行辯護，其所根據的是「在所有國家裡窮人的慣有權利」、他們的「財產權」和他們與富人的「相似感」（1:230, 234）。（此時普魯士大部分的刑事犯罪都與這個問題此有關。）緊接而來的事件則是，悲慘的摩澤爾（Mosel）葡萄酒農所面臨的困境。馬克思譴責私人利益「總是怯懦的」本性，以及自私立法者的「無人性」傾向，他們將「異己的物質性本質」當成自己的「最高本質」（1:236）。這確實「必然會使」「國家淪為為私人利益而運作的工具」（1:241）。

對馬克思來說，國家維持中立以在個人私利和維護「人道與正當的動機」（1:248）之間進行仲裁，這種黑格爾式的可能性顯然正在消失。事實上，他很快總結出，如果政府一向偏袒少數有產者，不顧貧困的群眾，我們根本不可能在「國家」裡享有自由。在探討這些問題時，馬克思總是一再遊走於被查禁的邊緣。政府機關甚至派審查員，試圖以柏林的普魯士公務員職務勸誘他站到激進民主的對立面。當然，他拒絕了。在馬克思發表一篇批評俄國沙皇的文章後，該報的執照也遭到撤銷。

恩格斯後來回憶道，這些憂慮致使馬克思「從純粹、單純的政治到經濟條件，進而轉向社會主義」（50:497）。馬克思的事業是「自由人」（1:306）的事業。他鋪排（也哀嘆）人類的「物質性」（material nature）與「理想性」（ideal nature）之間的對比（1:310）。他尋求共同利益的新定義，也持續將私有財產與自私和不人道的利益劃上等號。共產主義（此時主要由卡貝所宣揚，被視為「真正最具有宗教性」的學說）是代表以普遍的人性對抗自私自利的一種方式。[2] 對於馬克思來說，這個用語尚不是評述資本主義種種缺失的對抗手段。[3] 一八四二年十月，由於被指控擁抱共產主義，馬克思於是寫道，他的文章「不認為共產主義思想的現有形式具有理論現實性，從而也不會渴望其實踐，甚或認為有此可能」(1:220)。

一八四二年，馬克思似乎依舊認為，國家或許是一個「相互教育的自由人聯合體」，只要「建立在自由理性而非宗教的基礎之上」(1:193, 200)。然而，到了一八四三年，他卻質疑起這樣的設想。他依循黑格爾走向「歷史的進程會表明自由的成長」這般假設，後來更以此詮釋一八六一年俄國農奴制的終結以及美國奴隸制的廢除。但是，國家在這個過程中已經或者應該扮演什麼角色？馬克思在一八四三年的主要著作《黑格爾法哲學批判》，揭露了「政治解放」的局限性，並得出結論，如他後來回憶所述，只有透過在「政治經濟學」中觀察「對這個市民社會的剖析」才能理解法和政治關係(29:262)。國家建立在市民社會的基礎上，除此之外別無存在之所。「正如不是宗教創造了人，而是人創造了宗教」，馬克思強調，「因此，並非典章制度創造了人，而是人創造了典章制度」(3:29)。除非能夠根除市民社會裡的階級利益衝突，否則就無法解決國家的問題。這意謂著：

> 一旦人的自我異化的神聖形象被揭穿之後，揭露非神聖形象的自我異化，就成了為歷史服務的哲學的迫切任務。於是，對天國的批判就變成對塵世的批判，對宗教的批判就變成對法的批判，對神學的批判就變成對政治的批判。(3:176)

由此，黑格爾哲學的「真正祕密」(3:9)將被解開。

身為激進的改革者，馬克思認為民主是唯一能將「一般人與特殊少數」結合起來的憲政形式。他甚至堅稱，從法國的角度來看，「在真正的民主制中，政治國家被消滅了」（3:30），這呼應了赫斯，或許還有普魯東的看法。[4]馬克思這時開始設想的基本問題是，什麼樣的國家或共同體能夠回應普遍利益（general interest）或類存在最純粹的觀念？黑格爾的官僚體制處理私人利益的問題只在它們表現為同業公會（corporation）或等級（estates/Stände）的範圍內。馬克思認為，這無法代表普遍利益，反而需要特殊利益「成為『普遍』利益」（3:48）。他將「人對人的依賴」與私有財產連結起來，並指出「無論這種依存關係如何構成、為何構成，它是『人類』與奴隸的對比」（3:102）。這意謂著，透過終結私有財產來克服這種依存關係，此時似乎已成為馬克思的目標。資本主義只是造就了大規模奴役的一種最新形式。但這一點尚未明確說明。

這個結論暗示了政治激進主義的局限。一七八九年以來，要求開放男性普選權一直是改革運動的核心。馬克思認為，德國必須遵循這條道路，在哲學引領無產階級下，「德國的解放代表著人的解放」。社會主義對於民主激進主義的批判通常是，在資本主義下，即使獲得選舉權，工人階級的生活條件也根本不會有任何改變。馬克思同意，藉由賦予男性投票權使其成為公民，絲毫無法扭轉他們的經濟關係；充其量只提供了討論相關議題時的政治籌碼。但這並不代表「民主」和選舉權是無用的。選舉是「現實市民社會的重要政治利益」（3:121）。但馬克思此時卻將它們的局限視為社會進步的目標。「活動、工作、滿足等」似乎只是實現個人存在的手段，而不是實現「社會化的人」，亦即人的共同體的或共產主義本質。[5]這唯有透過「真正的民主」克服國家與市民社會之間的矛盾才能達成。馬克思或許會進一步思考過這些想法，但他現存的筆記並不完整。[6]

是以，民主並非工人階級的目的本身。他們的解放代表「全人類的解放」，顯然也意謂著廢除所有奴隸狀態。羅伯特・佩恩（Robert Payne）認為馬克思的「目標是摧毀民主」的說法太過簡化。[7]他漸漸試圖要消滅國家，將之視為脫離市民社會的一個異化實體，或是充當階級壓迫的工具，或是掌握其自身利益（如憑藉官僚制度）對抗大多數人。這些「異化的」權力應該回歸其本源，任何想像或虛構出來的國家或君主的獨立性也都應該摧毀。在馬克思的餘生裡，他的政治思想仍受此追求所支配。

馬克思設想用什麼來取代這個系統，並激發新的後政治或後國家主義精神呢？這是個令人費解的問題。有些社會主義者是民主主義者，有些不然。也有許多人對政治懷有敵意。社群主義（communitarianism）意謂著更加強調對於集體所負有的責任，雖然像是增進社會性或發展友誼圈這類事情，在幾千個彼此相互認識並信任的人的共同生活中，顯然較為可行。[8]然而，我們從未發現馬克思（與恩格斯不同）表達對於小規模社會主義共同體的強烈支持。此外，互助的請求往往涉及訴諸伙伴間的感情、愛或同情，這是馬克思試圖避免的策略。社會主義者往往幻想著，一旦由貿易和競爭所推波助瀾的利己主義終結，前商業或反商業的「自然」社會性就能輕易地恢復。但這假定了一種潛在的、受壓抑的社會性以及對他人的自然情感，其存在仍未獲證實。它也沒有回答，為何（尚待定義的）「共產主義」，或許可以彌補激進民主的不足，或最能促進這種社會性。

儘管如此，馬克思卻漸漸開始相信共產主義代表著「真正的民主」，唯有廢除私有制才能實現市民社會的「共產主義本質」(或其所有成員的共同利益做為人類的共同利益)，因為私有制總是將公眾利益瓜分給特定人士。一八四三年五月，在寫給青年黑格爾派阿諾德・盧格(Arnold Ruge)的信中，馬克思依然希望，「隨著希臘人一起從世界上消失」的自由感，能夠再度體現在「一個為了最高目標結合而成的共同體……一個民主國家中」(3:137)。但是，他從激進民主或「政治解放」轉變到做為「人道原則特殊表現」的共產主義(3:143)，此時變得十分迅速。前者或許可在一個基於普世人權的國家中實現，正如鮑威爾所建議的那樣。至於後者將如何被安排則尚未可知。

馬克思在這一點上相當敬佩鮑威爾，事實上，如同馬克思與赫斯，他們的思路並行了大約一年。鮑威爾的文章〈論猶太人問題〉(一八四二年底至一八四三年初)，將宗教和商業的成見連結起來，並認為猶太人需要政治解放。[9]馬克思認為，他所說的遠遠不夠。在馬克思自己的著作〈論猶太人問題〉(一八四三年底)裡，他要求「人類解放」，並將「人權」描述為實質上為「財產權」，一種「不顧他人、獨立於社會之外」享受一個人的財產的權利，「自私的權利」。「所謂的『人權』(droits de l'homme)，有別於『公民權』的人權」，馬克思強調，「無非是市民社會成員的權利，也就是利己的人的權利，與他人和共同體分離的人的權利」(3:162)。特別是「自由的權利」，「並非建立在人與人的聯繫，而是建立在人與人分隔的基礎上」，特別是透過私有財產(3:162-3)。在國家裡，人們多半會認為自己是共同的存在(communal beings)，與他們在市民社會中的私人生活形成對比。馬克思這時將其視為一種虛假的、替代的集體性。人的「類存在，與他人在共同體裡」，無法在國家中被表現出來，因為集體存在只是一種幻象。他強調，「完美的政治國家，就其本質而言，是人的『類生活』，而不是他的物質生活」(3:153-5)。真正的類存在必須在國家以外找尋，更確切地說，在「政治」以外。馬克思面臨到政治解放的極限。關於這一點，在一個重要的段落裡，他總結了自己的論點，事實上也是他終其一生的目標：

> 只有當現實的個人把抽象的公民復歸於自身，並且做為個人，在自己的經驗生活、自己的個體勞動、自己的個體關係中，成為類存在的時候，只有當人認識到自身「固有的力量」是社會力量，並把這種力量組織起來，因而不再把社會力量以政治力量的形式和自身分離的時候，唯有如此，人的解放才能實現。(3:168)

然而，問題始終是這個理想的共同體該如何定義。在此時，確實有些零星的社會主義構想，但人們已經厭倦種種競逐的計畫和提案。馬克思不願用像卡貝那樣的「現成體系」來對抗宗教與政治(3:143)。重點不在於「建構未來與澄清歷來的一切」，而是要「對現存的一切無情地批判」(3:142)。(然而，批判總是意謂著對替代方案的想像。)馬克思已為拒斥「烏托邦」社會主義做好準備。

至於關於如何實現人的解放，馬克思構想的最終轉折點在那之後不久便出現。一段寫於一八四三年底或一八四四年初的關鍵論述充滿了他所喜歡的、基於矛盾以及對立貌似互相融合的那種悖論。馬克思宣稱，解決方案就在於：

形成一個被戴上徹底的鎖鏈的階級，一個並非市民社會階級的市民社會階級，形成一個表明一切等級解體的等級，形成一個由於自己遭受普遍苦難而具有普遍性質的領域，這個領域不要求享有任何特殊的權利，因為威脅著這個領域的不是特殊的不公正，而是一般的不公正；它不能再求助於歷史的權利，而只能求助於人的權利；它不是和德國國家制度的後果處於片面的對立，而是和這種制度的前提處於全面的對立。（3:186）[10]

在否定私有制的同時，無產階級也否定現存社會的原則。共產主義將成為無產階級的救贖模式，事實上，在一個相當大的邏輯躍進中，共產主義將成為「人類的徹底救贖」[11]，摧毀一切奴役制似乎定義了馬克思的目標，即「類存在」的社會實現。這個解放的「頭腦」是哲學，它的「心臟」是無產階級。哲學不消滅無產階級，就不能成為現實；無產階級不把哲學變成現實，就不可能消滅自身（3:187）。這是宜人的對稱，雖然結構上令人費解，它暗示著世俗的救贖，透過苦難獲得救贖，以及為受傷的無知辯護；它大膽地假設，世界的問題或許可以透過概念的實際統一來解決；也令人聯想到智力和情感的分歧，暗示著前者應當引領後者。無產階級這個新的普遍階級（universal class），因而體現了市民社會與人性的「共產主義本質」。

馬克思已準備好迎接與黑格爾的最終決裂。然而，此時此刻，可以把馬克思理解成視無產階級為某種黑格爾式範疇，藉以賦予其普遍性，視無產階級為費爾巴哈「類存在」的體現，甚至於在改造猶太教與基督教的普世救贖觀下，也有可能視無產階級為對於「沒有超驗神性的神聖完美」的尋求。[12]他接受了採用自赫斯的三方模式，從而認為，「德國無產階級是歐洲無產階級的『理論家』，正如同英國無產階級是它的『經濟學家』，法國無產階級是它的『政治家』一樣」（3:202）。不過，對於馬克思來說，「無產階級」更像是一個概念而非現實。在農民並非人數最多的階級的國家裡，例如英國，無產階級的數量或許大到可以算是「普遍」。但在德國，無產階級人數很少，或許僅佔男性人口的百分之四。儘管如此，在特別向赫斯致敬下，馬克思針對現行關於「社會問題」與「窮人」的論述提出了一個尖銳的突破口。馬克思賦予工人階級動力、目標和指導原則去實現其自身的命運，儘管這是一種以「腦」領「心」的哲學。反對派不再是無差別的「人民」。這時它被階級與經濟地位定義得更清楚（雖然依舊抽象）。精神再也無法指引人類前進：在其支持者的幫助下，無產階級將這麼認為。在這個時刻，一八四三至四四年，世人所熟悉的馬克思首度現身。

一八四三年十月馬克思移居巴黎，與盧格共同編輯一份新的雜誌——《德法年鑑》（*Deutsch-Französische Jahrbücher*）。隔年夏天，一名真正的伙伴登場。一八四二年時，馬克思曾在科隆與恩格斯有過一場短暫而「明顯冷淡」的會面，當時他並未對恩格斯留下深刻的印象（誠如恩格斯所述〔50:503〕）。一八四四年八月二十八日，馬克思與恩格斯在巴黎羅浮宮附近的攝政咖啡館重逢。這回他們一拍即合。從小酌變成了多喝幾杯外加十天的對話，成為摯友的他們打算一同脫離青年黑格爾派。他們在合著的《神聖家族》（*The Holy Family*, 1845）中，對青年黑格爾派進行批判——該書以「神聖」為名，是因為在他們看來，所有青年黑格爾派成員仍深陷神學的範疇之中。此種謾罵的語調遺留在馬克思諸多更顯好辯的作品裡，往往也傳遞給後來的馬克思主義者。

相較於馬克思，恩格斯為這段伙伴關係帶來了對於社會主義更深刻的理解。自一八四二年年底以來，恩格斯一直住在曼徹斯特，他與歐文的追隨者往來頻繁，並且親自見證工廠的發展；事實上，他協助管理了一座工廠。他也早就轉向共產主義。他與馬克思都認為，法國大革命與推翻君主制只是預示著進一步的解放形式。兩人都認為，工廠勞動的新奴役制正在取代舊形式的農奴制以及奴隸制——既然如此，何來進步呢？這就是現代性的陰謀。然而，其開展的奧祕仍有必要向一個休眠的、無知的、困惑的世界揭示。透過無產階級去解釋、去協助推翻這個世界，如今成了他們的終身職志。

關鍵的一步在於定義「無產階級」到底是什麼，以及未來會往何處走。到了一八四四年七月，馬克思已將英國的工人階級當成現代發展最清楚的例子，並且將政治經濟學視為「英國經濟狀況的科學反應」（3:192）。他認為，兩者都將為世上其他地區樹立榜樣。面對新興的現代主流科學是唯一合乎邏輯的前進步驟。反過來卻也意謂著，確認它對於人類解放必然過程的不足之處，這也代表著與人道主義政治的對立。在首度實在接觸到政治經濟學之際，馬克思寫了一篇關於功利主義經濟學家暨歷史學家詹姆斯·穆勒（James Mill）的論文，他在文中表示，貨幣的存在，使人將「他的意志、他的活動以及他與他人的關係視為一種獨立於他自己和他人之外的力量。」在進行交換活動中，人不是做為人來互相對待，於是「所有物本身就失去人的、個人財產的意義」（3:212-13）。然而，交換應該「等同於類活動和類精神，亦即真實的、有意識的、真正的存在模式，即社會的活動和社會的享受」（3:216-17）。[13]對於一種理想類生活的要求再次成為核心：

> 工人脫離的那個共同體，無論就其現實性，還是就其規模而言，都與政治共同體大相逕庭。工人自己的勞動使工人脫離的那個共同體是生活本身，是物質生活和精神生活、人的道德、人的活動、人的享受、人的本質。人的本質是人的真正的共同體。不幸而脫離這種本質，遠比脫離政治共同體，更加廣泛、更加難忍、更加可怕、更加矛盾重重。（3:204-5）

在這一點上，共產主義對馬克思而言本質上仍是一種「人道主義原則」。不若恩格斯，馬克思對於財貨共同體的真實試驗所知不多。不過，在理論方面他倒是有些進展。一八四二年年底前，他閱讀了卡貝、維克多．孔西德朗（Victor Considérant）、傅立葉、皮耶．勒魯（Pierre Leroux）以及普魯東的作品。勒魯將資產階級與無產階級並列為社會上的兩大階級，正如他的友人尚．雷諾（Jean Reynaud）在一八三二年所做的那樣，只不過，他們都認為兩者的利益難以調和。馬克思可能透過恩格斯讀到勞倫斯．馮．史坦恩（Lorenz von Stein）的《當代法國社會主義與共產主義》（*Der Sozialismus und Kommunismus des heutigen Frankreichs*, 1842），書中將無產階級描述為現代產業工人階級；恩格斯在一八四三年六月提到這是一本「沉悶且悲慘」的著作（3:388）。馬克思還閱讀了前傅立葉派學者康士坦丁．皮奎爾（Constantin Pecqueur）的書，他主張集體財產所有權，並描述了資本集中的過程。直到一八四三年九月，馬克思在一封寫給盧格的信中，仍視共產主義為「一種教條式的抽象概念」，「本身只是人道主義原則的一種特殊表述」（3:143）。

接著，在一八四四年年初，馬克思讀了恩格斯在一八四三年年底受歐文派啟發所寫的論文〈國民經濟學批判大綱〉(Outlines of a Critique of Political Economy),文中不僅譴責政治經濟學崛起於「最可恨的自私」,也力促從「一種純然人性的、普遍的基礎」予以批判(3:418, 421)。如同一名優秀的黑爾格派哲學家,恩格斯堅稱,「自由貿易必定一方面造成壟斷的恢復,另一方面造成私有制的覆滅」(3:424)。他暗示,現代工業終將帶來「人類與自然及其自身的和解」,他也強調,唯有共產主義才能廢除強制交換(3:426)。他明白指出,光是這樣的觀點——將人道主義應用於政治經濟學——便能成為社會批判的新起點。馬克思稱這篇論文是「天才的大綱」。[14]

赫斯是馬克思另一個顯著的啟發者。馬克思曾說宗教是「人民的鴉片」(3:175),赫斯亦然。馬克思想要調和精神自由與社會自由,赫斯亦然。[15]早在馬克思之前,赫斯便已強調,共產主義將最能實現人類的共同本質。他承認巴貝夫所言,「統一的社會生活」的「原始」形式的局限性,但同意普魯東的觀點,即共產主義也意謂著「對所有政治統治的否定,對國家或政治概念的否定」,這也是馬克思的結論。對赫斯來說,「新時代的原則——所有生活的絕對統一」(如果不是「絕對」,沒有一個原則是充分的)使「科學的共產主義」變得可能。赫斯提出了「共同體」與「異化勞動」之間的對比,馬克思顯然覺得這個論點相當引人入勝。他視貨幣為一種新的異化形式,在掩飾交換的人性上承繼神學。赫斯認為,共產主義最大的好處之一就是,將把對於經濟生活的控制權還諸予整個社會。這只能基於現代生產所允許的富足。他在一八四三年寫道,在「共同體」裡,勞動不會「被組織起來」,人們只會去做需要做的事。在這種情況下,「勞動是由一種內在的動力所驅使,它是一種能夠促進生活享受的熱情,一種能夠帶來自我回饋的美德。」然而,當它是「由外在的動力所驅使，它就變成了一種貶抑人性、壓迫人性的重擔，一種只是為了卑微的、罪惡的工資所造就的惡習；它是工資勞動或奴隸勞動。」這很符合新社會應該不惜一切代價避免壓迫的想法。不過，到了一八四四年，赫斯強調，「社會財富不應由個人取得、任憑運氣——它應被管理並組織，如此一來，每個人才能獲得他自己的份。」這顯然與憑藉「內在渴望」而自願從事勞動的想法相互牴觸。赫斯的願景也始終虛無飄渺、充滿揣測，可說是在毫無歷史支撐下，一場邁向基督教實現的「絕對」哲學範疇的華麗遊行。[16]

此時，馬克思開始將共產主義與無產階級革命的前景連結起來。不過，正如我們所見，對馬克思來說，擁抱共產主義起初是種哲學的對策，而非經濟的對策。共產主義是私有財產辯證的否定、矛盾或對立，在分類或哲學上的「人道主義的」反命題。哲學必然透過這種矛盾有所進展。在這一點上，馬克思成為共產主義者，主要是因為他所採用的辯證方法，而非任何關乎共產主義實驗的知識，或是它們會如何解決資本主義最迫切的問題。赫斯特別指出，「擁有」（對於占有的痴迷）如何異化身體的與心智的意識，這樣的共產主義代表著「存在與本質之間、對象化（objectification）與自我確認之間、自由與必然之間、個體與類之間的衝突的真正解方」，亦即「在這個地球上獲得最終的統一」（3:296）。[17]這顯示出解決黑格爾主要問題的欲望。直到一八四五至四六年，馬克思的整個計畫都涉及到哲學的批判，在尋求更高的統一性中取代哲學的對立面，尚未與現實的經濟關係產生關聯。關於這一點，在他一八四四年的偉大作品中再清楚不過了。

CHAPTER

3

《巴黎手稿》，異化與人道主義
The 'Paris Manuscripts', Alienation and Humanism

直到一九三二年，馬克思於一八四四年完成的《經濟學與哲學手稿》或稱《巴黎手稿》（他本人從未命名）方才出版，這也是他最具爭議性的作品。[1] 在早期研究馬克思的作品當中，這部手稿可說無足輕重。[2] 然而，到了一九六〇年代，手稿中的異化理論卻成了分析馬克思哲學的出發點，特別是對於那些批判史達林主義的人而言。事實上，這份文本被認為顛覆了正統馬克思主義，以至於最初並未收入德文版《馬克思恩格斯著作集》（*Werke, 1957-68*），只出現在一九八五年的補遺中。（俄文版於一九五六年出版。）直到一九六一年，法國社會學家亨利・列斐伏爾（Henri Lefebvre）還描述了人們對這份手稿普遍「深感懷疑」。[3] 這份手稿代表馬克思與政治經濟學的初次接觸（主要是透過恩格斯的《國民經濟學批判大綱》），同時也代表徹底理解費爾巴哈對黑格爾的批判，完成了他自己對激進民主的批判，並且轉向共產主義。然而，在閱讀這份手稿時，確實有些實際的問題，特別是內容混亂且零碎的形式、馬克思戲謔的遲鈍，還有哲學的脈絡與背景的抽象性、模糊性與複雜性。已出版的一些版本，在很大程度上，呈現的是加工過的文本，其暗示性大於可靠性。[4] 畢竟，馬克思從未發表過這部作品，我們也無從得知他後來是否覺得自己過於天真或思慮不周，從而否決其中部分甚或所有的核心論點。

儘管如此，對許多讀者來說，《巴黎手稿》仍是馬克思最具吸引力和說服力的作品，而且也較其他作品更清楚顯示了他的終極目標。其內容提倡以充滿自由的人道主義理想做為生命的宗旨。剝削為自由地選擇具有創造性的活動（馬克思常使用「信任」這個字眼）所取代，這些活動旨在極大化主要被視為某種社會性或共同體的「類存在」。許多人將這本書視為馬克思體系中一個富有吸引力的基礎，至於其他作品，甚至包括《資本論》在內，都是衍生之作；他們也認為，馬克思推動了「一種『真正』具有社會性的社會生活，利己主義與競爭意識都已成為過去。」[5]很少有讀者不認同它的抱負。

馬克思在《巴黎手稿》中的出發點是，人們被壓抑住的、對獲得自由的渴望。政治經濟學此時成了這項討論的切入點。「異化」被視為自由的主要障礙，這點主要是針對我們需要實現我們的「類存在」而構想的。馬克思承認費爾巴哈開啟了「真正的理論革命」，他憑藉一己之力使「實證的、人道主義的以及自然主義的批判」變得可能，後來，馬克思更讚美費爾巴哈建立了「真正的唯物主義」與「真正的科學，藉由以『人對人』的社會關係做為理論的基本原則」（3:232, 328）。接著馬克思開始投入他對政治經濟學的研究。工資被定義為勞動與資本之間鬥爭的結果，往往只夠餬口之用。為了提高工資，勞工必須「犧牲他們的時間，從事奴隸勞動，完全失去他們的自由，為貪婪服務。」

隨著勞動分工的發展，工作變得愈來愈「片面，如機器般」，勞工「從身為一個人變成一種抽象的活動和一張肚皮」，導致「工作過度與過勞死」，而且「退化成只是人肉機器」（3:237-8）。與此同時，社會的進步確保了財富日益集中在愈來愈少的資本家手上。有許多冗長的摘錄，多半都是取自亞當・斯密的文章，像是何謂利潤、資本如何積累、被稱為「貪婪之戰」（3:271）的競爭如何運作、競爭如何導致地主被資本家所取代等。懷念前資本主義時期、抨擊這種轉變的浪漫主義者遭到摒棄；「卑鄙的自私自利」也是「地產的根源」（3:267）。這個體系與「聯合體」形成一種對比，運用到土地上，便重建了「人與土地的溫情關係，因為土地不再是牟利的對象，而是透過自由的勞動與自由的享受，重新成為人真正的個人財產」（3:268）。[6]

馬克思對於「異化勞動」的說明為此處重點。他不僅想要解釋，何以資本家變得更富有，而工人卻變得更貧窮，他也想要說明，何以「人的世界的貶值和物的世界的增值成正比」，此現象可用「勞動的對象化」來解釋，其產物就如同一個異己的對象。這種「失去對象且受其束縛」代表了工人「失去現實性」。這顯然很像宗教：「人奉獻給上帝的愈多，他留給自身的就愈少。工人把自己的生命投入對象，但現在這個生命已不再屬於他而屬於對象了」（3:272）。「異化」涉及到兩個詞彙，異化（Entfremdung）和外化（Entäusserung）。雖然我們在創造物質對象時將我們自己對象化，但這並不意謂著我們與它們「疏離」，只是我們必須將我們自己外化於其中。前者是我們存在的一個條件，後者則只是一種副作用。[7]

馬克思接著描述了四種異化形式：（一）工人與做為異己對象的勞動產物異化；（二）工人在生

產的「異己活動」期間與自己異化；（三）工人和他的「類存在」或他的社會本質異化，由於後者要求工人「將自己視為是一個整體的，從而是一個自由的存在」，致力於「自由且有意識的活動」；（四）工人和其他工人異化。在這些形式中，「異化」代表缺乏自我實現，或是集體在社會性及相互認可上未能達到符合我們本質和能力的水準。[8]整個過程的特徵顯然是，異化勞動「不是自願的，而是強制的」；它是「被迫的強制勞動」，而且做為異己的產物，「它是他的自我的喪失」（3:274）。[9]對於黑格爾而言，私有財產創造並定義了現代本身。對於馬克思而言，其缺席卻有著相反的意味。私有財產是「異化勞動的產物、結果與必然後果」，同時也是成因（3:279）。

這個理論往往被理解成對於資本主義制度下的工作所做的一般分析，雖然此時的馬克思從未親臨任何工廠，而且恩格斯的《英國工人階級的狀況》（*The Condition of the Working Class in England in 1844*）也尚未出版。有些人覺得，這是在探索一個更廣泛的關於無意義感或無價值感的問題，從而視其為存在主義的預示。[10]這無疑是一種社會性的理論。馬克思指出，「人的異化，還有事實上是人與自己的每一種關係，只有透過對他人實踐的、現實的關係中才能表現出來」（3:277）。（他也在別處暗示我們如何衡量這件事：「人與人之間的直接的、自然的、必然的關係是男性與女性的關係。」〔3:295〕[11]）馬克思旨在發展黑格爾的異化理論，透過將其應用在政治經濟學所理解的真實市民社會，進而重新整合黑格爾的哲學觀點和歷史觀點。但馬克思同時也在超越黑格爾。馬克思寫道，在現代社會中，人是一種「被貶抑、被奴役、被遺棄的卑劣存在」（3:182）。黑格爾認為，異化肇因於我們無法理解我們與上帝和／或自然的統一，無法認識我們與無限的統一。馬克思建議，將這些關係視為社會關係，而非形上學的關係，並由工作來定義，而非是由思想來定義。黑格爾認為「勞動是人的本質」，但他所指的只是抽象的精神勞動（3:333）。一旦考慮到真實的勞動是由真實的人所完成，我們將得到截然不同的結論：人類透過有意識的活動不斷地重新創造自我。這是集體進行的，藉由「人類的協作努力」；一個恰好符合馬克思自身哲學需要的對於黑格爾的註解，或許也是對於甘斯的「伙伴關係」（association；做為一種道德理想，也做為一種實際的持續發展）與各種社會主義作家的註解。

這時的目標是共同收回因為「強制勞動」而變得異化的事物，從而確立其對立面，即「自由的勞動與自由的享受」（3:268）。[12]我們被告知，「工人的解放還包含普遍的人的解放……因為整個人類奴役制就包含在工人和生產的關係中，而所有的奴役關係只不過是這種關係的變形和後果罷了」（3:280）。至於如何實現此一目標，並未詳細說明。它顯然意謂著消滅這類強制勞動。我們知道，這將關乎共產主義。不過，這其實還隱含了更多：馬克思渴望復歸我們的社會本質。「類存在」是這裡的核心概念；是其他的一切所依賴的支點。

私有財產造成了自我異化，因為它使勞動成為被迫的而非自願的，而任何的強迫都是不對的。我們可以看到，自由選擇或自由意志的議題多麼深遠地站在這個論點背後，這或許是馬克思的基本原則之一，而且也是把自由視為我們的「本質」的一種演繹。私有財產透過商品化來扭曲我們的感官，致使我們將他人視為積累物品的手段。馬克思在對於「商品拜物教」（fetishism of commodities）的說明中接著指出：

> 因此，對私有財產的揚棄，是人的一切感覺和特性的徹底解放；但這種揚棄之所以是這種解放，正是因為這些感覺和特性無論在主體上還是在客體上都成為人的。眼睛成為人的眼睛，正如眼睛的對象成為社會的、人的、由人為了人而創造出來的對象一樣。（3:300）

我們在後文會討論，藉由優先處理擁有財產的經驗以及創造「富裕的人與豐富的人類需求」（3:304），來說明感官的徹底解放的立場在馬克思後期的著作中存活了多久，尤其是《政治經濟學批判大綱》（或*Outlines of the Critique of Political Economy*，簡稱《大綱》〔*Grundrisse*〕）與《資本論》。馬克思在此明確地提供了一個何以共產主義能夠解決黑格爾的主要問題的非凡解釋。私有財產妨礙我們實現我們的（被定義成人道主義的社會性）類存在。共產主義是「為做為人的財產的真正人類生活所做的辯護」（3:341）。一份同一時期關於穆勒的筆記則探討了這種替代生產方式究竟意謂著什麼。這個段落對於了解馬克思至關重要，並讓我們深刻了解到，他所認為的「去異化的」勞動或許意謂著什麼：

> 且讓我們假設，我們做為人類進行了生產。每個人都會以兩種方式來確認自己與他人。（一）在我的生產中，我把我的個體性（它的具體特點）客體化，因此，我不僅在從事生產活動時，享受我個人的生活表現，當我看著我所生產的物品，我個人也會樂於知道我的個性是客觀的，是可為感官所見的，因此擁有無可置疑的力量。（二）在你享受或使用我的產品中，我會感受

到直接的雙重快樂，除了意識到透過我的工作滿足了一個人的需求，即意識到具體化的人的本質，也意識到因而創造了一個能夠回應另一個人的本質所需的物品。（三）我為了你成為你和類之間的中介者，因此你將認識到並感受到你自己是你的本質的實現，你自己也是你自己的一個必要的部分，然後我也會知道我自己在你的思想和你的愛裡被證實。（四）在我的生活的個人表達中，我將直接創造你對你的生活的表達，因此，在我的個人行為中，我將直接證實並實現我的真實天性，我的人的本性，我的集體性質。（3:227-8）

在這裡，馬克思為兩種可能相互衝突的目標建立了一座橋梁，即透過每個個人充分表現自己的力量與能力去克服異化的問題，並且將這個社會方面的過程理解成一種集體的活動和目標。勞動將成為一種「生命的自由表現，因此也是一種生活享受」，而非「生命的異化」（3:228）。就這裡的「自由」是指「自願」而言，聽起來猶如傅立葉和赫斯的觀點。不過馬克思想要強調的是，這一點只能靠集體來實現。我們無法僅憑個人的基礎來克服異化的問題，因為，除了從他人的眼中（我們發現，部分是透過愛來表達）以及被視為一種類的或集體的活動，我們無法確認自己的整體性。但這也意謂著，正如赫斯所發現的，必須做出與勞動有關的種種決定。強迫或至少是被迫同意（即使是民主的）的可能性也隨之出現。

在另一個段落裡——這段時期最卓越的段落之一——馬克思思索更細緻的社會互惠理論，尤其是一個人不被金錢或商品化扭曲的部分，暗示著一種理想人際關係的普遍理論。他主張：

我們現在假定人就是人，而人與世界的關係是一種人的關係，那麼你就只能用愛來交換愛，只能用信任來交換信任，以此類推。如果你想得到藝術的享受，你就必須是一個有藝術修養的人。如果你想感化別人，你就必須是一個實際上能夠鼓舞和激勵他人的人。你與人和自然的一切關係，都是回應你的意志的對象、回應你的現實個體生活的對象的特定表現。如果你在戀愛，但沒有引起對方的反應，也就是說，如果你的愛做為愛沒有使對方產生相對應的愛，如果你做為戀愛者透過你的生命表現沒有使你成為被愛的人，那麼你的愛就是徒勞無功的，就是不幸。（3:326）

這或許是在要求不可能或至少是不合理的事。舉例來說，一個人或許可以在美感上或情感上欣賞藝術，卻沒有非常完美的品味或超凡的藝術能力。這是一種不同的、無疑較不細緻的欣賞方式，但仍有可能獲得很好的回報。然而，愛經常得不到回報。有時我們必須付出更多，有時我們會得到更多，期盼最終能夠取得平衡。我們在此會因為失敗的互惠而陷入悲傷之中。但這顯然隱含著基於至少嘗試互惠的社會互動的優越性，如同避免讓我們的關係為金錢所商品化或玷汙。所以，想和他人建立「人際」關係，首先意謂著，在我們的社會關係中對於互惠的需求。我們必須提供真正等值的東西來交換，像是用「喜歡」換「喜歡」，即便只是具有象徵性的意義。其次，這意謂從黑格爾的角度奪回人造的世界：世界是我們自己的產物，既是單獨的也是集體的產物。在此，「擁有」的感覺代表了所有感官的「絕對疏離」：「你愈不是你，你就愈不能表現你自己的生命，你擁有的愈多，你的生命就異化得愈嚴重」；「因此，所有的熱情與所有的活動必然在貪婪中耗盡」(3:309)。對於擁有的執迷在所有的心理傾向中，是最危險且最扭曲的。

在這裡，當馬克思描述著他認為具吸引力的共產主義類型時，我們也看見他另一個深刻卻晦澀的沉思正閃閃亮光。馬克思駁斥了基於嫉妒和只是廢除私有制的所有讓情況變得更糟的共產主義形式。這「否定了人在各個領域裡的個性」以及「整個文化與文明的世界」，反而產生了一個含有「做為普世資本家的共同體」的「勞動共同體」。比起共享財產的「正向共同體制度」，他更希望：

> 共產主義是對私有財產即人的自我異化的積極揚棄，因而是透過人並且為了人而對人的本質的真正占有；因此，共產主義是人向自身、向社會的（即合乎人性的）人的復歸，這種復歸是完全的、自覺的，而且以往發展的所有財富內實現的復歸。這種共產主義做為充分發展的自然主義，等於人道主義，而做為充分發展的人道主義，等於自然主義。它是人與自然之間、人與人之間矛盾的真正解決，是存在與本質、對象化與自我確證、自由與必然、個體與類之間鬥爭的真正解決。共產主義是歷史之謎的解答，而且知道自己便是解答。(3:295-7)

這很有趣，但助益不大。這個概念性的策略令人讚嘆，其背後概念卻不甚明確。藉由將先前被異化的私有財產歸還諸共同體，我們以共產主義開始了被定義成「人道主義」或「社會存在」的人類歷史本身。這是一種社會性的理論，「掌握了私有財產正面本質」(3:296)，亦即其集體性質。然而，在實踐上，這意謂著什麼呢？我們要如何表現這種社會性？馬克思顯然認為，抗拒利己主義的社會優於被利己主義所腐蝕的社會。赫斯也這麼認為，他支持以愛的原則來消除利己主義。馬克思謹慎地看待這種類似宗教的語言。他想要做到互惠，但不是透過道德勸說的方式。不過他指出，法國的工匠「抽菸、吃飯、飲酒」都是以「交往」為目的，「對他們來說，人與人之間的兄弟情誼不是空話，而是真情，並且他們那由於勞動而變得堅實的形象向我們放射出人類崇高精神之光」(3:313)。所以，「人」的關係其中一個基本面向便是社會性本身。

的確，人還有更多面向。社會性既是一種目的、一種新的需求，也是自我實現的核心部分，沒有社會性，全面發展就不完整。做為一種需求，它與我們和物品或商品的關係完全分離，這可能也確實會干擾它的實現，倘若我們把注意力從人轉移到物，從而導致我們無法認識到物的社會本質。平等是這種社會性的核心，是「類存在」的同義詞。《神聖家族》一書補充道，平等是「人意識到……他人與自己是平等的，人對他人的態度也是平等的。平等是法國人對於人類本質的一致性、對於人類對其類的意識及態度、對於人對人的實際認同所做的表達。」因此，「人的客觀存在」是「人為他人的存在，他與他人的人際關係，人與人之間的社會行為」(4:39, 43)。[13]

所以，在這裡，「共產主義」主要代表「奪回類存在」。它不是對於某種壓迫性勞動分工的解答——那應是一種新的專業化途徑。它還不是一個組織生產或滿足集體需求的系統。根據以矛盾的方式取得進展的對立面去處理範疇的辯證要求並未暗示這些。不過，在這個階段裡，本於黑格爾派的方式，馬克思視否定私有制的邏輯步驟為回答異化的問題。「社會主義」顯然包括共產主義的粗暴形式，提供了否定的第一步，即「人積極的自我意識」。共產主義是做為「否定之否定」的肯定，它是「人的解放和復原的一個現實的、對下一段歷史發展來說是必然的環節」，也是「即將到來的未來的必然形式和有效原則」。但是，它「並不是人的發展目標」(3:306)。在哲學上，共產主義是去異化的社會性的人道主義範疇，而非一種生產或組織社會的方式。

一八四五年，馬克思仍斷言，無產階級是「被迫以無產階級的身分來廢除自身及其對立面，也就是私有財產，它決定了無產階級的存在，並且使其成為無產階級。它是反命題的否定面，是反命題內部的不安，是被消滅的且正在自我消滅的私有財產」。在此我們仍處在一個範疇的基礎上，即使這時的關鍵問題是，無產階級「在歷史上將會被迫做」些什麼(4:36-7)。如此看來，不是赫斯、恩格斯或費爾巴哈，而是黑格爾促使馬克思成為共產主義者。然而，如果共產主義這時是私有財產範疇的反命題，馬克思的範疇執拗使他斷絕了貧窮與異化問題的其他解決方案。事實上，它助長了對於這些解決方案的抑制，其中包括像是傅立葉所提議的所有權和管理的混合形式。黑格爾式的共產主義在邏輯上切斷了歷史可能允許的替代方案。

各種困難都源自馬克思在這一點的立場。首先，可說是「道德的」問題。人們通常假定，馬克思在一八四四年提出了一個根植於黑格爾的自我實現概念的本質論的人性觀，如同費爾巴哈的修正，這使得發展人的基本力量成為我們的人生目的或目標，亦即善或理想。我們對於自由的渴望是這個主張的核心。但這不是自我主義的自由，也不是法權或商業關係所定義的自由。自我實現無法個別完成，而是需要一個由「類存在」所定義的整體脈絡。這又唯有在消滅私有制並導入共產主義之下才能實現。

所以有時候人們會認為，馬克思的「本質」概念（主要是指我們在這個社會脈絡下對於自由的渴望）是「他的道德觀基礎」。[14]異化阻止我們實現我們的「本質」，共產主義則似乎體現了它。不過，在某些層面上，這個「本質」是難以捉摸的。馬克思並未特別證明其存在。他的異化理論明白指出，社會可以由一種體現類存在的、去異化的社會性來定義。馬克思曾（改述亞當・斯密的話）表示，「交換者的動機並非人性，而是利己主義」（3:320）。[15]「貪婪」往往是馬克思的焦點。現代世界「將利己主義與自私的需求置於這些類紐帶之處」，並且將「人的世界」分解成「一個彼此相互敵對的原子個體的世界」（3:173）。

然而，我們無法靠一根魔杖，例如藉由要求某種愛的原則來逆轉這個過程。馬克思對於唯心主義的解決方案持謹慎態度，而且他很快就感到有必要以截然不同的方式來解決這個問題。且讓我們的敘述往前跳一點。大約一年後，馬克思在對施蒂納的回覆中強調，社會和個人之間的矛盾終將「消失」，當創造這種矛盾的社會形式終結時。因此共產主義者「不對人們訴諸道德要求，像是彼此相愛、別當個利己主義者等」（5:247）。他們無須宣揚自我犧牲。反之，他們的新社會理想將顯現於實際的經濟發展，而不會如同「機械之神」（deus ex machina）或外部的理想主義刺激那般，被任意地、毫無歷史脈絡地引入。在巧妙的邏輯轉換之間，歷史在哲學踉蹌處跨步向前。這代表，我們並非在尋求目前的種種缺失必須與之比較和評判的某種人類特殊目標——歷史為我們提供了這個目標。唯心主義的問題顯然已被解決。

然而，《巴黎手稿》卻提供了一個明顯唯心主義的對照。經濟學和倫理學處於對立的兩極。政治經濟學則與人道主義並列：生產的目的是利潤，而非人類的福祉。因此，「人的存在」對資本家來說或許是「無關緊要的，甚至有害的」(3:284)：這就是這個體系的邏輯。可是，如果政治經濟學翻轉了人類真正的目的，那麼後者又該如何被定義呢？史都華、弗格森以及斯密所描述的日趨專業化的勞動分工，阻礙了人類的能力。[16]相較之下，馬克思開展了一套全面發展或多面發展的理想，藉以定義他的人道主義，並勾勒去異化的生活。在這方面他並不孤單。除了黑格爾以外，許多啟蒙思想家也強調，由於專業化允許某些技能或能力得以發展，也同時阻礙了其他能力的發展，因而現代生活缺乏整體性。舉例來說，弗里德里希·席勒（Friedrich Schiller）就曾比較過希臘人的「全方位統合性」和現代人的「片面性」及「人類能力的零碎式專業化」。赫斯也接受了同樣的觀點。[17]

對馬克思而言，這種整體性似乎意謂著對於一個人的命運與環境的最大控制權，其中包含了對勞動過程的掌控。在這種想法中「自願性」占一部分，雖然這個概念很難說是毫無問題。未解決的緊張關係依然存在於異化理論的個體成分與社會成分之間。全面性是否必須被視為一個社會的而非個人的問題或渴望？為何我的發展要取決於你的發展，或因沒有你的發展而受阻？萬一只有少數人有能力全面發展呢？施蒂納於一八四五年提出的絕對「利己」自主權，表現出這種可能性的個人主義極端。[18]馬克思極力想要保留自我實現的集體脈絡，想要調和全面性與類存在。一八四四年，他主要聚焦於「勞動」而非社會，而勞動則主要是一種集體活動。然而，活動即使不是『直接』的集體活動……若在與他人的『實際』直接『關聯』中獲得證實」，也可以理解成「社會的」：

> 當我從事科學之類的活動，即從事一種我只在很少情況下，才能和別人進行直接聯繫的活動的時候，我也是社會的，因為我是做為人活動的。不僅我的活動所需的材料，甚至思想家用來進行活動的語言，都是做為社會的產品給予我的，而且我本身的存在就是社會的活動；因此，我從自身所做出的東西，是我從自身為社會做出的，並且意識到我自己是社會存在物。（3:298）

因此，全面發展與人類現有的異化狀態形成強烈的對比。然而，即使在今日使用這個概念，讀者可能還是很難想像一個根本不存在異化的情境。我們大部分的生活都在工作範圍外，異化與支配也持續存在於由社會的勞動分工所形成的關係之外。我們自身的緊張關係，還有我們與我們的家庭、團體和自然之間的緊張關係，似乎無可避免。在工作之外，同樣也會出現不平等、焦慮、無聊和恐懼。因此，一個完整的狀態（而非部分非異化），基本上幾乎是（黑格爾的）神學概念，就像「完美」。我們可以想像能夠令我們心滿意足、增進幸福、鼓勵創造力、降低焦慮、從勞役中釋放出更多自由時間的各種社會。所有的品質為生活帶來意義，也促進幸福與自我實現之感。此外，把我們的幸福看作與他人的幸福交織在一起，並定義為「社會性」，我們超越了「盡可能限縮異化是一種孤立與孤獨的事件」這種意涵，也了解到協作是不可或缺的。甘斯、赫斯與費爾巴哈無不指出這一點，類存在的概念也包含這一點。事實上，正如我們將會看到的，這似乎是後來馬克思所策畫的路線，他不求徹底消除異化，只求緩解最壞的影響，並且試圖在控制勞動過程方面更為政治性地去定義異化的消除。相對地，這也讓他所關心的事遠遠沒有一八四〇年代時那麼「存在主義」。

馬克思從未發表過《巴黎手稿》。由於仍陷於黑格爾的疑難，也險些靠向費爾巴哈，他很可能不想再繼續寫下去，而且在一年內，他或許意識到了，從類存在的角度來抨擊利己主義的計畫根本徒勞無功。反之，在《神聖家族》裡，他以乏味的報復心態，逐斥了自己以前的青年黑格爾派友人，尤其是布魯諾．鮑爾。他也在此承認，普魯東「已經做了所有能從政治經濟學的觀點進行的政治經濟學批判」(4:33)。[19]他認為，接下來的重點是，透過「政治經濟學的批判」來「超越政治經濟學的層級」。

這成為馬克思畢生的抱負。不過，要上升到什麼立場？如果「人道主義」此時看起來疑似唯心主義的另一個化身，什麼層級才是「超越」政治經濟學？馬克思寫道，「政治經濟學將社會交往的異化形式定義為與人的本性相對應的本質與原始形式」(3:217)。因此，無論是什麼「超越」了它，仍然需要去描述一種未異化的或原始的天性，或是類存在的某些變體。私有財產是異化的成因，所以馬克思這時的目標是共產主義。他的新方法，即政治經濟學批判，似乎需要新的批判的道德立場，其辯護則將在擁護共產主義下結束。這需要一種全新的方法來解決這個問題。馬克思昔日的同志如今被遺留在抽象理論的迷霧中，與虛無飄渺的唯心主義搏鬥，深陷於神學的泥淖。馬克思從這些問題中找到出路。青年黑格爾派必須被捨棄，通往解放的階梯也被一腳踢開。正如恩格斯日後所述，「對於抽象人類的崇拜」會被「關於真實人類的科學及其歷史發展的科學所取代」(26:381)。

在《巴黎手稿》中，馬克思一再暗示，他想要處理「真實」人類的「真實」疏離，「唯有透過全體人類的協作，唯有做為歷史的結果」，才能重新奪回人類的類力量（3:333）。然而，即使在《神聖家族》中，無產階級仍經常做為私有財產的抽象反命題，私有財產是黑格爾式的範疇，而不是真實的人民階級。此時，恩格斯發表了《英國工人階級的狀況》（1845），內容以煽動性的細節闡述無產階級的苦難，以及社會被分解成競爭、原子論以及自私。對於今日想要認識馬克思、尋求哲學問題解答的人來說，閱讀此書至關重要。它解釋了何以馬克思與恩格斯成為共產主義者。書中揭露了現代性的所有殘酷。馬克思這時正籌畫於一八四五年年中出版一部「政治與政治經濟學的批判」；最終，後半部《政治經濟學批判》於一八五九年出版，至於前半部，他則從未提筆撰寫。

問題部分在於定義新的起點，並超越黑格爾和他所有的追隨者。為了完成這項任務，馬克思和恩格斯於一八四五年七月至八月展開一趟為期六週的英國研究之旅。他們在倫敦與曼徹斯特會見了幾位重要的憲章運動活動者和社會主義者。在建於十七世紀的曼徹斯特切塔姆圖書館（Chetham's Library）裡，他們經常坐在一扇巨大的弓形彩繪玻璃窗下的壁龕裡大量閱讀。馬克思特別對歐文派學者威廉．湯普森的著作做了詳盡筆記。他們可能會見了在曼徹斯特蓬勃發展的歐文派分支成員。他們還結識了倫敦的德國移民工人。馬克思也可能在此得知，歐文的理性社會（Rational Society）為處理昆伍德社區（Queenwood）的結束以及歐文主義的整體發展所召開的特別會議。[20]這場會議似乎將社區主義（communitarianism）的失敗闡述得極為透徹，雖然需要進一步的證明。不過，隨著社會主義史當中的一個時代結束，馬克思和恩格斯開始集中火力催生一部將定義一個新時代的作品。

CHAPTER 4 《德意志意識形態》，歷史與生產 *The German Ideology*, History and Production

如今稱之為《德意志意識形態》的文本，是一八四五至四六年冬天，馬克思和恩格斯在布魯塞爾共同撰寫的，但僅在一九三二年時印行。構思於一種令馬克思一家人懷念的歡樂氣氛中，在其主要目的「自我澄清」（self-clarification）實現後，它早已摒棄了他所謂的「如老鼠啃嚙般的批評」（29:264）。多數現代讀者想要了解的所有和馬克思有關的論點，全包含在現被標記為〈費爾巴哈〉的章節裡，那原本並非一連貫的章節。後頭那些論述鮑威爾、施蒂納及所謂真正社會主義者（這些人深受費爾巴哈影響）的冗長段落，還有在他們之後的赫斯，如今很少有人對這部分感興趣。其內容往往流於瑣碎、惡意與挾怨報復，的確是極度乏味。

關於我們該如何看待目前的印刷文本，存在著極大的爭議。[1]大約三百頁的原稿佚失，其他內容或不完整、或被刪除（有些被用在別的地方），或像被拋在空中的拼圖塊般硬湊起來。就連書名也付之闕如。其餘內容有許多是暫時性的、實驗性的，有些甚至相互矛盾。馬克思很可能早就放棄發表，因為隨著施蒂納的明星光環迅速燃燒殆盡，原本主要用來攻擊施蒂納的目的很快變得無關緊要。[2]此外，在一八六〇年代，馬克思所要對付的無政府主義，也不是施蒂納的個人主義，而是米哈伊爾・巴枯寧（Mikhail Alexandrovich Bakunin）和普魯東的集體主義。所以他也沒有理由再發表關於施蒂納的部分。不僅如此，就連費爾巴哈也很快失去了人氣。最終，馬克思是在一八五九年的《政治經濟學批判》序言中，重新提出了一些有用的想法。[3]因此，在這裡，我們再次見到另一個可能被有意識地放棄的主要文本，儘管這仍可算是馬克思與恩格斯最著名的作品之一。

「當施蒂納摒棄了費爾巴哈的『人』時，他就是對的」，恩格斯在一封於一八四四年十一月致馬克思的信中寫道，「費爾巴哈的『人』是從上帝引申出來的。」他的結論是，「通往『人』的真正道路是與此完全相反的。我們必須從『我』，從經驗的、肉體的個人出發……我們必須從經驗主義和唯物主義出發」(38:12)。問題是，什麼樣的唯物主義呢？如果，誠如著名的《關於費爾巴哈的提綱》（*Theses On Feuerbach*，撰寫於一八四五至四六年，總結了馬克思的主要原則）的第十條所示，舊唯物主義的立場是市民社會，那麼新唯物主義的立場便是「人類社會或社會的人類」。馬克思不再把人的本質視為「每個個人固有的（某種）抽象概念」（正如《提綱》的第六條所述），而是將其視為「社會關係的總和」(5:4)。[4]這是對費爾巴哈的最終回應。

因此，比起其他任何表述，《提綱》的第六條更能標誌出馬克思從年輕到晚期的過渡。不過，這個神祕的「總和」（關於它的詮釋現在可謂至關重要）究竟是什麼呢？是否暗示著，對於人性的所有唯心主義描述全都是「神學的」？在馬克思看來，無論是費爾巴哈對於「類」的描述、或是施蒂納對於「自我」的描述，都不可能是自我的抽象「本質」。不過，前者卻是他在一八四四年為共產主義辯護的主要依據。如今，人道主義的「人」卻被揭示為，對於人類的社會性需求一廂情願的想法。然而，放棄它可能意謂著，「有血有肉」的人類根本沒有共同的本質，或是已經失去他們曾經擁有的東西，即使他們對於它的缺少感到遺憾。如果社會性不是源自於抽象的「本質」，那麼它可能會是某種佚失已久的精神，或是某種由現有的集體實踐所創造出來的事物。訴諸於社會關係的「總和」，此舉顯然將大多數與人性有關的問題分解成與「可觀察行為」有關的問題，但它並不否認，根植於需求的基本的卻也不斷演變的天性，是這種行為的基礎，並且提供了歷史的連續性。[5]

費爾巴哈的「本質」是一種唯心主義的前提，甚至是一種宗教的前提。馬克思這時想要描述的是實際的社會關係。在另一個層面上，他也在努力對抗歐文的論調，即性格是由「環境」所造成。（這也是《提綱》第三條的主題。）另一方面，費爾巴哈只是斷言我們許多基本特質的群體特徵。馬克思寫道，他不得不把「本質只能被理解為『類』，理解為一種內在的、無聲的、把許多個人『自然地』聯繫起來的普遍性」(5:4)。然而，新的「總和」是如何反映現實社會，而不是自己停留在某種抽象中呢？因為，如果「社會的人類」只是「類存在」的改寫，我們根本就沒有超越費爾巴哈，而只是在玩文字遊戲。馬克思是否拋棄了費爾巴哈的概念，卻沒有拋棄實質？做為人類「本質」的自由觀念會發生什麼事？人道主義會發生什麼事？在一八四四年被定義為人性的人類需求目錄（3:336）又會發生什麼事呢？

儘管如此，施蒂納仍給了費爾巴哈致命的一擊，正如費爾巴哈曾對黑格爾所做的那樣。馬克思這時則是開始埋葬費爾巴哈剩下的部分，連同施蒂納及「整個青年黑格爾派運動」——「德國觀念論者」（此時哲學家的「賞味期」十分短暫）。[6]馬克思認為，用一種形式的唯心主義（費爾巴哈）去取代另一種形式的唯心主義（黑格爾）根本錯誤，人們必須超越所有形式的唯心主義。他聲稱，「從史特勞斯到施蒂納的整個德國哲學批判都局限於宗教觀念的批判。」就連「政治的、法律的、道德的『一般人』，最終也是宗教的。」「聖麥克斯」．施蒂納已能「一勞永逸地……處置」這種觀點（5:29）。他曾揭露，「費爾巴哈所傳下來的上帝的謂語」仍然是「神聖的」。不過這卻暗示了，馬克思在一八四三至四四年所皈依的共產主義本身就是「神聖的」，或是黑格爾式的。（這或許就是為何馬克思要放棄發表《巴黎手稿》。）被迫揚棄部分（如果不是全部）自己的立場，馬克思緊抓住譴責私有財產是異化主因的政治經濟學批判。但他的觀點依然沒有歷史或實踐的維度，仍然只是站在唯心論的立場上評判現實。

於是馬克思發現了歷史。雖然新的立場是政治經濟學，背後卻有歷史。[7]在《德意志意識形態》手稿被刪去的一個段落中，馬克思寫道：「我們只知道一門科學，那就是歷史科學」（5:28）。（不妨回想一下，馬克思稍早之前曾寫道，哲學是在「為歷史服務」〔3:176〕。）其首要的幾個前提是，「實際的個人、他們的活動以及他們生活中的物質條件」（5:31）。個人不再像黑格爾所想像的是「意識」。對於「個人創造了他們的維生手段與物質生活」這項事實而言，精神勞動只是次要的。「市民社會」如今是「全部歷史的真正發源地和舞台」，因此過去那種局限於「言過其實的歷史事件的歷史觀」是「何等荒謬」（5:50）。其他的一切都是本於這個斷言。

馬克思最著名的命題之一便是：所有形式的意識，還有「道德、宗教、形而上學和其他意識形態」，如今都「不再保留獨立性的外觀。它們沒有歷史，沒有發展，而發展著自己的物質生產和物質交往的人們，在改變自己這個現實的同時，也改變著自己的思維和思維產物。不是意識決定生活，而是生活決定意識」（5:36-7）。強而有力的結論則是，「解放」是「一種歷史活動，而非思想活動」，需要「足夠質量和數量的食物和飲料、住房和衣服」（5:38）。這些需求代表了「人類天性的長久事實」（以傑拉德．柯亨〔Gerald Allan Cohen〕的話來說[8]），對於某些馬克思主義者來說，這是社會關係「總和」的基礎。馬克思由此戲劇性地推衍出《提綱》著名的第十一條（後來銘刻在位於倫敦的馬克思墓的墓碑上，並與赫斯及切什考夫斯基相呼應），雖然哲學家迄今一直在解釋這個世界，但重點其實是「改變世界」（5:5）。[9]馬克思對於借助哲學的調和促成抽象的自我復歸和諧狀態不再感興趣，他轉而尋求人類對於生命本身的控制的最大化。兩者的區別在於「思想」與「行動」之間的差異，也在於「不被異化的抽象理想」與「自我控制的勞動的真實條件」之間的差異。這確實是一個極具重要性的轉折點。

分工這時被視為異化的主要原因，且在馬克思和恩格斯的新方法中居於核心地位。[10]物質勞動與精神勞動的分離，不僅在意識中造成了「它不是現存實踐的意識」這種感覺，而且保證了「享受與勞動、生產與消費」的並列。馬克思所得出的結論是，「唯一不會讓它們陷於矛盾的可能性在於，反過來消滅分工」（5:45），分工造成工人「變得片面、癱瘓並決定了工人」，然而分工本身卻是「由交換與生產力的發展所決定，而整個發展甚至普遍到私有制與勞動分工變成它們的束縛這般程度」

（5:437-9）。

一段關鍵性的段落不僅彰顯出從一八四四年到一八四五至四六年的過渡，同時也說明了，「全面發展」是連接早期與後期著作的概念，也是馬克思思想體系中最重要的概念。馬克思宣布：

> 個人的真正精神財富完全取決於他的現實關係的財富。只有這樣，個人才能擺脫種種民族局限和地域局限而和整個世界的生產（包括精神的生產）發生實際聯繫，才能獲得利用全球的這種全面生產（人們的創造）能力。個人的全面依存關係，這種自然形成的世界歷史性共同活動的最初形式，由於這種共產主義革命而轉化為對下述力量的控制和自覺的駕馭，這些力量本來是由人們相互作用產生的，但是迄今為止，對他們來說都做為完全異己的力量威震和駕馭著他們。（5:51-2）

因此，異化會在實踐中被消弭。「私有制只有在個人得到全面發展的條件下才能消滅，因為現存的交往形式和生產力是全面的，所以只有全面發展的個人才可能占有它們，換言之，才可能使它們變成自己自由的生活活動」（5:438-9）。[11]因此，「工人在他們的共產主義宣傳中宣稱，每個人的職能、工作、任務都是為了實現他所有能力的全面發展」（5:292）。是以，「消滅分工」的共產主義革命，「最終會消除政治機構」（5:380）。

然而，唯有在生產力持續發展下，這樣的進展才有可能實現。共產主義將建立在資本主義的成就之上。小規模的實驗如今也遭到排除。馬克思推斷，「共產主義唯有做為占統治地位的各民族『立即』同時發生的行動才可能是經驗的，而這是以生產力的普遍發展和與此有關的世界交往的普遍發展為前提。」隨著這個市場的擴大，無產階級將變成「世界歷史性的」，而共產主義的「行動」，也將如此（5:49）。於是，黑格爾的歷史模式被世俗化，「無產階級」取代了「精神」。在對於黑格爾所做的極其諷刺的倒轉中，馬克思宣告「世界精神」「其實是世界市場」（5:51）。這時人們似乎無須遵循諸如類存在之類的觀念。共產主義不是「當前應當確立的『狀況』，不是現實應當與之相適應的『理想』。我們所稱為共產主義的是那種消滅現存狀況的『現實』運動」（5:49）。這是馬克思跳脫烏托邦主義的決定性陳述，旨在標誌出與黑格爾的唯心主義及費爾巴哈堅定的決裂。在《共產黨宣言》中，馬克思再次強調，共產主義不是為人所「發明」或「發現的」（6:448），卻留下許多未被回答的問題。最終，正如我們即將見到的，只要它掩蓋了馬克思自己的未來目標，就非常容易造成誤導。如我們所見，共產主義的宣傳者也有目標或理想。所以馬克思其實並未放棄所有的理想，只不過把共產主義描述成一個整體。

在推測分工如何被超越中，馬克思與恩格斯在一段著名且充滿爭議的段落裡，顯然援引了傅立葉，藉以把未來的共產主義社會描述成：

> 任何人都沒有特定的活動範圍，每個人都可以在任何部門內發展，社會調節著整個生產，因而使我有可能隨我自己的心願今天做這件事、明天做那件事，上午打獵，下午捕魚，傍晚

從事畜牧，晚飯後從事批判，但並不因此就使我成為一個獵人、漁夫、牧人或批判者。（5:47）

然而，這種極其生動的畫面，顯然與在其他地方及《共產黨宣言》裡所暗示的共產主義的現代城市以及現代工業的願景格格不入，由此令許多評論家感到困惑，這些人多半（像是馬克思本人）會被認為，比起捕魚、打獵，他們更有能力在茶餘飯後大發議論。的確，後來馬克思也表示：「勞動不可能像傅立葉所希望的那樣成為遊戲」（29:97）。整個原始段落無論如何都可能具有諷刺意味。[12] 不過，馬克思還是藉由談到，由於個人不再屈從於分工，強調「在共產主義社會裡，沒有單純的畫家，只有把繪畫做為自己多項活動之一的人們」（5:394）。這是對於「全面發展」的明確描述。事後看來，對於一個終生都在專業領域中學習（在學習中學習）的人來說，這是一個不尋常的言論。但這或許可以說明馬克思後來的驚人評論：他其實無法想像自己能活在未來的社會中。因為屆時不會再有專業的「評論家」，而馬克思在其他方面並不擅長。

儘管有了新的立場，但這裡仍存在著黑格爾式的自由概念，如同異化的概念，也表現在勞動中。馬克思指出，「只要人們還處在自發形成的社會中，也就是說，只要特殊利益和共同利益之間還有分裂，從而，只要分工還不是出於自願，而是自發形成的，那麼人本身的活動對人來說就成為一種異己的、和他對立的力量，這種力量壓迫著人，而不是人駕馭著這種力量」（5:47）。然而，從「自然形成的」活動轉向「自願的」活動，「人們將使交換、生產及其相互關係的方式重新受自己的支配」，並且「控制且自覺地駕馭」「一直是一種異己的、統治著他們的力量」（5:48, 51-2）。

「自願」與「控制」在這裡是用來操作的詞彙。雖然意識扮演了關鍵角色，但由於我們需要知道「控制」意謂著什麼，因此為了共同利益的集體組織至關重要，遠超過一八四四年當時。這定義了人類的未來抱負。這時自由被認為是「唯有在共同體裡才有可能」，在那當中，每個人都擁有「往各方面培養自身才能的方法」。相較之下，目前，「個人在資產階級的統治下似乎要比先前來得自由，因為他們的生活條件對他們來說是偶然的；事實上，他們當然更不自由，因為他們更加屈從於物的力量」（5:78-9）。然而，共產主義「第一次自覺地把一切自發形成的前提看作是前人的創造，消除這些前提的自發性，使它們受聯合起來的個人的支配」（5:81）。「占有生產工具整體」就等於「個體自身能力的全面發展」（5:87）。

因此，人類可以藉由「一個將個人自由地聯合起來的總體計畫」來主導自己的命運。不是精神創造這個世界，而是無產階級意識到，是它在創造這個世界，因此，如果這個世界不受公共的控制，就只是一個陌生的實體。此處的核心前提是「自由的聯合」，但缺乏了與其相關的細節。高壓手段將會破壞這種模式，因為推翻了這種模式的關鍵假設。擁有一個由少數人擬訂、多數人只能履行的計畫，這也違背了它的精神。

這時馬克思的分析焦點稱為「生產方式」，（如同一八五九年所述）「物質生活的生產方式制約著整個社會生活、政治生活和精神生活的過程」（29:263）。早在一八四四年，馬克思便已部分提出了這一點，當時他寫道：「宗教、家庭、國家、法、道德、科學、藝術等，都不過是生產的一些『特殊』

方式，並且受生產的普遍規律的支配」(3:297)。在新的模式中，如果人類大抵來說是他們所處環境的產物（這是所有唯物主義者的假定），那麼經濟領域（或是生產力與生產關係）在所有影響他們行為的因素中可說是至關重要。社會的、政治的、法的與宗教的力量源自財產所有權。此一過程的核心是勞動分工的發展方式，尤其是城鄉之間的分工。

這套新理論在一八四六年時得出結論：

社會關係和生產力密切相關。隨著新生產力的獲得，人們改變自己的生產方式；隨著生產方式即謀生方式的改變，人們也就改變了自己的一切社會關係。手工磨坊帶給人封建領主的社會，蒸汽磨坊則是帶來工業資本家的社會。(6:166)

後來恩格斯表示，在馬克思之前，人們總在「人類不斷變動的思想中尋找」歷史變動的原因，人們總認為，「在所有歷史變動中，政治變動最是重要，而且主導著全部歷史」。這種觀點這時為「至今所有歷史都是在階級對立和階級鬥爭中發展的」(24:191-3)這種思想所取代；這是馬克思與恩格斯在一八四四至四五年時獨立達成的結論，其代表了政治經濟學的觀點。[13]

對於這套新理論或多或少會有一些技術決定論的解讀方式。馬克思當然希望共產主義能從資本主義中產生。一項普遍為人所主張的解釋是：「馬克思證明了社會的經濟結構是基礎，其演變解釋了社會所有其他方面的演變。」[14]然而，馬克思是否相信這些發展是無可避免的？我們大可振振有詞地說，如果我們耐心等待，技術發展與經濟發展將帶我們邁向共產主義社會的道路上：工廠制度創造了無產階級，無可避免地推翻資本主義。我們也可以說，階級意識在實現最終目標上極其重要，尤其是就忍受痛苦而言，早一步實現顯然好過晚一步（無產階級可能無法迅速得知這項消息）。因此，這兩個命題可能取決於我們願意等待的時間。無論哪種方式，技術與其他生產力從根本上形塑了社會，階級則是社會分析的核心範疇。經濟是首要的，政治是衍生的，雖然在很大的程度上取決於這種主張有多麼簡化，而且階級鬥爭當然往往也是「政治的」。無論哪種方式，歷史的發展大多不是有意識的決定所造成，而是一個由種種原因、動機、行動及反行動構成的龐大且多元的網絡所造成。不過，我們希望得出某種特別的歷史結果是一回事，它是不是無可避免的則是另外一回事。

在此處及他處，我們都應避免教條式地閱讀馬克思。「生產力」與「社會關係」大抵來說是物與人，但組織、技術和過程卻是以各種不同的方式相互交織。舉例來說，科學需要科學家，可是他們組織與否的方式卻會直接影響發現、發明和生產的發展。這個理論在此只進行了非常初步的探討，至多提示性地對於某個非常大的主題最初的嘗試，而非最終的結語。這套方法必須是歷史的與自我反思的，而且本身易於改變；倘若事實所需，甚至可以自我顛覆。許多後來的馬克思主義者都會忘記這一點。馬克思的模式，尤其是其預言面向，也特別意謂著賦予人類權力，並且藉由切斷意識形態揭示出，唯有當人類「願意」，他們才「能夠」掌控自己的命運。我們的行為只有在我們不了解它在多大程度上被確定的情況下才被確定，一旦我們知道，它總是比我們所想像的要來得少。這時與後來的關鍵訊息就是：歷史是處在不斷的變化之中。沒有「永恆的範疇」，不過「在你把人類呈現為他們自己的歷史演員與作者的那一刻」，這是意識形態的批判的重點，「你就抵達了……真正的起點」（6:170）——這顯然是在挖苦黑格爾。這時歷史不再是完全確定，而且人類自覺地控制自身命運的最初時刻展開了。這有點類似於宣揚人類啟蒙的一個新階段。

因此，對於馬克思而言，黑格爾的「精神的向前發展的自我意識」這種模式的終點，甚至還不是人類真正自我意識的開端。這也是普遍對於歷史決定論理論的回答，同時也是對於在《提綱》第三條中所提到的歐文的難題的回答，它提醒了我們，「教育者必須自我教育」（5:4）。（不過，如果性格是由環境所造成，那麼是誰在改變這些環境？）我們是戴著經濟與哲學範疇所編織的幻象面紗在看事情，尤其是透過「資產階級的生產關係是『自然的』」（6:174）這種主要誤解在看事情，這種誤解遠比其餘的誤解更為重要。然而，如今人們自己創造自己的歷史，正如《路易．波拿巴的霧月十八日》（*Der 18te Brumaire des Louis Napoleon*, 1852）一書所言：「但是他們並不是隨心所欲地創造，並不是在他們自己選定的條件下創造，而是在直接碰到的、既定的、從過去承繼下來的條件下創造。（11:103）」這雖然限制了我們根據自身目的去形塑歷史的靈活性，卻並未消除其靈活性。這是一個驚人的、傑出的以及賦予自主權的洞察。然而，諷刺的是，卻也同時賦予意識與觀念優先權到令人訝異的程度。

《德意志意識形態》的核心分析部分描述了所有制形式的歷史演變。主要的形式有（一）部落所有制；（二）古代公社所有制與國家所有制，其中保存著奴隸制，私有制開始萌芽；（三）封建的或等級的所有制，地產由農奴勞動維護，工匠和商人在城鎮中崛起；（四）現代的資本主義。每種類型的經濟組織都產生了法律、政治、宗教等特殊的上層建築，分別對應了不同的財產所有權模式和特定階級的主導地位。階級鬥爭發生在每個階段，是社會與政治轉型及歷史進步的關鍵原因。所以，「按照我們的觀點，一切歷史衝突都源自於生產力和交換形式之間的矛盾。」(5:74-5)。因此，取代了在精神的開展自我意識及其朝向自由運動中的那些階段，我們所擁有的是在財產發展中的種種階段，共產主義的自由則將在最後出現。不過，上層建築與基礎如何分離，這點卻仍存在著爭議。恩格斯後來描述了國家的「相對獨立性」(49:60)。但這並沒有告訴我們多少關於革命如何成為歷史的「動力」(5:54)，這方面的細節也付之闕如。在階級鬥爭本身不必居於主導地位的重大歷史發展之間，或許會發生很多事情。馬克思並非是以「『所有的』歷史都是階級鬥爭」為前提，而是以「階級鬥爭表達了與經濟發展有關的最重要變革」為前提。人們意識到，從封建主義過渡到資本主義後，階級鬥爭的情況加劇，因為剝削加重、工廠工作條件惡化。階級鬥爭的意識與階級本身的意識此時也在擴大，因為階級利益變得更為敵對，社會主義也隨之興起。

對馬克思來說，階級意識不僅意謂著我們和其他扮演類似生產角色的人所共同享有的那些東西的意識。我們還需要去了解，階級如何為在馬克思看來是歷史進步必要或無可避免的途徑中做出貢獻。階級是由人們與生產方式的關係來定義，但人們或多或少可能會意識到自己做為一個階級的集體角色。階級利益則被設想為由這個角色所定義的、或多或少理性的計算。在工業社會中，主要的階級是資產階級和無產階級。然而，在此之前，地主、貴族、小生產者、農民或農奴、奴隸階級都很顯眼。雖然他們多半續存於資本主義下，其重要性卻是大幅下降，因為資產階級無情地摧毀舊貴族，工業促進了城市化，進步的危機驅使小生產者與農民淪為無產階級，同時也富裕了資產階級。而唯有在現代性頂點的兩個龐大的現代階級之間浩大、偉大的鬥爭，才真正令馬克思感興趣。

因此，歷史的意義要根據階級鬥爭和共產主義平等的最後階段的終點或目的來定義。然而，並非所有現象都能歸結為階級衝突。除了階級以外，還有諸如性別、種族、民族、宗教、國籍等諸多其他社會分歧，同時會與階級及其他分歧因素互動。它們也可能阻礙馬克思所認為的資本主義發展的最佳結果，亦即具有階級意識的無產階級所堅持的，必然由共產主義取而代之。（這是馬克思不充分理論化它們的主要原因。）除了資產階級，其他階級，特別是小資產階級（像是小店主、零售商和小生產者）與農民，或許會反對馬克思對於未來社會的理想。在階級裡，個人在他們的社會關係中承載或體現了該階級的屬性，儘管他們可以偏離所屬階級的特質，可以讓他們的行為受到其他現象（諸如宗教、民族主義等）影響。我們並未被告知，這個極其複雜的過程是如何發展。不過，我們也可能屬於資產階級，卻像馬克思和恩格斯那樣放棄自己的利益，因為我們看見無產階級理想的正確性。這也削弱了理論的決定論意涵，而且或許賦予知識分子重要的角色。

《德意志意識形態》的一般性假設有多原創？在十七和十八世紀英國的歷史寫作中，「權力追隨財產」的觀念一直很顯著。最引人矚目的，便是蘇格蘭的「推測歷史」（conjectural history）領域，其中包括大衛・休謨（David Hume）、亞當・弗格森、約翰・米勒（John Millar）以及亞當・斯密，斯密也將推測歷史運用到他對政治經濟學的闡釋。這些蘇格蘭社會思想家以與十七世紀的共和主義者詹姆士・哈林頓（James Harrington）有關的傳統為基礎，提出了著名的四階段論（狩獵、游牧、農耕、商業），並且將「商業社會」辯護成最自由且最富裕的社會形式。[15]在此，我們見證了對於挑戰進而取代地主勢力的城市商業財富崛起所做的最初說明。大約在一八〇〇年左右，「資本主義」一詞愈來愈常被用來描述新的體系。[16]就連在這裡，以斯密的話來說，政府是「建立來保護富人免遭窮人侵害，或是保護那些擁有一些財產的人免遭身無分文的人侵害」，這類想法極為普遍。[17]

這些蘇格蘭作家雖然明知富人經常濫用勢力，卻並未把階級鬥爭視為歷史發展的動力。反之，他們寧可去評價人口增長的影響與改善處境的天生欲望。正如我們對比於黑格爾所見，某些人承認新的「機械技術」對於勞動力的破壞性影響。特別是弗格森曾在一七六七年指出（馬克思先後於一八四七與一八六一年援引這個段落），「在工廠手工業方面，其最完善之處在於不用腦力參與，因此，不費任何思索就可以把作坊看做一部由人構成的機器」，製造業「最是繁榮」（6:181; 30:275）。（弗格森由於「更加清晰與明顯地揭露出分工的負面」在此備受稱讚。）馬克思的出發點就是：在日益自動化的作坊中，分工意謂著「人類被進一步地肢解」（6:188）。

儘管如此，「唯物主義歷史觀」（這是恩格斯在一八五九年時引入的用語，僅出現於印行的《德意志意識形態》書名標題中），或恩格斯所使用的「歷史唯物主義」，卻銳化了「在歷史解釋中必須賦予經濟因素首要的地位」及「階級鬥爭是由它們的發展所造成」等看法。[18]這可能被視為馬克思最根本且最重要的終身主張。雖然馬克思主義經常被稱為「科學社會主義」（wissenschaftlicher Sozialismus），但馬克思並不喜歡普魯東和卡爾・格倫（Karl Grün）所使用的這個用語。不過，在德語中，「Wissenschaft」一詞僅意指「有條理、有系統的學問」。在這裡並未被探討的、將「唯物主義歷史觀」與自然科學聯繫起來的意涵，受到往後追隨者熱情地擁抱。[19]關於這一點，將在後面的內容做更進一步的討論。

「意識形態」也是《德意志意識形態》所關注的主題。[20]這個用語有三個主要的涵義：用來代表馬克思所拒斥的唯心主義世界觀；用來描述「具有影響力的社會意識的信念與形式」；以及用來表示「虛假的意識或錯覺」。[21]後者暗示了某種「真正的」、「科學的」理解勝過所有其他理解，即利用馬克思的理論所產生，這種理論戳破了「意識形態的」幻象。大多數的意識形態皆被視為階級宣傳，因而也被視為是「虛假的」（至少就有限或不普遍而言），支持「無產階級前景」的觀念則是例外，這些觀念是「正確的」，因為它們代表或來自最良善且「普遍的階級」，可望被歷史證明為無罪。這將思想的真實內容（至少社會思想和政治思想）化約為知識的社會學與道德的本質主義（唯有無產階級的觀念是「正確的」）。它相當於烏托邦和科學的並列，或是無知大眾和他們的「教育者」的並列。在它最完整且最簡化的形式下，也暗示了「強權即是公理」這個假設。

這種思路如今幾乎沒有知識分子會買單，儘管在流行文化中依然常見。時至今日，在研究思想時，正如波蘭思想家萊謝克．科拉科夫斯基（Leszek Kolakowski）所強調的，我們更加謹慎地區分意識形態的內容、功能、認知價值或科學合法性。許多人相信某件事情，這項事實與那件事情的真實性或道德優越性無關。然而，對馬克思而言，任何命題的真理價值都與其所具有的解放潛力交織在一起，因此「馬克思的認識論是他的社會烏托邦的一部分」。[22]這造成了某種確信，即馬克思主義是一個在認識論上封閉的宇宙，在那裡，唯有馬克思主義者是正確的，甚至才能是正確的。

因為卡爾．曼海姆（Karl Mannheim）的《意識形態與烏托邦》（*Ideology and Utopia*, 1936）一書，馬克思主義才會被賦予意識形態的地位。然而，從柏拉圖以降的哲學史充斥著對人類的愚蠢、一廂情願的想法，以及許多人無法超越這兩者的解釋。馬克思的觀點不同之處部分在於，所謂的多數是真理的化身，雖然可能只有少數人從一開始意識到了這一點，但後來的一種形式（「商品拜物教」）的不同之處卻也在於，根據事物和社會關係之間的關係去解釋現代幻象的核心。於此，在多數的情況下，多數人可能都是錯的。這至少會把某些形式的「虛假意識」[23]與歷史關係和經濟關係聯繫起來，卻不會藉由教育、智力或理智的缺陷去解釋。這挑戰了所有社會觀念的真實內容，其中大部分似乎都表達了階級利益，因而是一種無可避免的偏見。它還暗示了「宣傳」或虛假也可以像真理本身，為目標的利益服務，事實上，「客觀真理」並不存在，除非是做為無產階級的階級意識；或者，即使它確實如此，也必須遠遠退居第二位，藉以促進目標，從而結果可以為手段辯護，手段也因而可以變得正確。[24]近來，在「後真相」社會的觀念中與在某些「後現代主義」的理論中，亦出現了類似的主張。

然而，馬克思的主要論點於此所關注的，是觀念如何形成與為何有些觀念會居於主導地位。「精神」（Geist）遭到罷黜，在「絕對精神的瓦解」下（5:27），終極地擺脫了黑格爾。主導物質生產的階級同時主導精神生產：「統治階級的思想在每一個時代都是占統治地位的思想。也就是說，社會上占『物質』統治力量的階級，同時也是社會上的『精神』統治力量……占統治地位的思想無非是占統治地位的物質關係在觀念上的表現，無非是表現為思想的占統治地位的物質關係」(5:59)。

在這裡，「意識形態」引起了第二個主要問題。如同思想的「真實性」問題，對於其短暫性與階級依賴性的斷言，致使我們很難（如果不是不可能）將「道德」說成是除了無常、歷史條件與根植於階級視角以外的任何事物。這意謂著並不存在可被模仿的、超越歷史或普遍的理想人類行為模式，或是最好的社會性（或與他人關聯）「實踐」或「模式」。所有的道德都只是「意識形態」或「經濟關係的上層建築」。[25]在任何給定的點上最響亮的聲音反映了主導階級的價值，當那個階級壽終正寢之際，它就注定要沉默。即將到來的主導階級（即無產階級）的道德正處於形成的過程中，它將帶來「強權可以證明任何手段為正當」的勝利。然而，這個時候，非常戲劇性地，此一目標似乎無法像在一八四四年時被《巴黎手稿》的人道主義所定義的那樣被定義；後來的幾個世代往往認為那是馬克思的思想中最具價值的部分。不過，馬克思是否真的相信，宗教（某種幻象）與道德（某種基於階級的實踐）應被同等對待？做為人類發展的理想的「全面發展」會發生什麼事？要求它的共產主義宣傳者是否也被矇騙了？做為「全面發展」的終點的「自由」會發生什麼事？難道所有的這些也都是「意識形態」或階級利益的反映嗎？當它們不夠普及時，它們或許不是。因此，有些人認為，馬克思的全面發展觀念是建立在人類需求的概念上，這種概念不像道德或意識形態，受到歷史可塑性的影響。相反地，以政治理論家史蒂芬．盧克斯（Steven Lukes）用語來說，馬克思的「解放的道德」尤其拒絕了權利的主流道德範式，不是建立在植根於資產階級社會的假設上，而是建立在永久的、不斷發展的人類需求上。[26]

這些之所以仍是令人困惑的問題，不單只是因為，正如我們稍後將看到的，自由活動與自我發展的想法續存於馬克思後期作品中。然而，在一八四五至四六年期間，關鍵的問題卻是，人道主義是否仍可被視為歷史的目標，或者，它現在是否也必須被視為是源於且受限於某一特定階段。馬克思想要一個既非理想主義的、也非道德主義的對於資本主義的批判立場。他試圖建立一個消除貪婪的社會，卻未將對立面定義成某種理想，因為這會使他變成理想主義者。他這時特別希望超越或優於赫斯的「愛」與施蒂納的「利己主義」。因此，正如我們所見，他堅決認為，「共產主義者既不拿利己主義來反對自我犧牲，也不拿自我犧牲來反對利己主義……而是在於揭示這個對立的物質根源，隨著物質根源的消失，這種對立自然而然也就消滅。共產主義者根本不進行任何『道德』說教……共產主義者不向人們提出道德上的要求，例如你們應當彼此互愛，不要做利己主義者等等」（5:247）。在共產主義社會中，「個人獨創的和自由的發展」「正是取決於個人間的聯繫，而這種個人間的聯繫則表現在下列三個方面，即經濟前提，一切人的自由發展必要的團結一致，以及在現有生產力基礎上個人的共同活動方式」（5:439）。[27]當然，在這之間，「個人對於他們相互關係的意識同樣會被完全改變，因此，它既不會是『愛的原則』或『奉獻』，也不會是利己主義」（5:439）。於是，赫斯與施蒂納、愛與利己主義，都被處理掉。新的生產方式將產生新的社交方式。

儘管如此，我們將會看到，未來仍將由團結與全面發展的關係來定義。共產主義的宣傳者並沒有被矇騙。基於階級對抗的道德將會終結；當恩格斯於一八七七年談到「未來的無產階級道德」

（25:86）時，這就是他的意思。它的種子存在於現在。所以道德「始終是階級的道德」（25:87）。然而，「團結」與「全面發展」卻仍然是「人類行為的理想」，即使馬克思似乎拒絕如此稱呼它們或將它們視為「道德」。描繪存在於共產主義社會中的「聯繫」意謂著，我們應該識別並鼓勵我們在現有生產關係中所發現的任何「團結」。舉例來說，共產主義的宣傳可能會強調（正如馬克思自己後來所說的），在資本主義裡形成的新的合作精神最終將會且必會占據主導地位。這無異於暗示，共產主義者確實是在宣揚「道德」，而且他們反對「目前在資本主義下不可能有馬克思主義的倫理學」這種異議。它還意謂著，新的社會仍會從小規模的開端或所謂的異質空間出發，在那裡，批判的道德也變得可能，即使那不是一個有意為之的共同體。

在這個至關重要且極其複雜的問題上，出現了截然不同且相互矛盾的觀點。有些人認為，馬克思一貫「致力於社會主義相對於先前的制度所具有的道德優越性」。[28]有些人則是強調，「對於做為古典馬克思主義的倫理學基礎，始終存在的人道主義與平等主義的價值觀的深刻承諾」，而且馬克思的整個體系確實是建立在道德的出發點上。[29]在這種詮釋中，馬克思把自由當作他的核心目標。然而，這種自由總是在社會脈絡下想像出來的，在那當中，我的發展（或許）是你的發展的一部分。若沒有促成這種情況發生的相互支持或團結，沒有任何自由有意義可言。

還有一些人斷言，在《德意志意識形態》中，馬克思「完全拒絕道德的可能性」，儘管在他後來的著作中，他曾引入一種新的倫理學觀點。[30]另一種眾所周知的說法則是強調，「馬克思沒有道德理論」。[31]對於某些人來說，這留下了一處明顯的空白，大可用能為所有促進共產主義目標的承諾辯護的、純屬權宜的道德來填補。如果道德被徹底廢除，那麼，「除了權力以外」，什麼也不剩。[32]馬克思「極度不在乎道德；支持革命的一切都是正確的，反對革命的一切則都是錯誤的」。[33]在此脈絡下，列寧曾於一九二〇年寫道：「在共產主義者看來，所有道德都存在於這種團結一致的紀律與有意識地對抗剝削者的群眾鬥爭。我們不相信有永恆的道德，並且要揭穿關於道德無稽之談的虛假。」[34]

然而，有些人卻認為，馬克思斷言，在共產主義社會中，道德標準會「更高」，不是因為「更接近某種永恆的道德理想，只是因為它們屬於一個整體而言，是以其生產力和它們向人們提供的非道德商品來衡量的更高等的社會」。[35]政治理論學者喬恩・埃爾斯特（Jon Elster）認為，「共產主義將是超越正義的社會」，而且馬克思更是拒絕「共產主義以利他主義動機取代利己主義動機」；這也正是許多人所認為的。[36]不過，俄國的馬克思主義者薇拉・扎蘇里奇（Vera Zasulich）（她曾於一八七八年行刺聖彼得堡的行政長官）雖然否認馬克思主義擁有「官方的道德體系」，她卻強調，所有社會民主黨人都尋求團結。在最小程度上，這意謂著不「做與總體利益相違背的事」，在最大程度上則代表，「竭盡一己所能做一切有益於總體利益的事」；這是一種她描述為「功利主義的道德」的觀點，部分是受到約翰・彌爾（John Stuart Mill）的影響。[37]馬克思後來被與康德、達爾文及其他思想家結合起來，藉以填補一個顯著的缺口。

我們可以藉由將馬克思理解成，一方面拒絕那些用來為統治階級辯護的道德主張，另一方面，又同時支持其他那些真正人道的或普遍的道德主張，來解決其中的一些問題。他對「團結」（後來改稱「協作」）與「全面發展」所採取的方法，顯然挑戰了「他沒有『理想』」的觀點。他有理想，這個理想是由這兩個部分所構成。但它也是從現有的生產關係中發展起來。它不是永恆的，也不是超越歷史的，正是因為它只能從資本主義與現代工業中形成；它並非超越或高於階級，因為它來自無產階級，唯一普遍的階級。儘管如此，這卻是一種理想，而且，在這個意義上，馬克思仍然是個旨在實現「每個人的職業、工作、任務」的「理想主義者」。[38] 一八四五年，他清楚地將人和人之間的關係（或社會性）視為衡量人類進步的關鍵指標。其目的就是「將（人）從獲利的汙穢中解放出來」，並且終結「為了獲利的勞動以及個人和其他人的自私需求」的奴役（4:113）。他甚至宣稱，「既然正確理解的利益是所有道德的原則，那麼人們的私人利益就必須符合人類的利益」。這可以透過確保「每個人都有必要的社會活動場所來顯露他重要的生命力」來實現。「既然人的性格是由環境所形塑，那就必須使環境成為合乎人性的環境」（4:130-31）。這是歐文的關鍵論點。《德意志意識形態》並未廢棄這些假設。

是以，如果馬克思主義的道德觀原則上是可以實現的，那麼「團結」與「全面發展」這雙重理想肯定是基礎。如果我們單純地將人性視為「社會關係的總和」，我們將無法推演這種道德觀。這僅僅意謂著，人類的行為不是由「精神」所告知，而是由環境形塑，並且包含了範圍廣泛的願景、活動以及道德上的善、惡及冷漠。一八四四年，馬克思曾提出關於人類行為與抱負的某種理想。異化主要是由勞動分工所造成的支離破碎的狀態。支離破碎的人，其反面便是完整的人，對馬克思來說，完整的人的最佳類型是人的全面發展；換言之，不僅沒有異化（消極地），而且還充分發展（積極地）。人的全面發展具有類認同感及團結感，因為「自由的、有意識的活動」（「類存在」的定義）只能集體地實現。這些目標依次建立在一套需求理論上，在這套理論中，充足的食物、衣服、住房、乾淨的空氣和水、自由時間、朝向全面的自我發展等，定義了美好的人生。這些需求不是「意識形態的」，也不容易受到階級詮釋的影響。正如我們將看到的，實現它們仍是馬克思從未放棄過的理想。相反地，他一生的工作正是將它們普遍化。

然而，至於我們能夠在多大的程度上說，馬克思擁有一套至少與生產系統（實現人類目的的主要手段）分開的正義理論做為其道德觀的一部分，則是一個未決的問題。令工人變得淒涼的剝削（或剩餘價值的「竊取」）可以用馬克思的用語描述為「不公正的」（unjust）；馬克思後來則把「暴力強加的關係」描述為「不正義」（injustice〔34:246〕）。有些人，如俄國哲學家尼古拉・別爾嘉耶夫（Nikolai Berdyaev），固然只是假設，剩餘價值理論「主要是一種道德學說」。[39]不過，對馬克思而言，資本主義並不是那麼地不公正；按照其自身原則，它的目的主要是剝削勞動，這也正是它所做的。因此，馬克思在某一點上將主要的政治經濟學家大衛・李嘉圖（David Ricardo）形容成是「偉大的」且「重要的」，正因他忽略了「人」，而且唯獨關注著「生產力的發展」（33:114, 36:258）。馬克思的犀利之處也在於，未對這個過程進行道德化。不過，他倒是經常使用諸如「搶劫」、「竊盜」、「脅迫」等字眼，來描述在資本主義下的剩餘價值榨取，這隱含著對不正義的指責；例如，他曾寫道：「現今財富的基礎是盜竊他人的勞動時間」（29:91）。否認這隱含著某種由正義所定義的道德立場是愚蠢的。「盜竊」是一種明顯且無可辯駁的道德範疇；意謂著正確與錯誤，也意謂著訴諸正義的權利。

《德意志意識形態》的最後一項重大成就在於它對政治的說明。一八三四年，馬克思認為，現有的國家僅僅反映了市民社會裡的階級衝突。因此，在政治領域裡不可能發生真正的人類解放。他同時拒斥黑格爾的觀點，亦即一個中立的官僚機構可以在階級鬥爭間做出仲裁。高壓的國家主要被要求要壓迫工人階級。這時所強調的是，一旦工人階級意識到「他們應當推翻國家」(5:80)，私有制與社會階級就會終結，便一如恩格斯後來所言的，國家就會「自行消亡」(24:321)。[40]居上風的將是經濟事務的民主行政或民主管理，而不是某個與市民社會並列的異質實體。因此，「將不再有所謂的政治權力，因為政治權力正是市民社會中對抗性的正式表現」(6:212)。

這種描述（或許更甚於任何其他的描述）以及支撐它的終極性假設，使共產主義社會看起來宛如世俗版的千禧年主義。然而，這個問題的解方卻也拋出了幾個問題。唯有當我們將政治化為階級衝突，我們才能輕易地拂去它。非根植於階級的意見分歧存在於所有社會，甚至可能會隨著社會變得更加複雜而增加。一些部落民族經常處於戰爭狀態。此外，「民主」顯然被認為是做為行政的模式持續存在。然而，如果政黨只表達了階級的利益，倘若只有一個階級存在，未來是否會存在多個政黨呢？如果只存在一個政黨，「民主」又意謂著什麼？派系、政治團體或其他的意見分歧是否仍然合法呢？正如我們將要見到的，列寧有時被認為，曾經暗示每個廚子都能治理國家。然而，即使是專業廚師，也可能會對「事務管理」當中的大量細節感到驚慌，正如政治家可能會受到美食烹飪的挑戰一樣。

儘管有這些困難，但《德意志意識形態》在思想上所代表的革命卻是無可爭議。我們再也無法想像，我們能在未先探討其生產系統、其財產所有權及其主導階級下去研究任何社會。馬克思向我們揭示，在這個世界放棄其神聖性質後，世界便是人類的創作。他說，實際上：「閉上你的雙眼，伸出你的手指放在地球儀上，選擇一個國家。如果你告訴我，它的生產方式是什麼，我就會告訴你，它的法律、宗教和哲學體系是什麼，甚至於它在想些什麼。」這些都是現代歷史洞察最重要的成就之一。沒有抽象的「人性」，只有由真正的需求基礎所支撐的一個開放的、自製的社會關係整體，如此觀點放大了感知的價值，儘管它引入了某些問題。我們同樣也看到了，唯有當歷史被視為具有某種理性的目的或目標，亦即終結剝削，歷史才有意義。

此時所建立的觀點後來仍是馬克思餘生的工作基礎。一八四六年之後，他的歷史理論的主要陳述出現在一八五九年出版的《政治經濟學批判》的序言中。在序言中，他回歸自己早先的手稿，審視了一下它有何用處。在一個冗長的段落中，他總結自己早期的洞察，而且描述了「我的研究的指導原則」。他在一八四四年時對黑格爾所做的清算得出的結論是：「對於市民社會的剖析應該到政治經濟學中去尋求。」生產關係的總和（「物質生活的生產方式」）「制約著整個社會生活、政治生活與精神生活的過程。不是人們的意識決定人們的存在，而是人們的社會存在決定人們意識」(29:262-3)。對於黑格爾的評述於是到此為止。奇怪的是，階級鬥爭並沒有被提及。反觀物質生產力與現存生產關係或「財產關係」之間的矛盾，倒是被描述成導致「社會革命」。也就是說，技術發展顯示出一個不同的社會形式是可能的，或是不可避免的，這與新的生產力及其對財產所有權的影響相應。馬克思也極其不尋常地強調，結果將會證明：

一個社會形態，在它所能容納的全部生產力發揮出來以前，是絕不會滅亡的；而新的更高的生產關係，在支持它的物質生活條件在舊社會的環境中準備好以前，是絕不會出現的。所以，人類始終只提出自己能夠解決的任務。（29:264）

因此，「在資產階級社會中發展的生產力，同時又創造著解決這種對抗的物質條件。於是，人類社會的史前時期就以這種社會形態而告終」（29:264）。

CHAPTER

5

社會主義，一八四八年歐洲革命與《共產黨宣言》

Socialism, the Revolutions of 1848 and *The Communist Manifesto*

真正的歷史確實開始的那一刻，可能發生在一八四七至四八年，當時歐洲由於一場由商業危機、收成欠佳及糧食短缺所引發的「巨大的革命火山爆發」（38:199）而受到震撼。一月時，西西里島爆發了起義。隨後，在那不勒斯、佛羅倫斯以及杜林等地，均頒布了憲法。二月時，法國國王路易－菲利普（Louis-Philippe）在革命於巴黎爆發後退位。臨時的共和政府建立，各種國家工廠計畫開始幫助失業者。起義的風潮接著蔓延到奧匈帝國、波蘭、義大利與德國。制憲會議在法蘭克福和柏林召開。全歐的激進派都在為專制君主統治遲早徹底垮台舉杯慶祝。在當下的激情中，人們很容易相信這是一七八九年的重現，只不過，這一回會更壯闊、更美好。當時流亡巴黎的俄國社會主義者亞歷山大・赫爾岑（Alexander Herzen）曾雀躍地表示，「在思想的領域裡，人對人的剝削已經結束，因為再沒有人認為這種關係是正義的。」[1]

遺憾的是，事實證明，這樣的期望言之過早。到了六月，潮流轉向有利於反動勢力。法國新選出的議會關閉了工廠，數千名工人在街頭抗爭中喪生。以在德國建立共和制度為目的，革命詩人格奧爾格・黑爾維格（Georg Herwegh）在巴黎所組織的武裝軍團越過國境後，就在巴登被正規軍所擊潰；正如馬克思曾警告的。接著沙俄出兵協助奧匈帝國與普魯士，鎮壓波蘭人與匈牙利人。德國和義大利未能達成統一。在英國，憲章運動迅速退潮。在法國，普選權在一八五〇年五月遭廢除；馬克思譴責這是明顯的資產階級專政的行為。[2]接著，在一八五一年十二月二日，總統夏爾－路易－拿破崙・波拿巴（Charles-Louis-Napoléon Bonaparte）發動政變。國民議會遭到解散，帝國於一八五二年恢復。嚴厲的鎮壓一直持續到一八五九年，審查制度則是持續到一八六二年。

儘管遭逢這些失敗，但這些動盪卻首次宣揚了對於貿易自由、工業化、權利和憲政主義等自由主義意識形態的社會主義替代品。[3]共產主義者這時組織成各種團體，其中包括最激進的憲章運動者「民主派兄弟協會」（Fraternal Democrats），馬克思則於一八四五年成立了通訊委員會。一八四七年，法國共產主義領導人卡貝採取另一種策略，試圖在美國建立新的群落——這或許導致恩格斯從此時開始淡化社群主義的價值。（「在法國誰會相信伊卡利里亞，在英國誰會相信歐文的計畫」，《德意志意識形態》的最後部分如此問道〔5:461〕。）在倫敦，成立於一八四〇年的「德意志工人教育協會」（German Workers Educational Association）由卡爾・夏佩爾（Karl Schapper）、海因里希・鮑爾（Heinrich Bauer）以及約瑟夫・莫爾（Joseph Moll）等人共同領導。他們還領導了祕密社團「正義者同盟」（League of the Just），該同盟是在一八三六年時由來自「流亡者同盟」（Outlaws' League）的德國工匠在巴黎所組成，他們試圖藉由暴力革命去實現由共產帶來的平等。然而，夏佩爾擔心馬克思的目標是，「扶植某種知識分子的貴族，並從你們新的神聖寶座上統治人民。」[4]到了一八四七年六月，同盟更名為

「共產主義者同盟」（Communist League），同年九月，繼而宣布新口號：「全世界無產者，聯合起來！」這個口號取代了原本的「人人皆兄弟」；馬克思極厭惡原本口號所具有的宗教意涵。馬克思後來遭到「支持布朗基主義（Blanquisme）的少數盲動」的指責。然而，以民主方式選出的同盟幹事總是遭到罷黜；恩格斯後來寫道：「光是禁止所有對於陰謀的渴望，就需要獨裁（26:322）。」馬克思也曾回憶道，他與恩格斯只是在「摒棄章程中一切助長迷信權威的東西（45:288）」才加入同盟。[5]

一八四七年年末，馬克思與恩格斯赴倫敦參加同盟第二次代表大會，地點就在蘇荷區的紅獅酒吧樓上。馬克思受同盟委託起草綱領。《共產黨宣言》的內容承繼了早先的三篇草稿，分別是《德國共產黨的要求》（*Demands of the Communist Party in Germany*）的十七點清單、一篇由恩格斯命名為《共產主義者信仰懺悔草稿》（*Draft of a Communist Confession of Faith*）的摘要，以及（赫斯的影響在其中徘徊不去的）名為《共產主義原則》（*Principles of Communism*）的修訂版。[6]最後一篇文章更接近於《共產黨宣言》的最終文本，儘管內容提到為鄉間工人建築「大廈」做為公共住宅，以歐文派或傅立葉派的方式，它結合「城市與鄉村生活方式的優點，而避免兩者的偏頗和缺點」（6:351），這是個後來很少被提及的建議。其內容還強調，新的社會制度「將根本剝奪相互競爭的個人對工業和一切生產部門的管理權。一切部門將由整個社會來管理，也就是說，為了公共利益，按照社會的計畫並在所有社會成員的參與下來經營。如此，競爭將被這種新的社會制度消滅，而為聯合所代替。」此外，「分工把一個人變成農民，把另一個人變成鞋匠，把第三個人變成工廠工人，把第四個人變成交易所投機者」，這種情況將「完全消失」（6:348）。取而代之的是，教育可使年輕人很快就能夠熟悉整個生產系統……根據社會的需要或他們自己的愛好，輪流從一個生產部門轉到另一個生產部門。因此，教育將使他們擺脫現代這種分工為每個人造成的片面性。這樣一來，根據共產主義原則組織起來的社會，將使自己的成員能夠全面地發揮他們各方面的才能。(6:353)

這顯然是傅立葉與歐文的模式的混合體。[7]

接著是馬克思對於革命時機的看法。「一個幽靈——共產主義的幽靈——在歐洲遊蕩」是擲地有聲的措辭，為《共產黨宣言》揭開了序幕。《共產黨宣言》不朽地響徹了下個世紀。它完成於一八四八年一月，於同年二月在倫敦出版，可算是馬克思最容易入門的作品。這份由憲章運動者喬治·哈尼（George Julian Harney）稱之為「世上最具革命性的文件」(39:60)，在英國幾乎沒有帶來什麼直接的衝擊，一直到一八九〇年代之前，這部作品在當地始終是沒沒無名。[8]在其他地方，情況則截然不同，恩格斯曾於一八八八年時將《共產黨宣言》形容為，「無疑是所有社會主義文獻中傳播最廣、最具有國際性的作品」(26:516)。最終它以兩百多種語言呈現在世人面前。其中的計畫被許多後來的馬克思主義者所仿效，它對於國家權力集中化的堅持，如我們所見，受到了列寧與史達林的緊緊追隨。然而，其標題中的「黨」，所指的其實是整個進步的工人階級運動，「廣泛的歷史意義上的黨」(41:87)，而不是布朗基主義密室陰謀家的小圈子，「這些人完成了政變，接著首先在一人或數人的獨裁統治下把他們自己組織起來」，誠如恩格斯在一八七五年時用「過時」（24:13）來形容這種策略。因此，從「共產主義者的集會」（communist party）到「特殊政黨」（Communist Party）的轉變是至關重要的。

《共產黨宣言》簡潔地總結了馬克思與恩格斯兩人直到一八四八年所共同做出的努力，尤其是《德意志意識形態》中關於歷史的部分。其核心主題正是現代資本主義的發展，它無情地推翻舊社會制度與經濟制度，且無可避免地走向愈來愈大的危機，其中最後一個危機預示了——在革命以及一個延長的過渡期後——共產主義最後階段的到來。它聲稱，階級戰爭將揭示工人超越國家認同與對抗（兩者被視為正在迅速消失）及擁抱國際主義的必要性。首先，資產階級將摧毀封建主義最後的遺跡。在那之後，無產階級會向前推進，去創造他們自己的社會。當生產資料的集中化和勞動的逐步社會化（例如大量的密集性產業的工人）「變得不相容」時，臨界點便會出現。換句話說，所有權的個人性質和少數有產者將與生產的社會性質和龐大的無產者發生衝突，這也意謂著將所有權社會化的必要。

《共產黨宣言》大肆宣揚馬克思與先前所有社會主義和共產主義學派的差距。這時「共產主義」與「資本主義」並列。「至今所有一切社會的歷史都是階級鬥爭的歷史」（6:482），這項聲明將革命置於馬克思敘事的中心。現代資本主義以最「公開的、無恥的、直接的、冷酷的剝削」（6:487）取代了封建關係。（請留意顯然隱含某種相反的理想的道德語言。）所有的社會關係皆被簡化成某種金融的連結，即「金錢關係」（cash nexus）。資本主義以完全不帶感情色彩的方式，將內在世界和外在世界一一轉變成普遍的商品生產與消費的想像，並且將之前的一切全掃到一旁。馬克思觀察到，「堅實的一切都化為空氣。」不過，在改造世界的同時，資本主義也創造了其自身的掘墓人。「烏托邦」社會主義者（誠如他們在此被稱呼的，主要是傅立葉、歐文與聖西蒙）的夢想與實驗被「從現有的階級鬥爭中產生的實際關係」（6:498）所取代。[9]我們被告知，共產主義「要廢除永恆的真理，廢除宗教、道德，而非將它們革新；可見，共產主義與過去所有的歷史發展進程背道而馳」（6:504）。因此，這其中也帶有某種對於世俗的千禧年信仰的暗示，同樣也帶有對於新奇及原創的痴迷，特別是相對於青年黑格爾派以及所有其他的社會主義者。

緊接著，關於歷史的部分，共產主義的綱領被提了出來。包括十點：

一、廢除土地所有權，讓地租歸於公共用途。
二、開徵高額累進所得稅。
三、廢除繼承權。
四、沒收所有流亡分子和叛亂分子的財產。
五、透過擁有國家資本和排他性壟斷權力的國家銀行，把信貸集中於國家手中。
六、將通訊和運輸全部集中於國家手中。
七、增加國家掌握的工廠和生產工具，依據整體計畫來開墾荒地與培育土壤。
八、實行普遍勞動義務制，成立產業大軍，特別是在農業方面。

九、結合農業和製造業，透過全國性的人口分配，逐步消滅城鄉之間的差距。
十、實行免費的兒童公共教育，禁止現行的童工，把教育和物質生產結合等等。(6:505)

值得注意的是，在這份清單中缺少了工業的國有化。工業與其他企業的私有制似乎繼續維持(儘管會受到管制的影響)，其終結是漸進式的，而非立即廢除。一個清晰的未來願景被提出來，「屆時每個人的自由發展是所有人自由發展的前提」(6:506)，這是動聽而易記的口號，其涵義呼應在馬克思早先的主張：「在我個人的生命表現中，我直接創造了你個人的生命表現，因而在我個人的活動中，我直接證實和實現了我的真正本質，即我的人的本質，我的社會的本質(3:227-8)。」這裡沒有關於異化的討論或「類存在」的祈願。某些兒童勞動仍然存在，而且顯然是永久性的。[10]還應該指出的是，儘管資產階級終會被徹底掃除，至少藉由廢除繼承權，但馬克思倒並不反對補償財產的所有者；至少是尊重農村土地的所有者。恩格斯於一八九四年回憶道：「馬克思(曾多次！)告訴我，他認為，如果我們可以把它們全部買下來，我們就能以最低廉的代價出發」(27:500)。

《共產黨宣言》的十項提議有多原創呢？很顯然，在招募「工業大軍」方面借用了卡萊爾的概念，在勞工組織方面借用了路易·布朗(Louis Blanc)、聖西蒙主義者和甘斯的概念。其中還有某種更為深刻的現代啟示的意義，某種受神學啟發、上演於路障上的戲劇的意義，在那當中，原始的黃金時代將恢復，人類重新承認他們的純真，因為革命確保了人類從他們的原罪，即私有財產中得到救贖。《德意志意識形態》強調，「消弭城鄉之間的對立是社會統一的首要條件之一」(5:64)。它仍然專注於

「建立一個集體的國內經濟」（這顯然是恩格斯的主張），其中「個人經濟的替代與家庭的替代密不可分」（5:76）。但是，小規模的共同體無法在面對國際市場下組織自身。雖然《共產黨宣言》的綱領中提議重新分配人口以消弭城鄉之間的差距，不過歐文與傅立葉的社群主義式的社會主義基本上已被拋棄。從這時起，繼聖西蒙與赫斯，馬克思、恩格斯及多數後來的馬克思主義者，都將中央集權國家納入社會主義考量的範疇裡。然而，如綱領所示，教育與生產勞動的結合屬於歐文派與傅立葉派，正如政治經濟學批判的立場。倡導協作生產還有待實現。財產繼承制的廢除與中央集權式的工業管理計畫則是聖西蒙的主張，赫斯也仍出現於此。

從《共產黨宣言》的綱領來看，馬克思認為，相較於之前的社會，由城市與技術所主導的現代性承諾了一種極其優越的人類生存形式。在生產發展的較低階段裡，共產主義是可能的。然而，在原始的環境下引入（「軍營共產主義」）卻意謂著，把所有人都降低到最低的生活水準。《共產黨宣言》所承諾的相對豐富的好處都將失去，全面發展的潛力亦然。尤其是在史達林與毛澤東的案例中，正如我們即將見到的，擁抱馬克思主義需要一場高速而危險的工業化競賽。馬克思在《共產黨宣言》中斷言，現代生存的終點是分配相對平等的高水準生活，而非減少工作時間或促使勞動令人滿足或具有創造性。那麼，在《德意志意識形態》中概略提到的傅立葉的願景怎麼了呢？以技術和商品為重心的願景是否勝過一個致力於克服勞動分工的願景？我們被告知，在共產主義社會裡，已經累積的勞動不過是「擴大、豐富和促進工人生活過程的一種手段」，不若現在的勞動是「增殖已經累積的勞動的一種手段」（6:499）。這些緊張關係仍然存在於馬克思的思想中。

《共產黨宣言》的主要進展是，中央集權的國家如今得要負責監督生產。在早期的文本中被稱為「集體管理」（如6:305, 353），此時成了國家的責任。正如《共產主義原則》所示，「無產階級將被迫繼續前進，被迫將所有資本、所有農業、所有工業、所有運輸業及整個交易都集中在國家手中」（6:351）。不過，「現代的國家政權只不過是管理整個資產階級共同事務的委員會罷了」（6:486）。在其他地方，馬克思看出，我們無法用這種方式來描述所有國家的特性。即使在現代的世界中，擁有土地的貴族階級也經常分享到權力，實際上那是刻意轉移權力的重擔，避免與國家赤裸的武裝力量相連，如果它們與對於剝削的怨恨兩相結合，可能會引發造反。[11]

這揭示了馬克思體系中的一項矛盾，這項矛盾纏住後來所有形式的馬克思主義。為了管理整個經濟，國家本身需要極力地鞏固與強化。然而，到頭來，這個做為一個階級壓迫的機構和一個與市民社會脫節的外來機構的國家，卻將會消失。在這樣的情況下，我們應該把剩下的行政實體稱作什麼？為何馬克思對於集中化的強調並不包含對於官僚政治的進一步討論，這一點並不清楚。畢竟，新的機關或過渡狀態遠比取而代之複雜得多。馬克思難道會在批評黑格爾時盲目到無法想像這樣的情況？他顯然認為，只有「生產的管理者」才會留下來，所指的是領取一般工資的工人，而非黑格爾所述的獨立官僚機構。然而，國家所計畫的生產需要大量這種管理員，其中有許多人必須是專家。恩格斯後來寫道：「如果我們明天必須掌握政權，我們就需要工程師、化學家、農學家」（27:548）。馬克思不願支持持續的專業化，或者不願讓專業化與全面發展相互調和，這點令他感到失望。

高度中央集權的國家也會造成其他危險。到了一八五〇年三月，馬克思被與一份後來因其極端主義而聞名的文件連結在一起，這份文件強調，德國工人接受「真正革命黨的任務，實行最嚴格的中央集權制」，它還敦促他們，別「讓自己被關於共同社會的自由、自治政府等民主空話所誤導」（10:285）。然而，這份發給共產主義者同盟分支機構的公告，卻可能會「嚴重扭曲馬克思與恩格斯對於革命發展的時機以及恐怖手段的使用等方面的觀點。」[12]馬克思並未簽署這份文件，而且這份文件所隱含的布朗基主義弦外之音或許是他所深惡痛絕的，儘管在一八四九年後他需要與布朗基主義派流亡者結盟。他們想在革命後立即建立共產主義。馬克思反對這種想法；此外，尤其是前普魯士軍官暨共產主義者同盟領導人奧古斯特・威利希（August Willich），雖然曾經暗示，斷頭台會加速此一過程，卻也強調「數年」的「教育與逐步發展」或許有其必要。[13]

馬克思在《共產黨宣言》中對於民族主義消失所抱持的希望，事實證明同樣是過於樂觀。他所宣稱的「工人沒有祖國」，呼應了《德意志意識形態》裡，在無產階級中「民族已死」（5:73）的觀點，以及恩格斯所強調的，民族將「相互融合，進而消亡」（6:103）。無產階級的國際主義與世界主義將侵蝕先前民族沙文主義的形式，因為階級意識接替了民族意識。馬克思沒有想到，對於群體、種族、宗教和語言等方面的認同，以及對於往後幾個世紀的追求自由而言，民族主義仍是一個強而有力的焦點，甚或經濟的競爭和對於征服及帝國的反應，都可能加深對於國家的忠誠。在以撒・柏林（Isaiah Berlin）看來，這在他的思想中是關鍵的弱點。[14]（巴枯寧與他的一些追隨者，如詹姆士・季佑姆〔James Guillaume〕，同樣指責馬克思是個沙文主義意義上的德意志民族主義者。[15]）馬克思也沒有意識到，以歐洲為中心的觀點對於其他地方的解放運動的局限性。他或許從黑格爾繼承了些許無法清楚評價民族主義的無能為力。然而，這種盲目與他無法充分理論化其他群體認同形式如種族和民族等有關。這裡有一些足以證明今日我們或許可以稱作「共和主義」精神的證據，儘管馬克思認為，愛國主義會被國際主義所取代，但或許沒有失去對於地方的熱愛。因此，在一八五〇年，馬克思顯然讚揚了「世界革命共產主義者協會（Universal Society of Revolutionary Communists）『使共產主義革命政黨的一切派別加強團結合作，按照共和主義的友愛原則來消除民族分立』（10:614）」這種想法。[16]

然而，馬克思對於這些問題的看法確實逐漸發生變化。最重要的是，他開始認為，愛爾蘭要求國家獨立是合理的。馬克思於一八六七年寫道，他曾「竭力設法激起英國工人舉行示威來援助芬尼亞運動（Fenianism）」，這時也認為愛爾蘭與英國的分離「無可避免」，儘管他曾經認為這是「不可能的」（42:460）。[17]到了一八六九年，他愈來愈相信，在英國工人階級「對愛爾蘭的政策還沒有和統治階級的政策一刀兩斷以前」，在它還沒有做到不僅和愛爾蘭人一致行動，而且還倡議取消一八〇一年所實行的合併，以自由聯盟的關係去代替這種合併以前，它在英國本土永遠不會做出任何有決定意義的事情」（43:390）。幾個月後他又補充道，促成這件事（愛爾蘭獨立）是國際工人協會（International Workingmen's Association，史稱第一國際）「最重要的目標」（43:475）。換言之，帝國主義是激進的政治意識主要的障礙之一。至關重要的還有，到了一八六〇年代，馬克思把「民族自決權」視為遏制「俄國人對歐洲的影響」主要的手段（42:204）。在這方面，波蘭的獨立極為關鍵。

★

在崩潰、混亂、革命失敗以及革命者流亡下，對於一八四八年的失敗有許多清算的形式。《一八四八年至一八五〇年的法蘭西階級鬥爭》（*The Class Struggles in France 1848–1850*, 1850）和《路易・波拿巴的霧月十八日》是馬克思在這段時期中接著的兩部作品，其內容應用了新的歷史方法，也包含了將其套用在時事所做出的階級分析。對馬克思而言，一八四八年主要證明了「共和國立於階級之上並代表共同利益」的想法其實是虛幻的。議會制度辜負了無產階級。特別是農民與小資產階級已向秩序及傳統的勢力靠攏。他們被蒙蔽了；馬克思經常使用神祕或幻覺之類的用語。到了一八五二年，《共產黨宣言》曾短暫有過的樂觀已然逝去。世界還不夠現代到足以實現其預測。至少有一段時間，局面又回到英國的革命前景，這最先進的工業國家，從而也是資本主義發展的原型。

這時馬克思的分析揭示了一八四八年的理論及策略的局限性。第一個問題是，組建一個成功的革命聯盟。《共產黨宣言》將無產階級描述為現代工人階級。不過，對馬克思而言，當時在歐洲人口中占多數的農民基本上卻是反動的，他們阻礙了進步。他們深受馬克思在此輕蔑地譴責為「農村生活的愚蠢（狹隘眼界）」（6:488）所害。他們在英國迅速消失，轉變為受僱勞工或無產階級。在其他地方，這也將是他們的命運。[18]馬克思曾被指責對農民懷有偏見，這最終會對數百萬人造成災難。[19]到了一八七二年，馬克思重申他對於大規模種植的卓越效率所抱持的信念（23:132）。三年後，他警告，除非農民藉由改善自身條件以及協助從私人的土地所有權轉變為集體的土地所有權，「促使農民在經濟上自願實現此一目標」(24:517)，從而取得勝利，否則農民會反對任何一場革命。至少，他顯然認為，小規模的農業經營注定會消失，會遵循著導致工業生產集中於少數大企業手中的相同法則。協作式的社會主義農業政策的前景仰賴此一前提。只不過，即使是在西歐，小型農場其實伴隨著資本主義在十九世紀的成長而激增。此外，並無任何證據表明，它們的生產力比較低。是以，在這個重要的問題上，馬克思完全是錯誤的。然而，他卻依然想像(或者恩格斯後來會表示)經過幾個世代之後，農業終將達到集體化。這意謂著，馬克思認為，說服與物質激勵，而非武力，是實現此一重要目標更可取的手段。

第二個問題則更局限在政治方面。一八五〇年，《一八四八年至一八五〇年的法蘭西階級鬥爭》首次發展了「無產階級專政」這個日後至為重要的概念，它將「無產階級的階級專政」描述為「消除階級差別必經的過渡階段」(10:127)。[20]馬克思也將此稱為「工人階級專政」(10:69)。在一八五〇年四月和六月，短命的世界革命共產主義者協會曾使用過「無產階級專政」這個詞彙。不過，由於這些文件曾經過他人之手，因此我們無法確定這是馬克思的措辭。雖然它後來成為列寧主義的核心，但馬克思與恩格斯使用這個詞彙總計只有十一次。[21]它們從未具有「一人獨裁統治」的意涵；魏特林認為，馬克思將這種觀點斥為「荒謬」，相反地，他積極主張臨時政府「必須由最多元化的元素組成，它們在交換意見下取得對於最合適的管理方式的共識」(7:556-7)。[22]「它們」也不是指布朗基的小革命團體獨裁統治。

那麼，這樣的措辭意謂著什麼？它所指的是不是某種羅馬式的機構，持續時間有限、具有固定目的、對某些其他的群體負責，因此不算是專制政治？還是說，它類似「資產階級專政」，亦即中產階級加諸於工人的正常、強制的統治，但卻是虛有其表的「民主」？它是否意謂著後來所指的「極權主義民主」？[23]針對這個用語及相關表達所做的語境研究表明，對馬克思來說，它不過是指一個過渡的、後革命的、暫時的法外機制，可由一個新的法制來承繼。然而，我們卻看不出，隨之而來的會是什麼樣的法制。這個專政將依靠民主多數；它是最大階級的階級專政。因此，「無產階級」（這就是重點所在）的專政必須與由一小群人專政的布朗基主義獨裁思想「並列」，意即「階級」統治，而不是「個人」或「少數」統治。[24]

儘管如此，這個概念在一八四八年的失敗下證實了馬克思的新政治策略。在一八五二年三月一封寫給約瑟夫．魏德邁（Joseph Weydemeyer）的信中，他解釋了在他的新視角中，什麼是新穎的。他並未發現階級鬥爭，事實上，

> 我自己的貢獻是，表明（一）階級的存在僅僅和生產發展中的一定歷史階段相聯繫；（二）階級鬥爭必然導致無產階級專政；（三）這個專政不過是達到消滅一切階級和進入無無階級社會的過渡。（39:62-5）[25]

直到《哥達綱領批判》（*Critique of the Gotha Programme*, 1875）將「無產階級專政」定義為資本主義與共產主義之間的「政治上的過渡時期」（24:95）之前，馬克思有二十多年未再使用這個用語。到了

一八九一年，反而是恩格斯，而非馬克思，坦率地表示，「巴黎公社就是無產階級專政的實例」，他還重申，「我們的黨和工人階級只有在民主共和國這種形式下，才能取得統治。民主共和國甚至是無產階級專政的特殊形式」（27:191, 227）。

顯然，在一八五〇年，馬克思和恩格斯都沒有接受布朗基的想法，也就是「少數人完成政變，接著首先在一人或數人的獨裁統治下組織自身」（24:13）。[26]馬克思想要的不是少數陰謀家的獨裁統治，而是一個做為社會最大階級的無產階級專政。這對於它的自我解放至為重要。「專政」指的是某種進行方式，而不是某種組成。一八四九年，馬克思曾強調，為了使多數意志「一致且相同」，這個多數必須由具有相同利益的「一個單一階級」組成（8:272）。（不過農民的問題依然存在：「單一階級」是可能包括「工人階級」，還是不包括「無產階級」？）至少在一八五二年，馬克思把普選權視為「工人階級的政治優勢」（11:336）。馬克思後來回應巴枯寧，他強調，選舉的性質取決於選民之間的經濟聯繫，「當這些職能不再是政治職能的時候，（一）政府職能便不再存在；（二）一般職能的分配便具有事務性質並且不會產生任何統治；（三）選舉將完全喪失它目前的政治性質」（24:519）。在一八九五年已發生改變的時空環境下，恩格斯在《一八四八年至一八五〇年的法蘭西階級鬥爭》的新引言中再次重申普選權的核心地位。曾經是一種「欺騙的手段」，普選權如今則是一種「解放的工具」。這意謂著，「實行突然襲擊的時代，由自覺的少數人帶領著不自覺的群眾實現革命的時代，已經過去了」（27:520）。直到一九一七年，情況似乎正是如此。

CHAPTER

6

流亡，一八五〇年代至一八八〇年代
Exile, 1850–1880s

由於遭科隆警方譴責為「在政治上不可靠」，馬克思於一八四五年年初被迫流亡布魯塞爾。在革命爆發時，他的妻子燕妮（Jenny）遭到逮捕並審訊，不過她並未洩露卡爾已捐贈大筆資金給布魯塞爾的德國工人購買武器。一八四八年，布魯塞爾當局以「遊蕩罪」的罪名逮捕馬克思，並將他「和一個狂暴的瘋子關在一個牢房裡，因此他必須時刻提防著這個瘋子」（6:562），隨後馬克思遭驅逐出境而前往巴黎。一八四八年四月，馬克思返回科隆創辦《新萊茵報》（*Neue Rheinische Zeitung*），該報名稱與他之前參與編輯且很快就成為「紅色共和主義」代言者的平台相呼應。一八四九年二月，馬克思因煽動叛亂而受審。在對新聞自由進行了強而有力辯護後，他獲無罪釋放；陪審團甚至感謝他對事件進行了精闢的分析。儘管如此，該報依舊在同年五月遭禁，馬克思則流亡英國，於八月抵達倫敦。

接下來的三十四年，馬克思在倫敦度過餘生。大英博物館的圓頂閱覽室於一八五七年落成後，他經常待在這裡埋頭研究（眾所周知，座位G7是他的最愛）。剛開始，他陷入貧窮的困境中，經常負債累累。在絕望中，馬克思甚至曾於一八六二年時應徵鐵路營業所的工作；然而，由於他的字跡著實難以辨識而遭到拒絕。在早年的一段時間裡，他幾乎無法工作。他的一些計畫只能斷斷續續地進行。他經常會被一些新的、複雜的事物轉移注意力——像是學習丹麥語和俄語——當結果不合他的意時，他便會重拾自己早先的研究；接著由於需要有償的新聞工作再次分心；然後再次被某些反對他的言論轉移注意力。他很難專注於特定任務，而且對於任何自認為不完美的事物都不滿意。恩格斯曾對馬克思抱怨道，「只要你那裡有一本你認為是重要的書還沒有看，你是不會動筆去寫的（38:330）。」——這是寫作瓶頸常見的原因，顯然有別於馬克思高度的自信。慢性病加劇了所有的這些傾向。因此，出版商的最後期限總是改來改去，最終，他一生多數時間都被一件偉大的作品所吞噬。值得慶幸的是，他可以依靠恩格斯的財務支持；一八五〇年，恩格斯自德國返回，革命期間，他曾加入維利希領導的起義軍參與戰役。接下來的二十年裡，恩格斯大部分的時間都在他父親設於曼徹斯特的公司工作，起薪是每年一百英鎊外加百分之十的盈餘分紅，這讓他得以經常資助馬克思。（沒有證據顯示，他們曾為改善當地大量工人的處境做過任何努力。）而且，馬克思實際上並沒有反對繼承，他甚至還利用一些遺產來還債。

流亡倫敦初期，馬克思簡陋的住所總有川流不息的訪客。後來訪客的人數愈來愈多，有時馬克思忠實的管家海倫．德穆特（Helene Demuth）也不得不出面維持秩序。流亡海外的威廉．李卜克內西（Wilhelm Liebknecht）後來回憶道，許多夜晚都是耗在「德意志工人教育協會」的集會上，這是社會主義社交的一個縮影，其「巨大的桃花心木桌、閃亮的白鑞杯、泡沫濃厚的黑啤酒、道地的英式牛排與配料、吞雲吐霧的長柄黏土菸斗」，導致一個住宅不成住宅。一八五〇至五一年期間，馬克思會在日間對工人講授政治經濟學，他會在黑板上寫公式，而在他講解後，倘若他們沒有提問，他便會出題測驗他們。他會和某些人下棋，像是把他評論成糟糕的戰略家的李卜克內西。不過，德穆特曾抱怨道，「當他輸掉棋局時，他是最難相處的」；燕妮也曾寫紙條懇求他不要再跟人下棋。[1]因為馬克思確實是個容易受傷的輸家。

馬克思不久便被拖入流亡者爭吵的有毒泥淖，其中充滿了「微妙的嫉妒、陰謀、卑鄙勾當和對抗」，更不用說警方的臥底。唯一能讓這些人團結一致的事情就是，他們「對馬克思普遍的、瘋狂的仇恨……一個他們認為的『駭人怪物』（bête noire，直譯為黑獸）」（38:431-2）。他曾在充滿嘲諷、挖苦內容的《流亡的大人物》（*The Great Men of the Exile*）一書中提供這方面的記述；只不過，該書落入普魯士警方手裡，直到一九三〇年才得以印行。[2]（燕妮曾於一八四四年建議他，不要「寫太多關於怨恨及憤怒的內容」，但他置若罔聞〔3:579〕。）儘管和一些工人有著密切的私人友誼，馬克思卻經常對真正的無產者感到失望。他在一八五二年時描述了科隆的工人：「我們的施特勞賓人就是這樣，要和這樣的人一起創造世界歷史，真糟糕。」（39:137）他曾和許多同僚鬧翻，其中包括維利希。維利希曾經要求馬克思進行決鬥，他的朋友康拉德·施拉姆（Conrad Schramm）代為接受挑戰，甚至因為這場麻煩害自己的腦袋吃了子彈（不過他倒是活了下來）。維利希在共產主義者同盟裡最主要的伙伴夏佩爾，以及許多流亡的資產階級民主人士，同樣很快就成了「不受歡迎人物」。一八五〇年九月，同盟分裂，以工人為主的絕大多數成員都站在維利希和夏佩爾那一邊，其餘泰半受過較多教育的工人則與馬克思站在一起。前者將馬克思從同盟中驅逐，並且持續策畫在德國起義。由於不滿馬克思領導一個知識分子的黨，他們把自己視為這個運動真正的無產階級繼承人。然而，移民很快就削弱了他們的人數，特別是在一八四九年加州淘金熱之後。就連馬克思也曾考慮過前往美國。（我們可以把他想像成一個探礦者，在內華達山脈的高處一邊凝視自己的淘金盤、一邊沉思著剩餘價值。）到了一八五三年年初，同盟不復存在。[3]

在一八六〇年代，馬克思由於指責前激進分子卡爾・福格特（Karl Vogt）為拿破崙三世收買，於是再次陷入一場漫長的毀謗風波之中。他再次浪費了寶貴的時間去進行一場無謂的口舌之爭。巴枯寧認為，小小的惡意背後隱藏著馬克思深沉的怨恨動機，但馬克思倒認為自己是被迫要為自己辯護。不過他仍然與偏左的憲章運動者走得很近，尤其是歐內斯特・瓊斯（Ernest Jones）與喬治・朱利安・哈尼，雖然哈尼在一八五一年轉向支持維利希與夏佩爾，瓊斯則因支持與中產階級結盟而受到譴責。然而，孤立卻也是馬克思的補藥。他曾於一八六〇年向詩人費迪南德・弗萊利希拉特（Ferdinand Freiligrath）強調：「我是一名評論者。」[4]評論可以單獨進行，或至少倚仗恩格斯的協助。

馬克思的朋友和熟人，以及他的敵人，留下一些在這些年裡關於他的性格描述。和每個人一樣，他也有缺點和優點。做為一個人，馬克思的善與惡是密切相關的。他對於批評十分敏感，容易因遭受批評而受傷，可是對於反對者卻非常苛刻且無情。具有過度自信的傾向，或許帶有一點「彌賽亞」情結，他十分熱中於宣揚自身優越感及原創性，這意謂著貶低他人。雖然他鄙視浮誇，卻經常表現出傲慢與專橫。在適當的情況下，這些都是有益的特質。許多見到馬克思的人都會覺得，任何一個如此聰明、如此自信的人肯定是對的。可惜馬克思並不總是正確的，也從未輕易地向對手讓步，即使只是一盤西洋棋。他懷有許多同時代的人所具有的偏見，也會顯露出種族主義和反猶太主義的傾向，因為他無法抗拒任何能夠羞辱對手的機會。[5]他對較弱小的斯拉夫民族的蔑視呼應了他身為德國人的民族自豪。耐人尋味的是，他還認為「顱相學」是一種有用的識人方法。

在他的同伴中，薩克森的激進分子弗里德里希・佐爾格（Friedrich Adolph Sorge）後來回憶道，馬克思往往被視為「友善、和藹、討人喜歡的人」。他很親切，喜歡喝幾杯啤酒，和志同道合的伙伴混在一起，還會講笑話，並開懷大笑，而且比大多數的人都更能背誦詩歌，這點則要歸功於他過人的記憶力。對於吹毛求疵的批評者，他或許會很苛刻（有一回，一名紳士刻意問馬克思，在未來的社會中，什麼人要負責清理鞋子，他尖銳地回答說：「你！」）。[6]然而，對於登門造訪他在倫敦住處的幾代流亡者和社會主義者，他都會表現出友善、樂於助人與熱情好客的態度。李卜克內西曾有十二年的時間幾乎每天都會見到他，並稱讚他「慷慨的心為人類的一切事物及所有與人類有關的事物熱烈地悸動著」。他還記得，馬克思「經受得起反對意見，儘管他因而勃然大怒的情況並不罕見」。[7]他的另一個知己——裁縫弗里德里希・列斯納（Friedrich Lessner）則強調，「馬克思向來非常重視與工人的會面和交談」，他曾回憶道，他的「幽默是難以遏抑的，他的笑則是極為暢快淋漓」。列斯納在一八四八年年初首次見到馬克思，而有了如下的描繪：

> 當時馬克思還很年輕，約莫二十八歲；儘管如此，他為我們所有人留下了深刻的印象。他的

身材中等，肩寬額高，精力充沛；臉部線條完美，頭髮濃密烏黑，目光炯炯且具有穿透力，其嘲諷足以令對手畏懼。他的演說言簡意賅；他絕不浪費筆墨，字裡行間都是一個想法，每個想法則都是他的論據所不可或缺的一環。他的言談有邏輯能讓人信服，不會給人朦朧之感。[8]

接著是他的敵人。激進派政論家卡爾．海因岑（Karl Heinzen）曾稱馬克思是「人猿與貓生下的雜種」；馬克思甚至在論戰中向對手大喊：「我會毀滅你！」美國內戰期間聯邦軍少將，同時也是革命移民者卡爾．舒爾茨（Carl Schurz）回憶道，「從來沒見過一個男人的風度是如此令人憤怒且無法忍受」。對於馬克思「冷嘲熱諷地輕蔑」所有超越他的人，他也印象深刻。舒爾茨還補充道，「對於所有與他相左的意見，他都不會謙卑地給予尊重。每個反駁他的人，他都會以極其蔑視的態度來對待。」[9]有個在一八五二年左右見過馬克思的警方密探曾將「他性格中的專橫特質」形容成「無限的野心與權力欲」。馬克思某時期的友人古斯塔夫．泰霍夫（Gustav Techow）則寫道，「這個智慧卓越的人缺乏靈魂的高貴。我確信，最危險的個人野心早已吞噬他的所有良善。」[10]俄國知識分子帕維爾．安年科夫（Pavel Annenkov）也曾表示，他是「民主獨裁者的化身」；他更在一八四六年詳細地描繪馬克思：

馬克思是個由活力、意志力及不屈不撓信念所構成的類型，就連外表也引人注目。他頂著一頭濃密的黑髮，雙手毛茸茸的，外套扣得歪七扭八，儘管如此，他仍保持著足以贏得尊敬的、適當且權威的外表。他的動作雖顯笨拙，卻充滿自信；他的舉止與社交傳統背道而馳，流露出驕傲且隱約帶著輕蔑。他那尖銳的談話聲，與他對人與對事所做的激進評斷恰恰相符。他所說的，無非就是一些不容任何矛盾的斷言；不僅如此，他還會針對自己所說的加上某種尖刻的注解。這項特點顯現出他的堅定信念，那就是控制思想，將意志強加予他們，帶領他們走他自己想走的路。在我面前的，是民主獨裁者的化身，正如一個人沉浸於幻想時，在自己的想像中可能描繪的那樣。[11]

一八七九年，具有自由主義思想的德國王儲妃維多利亞曾探詢英國議會自由黨議員格蘭特·達夫（Mountstuart Elphinstone Grant Duff）是否認識馬克思。達夫後來見到「一個身材矮小的男人，他的頭髮與鬍鬚灰白，和嘴唇上依然烏黑的鬍鬚形成奇怪的對比。他的臉型略圓，前額周正而飽滿，目光嚴峻，不過整個神態和藹可親，絕不是一個慣於吞噬搖籃裡的嬰孩的人——我想那是他在警察眼中的形象。」他認為，馬克思是個「見多識廣且博學的人」，雖說「有點憤世嫉俗」（24:580）。

馬克思當然也是丈夫與父親。一八四三年，他娶了青梅竹馬的女友燕妮·威斯特華倫（Jenny von Westphalen, 1814-1881），她是男爵的女兒，面容姣好，有許多人追求，較馬克思年長四歲，她在倫敦印製的名片上使用了「男爵之女」的頭銜。[12]這對她並沒有多大的好處，儘管有份德國報紙曾報導過馬克思夫人在除夕夜宴會上的詩歌朗誦，認為「觀賞別具天賦的女士試圖提升無產階級的知識能力，令人留下深刻的印象」。[13]列斯納曾形容她是「優秀的馬克思夫人，高挑且十分美麗的女性，具有高貴的氣質，更重要的是，她非常善良、和藹、有修養，她不高傲也不會擺架子，看起來就像是某人的母親或姊妹。」[14]不過，雖然她和「摩爾」（燕妮和恩格斯因馬克思黝黑的外表而如此稱呼他）深深愛戀著彼此，還為他生下了七名子女，他們的家庭生活卻被極度貧困壓得喘不過氣來。在後來的幾年裡，兩人漸漸疏遠，她不時會對他和孩子們惱怒。馬克思的個性往往是個障礙。即使在年輕時他也不擅理財，從大學時代就經常開口向父親要錢。掌握資本主義的複雜性對於他管理自己的家計絲毫沒有幫助。不過，燕妮倒是從年輕時期起便分享了他對於窮人的同情。她陪著馬克思走過知識分子的艱苦跋涉，在一八四三年讀了費爾巴哈的著作，後來也協助抄寫馬克思諸多作品草稿。當他們在那年結婚時，馬克思於蜜月期間隨身帶了四十五本書，並且寫了兩百五十頁的筆記。不過燕妮倒是很快就懷孕了。

在一八四三至四四年流亡巴黎期間，馬克思一家曾過著普通的資產階級生活。他們的朋友包括詩人海因里希・海涅（Heinrich Heine）和黑爾維格、青年黑格爾派的盧格及馬克思後來的重要對手巴枯寧。巴枯寧認為，馬克思的談話「總是機智且深具啟發性，倘若沒有受到小小的仇恨所激發，只可惜，這種情況實在太過頻繁！」[15]到了一八四五年，當時人在布魯塞爾的馬克思不得不放棄政治活動，並仰賴恩格斯的接濟；那時恩格斯曾與一名來自曼徹斯特的愛爾蘭籍工人階級女孩一同現身，燕妮卻拒絕正式的會面（階級偏見不易消弭）。燕妮的母親派了忠實的女僕海倫前去幫助馬克思一家。此後德穆特就一直待在這個家裡，直到她於一八八三年轉任恩格斯的管家；她最終被安葬在海格特公墓（Highgate Cemetery），就在卡爾和燕妮的墳墓旁。人們普遍認為，德穆特於一八五一年時為馬克思生下一個孩子弗雷德里克・德穆特（Frederick Demuth），在馬克思要求恩格斯出面承認自己是這個孩子的父親後，這個孩子就被某個英國工人階級家庭領養。「弗雷迪」（Freddy）後來成為機械師，他與同父異母的姊姊愛琳娜・馬克思（Eleanor Marx）有著不錯的交情，雖然她在恩格斯臨終時發現他父親的這個祕密令她甚為震驚。[16]

燕妮長期以來確實吃過不少苦。她的第一個孩子也叫燕妮，出生於一八四四年。在布魯塞爾時，第二個女兒蘿拉隨後於一八四五年出生。接著在一八四六年十二月，名為埃德加（Edgar）或「穆希」（Musch）的男孩出世。遺憾的是，到了一八五五年四月，這個家中的「靈魂」卻因胃熱不幸死於馬克思懷中。馬克思對這個兒子的愛訪客們都看在眼裡——散步時，馬克思甚至會去逗弄在街頭閒晃的孩子——他曾寫道：「現在我才懂什麼是真正的不幸（39:533）。」燕妮在一八四九年十一月生下第四個孩子海因里希（Heinrich），但這名男孩並不健康，房東的管家甚至扣押了這個垂死嬰孩的搖籃。另一個女兒法蘭西斯卡（Franziska）也只活了短短的一段時間（1851-1852）；當時燕妮為了籌措她的棺材錢，甚至不得不去向人乞討。愛琳娜出生於一八五五年。一八五七年，下一個孩子在獲得命名前便已去世。燕妮在一八六〇年時不幸染上天花，孩子們被迫迅速帶離他們的住所。她曾寫道，馬克思「極度溫柔地」（41:573）照顧她。馬克思則向恩格斯哀嘆：「只有魔鬼知道我們是多麼不走運」（41:216）。

從一八五〇到一八五六年期間，馬克思一家都住在蘇荷區的迪恩街，那裡的環境頗為骯髒，他們有時得要八個人擠在兩個房間裡，只吃麵包和馬鈴薯過活。普魯士警方的特務一直嚴密監視著他們、記錄上門的訪客、在公共馬車上靠近他們，或坐在他們附近的咖啡館裡。後來馬克思承認，「總體來說，我不擅於認出特務」，不過，一旦他對某人忍無可忍，就會「轉過身來，用我那眾所皆知的眼鏡（單片眼鏡）盯著對方」，這時對方會「脫掉帽子」，然後消失無蹤（44:206）。有個特務甚至闖進馬克思家裡，他在那裡、在世界革命的中心發現，「在每個房間裡，連一件乾淨或體面的家具都沒有，舉目所及的一切盡皆破爛，所有的東西上頭都積著厚厚的灰塵，到處都是極為髒亂。」唯一一張桌子上堆滿「手稿、書本和報紙，除此以外，還有孩子們的玩具、妻子的縫紉籃裡零零碎碎的種種、邊緣破損的杯子、骯髒的勺子、刀子、叉子、蠟燭、墨水瓶、平底無腳酒杯、荷蘭製的黏土菸斗以及菸灰。」不僅如此，整個住處甚至瀰漫著燃燒菸草與煤炭的煙霧。[17]那完全不是一個適合家庭居住或解放人類的場所。

馬克思一家的財務危機爆發的次數遠比資本主義體制中的金融危機更為頻繁。在那些年裡，債主和當鋪老闆成了與他們關係最密切的人；其中有人後來甚至被稱為「叔叔」。馬克思曾試圖典當燕妮家的銀器，還被懷疑偷竊這些銀器，在牢裡過了一天半。到了一八五二年冬天，他甚至因典當自己的外套而無法出門。有一回，正當《資本論》已準備好要交給出版商時，他的外套和手錶卻都典當掉了。如果可以的話，馬克思會離家外出，他會在早上九點前往大英博物館閱覽室的心靈國度（他曾表示，在炎炎夏日裡，大英博物館的閱覽室是倫敦最涼快的地方），去博物館酒館（Museum Tavern）享用午飯，到了晚上才會返家，他經常途經圖騰漢廳路（Tottenham Court Road）上的酒吧。某天晚上，在喝過十八家這類酒吧後，馬克思、愛德嘉．鮑爾和李卜克內西打破了一些路燈，引來三、四個警察追逐他們好一陣子。當晚稍早，喝得酩酊大醉的馬克思還向一群英國祕密共濟會的會員（Oddfellow）保證，德國最終會戰勝所有其他國家。他經常熬夜工作，勉強睡個幾小時，這對他的健康傷害很大。他偶爾會為報紙撰稿，主要是《紐約每日論壇報》（*New-York Daily Tribune*）。在經常抽劣質的雪茄下，他的健康情況未能獲得改善。由於太常熬夜工作，他的眼睛經常會有些小毛病困擾他。他的痔瘡、肝病及背部與右臂的風濕也一樣。此外，令人痛苦的皮膚病也造成癤或癰（他所謂的「怪物」）而反覆發作，這意謂著，他大多只能站著寫作。失眠的問題老是困擾他。不過，他的孩子倒也記得許多快樂的時光，尤其是當馬克思扮驢子把他們馱在背上，或是當他大聲朗讀荷馬、莎士比亞或其他作家的作品。

一八五六年的一筆遺產遏止了這場苦難，促使這一家人得以在漢普斯特德荒野（Hampstead Heath）附近租下一間小房子，馬克思也因而得以做些他稱之為「體面表現」（40:331）的事，其中包括送他的女兒去南漢普斯特德女子學院就讀。只不過，仍有許多危機等待著他。馬克思曾考慮過宣布破產，正當他的癰再次襲擊他。然而，從一八六四年起，這一家人卻能搬到更大的房屋，最終，在接連繼承幾筆遺產後，更擺脫了債務。他們甚至在一八六四年時辦了場舞會。有人說，馬克思曾以一千五百英鎊的本錢在股市賺得超過四百英鎊的獲利，而且沉迷於能夠藉此「消除他的金錢敵人」。[18]可是，好景不常，短短兩年後，他又再次向恩格斯請求接濟租金。

當「工人階級的聖經」（恩格斯對《資本論》的暱稱〔35:35〕）第一卷終於在一八六七年出版時，在書市上乏人問津，未能幫助馬克思緩解任何財務上的壓力。馬克思曾懊悔地回憶起他母親的諷刺道：「我的母親曾說，『但願卡爾賺的是資本，而非其他』，她說得還真對（43:25）！」他覺得返回這個論題很難，而且第二卷幾乎未能取得任何進展。然而，到了一八六八年，儘管英國政府拒絕授與他公民身分（一封蘇格蘭場的機密信件指出，「他不忠於自己的國王以及國家」[19]），他卻已獲得足夠的敬重，被提名為「聖潘克拉斯教區仲裁法官」，這是一個次要的榮譽職。接著，到了一八六九年，恩格斯賣掉父親的棉花工廠，這間工廠曾帶給他每年一千英鎊的收入（相當於今日的四十萬英鎊），他當時也曾每年固定接濟馬克思將近三百五十英鎊，通常是每週寄送一次裁成兩截的五或十英鎊的銀行券。此舉還有諸如此類的一些事情，有助於為一八七〇年代末和一八八〇年代初匯聚於馬克思家的貧困政治人物及其他流亡者提供協助。當時被描述成「一個德國老太婆」的女管家德穆特（又名「小琳蘅」〔Lenchen〕）會過濾一些人，她會要求想要登門造訪的德國人出示介紹信（24:568-9）。有不少訪客是英國人，其中包括從股票經紀人變成共產主義者的亨利．海德門（Henry Mayers Hyndman），他曾稱讚馬克思「無疑是天才」。[20]海德門希望組建一個工人階級的政黨，他自己的作品，特別是《眾人的英國》（*England for All*, 1881），則未經許可改編了《資本論》的部分內容，後來也不出人意料地與馬克思產生嫌隙。不過，海德門的「民主聯盟」（Democratic Federation；成立於一八八一年，一八八四年起更名為「社會民主聯盟」〔Social Democratic Federation〕），後來卻成為英國第一個實質具有馬克思主義傾向的組織。

馬克思的妻子於一八八一年十二月二日因癌症去世。兩人的女兒後來過得並不幸福。[21]所有人都崇拜她們的父親，對他抱持高得令人難以置信的標準和期許。馬克思的女兒燕妮嫁給法國革命家記者夏爾・朗格（Charles Longuet），但她在一八八三年年初同樣不幸死於癌症。愛琳娜・馬克思（又名「杜西」〔Tussy〕）於一八七二年搬去和已婚的作家愛德華・艾威林（Edward Aveling）同居，並先後在社會民主聯盟以及分裂出去、以威廉・莫里斯為首的「社會主義者同盟」（Socialist League）擔任要角。做為一名不屈不撓的活動家、組織者及工會領袖，愛琳娜可說是馬克思在政治上真正的傳人，她甚至曾經為了這項事業前往美國宣講。她是家中唯一認同自己是猶太人的成員。她不僅學習意第緒語，而且曾表示，與東區猶太工人在一起的時光是「最快樂的時刻」。只是，艾威林也經常仰賴恩格斯的接濟，此外，他還有許多其他的女性崇拜者。雖然愛琳娜主張自由戀愛原則，不過，在艾威林和一個年輕的女演員結婚後，她於一八九八年三月服毒自殺。[22]而即使馬克思最初並不贊同，蘿拉還是嫁給了古巴裔的法國社會主義者保羅・拉法格（Paul Lafargue）。兩人在得出「他們再也無法為共產主義運動服務」的結論後，於一九一一年雙雙自殺。[23]馬克思對他的女婿們感到失望，他曾表示：朗格是「最後一個普魯東主義者」，拉法格則是「最後一個巴枯寧主義者」。在向恩格斯抱怨時，他補充說：「願魔鬼帶走他們（46:375）！」[24]馬克思曾經感嘆道，自己生命中最大的遺憾不是為革命事業犧牲自己的幸福。他堅稱，自己很樂意再經歷一次。事實上，最令他感到遺憾的是，在婚姻中，自己帶給別人如此多的痛苦，而且過於以自己為中心；儘管馬克思非常疼愛他的孩子，但這樣的形容實在太真實了。

CHAPTER 7 政治經濟學 Political Economy

多數鑽研馬克思經濟著作的讀者，比較關心的是資本主義所造成的剝削與不平等、不公正與貧困、苦難與長期危機等事實，而非精確解釋這一切是如何造成的。[1]儘管如此，我們還是必須多少了解一下，為何馬克思會認為他的剩餘價值理論是重要的發現。我們同樣也必須知道，馬克思在他後來的作品中是否保留了異化理論、對於勞動分工所做的批判、於一八四四年所闡述的全面發展目標，以及他是如何設想社會主義的生產和交換體系。最後，我們更有必要評價，對於馬克思來說，協作能在多大的程度上做為統合這些主題的工具，以及其政治性質如何應付異化理論。若要回答這些問題，我們必須費心了解《政治經濟學批判大綱》一書——誠如政治學家大衛．麥克萊倫（David McLellan）所言，是馬克思所有作品中「最完整」的一部[2]——該書寫於一八五七至五八年，為《資本論》的初稿，直到一九三九年方才出版。在撰寫期間，馬克思提到他在一八四三至四五年時的筆記，這有助於解釋兩個時期之間的連續因素。不過，且讓我們先來簡單審視一下馬克思的巨著。[3]

★

馬克思曾在一八六三年十一月向妻子燕妮抱怨道：「這本可憐的書好像永遠也不會完成，就像是壓在我們所有人身上的一場噩夢」（41:585）。不過，《資本論：政治經濟學批判》（*Capital: A Critique of Political Economy*）這部「巨著」（leviathan〔41:585〕）的第一卷，總算在一八六七年於漢堡（Hamburg）問世。至於英文譯本則得再等上二十年。優雅的風格、嚴謹的組織以及穩健的步伐，可謂《資本論》與馬克思在此一時期其他經濟著作（草稿）之間的明顯差異。馬克思甚至使用大量的證據——大多截取自工廠視察查員的報告（藍皮書）——詳細說明了資本是什麼、做了什麼，進而得出必然的結論，即在資本主義下，相較於利潤，人幾乎毫無價值。

然而，少有讀者能夠真正地深入這部偉大的文本。對於許多人來說，閱讀《資本論》宛如在叢林中披荊斬棘地開闢一條小徑。馬克思把他的傑作形容成，「對資產階級所投擲過的最可怕的飛彈」（42:358）。這一點我們大可承認。然而，閱讀這部文本的讀者往往苦於大量且複雜的細節，更遑論理解那些數學公式。雖然馬克思表示，他在《資本論》中只是「賣弄」了黑格爾的方法（35:19），他的語言卻往往不夠精準。許多人在閱讀過程中早早就失去了方向，迅即撤退。莫里斯在一八八三年左右開始嘗試閱讀，後來他痛苦地回憶道：「在閱讀那偉大作品的純經濟學時，滿腦子都因困惑而感到痛苦。」[4]偉大的德國社會民主黨領袖奧古斯特．貝貝爾（August Bebel）幾乎從未超過開頭的部分。菲德爾．卡斯楚（Fidel Castro）曾吹噓說，自己讀到三七〇頁，大約是該書的一半。[5]在第一次拿到這本書時，胡志明用來當作枕頭，或許希望藉由滲透作用獲得用功鑽研卻未能參透的某些內容。[6]至於大多數後來的非經濟學家，則是迴避與本書進行全面較量。

然而，我們偶而會見到某些令人驚訝的、美麗的且偉大的遠景，從而明白，為何馬克思會視其偉大的努力為「藝術品」（42:174）。它充滿了挖苦和嘲諷，富含文學典故，有時會讓我們不禁懷疑，這到底是不是經濟理論。事實上，就某些方面來說，的確不是；這是一本關於人性與非人性、解放與奴役的書，規模之浩大，簡直如同某種「天啟」。這是一部刺激的、引人深思的著作，那描繪個別工人的苦痛及工廠生活的野蠻殘忍的插畫一再吸引著讀者。我們也同樣驚訝於資本令人難以置信的放肆，如成吉思汗般橫掃過往所有歷史的全貌，以史無前例的規模摧毀了在它之前的一切。在人們對這本書的經濟學感到興味索然之後，過了這麼久，它依然是現代社會史的經典之作。

《資本論》也可說是一部道德寓言，為善良的窮人與邪惡的富人之間的激烈鬥爭承諾了一個完美結局的救贖。在某個層面上，它是一篇冗長的道德主義宣言，藉以對抗由骯髒的貪婪所推動的體系。馬克思在德文第一版中寫道，如果家鄉的情況類似英國，「我們應該對於那裡的事態感到震驚」，他慷慨激昂地譴責「人類心中最暴力、最卑鄙且最惡毒的激情，即私利的復仇女神。」資本主義「會根據工人階級本身的發展程度，以更殘酷或更人道的形式」存在（35:9）。不過，馬克思所在乎的不是去宣告，而是去描述個體，「只因他們是經濟範疇的化身，是特定階級關係與階級利益的體現」（35:9-10）。然而，用以評判其行為的標準始終橫擺在我們面前。馬克思經常將應該屬於「正常」的東西用來和資本主義的所作所為進行比較。在討論工作日時，這一點最是清楚：

可見，資本主義的生產模式（實質上就是剩餘價值的生產，就是剩餘勞動的吸收），藉由延長工作日，不僅使人的勞動力由於被奪去了道德上與身體上的正常發展及活動的條件而處於萎縮狀態，而且使勞動力本身未老先衰和死亡。這種生產模式靠縮短勞動者的壽命，在一定期限內延長勞動者的生產時間。（35:271）

另外又說道：

當資本家試圖盡可能延長工作日，而且，如果可能的話，盡可能在一個工作日裡完成兩個工作日的工作，資本家是在維護他們身為買方的權利。另一方面，所售商品的特殊性則意謂著購買者對其消費的一種限制，當勞動者希望將工作日降低到確屬正常的持續時間，勞動者則是在維護他們身為賣方的權利。因此，這裡有個權利對抗權利的矛盾，兩者同樣都為交易法所許。在平等的權利間做決定。（35:243）[7]

資本主義旨在盡可能充分利用工人，主要是透過延長工作日，創造出馬克思所謂的「絕對」剩餘價值，並且藉由強化與合理化勞動來增加產出，從而創造出「相對」剩餘價值。唯有「來自社會的強制力」才能抑制這些過程並確保「正常」的工作日。這場運動始於歐文最早對於限制工作時間所做的努力，這項努力曾被譴責為「共產主義的烏托邦」，如今則安置於工廠法案裡（35:304）。[8]當然，這樣的立法證明了，人們逐漸意識到，當對於資本主義不人道的意識擴延，資本主義的「自然法則」確實可能會被改變。

《資本論》的中心目標是，「揭示現代社會的經濟運動法則」(35:10)。第一卷從分析商品及其使用與交換價值開始。後者取決於抽象勞動的數量或它所代表的「在社會上必要的勞動時間」(35:12)，也就是在平均條件下生產一般所需的勞動量。被雇主積累成資本的無償勞動是現代資本增值與工業的基礎。反過來，對於利潤無止境地追求則被解釋成，必然壓低工人的生活水準。恩格斯先後於一八八五年和一八九四年出版了第二卷和第三卷，內容細察了流動資本，並分成三個方面：貨幣資本、商品資本以及生產資本，這些都遵循著需求增加價值的一般原則。可是資本累積的過程並不平穩。《大綱》將利潤率下降稱為「政治經濟學最重要的法則」。這可能會受到其他因素影響，像是隨著系統擴張增加的利潤絕對總額，或是加劇剝削的可能性，或是在對外貿易中實現更高的利潤率。因此，這種下降率就算不是證明該系統基礎不穩的經常性危機的關鍵原因，也是一種「趨勢」。馬克思還提供了關於租金的說明。第三卷總結了資本主義在兩個特徵上的獨特性：將貨物當作商品生產；創造剩餘價值為其主要目標和關鍵動機。

《資本論》的一大主題是，「資本主義累積資本的絕對普遍法則」，也就是從財富獲取利潤的欲望，這意謂著財富、資本、無產階級和生產力愈是增長，許多人的貧困程度也會愈明顯。這呼應了一八四四年的表述：「工人生產的財富愈多，他就會變得愈窮」(3:271)。只不過，在這裡，它是針對一個階級所做的經驗描述，而非關於遭到異化的工人的哲學命題。一八六七年，馬克思是否認為，絕對貧窮化（陷入深度貧窮）或相對貧窮化擴大了貧富之間的差距，儘管貧者的生活水準也可能獲得改善，關於這一點，經濟學家始終爭論不休。馬克思本人後來稍微改變了自己的觀點，恩格斯曾說，馬克思認為工資「極具彈性」（24:69）。自從十九世紀中葉以來，實際工資已在不同階段中上漲，但在過去十年中有時卻也下跌。發生所有這一切的普遍過程都受到市場競爭左右，馬克思認為這不是一種「自然法則」，而是根據歷史的角度而言可被取代的過程。因此，馬克思高度批評德國社會主義者斐迪南．拉薩爾（Ferdinand Lassalle）對於「工資鐵律」所做的描述，這意謂著工資無可避免地會因馬爾薩斯的理論中所提及的種種原因而下跌，工資上漲會為家庭規模的增長所抵消。他同樣嚴厲批評了約翰．彌爾的假設，即生產法則是「由獨立於歷史的永恆自然法則所支配」（28:25），而且是根植於「事實」的「科學」。[9]然而，資本的累積卻也保證了平均利潤率趨於下降。與此同時，機械化和競爭盡皆造成了商品生產過剩的危機。

雖然如今我們認為這是源自馬克思於一八四四年時的觀點，不過馬克思對於「商品拜物教及其祕密」的闡述通常被視為《資本論》的關鍵啟示。[10]布爾什維克的領導者尼古拉．布哈林（Nikolai Bukharin）曾簡單描述道：「人與人之間的關係表現為商品之間的關係。」馬克思早先曾聲稱：「貨幣不是一種物，而是一種社會關係」（6:145）。這時他寫道：「人類勞動的社會性質在他們看來是一種烙印在那個勞動的產物上的客觀性質；因為生產者和他們自己勞動總和的關係對他們顯示成一種社會關係，不存在於他們之間，而是存在於他們的勞動產品之間。」也就是說，藉由某種「物化」

（Verdinglichung）的過程，「某種人與人之間確定的社會關係……在他們眼中，假設了想像出的事物關係形式。」這類似於宗教的世界，在那當中，「人類大腦的產物顯現為具有生命的獨立存在」（35:83）。

我們回到了費爾巴哈的觀點，商品雖然不像神靈那般純屬虛構，卻象徵著真實的社會關係。不妨想想新聞報導中常見的用語，「今天的市場……」或「本月經濟成長……」，在那當中，我們所想像的是非人的某些事情而不是真實的人。「經濟情況良好」意謂著「公司賺到豐厚的利潤」或「股票正在上揚」，而非「薪資好且正在增長」。

貨幣是一種特殊形式的「普遍商品」，它在掩飾這些關係中有著重要的作用。黑格爾的異化理論假定，我們需要在我們之外的那些我們自己創造的事物中認識自己。馬克思在此大力發展這種見解。社會環境、技術與經濟關係，無不源於人類共同的努力。在這三者當中看到我們自己，使它們成為公共領域的一部分，是人類意志的產物，並且從中認識到我們是公共、集體的人類，而不僅僅是被剝削的工人。這是至關重要的「政治」進程。馬克思這時強調，「以物質生產過程為基礎的社會生活過程，除非被自由人聯合體視為生產，並由他們有意識地按照既定計畫進行監管，否則的話，其神祕面紗不會揭去」（35:90）。因此，異化的問題解決了；唯有民主的勞動組織，才能藉由以有意識的意志取代所謂的「自然法則」，去消弭意識形態和拜物教。

《資本論》的第一卷結束於一個著名的段落，這個段落強調了資本集中與勞動的社會化終究是不相容的。「財富積累在一個極端」，「與此同時，苦難、辛勞、奴役、無知、殘忍和精神退化的積累則在相反的極端」（35:640）。資本主義產生於「最惡名昭彰、最貪婪、最狡猾、最卑鄙可憎的欲望刺激下」(35:749)。它將在「勞動階級的反抗而告終,這是一個在數量上持續增加的階級,受到資本主義生產本身的過程機制所訓練、團結與組織」。最終,

> 資本的壟斷成了如雨後春筍般崛起的生產方式的束縛……生產資料的集中和勞動的社會化,無論如何都會達到與其資本主義外殼不能相容的地步。框架爆裂。資本主義私有財產的喪鐘響起。剝削者就要被剝奪。

由此,「人民群眾對於少數掠奪者的剝奪」完成了「否定的否定」(35:750-51)。

不過,令馬克思感到悲哀的是,儘管他和恩格斯以匿名或筆名的方式撰寫諸多評論來「大肆宣傳」《資本論》(42:427),仍舊不受媒體青睞。恩格斯曾計畫從「資產階級的觀點」來攻擊此書,但他的「祕訣」(〔recipes〕誠如馬克思所稱)幾乎沒能增加銷量(42:445, 449)。恩格斯的做法究竟有多大用處,著實令人懷疑;好比他最初的評論之一是「這本書會讓很多讀者失望」(20:216)。他也曾抱怨道,馬克思在宣傳他的作品時「像小女孩那般害羞」(42:467)。

馬克思的剩餘價值理論可算是在他成熟的經濟理論中最著名的主題。崇拜者認為,這是馬克思最偉大的成就之一。其他的人則不以為然。奧地利社會主義領袖維克多·阿德勒(Victor Adler)曾在致考茨基的信中表示,「我完全不懂剩餘價值理論」,並補充道,「而且坦白說,我一點也不在乎。」

[11]英國經濟學家G・D・H・科爾（George Douglas Howard Cole）則認為，「新奇的是他（馬克思）所提出的理論的用途，而非理論本身。」[12]阿圖塞把「馬克思聲稱是他真正的個人發現」的這套理論稱之為，「模糊不清、簡直站不住腳的勞動價值理論」。[13]有些人則認為，這個命題其實是形上學的，正如重農主義（physiocracy）的主張，所有價值皆產生自土地。[14]

馬克思理論的獨創性也受到了挑戰。歐文派堅稱，當工資低於勞動者所生產的產品的價值時，就會發生「不平等交換」。對約翰・布雷（John Francis Bray）而言，「資本家與業主不過是支付工人他們在一週前從工人那裡獲得的財富的一部分做為勞動一週的代價！」[15]威廉・湯普森表示，「偽交換」是「在沒有充分且令人滿意的等價物下所造成。」[16]馬克思同意，當貨幣做為工資支付時，它與產品價值之間的差額便是資本家的獲利。一八五三年，他曾把「詐欺性地用過去的勞動交換現在的勞動」描述成，過去的勞動（資本）沒有交換成「等價的現在的勞動」（39:381）。他還寫道，「勞動和資本之間的交換，其結果是勞動的代價，儘管對工人而言，這是一種簡單的交換，但對資本家而言，卻必然是非交換。資本家所獲得的價值必然多於他所付出的價值」（28:247）。不過他強調，剩餘價值產生於生產本身中。「必要的勞動」是工人維持最低生活水準所需的勞動量。其所創造出超過這個部分的價值，則是被資本家偷走了。

繼馬爾薩斯後，李嘉圖以降的政治經濟學家認為，由於有太多工人競爭工作機會，平均工資總是趨於維持生活的水準。然而，就產品的價值比例而言，體力勞動（相對於抽象的勞動力）的實際輸入可能是巨大的（許多工人和少許或沒有機器），或相對較少的（許多機器和少許工人）。這改變了馬克思所謂資本的「有機構成」，使平均值的計算變得困難。儘管如此，如同湯普森，馬克思認為「工資代表透過契約『自由地』公平交換」的錯覺是資本主義令人迷惑的核心之一，亦即「『不經交換』的讓渡勞動的挪用」被看作具有「交換的外表」(28:233, 513)。(任何曾經為低工資工作並看著老闆將利潤收入囊中的人，都會明瞭這是什麼意思。) 某些後來的社會主義者認為，早期對於不平等交換的闡述與馬克思的理論並沒有多大差別。例如，「費邊社」(Fabian Society) 成員碧翠絲・韋伯 (Beatrice Webb) 就認為湯普森的觀點「後來被馬克思加入了他的《資本論》中」。[17]

所以，對馬克思來說，剩餘價值便是「剩餘勞動」的價值，是資本家在支付了維持生計的工資後，工人在工作日未獲報酬的部分流向了資本家。如果工人受僱六小時，製作以十二小時的勞動價值出售的產品，那麼產品銷售的價差便是剩餘。除了討論工作日長度外，馬克思並未解釋社會主義或共產主義如何減少剩餘價值。他確實描述了剩餘價值是如何在資本主義下增加，例如藉由技術創新降低生產成本和／或以相同或更少的勞動成本提高產出。但增加剩餘價值的可能性也有限，因此利潤減少。然而，矛盾的是，相對剩餘價值增加得愈多，利潤率就愈容易下降。馬克思認為這是一項重要的發現，因為它似乎保證了資本主義不僅容易發生危機，而且將無可避免地走向消亡。

機器只是加劇剝削的過程，並且加速了婦女和兒童進一步「道德墮落」和「知識荒蕪」(35:403)。工作日被延長，藉以確保最大化地使用機器。在機器提高速度並使工作變得更簡單且制式下，勞動變得更為劇烈。最終，「工廠的工作將神經系統消耗到極致，耗去了肌肉在許多方面的發揮，並徵用了體力和智力活動中的每一個自由原子。」一套「軍營紀律」統治著「工業大軍」，而「工頭的懲罰簿則取代了奴隸監工手上那條鞭子」(35:425-7)。結果是毀滅性的。工廠成了名副其實的死亡集中營。一八七五年，曼徹斯特的中產階級平均死亡年齡是三十五歲，勞動者的平均死亡年齡則是十七歲(35:636)，這只是馬克思提出的統計數據之一。可是比起工作，更糟糕的是沒有工作，因為「貧民所遭受的野蠻待遇」是「工業後備軍」的命運(35:647)。

然而，埋藏在這個敘事中的，是一個烏托邦的願景。技術最終可能「讓每個人獲得他們得以發展的時間」，並創造出「大量可自由支配的時間」(29:93)。《大綱》中著名的〈機器論片段〉(Fragment on Machines〔29:80-98〕)呼應了黑格爾與赫斯所設想的，技術主導生產，工人只負責監督。創造及操作技術所需的資訊，最終甚至主宰了機器本身。馬克思將這種知識描述為本質上具有社會性，而且是基於「普遍智慧」。[18] 隨著我們進入人工智慧、機器人及無人駕駛車的時代，這些評論至今仍具有引人注目的相關性。

《大綱》也討論了社會主義的交換如何在未來發揮作用的問題。在此，馬克思回應了一名普魯東主義者，對方想定義價值，藉以提供一套同時保留生產資料的私人所有權的公平交換理論。[19] 如同某些歐文派人士，普魯東也曾提議，工人使用以勞動時間為依據的票據來交換產品。該計畫由約書亞・華倫(Josiah Warren)於一八二七年構思，並於一八三〇年代中期在歐文派的勞動交換中實行。[20] 約翰・格雷的「勞動貨幣交換烏托邦」(如恩格斯所稱〔26:291〕)曾對此進行闡述，經濟學家約翰・洛貝爾圖斯(Johann Karl Rodbertus)後來又再次拾起。在《哲學的貧困》一書中，做為對普魯東《貧困的哲學》(*The Philosophy of Poverty: The System of Economic Contradictions*, 1846)一書的回應,馬克思藉由反對所有個人交換(即使是基於具體的勞動時間),探討來自李嘉圖的這種「烏托邦式」演繹(6:124-8)。一八四四年,他不僅拒絕工資普遍提高,因為這不會使勞動「獲得人的身分與尊嚴」,也拒絕工資平等,這將使整個社會成為「抽象的資本家」(3:280)。到了一八五七至五九年,他重申此類計畫面臨著與其他市場交換體系同樣的困難,亦即供需關係會改變商品的價值,而勞動票據將淪為一種新的貨幣形式(28:73-7, 29:320-23)。至於工資也會根據所完成的工作與勞動者的生產率而有所不同。馬克思認為,勞動時間仍是「實際價值」,相較之下,價格只是「名義價值」。但勞動時間不能做為價格的基礎。這就是貨幣的功能,馬克思稱之為「所有生產力發展」的條件。儘管如此,短期勞動票據的計畫中仍保留了一些價值。雖然某些評論者強調馬克思對於「正義觀念的厭惡」,[21]但他在《哥達綱領批判》中提出,「以一種形式給予社會的勞動量,又以另一種形式全部領回來」(24:86)。不過,在共產主義最終的更高階段應用此一原則,卻是毫無疑問。[22]

馬克思對於機器所採取的觀點以及對於自我發展的自由時間所採取的態度,是他早期與後期作品之間關係的爭議核心。對某些人而言,相較於《巴黎手稿》,他愈來愈強調更多的自由時間意謂著,在社會目標的策略方面發生了重大的轉變。一八六一至六三年左右,馬克思開始將自由時間定義為生產的關鍵目的。在評論《國家困局的根源與補救》(*The Source and Remedy of the National Difficulties*)這本出版於一八二一年不起眼的小冊子時,馬克思指出,「還有一個很好的說法:『只有在工作日是六小時而非十二小時，一個國家才是真的富裕。財富無非就是可以自由支配的時間。』」此時他同意，「自由時間，可以支配的時間，就是財富本身，一部分用來享受產品，一部分用來從事自由活動；有別於勞動，這種自由活動並不取決於某個強迫的、必須實現的外在目的，自由活動的實現則被視為一種天生需求或社會義務，根據一個人的意向」（32:391）。[23]

在勞動的領域中，馬克思愈來愈意識到，在民主控制生產方面「工人的解放」（3:280）。不過，相較於一八四四年，這時「解放」也被理解成在本質上發生於工作之外。這隱含著某種不那麼雄心勃勃、更為現實且更為公開的政治模式，有別於一八四四年所勾勒出的立場。「人類感官的完全解放」的語言和「人類的完全救贖」的承諾，已然一去不返。就連「吸引人的勞動」此時似乎也在退卻；在那當中，「個體的自我實現」主要是透過「必要領域」中的社會必要勞動及「自由領域」中的增加自由時間兩者的平衡來達成（37:807），這是以異化勞動為中心的早期著作所沒有的二分法。因此，阿弗雷德．施密特（Alfred Schmidt）將「成熟的馬克思的態度」形容成「具有懷疑傾向」，其中「沒有任何在《巴黎手稿》中提出的未來社會的想法所具有的熱情與無限樂觀」，因為「人實在無法從天性使然的必要中解放出來」。「人類自由的問題被馬克思簡化為自由時間的問題」，如此而已。[24]

除了忽視政治對勞動過程的控制，這種誇大其詞的描述也忽略了對克服勞動分工常見的種種評論。這意謂著，馬克思在必要的勞動如何能夠變得「吸引人」的這個問題上急流湧退。一八五七年，他形容傅立葉的「偉大功績」便是「表明最終的日標是將生產模式本身，而非分配模式，提升到更高的形式」。但他隨即補充道：「自由時間——既是閒暇時間，也是用以從事更高活動的時間——自然地將其擁有者轉變為另一個主體；然後，做為其他主體，他進入了直接的生產過程」(29:97)。馬克思承認，「使勞動成為吸引人的勞動、成為個體的自我實現……絕非意謂著，勞動是純粹的娛樂、純粹的消遣，一如傅立葉幼稚天真的觀念。真正的自由工作，例如音樂的譜寫，也是最為困難，需要付出最多的努力。」他補充道：

> 涉及物質生產的勞動只有在（一）其社會性質受到肯定；（二）具有科學性且同時具有普遍性（在其應用中），而且勞動者的努力未被視為以特殊方式鑽探的自然力，而是一個主體，不僅僅是以自然的、自發的形式，更是做為支配所有自然力的活動出現在生產過程中，才能達成這等性質。(28:530)

雖然他使用了「吸引人的勞動」一詞，馬克思這時卻不太關心異化勞動，反倒更關心工作以外的生活。似乎只有在共產主義社會中，才有消除「異化勞動」並以「吸引人的勞動」取而代之的前景。因此，「吸引人的勞動」在《資本論》中缺席。在搜尋人類解放的用語方面，我們同樣也是徒勞無功。[25]正如馬克思在一八六五年所說的，其地位被「工人階級的最終解放，即工資制度的最終廢除」(20:149)所取代。主旨已從改善必要領域轉變為發展自由領域，這種前景在一八四四年根本不存在。在《資本論》第三卷中，馬克思堅持認為，自由領域實際上只始於由必要性及世俗考量所決定的勞動停止之處；因此，在事物的本質上，它超出了實際物質生產的範疇。在這個場域裡的自由只能存在於社會化的人、聯合起來的生產者，他們合理地調節他們與自然之間的交換，將它置於他們共同的控制下，而非被盲目的自然力量所統治；並且以最少的能量消耗及最有利於且適於人類本性的條件實現此一目標。然而，儘管如此，它依然屬於必要領域。在它之外，開始了其本身就是目的的人類能量發展，亦即真正的自由領域，只不過，唯有以這個必要領域為基礎才能有所發展。縮短工作日便是基本前提。（37:807）

這意謂著，未來社會不會放棄勞動分工以取代異化，而是會減少工作時間，引入機器去執行最令人不悅的工作，並且教育勞動者達到一個遠遠更高的水準。儘管馬克思在後期很少提及取代勞動分工，這依然是個模糊且遙遠的目標。他多半聚焦在縮小（若非消除的話）智力勞動和體力勞動之間的差距，而非終結專業化。然而，恩格斯卻重提他年輕時的烏托邦主義；他在一八七二年時重申，為了解決住宅問題，有必要考慮傅立葉與歐文的想法，在他們的「模型計畫裡，城鄉之間的對立不復存在」。這涉及到廢除「現代大城市」並允許「工業分布於整個國家」（23:347-8, 282）。[26]《反杜林論》（*Anti-Dühring*）一書同時建議，當勞動分工被取代時，「生產勞動將成為一種樂趣而非負擔」（25:283）。

馬克思成熟的經濟著作也保留了一八四四年的「全面發展」目標。縮短工作日，藉以擴大自由領域，將使「豐富個性的發展」變得可能，「無論是在生產或是消費方面，都同樣多元和廣泛」

（28:251）。[27]最終的產物將是「個人的全面發展，他們的社會關係做為他們自己的共同關係，從而服從於他們自己的共同控制……不是自然的產物，而是歷史的產物」（28:99）。這需要「使人成為最完整和最全面的社會產品」（為了享受許多不同類型的事物，人必須有能力享受，換言之，人必須受到高度的培養），馬克思承認，這需要「以資本為基礎的生產條件」（28:336）。馬克思形容為「以物的依賴性為基礎的人的獨立性」的這個階段，讓位給「建立在個人全面發展和他們共同的、社會的生產力（這是他們的社會財產）的從屬關係此一基礎上的自由個性」（28:95）。這並非只是簡單地表示，未來社會的胚芽就存在於當下。馬克思清楚說明了社會未來的方向應該是什麼。目標就是「自由人聯合體，以共同的生產資料進行勞動，並且有意識地把所有個體的勞動當作共同體的聯合勞動力」（35:89）。在其他場合，則被描述成「聯合在共同占有和共同控制生產資料的基礎上的個人的自由交換」（28:96）。只有在這裡，才能揭去社會「生活過程」（life-process）的「神祕面紗」。

《大綱》定義了自由的三個階段，從個人的依賴到個人的獨立，再到自由的個性。於此，馬克思駁斥了「自由競爭是人類自由的終極發展」這種想法，而且認為這是「最徹底掃除所有個人自由且完全抑制個性」（29:40）。因此，自由與個性仍是他的體系的核心目標，一如在一八四四年所提的。只不過，藉由教育與生產的整合，兩者都將實現。《資本論》強調歐文是「合作工廠與合作商店之父」，他「詳盡揭示了」，在將教育和生產勞動相結合之後，工廠制度如何展示「未來教育」的「萌芽」，這是「造就全面發展的人的唯一方法」（35:486）。歐文還表明，人人都具備的「優越品格」可在新的工廠中形成（29:99）。

避免使用「吸引人的勞動」這種用語並不代表馬克思撤除異化的概念。反之，此時他強調，隨著交換的需要及貨幣力量的增長，「使交換關係成為一種對生產者來說是外於且獨立於自身的權力。原本是促進生產的工具，如今轉化成某種與生產者格格不入的關係」(28:84)。因此，「活動和產品的一般交換……在個人眼裡彷彿是陌生的、獨立的，宛如某種事物」(28:92)。於是，勞動的產物也呈現，

> 為異己的材料、異己的工具與異己的勞動的結合，即異己的財產，而它在生產結束後，由於生命力的消耗而變得更加貧瘠，並且做為勞動條件所僱用的勞動力重新開始了賤役。認識到產品是它自己的，認識到它與實現它的條件相互分離是不公平的——一種被力量強加的關係——這是極大的覺悟，這種覺悟本身是資本主義生產方式的產物，而且也是這種生產方式的喪鐘，就像奴隸意識到他不能是別人的財產，這樣的意識迫使奴隸制成為某種人為的、陰魂不散的存在，並且使它無法繼續做為生產的基礎。(34:245-6)

除了武力（force）或缺乏同意（我們先前曾將其描述為馬克思的核心原則）以外，此處的主導概念則是「癱瘓」(crippled)。「以犧牲所有其他官能（faculty）為代價」發展「單一官能」，這使得勞動者變成「一個殘缺的怪物，藉由犧牲一個富有生產能力和生產本能的世界，迫使他的局部靈活」(35:359,

365）。勞動者「在終身重複同一個瑣碎的動作下癱瘓」，他們「因此化為只是一個人的某個碎片」（35:490）。馬克思重申，

在資本主義制度下，所有提高社會勞動生產力的方法都是以個體勞動者為代價；一切生產發展的手段都會轉化成統治與剝削生產者的手段，它們將勞動者肢解成碎片，使其淪為機器的附屬品，從而摧毀每一股殘餘在他工作裡的魅力，變成某種令人痛恨的辛勞；隨著科學做為獨立的力量被納入勞動過程中，勞動者與勞動過程的智力潛能疏遠；這些手段扭曲了勞動者的工作條件，讓勞動者在勞動過程中受制於最卑鄙的可恨專制，它們將勞動者的一生化為勞動時間，將勞動者的妻子和子女拖到資本巨輪之下。（35:639）

不過，令人驚訝的是，馬克思也承認，「即使是做為整體社會中的勞動分工，也與身體和心靈的某些殘缺分不開」（35:368）。因此，關於一八四五至四六年間，用狩獵、捕魚、畜牧和評論（假設這些都是認真的）來填滿日子的那段歷程，此時究竟有多重要，我們不得而知。馬克思想像共產主義社會是高度複雜且工業化的，並且受制於與資本主義大致相同的經濟原理，極為重要的差異則在於，掌握控制權的工人可以最大限度利用自己的自由時間，以及紓解勞動的壓力。[28]做為異化來源的私有財產消失了。然而，勞動分工和工作紀律依然為工業所需。沒有跡象顯示要回歸到工坊生產、小規模活動或工藝，或是提高勞動過程中的創造力。唯有機器最終使更多自由時間成為可能的

前景，才能提供更加全面發展的現實願景。

因此，異化的用語毋庸置疑存在於馬克思後期的作品中。但這並不代表這些概念具有它們在一八四四年時所具有的意涵。根據一八四四至四五年、一八五七至六七年之間的一致性程度，出現了三種主要立場。[29]第一種立場認為，並無重大變化。對麥克萊倫來說，異化是最明顯「貫穿馬克思所有著作」的主題，且一直是「馬克思整體思想的核心，包括《資本論》在內。」[30]伊斯特凡・梅薩羅斯（István Mészáros）認為，「馬克思在《巴黎手稿》中所使用的異化的涵義，未曾在他後來的著作中消失。」[31]科拉科夫斯基則同意，異化理論「始終存在於馬克思的社會哲學中，直到他生命的盡頭；《資本論》中的『商品拜物教』只不過是它的特殊化。」[32]

第二種立場認為，《巴黎手稿》提供了更全面的異化理論，但仍存在於後來的作品中。[33]誠如我們所見，這方面的一個變化是，後來的著作從克服異化勞動轉向觀察主要發生在自由時間裡的全面發展。異化是《大綱》與《資本論》的核心範疇，但並不像一八四四年所認為的，因為這時勞動的剝削以及相關的自由時間問題更為重要。就此而言，馬克思後來對於剩餘價值的關注，似乎比早先對於異化的強調來得更為實際。阻礙工人的自我發展和物種生命能力的，是「竊取」自由時間，而非異化。雖然馬克思依舊提到，「源自自己與源自他人的個人異化」，但相較於一八四四年所提出的論述，仍有著重大的差異。馬克思在一八四四年所依賴的抽象的費爾巴哈人道主義人性觀不見了。「類存在」並非完全缺席——類存在在《大綱》中出現了兩次（W42:168, 404）——但它並未扮演任何體系的角色，也沒有任何「終極統一」的追求。相反地，正如我們即將看到的，一八五〇年代後期，馬克思思想的主要發展中，它被一種自由的、協作的勞動概念所取代，這種概念做為一個持續的過程，已經包含了類存在的規範涵義。現在看來，這是唯一可能體現我們集體潛能的聯合形式（至少在共產主義社會前）。這並非受惠於黑格爾，卻代表著馬克思對於《法哲學原理》所做的批判延伸到經濟組織的領域，而且也為異化的問題提供了一個政治的解答。

第三種立場則認為，早期的著作對於成熟的經濟思想或多或少是種障礙，特別是價值理論，有些人（尤其是阿圖塞）斷言，異化本質上是一種「前馬克思主義」的概念，而且馬克思確實進展到在認識論上「揚棄所有先前的意識形態史觀」（它們被唯物史觀的「科學」所取代）的某種「反人道主義」觀點。[34]因此，「一八四五年，馬克思徹底與所有將歷史及政治奠基於人的本質之上的理論決裂。」[35]如我們所見，這意謂著，社會性不是「人的本質」，而是需要根據現有條件創造出的東西。[36]這種立場的一個變體（誠如美國哲學家悉尼・胡克〔Sidney Hook〕所示）就是，「『自我異化』的核心概念」與馬克思後來的「歷史的、自然主義的人道主義格格不入」，是「一個原本主要是宗教性質的、衍生出的形上學的概念。」在這種觀點下，早期想法的所有遺留物都是「商品拜物教」的理論，在那當中，我們無法在異己物質事物中辨別它們實際代表的社會關係。[37]有些人推斷，馬克思這時「認為無法解決在技術固有的工作中『自我』的喪失」，這意謂著，不僅接受「勞動分工」，也接受「等級組織」。[38]第三種立場的另一種變體則是，後來的著作顯示出「重點的徹底改變」，因為馬克思將注意力從實現人性轉向發展技術。[39]還有一種變體則主張，馬克思雖然放棄他早期的完美主義，但仍允許他的異化理論為批判資本主義提供道德立場。在此，「人類解放」轉變成「無產階級解放」，這個概念遠不如一八四四年那麼雄心勃勃。它意謂著廢除工資制度，而非終結異化。在這種觀點中，一八四〇年代許多黑格爾與費爾巴哈的哲學包袱，以及特別是解決黑格爾異化理論的渴望，都在一八五〇年代被毫不留情地拋棄。一八四四年的某些用語依然存續。但現在則是依附在一個穩固的、根據歷史的基礎上——自由生產者之聯合體——而非依附於任何抽象的人道主義。

★

到了一八五〇年代後期，馬克思對於共產主義目標的描述變得更具政治性而非哲學性。[40]這確實是他此一時期思想的主要轉變。異化不再是一種存在的狀態，而是缺乏政治控制的條件。異化勞動被定義為「強迫勞動」，與「自願」勞動形成對比。「自願」此時意謂著「以民主方式組織」，因此得到了集體的同意。當我們考慮到協作的概念如何以及為何在馬克思的思想中占據中心地位，這一點就變得清晰。現有的闡述嚴重低估了馬克思對於協作的說明在多大程度上，將他後來的經濟和政治的著作與一八四四年的觀點區別開來。[41]特雷爾・卡佛（Terrell Carver）認為，「馬克思在某種程度上主要是哲學家」這樣的想法如果不是純然錯誤，也是誤導。[42]我們可以承認，他成熟的體系依靠一套組織理論的程度，就算沒有大於，也會是等於依靠一個哲學框架的程度。

為了釐清這一點，我們需要評估馬克思使用「協作」一詞的轉變。最初意謂著描述許多工人並肩勞動，「簡單的合作」代表「社會的勞動生產力」；「當勞動者有系統地與他人合作，他便褪去對於個性的束縛，並且發展他的類能力。」合作的事實，亦即他們「聯合成一個單一的生產主體」，是由將工人聚集在一起的資本所鼓動（35:334-6）。他們由此學習如何利用合作來實現在一八四四年做為類認同的事情。《德意志意識形態》一書強調，在現有的勞動分工裡的合作，「由於共同活動本身不是自願的而是自然形成的，對於這些個人來說，不是他們自身的聯合力量，而是某種存在於他們之外的強制力量，他們對於這種力量的始末一無所知，因此他們無法駕馭這種力量」（5:48）。在資本主義下，工人的合作「不是屬於他們的關係」，也不是「互惠聯合，而是某種統治他們的統一，其劇本和導演便是資本本身。」然而，這個過程促進了他們的「相互聯繫和團結」，同時也要求監督且「需要指揮」（30:261-2）。然而，有意識的、自願的合作與異化是相反的。在這裡，我們視「自然的」合作與「自願的」合作之間的差距為對於生產的民主控制，當勞動分工允許資本家統治時，我們被異化；然而，當管理我們的那些人是由我們所選出，我們則樂於在指導生產上服從多數人的意志。

有些人抱怨，馬克思「從未解釋過這種管理是如何組織起來。」[43]對於同時代的人而言，證據其實相當充分：英國和其他一些地方的工人發現合作生產的好處，而馬克思到了一八五〇年代後期才真正明瞭。在一八六四年的「國際工人協會」（International Workingmen's Association, IWA）的成立演說中（這也是他在這段時期最重要的綱領性聲明），他宣稱，被定義成「由社會展望所控制的社會生產」的「工人階級政治經濟學」，自一八四七年起便獲得兩場重大勝利，皆源於歐文主義。第一場勝利是限制工作日的《十小時工時法》，證明了「財產的政治經濟學」所依據的「供需法則的盲目規定」之謬誤。馬克思在一八六五年表示，歐文於一八一五年朝此方向的邁進是「解放工人階級的第一個準備步驟」(20:110)。接著，到了一八六六年，馬克思則極力主張將工作日減少到八小時，以確保勞動者「有機會發展智力，並進行社交活動以及社會和政治方面的活動」(20:187)。

第二場勝利在於協作生產的顯著可行性，現在我們需要簡要地思考一下。一八六〇年代中期，馬克思把「勞動協作」描述為當時最重要的「社會問題」(42:200)。他在國際工人協會中不斷推動此一主題，一八六五年，更要求對此進行辯論，並在一八六九年列入章程(20:386, 21:143)。《哥達綱領批判》則敦促「以社會的規模，尤其是以全國的規模」，去建立「協作生產的條件」，但不是(像拉薩爾所主張的)透過國家的援助與指導(符合拉薩爾的黑格爾主義)。這些協作「唯有當它們是工人的獨立創造，而非政府或資產階級的傀儡時，才有價值」(24:93-4)。馬克思寫道，「合作工廠證明，資本家在生產上做為管理人員是多餘的，正如資本家本人發展到最高階段，發現地主是多餘的。」這些合作工廠的獲利率甚至高於平均，而且每次危機都會讓更多的前經理人願意「以低工資」在他們的舊崗位上工作。在「合作工廠中，監督勞動的敵對性質消失了，因為經理的報酬由勞動者支付，他再不代表與勞動者對立的資本」(37:385-6)。繼「英國的社會主義者」之後，協作將取代現有的資本主義管理結構：

> 經理的職務、監督的勞動，如今大可像其他任何一種勞動力在市場上購買……資本家已經完全沒有必要執行這種指導的勞動……對此最好的證明無疑是工人建造的合作工廠。它們證明了，資本家做為生產的管理人員對工人來說變得多餘，正如在資產階級的生產下，地主對

於資本家而言變得多餘（32:497）。[44]

因此，異化的關係被民主政治的管理所取代。這時，馬克思堅持認為，

> 勞動者自己的合作工廠代表新形式在舊形式中萌發的新芽，儘管它們會在實際組織中的任何地方自然且必然地複製現有制度的所有缺點。然而，資本和勞動之間的對立在它們之間被克服，只要工人做為聯合體是他們自己的資本家，換言之，他們能夠利用生產資料來僱用他們自己的勞動力。它們表明了，當物質的生產力及相應的社會生產形式的發展達到某個特殊階段，新的生產方式會如何從舊的生產方式中生長出來。（37:438）

「協作」將成為從資本主義通往共產主義的橋梁，在那裡，民主超越政治而走向經濟。《德意志意識形態》中經常被引用（且經常為人所苦思）的陳述，「共產主義對我們來說，不是某種即將建立的事態……我們稱共產主義是廢除現狀的真正運動」（5:49），一八四五至四六年期間，這曾是個模糊的斷言，曾是逃避唯心論指責的一種手段，如今卻精準描述了協作在資本主義中出現。這也是馬克思的意思，當他強調共產主義者沒有「計畫」，因此不是空想主義者，只是發展了資本主義的現有趨勢。協作證明了「沒有僱用工人階級的主人階級」的生產是可能的。歐文已經開始實施這種模式，有些人認為，馬克思因此喜歡他的鄉鎮結盟模式勝過其他「烏托邦的」提議。[45]但馬克思強調，

協作需要「發展到國家層面，因此需要透過國家的手段來培養」（20:10-12）；這是歐文不會考慮的（儘管湯普森、穆迪和格雷都這麼思考）。協作這時被定義成「自由與平等的生產者聯合體的共和，而且慈善的體系」，它要求「一種廣泛的、和諧的自由協作勞動的制度」（20:190）。[46]僅此一項就能確保「工資制度的廢除」。因此，光是共產主義並不能終結異化。工人的控制是不可或缺的：

> 勞動者看著他的勞動社會性質，看著它為了共同目的與他人的勞動結合，他就像面對某種異己的力量；實現這種結合的條件則是異己的財產，如果他沒有被迫節約，他對於它的浪費將完全無動於衷。在勞動者自己擁有的工廠裡，例如在羅奇代爾（Rochdale），情況則大不相同。（37:89）[47]

這就是馬克思持續推動的模式，在那當中，管理人員在「合作工廠」裡做為受薪工人，而非榨取剩餘價值的資本家（32:504）。比起受惠於早期社會主義的任何其他形式，它更受惠於歐文主義。就像自我強加的紀律一樣，也意謂著協作控制著他們自己的工作，因此，即使是嚴厲的規範，仍屬於自願，從而沒有異化。但這唯有在生產資料中的財產為公有的情況下才有可能。[48]

儘管如此，馬克思十分清楚，正如他的憲章運動者友人瓊斯在一八五二年所說的，需要「國有化的」合作，需要「摧毀利潤製造」與「根除在同行意氣相投影響下的競爭」（11:581）。[49]然而，這不能透過股東之間的瓜分利潤來實現（即使所有人都是工人），只能透過持續購買土地和機器來擴展聯合的「利益共同體」。

在這一點上，我們應該考慮到，從當代的合作努力中，馬克思得到了什麼證明這種發展確實可行的證據。最初始於一七九九年左右，從一八二〇年代中期起，小規模的消費者與生產者的合作開始在英國蓬勃發展。[50]伴隨著一八三〇年代早期的集市運動（在這當中，工匠的目的是消除中間商），存在著根據歐文的計畫去擴大運動並購買土地集體耕作的前景。然而，一八四四至四五年期間，儘管有數十萬名成員的支持，每週在大約五十個地點舉行會議，在昆伍德（Queenwood）進行的歐文社區實驗還是失敗了。與此同時，在羅奇代爾的一群歐文主義者與憲章運動者的法蘭絨織工，在蟾蜍巷（Toad Lane）設立了一家合作商店。他們亦致力於為失業者在製造業提供工作機會，或是購買土地提供他們耕種。一八五〇年，一家玉米磨坊在此成立，一八五五年，則是成立「製造業協會」，並僱用大約四十六名員工負責操作九十六架織布機，不久之後，又有第二家磨坊成立。然而，在與工人分享的利潤縮減後，包括管理不善在內的諸多因素，導致實驗在一八六四年落幕。[51]

雖然經常依賴羅奇代爾的案例，但馬克思對於這些後來的發展似乎知之甚少。雖然零售或「店務管理」合作（利潤分配給成員）非常成功，可是由工人所擁有與管理的大型企業（管理人經由選舉產生）卻十分稀少，部分是因為有限責任的法律障礙使欺詐變得更為容易。[52]一八五二和一八六二年的法案緩解了此一負擔。一八四八至一八五四年間，陸續有些基督教社會主義的協會成立，但多數很快就歸於失敗。[53]除了利潤分享之外，合作商店還提倡公平貿易、工人教育、節儉及民主自我管理等精神，而且也減少勞動時間（導入工人每週休假半天）。此後還有數百個協會成立，包括麵包師、裁縫師、碾磨工、礦工、造船工人以及出版商等。經理與工人之間的工資差異為五比一，利潤則按比例分派。該運動的第一位史學家，前歐文主義者喬治・霍利約克（George Jacob Holyoake）聲稱，「合作工坊是取代僱傭勞動的最佳手段。」[54]合作批發協會把合作社工會聚集在一起，並根據人數比例推派代表參加會議。

當馬克思於一八六〇年代早期再次轉向它們的努力時，合作商店為民主的工作場所和獎勵努力的原則提供了非常具有前景的應用。有些人仍然希望能讓合作商店取代現有體制，其中包括歐文派講師約翰・瓦茲（John Watts），他曾於一八六九年表示，如果零售的合作商店從事合作生產，那麼「生產者與消費者應該是同一群人，交換只發生在一個聯盟與另一個聯盟之間。」他認為，這會將「大部分的中間商轉變為生產者」，並且讓所有人得以在五十歲時退休。[55]到了一八九三年，合作商店擁有百萬成員，是個約有三千八百萬人的族群，「合作批發社」聯合了九百家以羅奇代爾的收益分配系統為藍本的商店。[56]然而，許多後來的馬克思主義者忽略了馬克思對於協作的重視，愛德華・伯恩斯坦（Eduard Bernstein）就曾表示，一八六〇年代的失敗證明了馬克思的過度自信，但他卻忽略了馬克思的方法的政治面向。[57]

CHAPTER 8

國際工人協會（一八六四～一八七二）與巴黎公社（一八七一）
The International (1864–1872) and the Paris Commune (1871)

馬克思並沒有像後來毫無根據的說法那樣「創立」國際工人協會。[1]當協會在一八六四年九月二十八日於倫敦成立時，他不過是旁觀者；他在最後一刻為一個法國的音樂老師維克多・勒・呂貝（Victor Le Lubez）所邀請，擔任德國工人代表（42:15）。不過，國際工人協會的成形倒是與他有著密切關係。一開始，馬克思必須面臨一個由老歐文主義者起草、「披著法國社會主義輪廓不清的破爛外衣」及帶有馬志尼的色彩所構成的令人困惑的混合物（42:17）。而將這樣的混亂化為秩序，正是他樂於挑戰的。他為這個組織撰寫成立宣言，並在一個月後發表，文中表明，「勞動生產力的任何新的發展，都不可避免地加深社會對比和加強社會對抗」，並且強調，「奪取政權已成為工人階級的偉大使命」（42:9, 12）。在修訂組織章程時，馬克思不情願地對少數提及「義務」、「正確」及「真理、道德與正義」的句子讓步，將它們置於「不致造成傷害」之處，並且表明國際工人協會的最終目標是「消滅所有階級統治」（42:18, 20:14）。

馬克思還提出一套旨在廣泛號召歐洲各地路線與發展水準各不相同的工人組織的戰略。在國際工人協會的整部歷史中，他孜孜不倦地協調整個歐洲，甚至更遠之處的種種運動，並且將它所代表的運動帶向他所主張的觀點。他這時特別將其工會成員組織視為「各種社會主義學派」（容有爭議），並提供「形成和鞏固階級認同與行動的手段」。[2]對於合作運動，他提出最終由國家共同協調生產者合作社的前景。當時，包括共和主義者、社會主義者及無政府主義者在內的各種全國性協會，在策略及觀點上保持獨立。然而，在設立於倫敦的總理事會裡，身為德國通訊書記的馬克思逐漸脫穎而出。一八六六年，只有四個國家加入國際工人協會。到了一八六九年，已經成長到九個國家。其會歌是激勵人心的《國際歌》（*L'Internationale*；創作於一八七一年），至少在情感上，成為共產主義所能提供的最好狀態，而且也是所能嚮往的最佳人性。對某些人來說，這首歌曲同時激起了他們對於往日憤怒的淚水與回憶：「起來，飢寒交迫的奴隸！起來，全世界受苦的人！滿腔的熱血已經沸騰，要為真理而鬥爭！」（請聆聽樂曲並閱讀所有歌詞。）

在國際工人協會整個發展過程中，馬克思大多在幕後活動。就連他的朋友們也都承認，他其實不是特別有才華的公眾演說家。他多數努力都是針對以和平的方式改善工人的生活，尤其是透過鼓吹縮短工作日。對馬克思而言，在發展現有機構的基礎上，以經濟的方式並透過投票箱，加速朝向「生產者聯合」的社會過渡，他這項承諾定義了這個時期。[3]因此，有可能在沒有革命或流血的情況下推翻資本主義。在英國，國際工人協會在建立「改革同盟」（Reform League）上起了相當的作用，該同盟旨在實現男性普選權。在它的鼓動下，一八六七年改革法案（Reform Act 1867）賦予某些富裕的工人選舉權。[4]當「全德工人聯合會」（General German Workers' Association）於一八六八年召開會議時，馬克思則鼓勵聯合會爭取政治自由，希望這有助於促進更廣泛的合作理想。

在國際工人協會中，馬克思往往會避免一般性的理論問題引起不和。妥協蔚然成風。事實上，恩格斯曾解釋道，組織的規則是，「以這個時期所有工人階級社會主義者都能加入的方式」來設定（48:9）。然而，到了一八六八年，普魯東主義者開始推動以小生產者為核心的「互助主義」計畫，而非廢除私有制；建立「人民銀行」向工人階級組織提供信貸；還有鐵路的集體化。他們追求馬克思在一八六六年時譴責為「普魯東派的施蒂納思想」的事情，亦即將一切分解成「小『團體』或『公社』，然後它們又組成『聯合會』，但並不是國家」（42:287）；然而，馬克思堅持認為，在大多數情況下，唯有國家才能促進社會改革。一八六八年，馬克思所支持的土地國有化提案獲得通過，人們卻認為，生產的機器和工具最好留給工人擁有。一八六八年國際工人協會布魯塞爾大會維持了由國家控制礦山、森林和鐵路方面的公共產權原則，從而這個組織也往馬克思的方向傾斜。隔年的巴塞爾大會則通過了廢除土地私有制。但這仍遠遠偏離《共產黨宣言》的計畫。

到了一八七〇年，馬克思——以及孜孜不倦的俄國無政府主義者巴枯寧（1814-1876）——已是國際工人協會的領導人物，不僅總理事會的決議由他起草，大部分的大會報告也都由他準備，此時成員的數量則增加到大約十五萬人。當兩人於一八六四年見面時——自一八四八年後首次會面——馬克思覺得巴枯寧有諸多令人讚賞之際，他希望巴枯寧能為國際工人協會義大利支部提供特別協助。巴枯寧則反過來稱馬克思為「最親愛的朋友」，甚至自稱是馬克思的信徒。他是在一八六九年時，首位將《共產黨宣言》翻譯成俄文的譯者；他也曾考慮過接受翻譯《資本論》的挑戰。不過，兩人卻很快鬧翻，巴枯寧——「社會理論領域中最無知的人之一」，誠如馬克思在一八七〇年時所述（21:113）——遂成為馬克思的主要對手。他們之間的爭執（後文將有進一步討論）集中在，由一個高度中央集權的國家去監督後革命進程的可取性。這場爭執最終導致這個組織的破裂。[5]無政府主義者認為所有的政治，尤其是那些涉及國家的政治，都是可疑且腐敗的。巴枯寧也傾向破壞，並且希望革命能夠推翻整個舊社會，同時燒毀一切規定財產權的文書契約以及所有法典。從一八六五年起，隨著國際工人協會，他經營自己的祕密組織「國際兄弟同盟」（La Fraternité Internationale；數個類似社團的第一個），「其目的在於」，誠如後來恩格斯所言，「讓無政府主義者控制整個國際工人協會」（27:346）。諷刺的是，它包含了一個嚴格的等級制度、一套革命獨裁的計畫和完全忠於巴枯寧個人的期待。

在一八七一年的倫敦大會上，馬克思是國際工人協會最活躍的成員，他總計發言了一百多次。這時他認為，在以和平的宣傳便能確保工人階級目標的英國，「起義將是一種愚行」。[6]一八八六年，恩格斯曾寫道，馬克思認為，英國是「唯一可以完全藉由和平與合法的手段來實現不可避免的社會革命的國家」（35:36）。馬克思也反對他從前的工聯朋友，他指出，「工聯本身是沒有力量的——它們始終是少數。它們不能領導無產者群眾，可是國際卻對這些人發生直接的影響」（22:614）。然而，此時巴枯寧的支持者人數眾多，尤其是在南歐，一場分裂已然隱約可見。一八七二年，六十五名國際工人協會的代表在海牙一家咖啡館召開最後一次代表大會。馬克思與恩格斯都出席了這場會議。馬克思堅持，唯有掌握政治權力才能實現經濟解放。他認為，在美國、英國或許還有荷蘭，「工人可以透過和平手段實現他們的目標」（23:255）。不過，在其他地方，他補充道，情況可能並非如此。所以這些是例外而非原則。巴枯寧慘遭開除。然而，為了防止進一步的危機，雖然遭到布朗基主義者及其他人的反對，恩格斯仍籌畫將總理事會從倫敦遷往紐約，此舉也徹底扼殺了國際工人協會。

在德國，國際工人協會不得不與兩個新的工人階級組織合作，分別是：「全德意志工人聯合會」，成立於一八六三年，直到拉薩爾於一八六四年在一場決鬥中喪生前都是由他領導；以及「德意志社會民主工黨」（Social Democratic Workers' Party, SDAP），成立於一八六九年，由李卜克內西與貝貝爾領導。這兩個組織都不是「馬克思主義」，兩者最初都和國際工人協會保持距離。然而，一八六九年，德意志社會民主工黨在艾森納赫（Eisenach）的代表大會上卻決定加入國際工人協會。從那時起，直到一九一七年，儘管遭受各種挫折，大眾政黨走向社會主義的德國模式，為馬克思的目標最終獲得勝利提供了最具吸引力的證據。一八七五年，德意志社會民主工黨與全德意志工人聯合會在哥達（Gotha）合併為德國社會主義工人黨（一八九〇年更名為「德國社會民主黨」〔German Social Democratic Party, SPD〕）。新組織的綱領最初主要是受拉薩爾啟發，不過，一八七八至一八九〇年期間遭受俾斯麥（Otto von Bismarck）野蠻鎮壓後，則更接近馬克思的觀點。

國際工人協會也再次激起了知識分子與資產階級同情者在工人運動中可能扮演什麼角色的問題。雖然有些人只想讓體力勞動者成為會員，不過，馬克思並不反對「專業人士」加入，只要工人占多數。他曾在一八七二年強調，不許新的地區加入該組織，除非其三分之二成員都是工資勞動者。階級出身純潔性的問題並未勝過教育，因為這問題後來經常在共產主義的運動中出現；畢竟，他和恩格斯顯然都是「資產階級」。

到了一八七一年年初，在歐洲作祟的幽靈這時名為卡爾・馬克思。一八七〇至七一年普法戰爭中被擊敗的法國宣布共和。在視拿破崙三世為尋釁者的情況下，馬克思將這場戰爭看作「防禦性的戰爭」（22:5）。此時他認為，德國的工人階級，「無論在理論方面或是在組織方面都優於法國人」（44:4-5），他也希望，普魯士的勝利能有助於德國工人階級的進步。與普魯士簽訂的停戰協議在巴黎引發叛亂。馬克思最初警告不要採取革命冒險主義，特別是以國際工人協會的名義。然而，當「巴黎公社」（La Commune de Paris）於一八七一年三月宣布成立之際，他被迫和它的命運連在一起。他希望，公社能在法國各地激發「生產者的自治」（22:332）。但巴黎公社僅維持了兩個月，便遭到野蠻的強力鎮壓，約有兩萬人被處決，其中多半都是沒有武裝或被解除武裝的工人。儘管如此，它卻成為了馬克思主義的一種重要模式。

從一開始，馬克思便斷定，在普魯士獲勝和法國政府的反對下，公社注定要失敗。此外，許多領導人都不是社會主義者。然而，馬克思十分重視這項實驗，他稱之為「具世界歷史意義的全新出發點」（44:137）。他甚至為公社報復凡爾賽政府大規模屠殺囚犯而處決包括巴黎大主教在內的人質辯護（22:352）。不久後，國際工人協會因殺害人質而遭到譴責，在歐洲的資產階級中引發了首次嚴重的紅色恐慌。做為據傳的公社領袖，馬克思突然變得家喻戶曉。在一場惡毒的宣傳活動中，「紅色恐怖博士」成為「倫敦最受誹謗與恐嚇的人」（44:158），至於國際工人協會則在各個國家都淪為非法。

許多急於「用自己的雙眼親見『怪物』」的記者，都朝著馬克思蜂擁而來（44:176）。

公社是由從巴黎各區選出的九十名市政委員所組成，他們分別在十個委員會中任職。這是對黑格爾的最後報復。這些委員是在公眾眼底下行事的僕人，而非某種「地位」或「受過訓練的階級」。他們大多是對工人「負責，而且可以在短期內撤換」（22:331）。這時普選是為它的「真正目的」服務，亦即「由公社選擇自己的行政和提案的工作者」（22:488）。公社的主要原則是，由武裝工人民兵組織取代國家的常備軍；藉由普選產生委員、地方行政官與法官，並且支付他們工人的工資[7]；藉由分離教會與國家，使教育機構擺脫宗教的影響，而且要讓人民可以免費接受教育。宗教活動獲得允許。它的政治形式，「生產者自治」，下至最小村落都將採納，農村公社派代表到城鎮，城鎮則應派代表參加巴黎的全國代表會議，僅將少數職能留給遺留的中央政府。[8]因此，「迄今為止由國家行使的整個提案權都在公社手中」（22:331）。

公社當務之急的經濟目標是：占用廢棄工廠，使其變成合作工廠；禁止雇主苛扣工人工資以為罰款；停止拍賣流當品；停止驅逐和催租；禁止麵包工人夜班工作。對馬克思來說，其總體目標則是，讓工人成為「團結的合作社群」，它們將「按照一個共同的計畫管理國家生產」。如果聯合起來的合作社「按照總的計畫」組織全國生產，「從而控制全國生產，制止資本主義生產下不可避免的經常性無政府狀態和周期的痙攣現象，那麼，請問諸位先生，這不就是共產主義，『可能的』共產主義嗎？」（22:335）在這種情況下，「共產主義」是結合集體政府的合作社，而非在遙遠未來的某種幸福狀態。不過馬克思也承認，在現有的計畫中，幾乎沒有甚或不會有社會主義的相關事物，即使在它的議會裡有將近半數的人（在一些共和黨人辭職後，剩下的七十九名成員中有三十四名）屬於國際工人協會。在他看來，他們當中有太多普魯東主義者。

儘管如此，馬克思在他以回應巴黎公社而完成的最暢銷著作《法蘭西內戰》（*The Civil War in France*, 1871）中載明，這些措施使其成為「一種政治形式，藉以解決勞動在經濟上獲得解放的最終發現。」隨著「勞動解放，每個人都變成工人，生產勞動就不再具有階級屬性。」（22:334-5）這裡不存在專業的政治階級或行政階級。[9]公社所代表的是，朝著工人自治與廢除高壓國家及吸血鬼官僚機構所邁出的重要一步。它還展示了某些人道主義的特徵，例如在一八七一年四月六日焚毀兩座斷頭台。可是馬克思並未談到在這種革命形勢下，任何共產黨與當前工人政府的關係，尤其是普選制和問責制是否適用。事實上，馬克思的反對者——布朗基主義者與普魯東主義者——在公社裡占多數。因此，如果這是「無產階級專政」，正如恩格斯所宣稱的（27:191），那就很難說是馬克思主義政黨的專政了。它只是代表在目前的政治理解力水準上的工人階級，以及一個寬廣的、左傾的聯盟，而非共產主義的壟斷。

與此同時，馬克思表示，「公社制度被誤認為是企圖分裂成許多小邦的聯盟」（22:333）。然而，他的描述卻顯示出一種比他在其他地方所提出的還更分權的模式。對於像格里高里・馬克西莫夫（Grigori Petrovitch Maximoff）這類論者而言，在《法蘭西內戰》中所表達的聯邦主義思想，「完全背離他先前與後來的著作」所鼓吹的中央集權。[10]這是合理的論點。在初稿中，馬克思將巴黎公社描述成「一場反對國家本身的革命……一場人民為人民恢復自己的社會生活。」在這裡，國家是「集權且有組織的統治權力，篡位成為社會的主人而非社會的僕人」(22:486-7)。「所有法國人」將「組織成自己運作且自己治理的公社……國家的功能則降為少數屬於一般國家目的的功能」(22:490)。在二稿中，馬克思則指出，「所有的公共功能，即使是屬於中央政府的少數公共功能，都由公社的代理人執行，從而也在公社的控制之下」(22:537)。那麼，在一八四八年時宣稱的最大程度集權化及廣泛的國家規畫與管理又有何必要性呢？這個問題沒有簡單的答案。然而，一八七二年年初，馬克思倒是曾再次寫道，「生產資料的全國性集中，將成為由自由平等的生產者聯合體所構成的社會的全國性基礎，這些生產者將按照共同且合理的計畫自覺地從事社會勞動。這就是十九世紀偉大的經濟運動所引向的人道目標」(23:136)。不久後，他重申，「《共產黨宣言》中所堅持的一般原理，總的來說，是一如既往地正確」(23:174)。

所以在這一點上出現一個未解的矛盾。不過，很顯然，馬克思並不希望聯邦主義原則過度延伸。他再次低估了經濟集中化對於更複雜的管理的需求程度。不可否認，他並未將這些視為「國家的」或「政治的」功能。[11]然而，個別生產單位無法看到整個社會的需求，或是與其他地方數百個類似單位協調它們的努力。在這樣的情況下，社會需求如何排序；我們如何才能知道，我們應該生產更多的鞋子或是更多的大砲？應該進口或是出口？應該滿足當下或是未來？應該極大化產量或是極小化環境破壞？抑或是該極大化自由時間？即使是最見多識廣且最具公共意識的廚師，也無法妥善處理這些問題。這些問題既是道德的、戰略的、政治的，同時也是技術的。它們需要豐富的知識、需要極大的承擔。在沒有大規模集權化的情況下，幾乎不可能回答這些問題。然而，馬克思對於任何略帶黑格爾主義意味的事情都視而不見，在此忽視了他的理論所要求的大型行政官僚機構的必然性。

★

在一八六〇年代與一八七〇年代，對於馬克思的多元意見包容性最大的考驗是巴枯寧，他的支持者團結在他於一八六八年成立的「社會民主國際聯盟」(International Alliance of Social Democracy)之下。身為地主之子，巴枯寧透過青年黑格爾派加入革命活動。一八四九年，他因參與德勒斯登起義被捕，在歷經十二年的監禁與流放西伯利亞後，他設法從流放地逃脫，隨即於一八六三年支持波蘭起義，接著將注意力轉向國際工人協會。巴枯寧的影響力在西班牙、義大利和瑞士等地最為顯著。一八六九年，他試圖將他的無政府主義組織混入國際工人協會，然而馬克思擔心它會變成一個「國中之國」，最終僅以個人身分接納其成員。巴枯寧不單只是提出一種(馬克思所深惡痛絕的)集體主義式的無政府主義品牌，如同布朗基，他也支持煽動革命的祕密組織，此為馬克思所拒斥。巴枯寧的支持者則反過來指責馬克思將權威原則引入國際工人協會，使其成為一個由委員會領導的等級組織。

這裡有許多嚴重的問題好壞難料。巴枯寧堅持認為，在整個革命過程中，維持國家將使革命的最終目的受挫。對他來說，「國家」總是意謂著「統治」，「為了少數的統治者征服群眾，進而剝削他們。」[12]他不僅拒絕一切形式的制憲會議與革命專政，而且認為，當權力「集中在一起時……少數統治者將無可避免地立即成為反動者。」他認為，馬克思是某種「小共產主義教會」的首腦，他是「非常聰明的政治家，也是個忠誠的愛國者」，「為了德國人民的榮耀」，試圖建立「一個偉大的日耳曼國家」。[13]他預言，新的「馬克思人民國家」代表「科學智慧的統治，最貴族、專制、傲慢且目中無人的政權」，一個「號稱比人民更了解人民的特權少數群體」。它將根據國家的道德原則證明自己為正當：「做為最高目的的國家，有利於發展其權力的一切都是好的；與其背逆的一切，即便它是世上最人道的，也都是不好的。」[14]

至此，巴枯寧一點也不喜歡馬克思，他甚至散布「馬克思是俾斯麥的代理人」（44:33）的謠言。在《國家主義與無政府》（*Statism and Anarchy*, 1873）一書中，他指責馬克思「野心勃勃、虛榮、好辯、偏狹且專橫」。他表示，「沒有他不會捏造、散布藉以攻擊任何他所嫉妒的人的謊言或誹謗……就教養和天性來說，他是一個雅各賓派，他所喜愛的幻想就是政治獨裁。」巴枯寧接著說道，掌權的馬克思主義者不會去動搖工人的地位，至於「農村的烏合之眾」或「另一個無產階級」，則將「受制於這個新規則」。大軍一分為二，工業的與農業的，人民將「由國家工程師直接指揮」。即便工人統治「共產主義國家」，他們很快就「不再是工人，而且開始從國家的高度去鄙視整個工人的世界。他們將不再代表人民，而是代表他們自己以及他們統治人民的自命不凡。」至於「無產階級專政」，巴枯寧則警告說，「沒有任何獨裁政權，除了讓自己不朽以外，會有任何其他的目標……自由只能藉由自由、藉由所有人的起義以及由下而上的工人自願組織來創造。」[15]在對這本書的評論中，馬克思承認，無產階級首先必須「使用強制的工具，也就是政府的工具；只要它依然是個階級本身，而且導致階級鬥爭與階級存在的經濟條件並未消失」(24:517)。時至今日，我們或許會同意杭士基（Avram Noam Chomsky）所說的，巴枯寧所述是「非常好的預言」。[16]直至二十世紀，對於歐洲的無政府主義而言，他依然是一股主要的影響力。

CHAPTER

9

馬克思的成熟體系

Marx's Mature System

在馬克思後來的著作中，《哥達綱領批判》（1875）最能讓我們清楚看出，他是如何設想共產主義的開展。[1]在邁向共產主義社會的第一階段裡，將適用平等權利的原則。工作將根據「每個人按照他的貢獻」這個原則來給付報酬，也就是說，「他以某種形式提供社會多少勞動量，便能獲得其他形式耗費同等的勞動量的消費資料」（24:86），至於提供多少勞動，則是利用某種形式的憑證來記錄。如我們所見，這項原則獲得許多早期社會主義者的認可。然而，它必然會造成不平等。不過，最終，到了「共產主義社會的最高階段，在個人受制於勞動分工的情況已然消失，從而腦力勞動與體力勞動之間的對立也隨之消失後」，而且，在「個人全面發展」方面已經取得足夠的進展且存在足夠的資源，這將轉為聖西蒙和布朗基的原則，「各盡所能，按需分配」（24:87）。[2]我們可以肯定地假設，這在共產主義社會中構成了正義，那裡不再需要基於勞動的報酬。不過，這種報酬並非「勞動的全部產物」，因為即使「與現代社會比起來」，「一般管理費用」「十分有限」，然而生產工具的汰換、擴廠投資、提供儲備、支付公共服務等支出仍需扣除（24:85）。

另外五個問題左右了馬克思成熟的政治理論。第一個問題是，共產主義是否得以和平地實現？一八六四年，早些時候曾反對暴力的恩格斯強調，「以武力進行民主革命」是新的政治觀點（38:82）。馬克思當然同意；直到一八七〇年代早期，兩人無不承認，通往共產主義的和平道路在民主中的可能性。[3]工人階級的主要目的是組織成為「與有產階級建立的一切舊政黨對立的」特殊政黨，唯有如此，最終方得以實現「消滅階級」（44:414）。反對專制可能需要暴力，暴力或許甚至是有益的。最早在一八五〇年三月，刊印於共產主義者同盟的月公告中一篇對該同盟的演講稿裡，我們顯然可以見到馬克思支持無產階級採取「過激行為」，以對抗「那些討厭的政府委員或地方當局」，藉以摧毀「資產階級民主派」（10:282）——列寧曾讀過這篇文章。只不過，這份文件並非是由未曾歌頌過虛無主義毀滅傾向的馬克思親自署名。[4]然而，在一八八〇年致海德曼的一封信中，馬克思寫道，「如果無可避免的進化轉變為革命，這就不僅僅是統治階級的過錯，而且也會是工人階級的過錯」；這暗示著他對和平演變的偏好，這導致「英國革命不是必然的，但是，按照歷史上的先例，是可能的」。然而，在德國，不經過革命，「就不可能擺脫軍事專制制度」（46:49）。[5]但這需要與馬克思所堅持的，「在愛爾蘭實現獨立前，英國不可能取得進展」相互權衡，這也可能是由芬尼亞運動者所領導的暴力過程。

第二個問題是，工業化程度較低的社會，是否可能輕易避免非得經歷資本主義的發展和／或將社會主義的轉型奠基於前資本主義的制度？馬克思早在一八七〇年便曾推測過俄國革命的可能性

（22:261）。一八七〇至七一年期間，馬克思開始學習俄文，在他生命的最後十年，這個國家左右了他的思想。但這種保證卻代表著徹底挑戰《共產黨宣言》的共產主義模式；這種模式唯有在資本主義發展的最高階段播下其自身崩潰的種子時才會出現，此外，「全面依賴」的模式也與此有關，在那當中，「個人真正的精神財富完全取決於他實際關係的財富」（5:51）。在歐俄，大約有五分之三的耕地是農民或哥薩克家庭所擁有，他們只擁有一小塊土地，而且往往無條件集體耕種其餘土地，許多地方性的事項（諸如福利、教育等）也由公社負責辦理。[6]革命民粹派認為，這是民族社會主義顯著的起點。馬克思在一八七五年時（對比於巴枯寧）仍堅持，徹底的社會革命「只有在……工業無產階級隨著資本主義生產的發展，在群眾中至少占有重要地位的地方才有可能」（24:518）。一八七七年，當俄國和土耳其處於戰爭狀態時，馬克思曾在致佐爾格的信中寫道，「這一回，革命將始於東方。」事實上，他認為，「如果俄國繼續順著自一八六一年以來一直沿襲的道路」（當農奴被解放時），「俄國將失去歷史所能提供給一個民族的最好機會，而遭受資本主義制度所帶來的一切災難性波折」（24:199）。對於那些把農村公社理想化的人來說，這似乎不僅是一種小恩小惠。[7]

一八八一年二月，俄國的扎蘇里奇致信馬克思，並問道，「農村公社」是否可能構成未來社會主義社會的基礎；這封信濃縮了馬克思對於這些問題的想法。馬克思在兩週內寫下四份回信草稿，顯示出他對這個問題的認真態度。他指出，如果公社能在「來自四面八方侵襲它的破壞性影響」中倖存下來，那麼這種公社就能成為「俄國社會新生的支點」（24:371）。[8]因此，剝奪生產者的「歷史必然性」限於「西歐各國」（46:71-2）。[9]一八八一年《共產黨宣言》俄文版曾補充道，「假如俄國革命將成為西方無產階級革命的信號，而兩者可以互補的話，那麼現今俄國的土地公社所有制便能成為共產主義發展的起點」(24:426)。但這又是一種難以預料的關係：現代共產主義不可能獨自在俄國出現。

對於俄國公社的這種同情引發了其他問題。印度與俄國相似嗎？中國呢？「東方的」專制統治有什麼是這些社會所共有？它們有著什麼樣的信仰體系？這種發展的前景有多依賴發生在歐洲的革命？而馬克思似乎堅持認為，這是成功發展俄國公社的先決條件。歷史是週期性的，而非線性的嗎？為何「軍營共產主義」不再是問題？為何中世紀歐洲的財產共有制無法產生社會主義？如果農民這時扮演如此重要的角色，那麼無產階級又如何呢？馬克思是否只為安撫民粹主義者而縱容他們的革命熱情，卻不說服人們相信這種偏離《共產黨宣言》計畫的可能性？

扎蘇里奇的信還提出了革命如何進行的問題。一八八〇年代早期，例如在一八八一年沙皇亞歷山大二世遭暗殺時，馬克思和恩格斯不約而同對俄國恐怖分子寄予同情。恩格斯在一八八五年致信扎蘇里奇表示，少數狂熱的革命分子可能會在俄國發揮關鍵作用，他還表示，「如果說布朗基主義的幻想(通過小小的密謀活動震撼整個社會)曾經有某種理由的話，那肯定是在聖彼得堡」(47:280)。正如我們即將見到的，這種意見明顯將馬克思主義的詮釋朝列寧傾斜，特別是在俄國方面。一八四八年十一月，馬克思在《新萊茵報》發表一篇名為〈反革命在維也納的勝利〉的文章中寫道，「僅僅這種反革命的殘酷野蠻行為就足以使人民相信，只有一種方法可以『縮短』、減少和限制舊社會凶猛的垂死掙扎和新社會誕生的流血痛苦，『這個方法就是實行革命的恐怖』」(7:506)。不過，大體說來，他認為「恐怖」代表著革命的條件尚未成熟。我們不太有理由相信，他不同意恩格斯在一八七〇年時所做的斷言——「恐怖多半都是無濟於事的殘暴行為，都是那些心懷恐懼的人為了安慰自己而幹出來的」（44:63）。

儘管如此，「革命可能始於非資本主義的基礎」這項展望證明，馬克思的分析隨著時代和環境產生了變化。[10]而且暗示著，共產主義可能會在教育程度極其有限、生活水準低、少有或沒有民主或自由的經驗及少有工業的國家引入。無論如何，在沒有堅實的教育和成熟勞動力的地方，這意謂著受過教育的少數革命者將發揮更大的作用。這些人得面對在未經民主訓練，以及被專制政治侵蝕且習於陰謀和恐怖的國家建立民主的進一步問題。他們還面臨著必須迅速實現現代化的指望，因此對於人民造成的勞動負擔將愈形沉重。接著則是階級多樣的問題，像是資產階級、小資產階級、農民階級、流氓無產階級（處於工人階級邊緣的惡棍）和知識分子，他們可能集體構成一個反對弱小無產階級的多數，因而需要壓制；如同我們即將見到的，這正是布爾什維克和其他大多數後來的共產黨人所面臨的情況。

且讓我們回歸其他未解的問題。第三個問題是，馬克思從未提出理論，清楚說明全國性結盟的、由國家或工人管理的合作社如何與任何革命政治領導以及無產階級專政（亦即在有組織的意義上的共產黨）互動。在「對於中央集權、地方自治及生產機構的民主控制」與「一個可能不受制於選舉和罷免的政黨」之間取得平衡，將成為下個世紀最緊迫的政治問題之一。如果工會或其他團體未來保留穩固的實力，問題將會更加複雜。

第四個問題則是在寬泛的運動中容忍不同意見的問題。在國際工人協會中，馬克思旨在壓制普魯東派與巴枯寧派等「派系」，尤其是在總理事會裡。他曾解釋道：

> 國際工人協會的成立是為了由一個真正為鬥爭的工人階級組織來取代社會主義或半社會主義宗派……社會主義的宗派主義與真正的勞工運動發展總會間接地相互作用。只要這些宗派是合理的（就歷史而言），那麼工人階級對於一場獨立的歷史運動來說就還不成熟（44:252）。

如我們所見，馬克思主義歷來最大的弱點之一，便是不容忍少數者的權利——尤其是異議者的權利。雖然馬克思早期曾支持新聞自由，但馬克思本人後來反而未對這方面的權利有過任何普遍性的辯護。他似乎認為，一旦「資產階級」空洞的權利主張隨著「資產者的個性、獨立性和自由」（6:499）而消亡，將不需要社會主義的「權利」，因為社會將在沒有階級劃分的情況下團結於共同的利益。因此，「權利」被理解成，根本上是與財產並行，而非與人並行。

馬克思似乎未曾想過，非共產主義的反對派倖存於任何過渡性安排中的可能性。無產階級專政的巴黎公社模式代表著「資產階級」政黨會消逝。然而，意見分歧卻可能持續存在。普遍參與如何與經濟組織及監督組織（這些組織雖非奠基於階級，仍可能是「政治的」）之間可能存在的僵局相互調和？這在馬克思的思想中仍未獲得解決。與此相關的是，他對於在任何政府中的分權想法所採取的態度。在這方面，人們普遍認為，雖然馬克思支持行政權從屬於立法權（如今實屬常態），他卻也支持一個獨立的、可能是民選的司法機關。[11] 然而，如果這些組織的構成全是出自同一個龐大的族群，其獨立性顯然會受到局限。倘若它們都被要求共享同樣的「黨派路線」，情況就更是如此。

有鑑於自由的觀念在馬克思的道德、政治及經濟的目標裡所具有的中心地位，這些疏忽似乎是一種嚴重的失察。然而，恩格斯也曾斷言，沒有「新聞自由、集會結社自由、普選權、地方自治政府」，「工人永遠無法贏得他們的解放」(20:69)。他，或馬克思，是否真的曾經想過，一旦達成「解放」，這些自由就將消失於未來？這似乎非常不可能。[12] 一八八九年，恩格斯在關於某些丹麥社會民主黨人遭受驅逐的問題上寫道：

> 工人運動的基礎是無情地批評現存社會。批評是工人運動生命的要素，工人運動本身怎能避免批評或試圖禁止爭論呢？難道我們要求別人承認我們的言論自由，僅僅是為了在我們自己的隊伍中再次消滅言論自由嗎？(48:425)

這似乎又與馬克思的觀點一致，也與他普遍反對警察國家（無論是普魯士、俄國或是法國）的態度一致。就連卡爾．波普（Karl Popper）——後來抨擊馬克思最力的評論家之一——也承認，基於他對自由的熱愛，馬克思「當然不是集體主義者，因為他希望國家『消亡』」，波普同樣堅持認為，馬克思的信仰「根本上就是對開放社會的信仰」。[13]

最後但並非最不重要的一個問題則是，新社會能夠在多大程度上將工人階級從工業主義中解放出來？恩格斯的論文〈論權威〉（On Authority, 1873）將權威定義成，「將另一個人的意志強加給我們」，該文也暗示，這是所有大型工業所固有。即使是在「可能情況下由多數表決的辦法來解決」，關於生產的決定雖是以民主的方式進行，不過「單一個人的意志仍要表示服從，這意謂著，問題是靠權威來解決的」。雖然工時等都可自由地選擇，可是「蒸汽權威……才不管個人自治」。結果就是「一個獨立於所有社會組織，名副其實的專制」。想要消滅它就「等於想要消滅工業本身，等於想消滅動力紡織機以回歸紡車」（23:422-4）。在此，技術理性似乎定義了政治意志的局限，挑戰了馬克思的同意理論。然而，在《資本論》第三卷中，馬克思曾寫道，資本主義的紀律「在勞動者為自己工作的社會體制下將變得多餘」（37:87）。這些立場不一定是矛盾的。在保持生產「效率」的同時，也可以取消含有不公平的罰款或減薪與過度勞動的制度。最終的目標依然是終結「個人從屬於勞動分工的奴役」（24:87）。然而，正如我們看待馬克思一八四四年的手稿，今日的讀者或許不再感到人類將完全從所有形式的異化中被解放出來。這其實是一種妥協的立場，儘管對於目前多數人來說，這是個巨大的進步。

到了一八七〇年代後期，愈來愈明顯的是，資本主義並未面臨迫在眉睫的崩潰。危機很多，但無一具有《共產黨宣言》中所預示的史詩級對抗的威脅性。此時出現的偶發事件，在一八四八年當時，似乎不太有希望或不具吸引力，其中包括了藉由投票箱實現共產主義的可能性。種種機遇與對馬克思著作的合理解釋，這時可以有個更寬的頻譜。其中的挑戰之一便是，十九世紀下半葉的帝國主義擴張。

馬克思認為，「資產階級社會的特有任務」是「創造世界市場（至少在輪廓上）以及奠基於那個市場的生產」(40:347)。在他的有生之年裡，資本主義的擴張實現了此一期望，因為世界不斷地革新，從而創造了眼前的市場。馬克思在一八五〇年代早期關於英屬印度的著作，顯露出一種視帝國主義為進步的觀點，即使這是令人痛苦的。他不僅認為印度被征服是無可避免的，而且將印度的歷史視為「連續入侵者的歷史，入侵者在這個既不反抗、也不改變的社會的被動基礎上建立了他們的帝國。」因此，英國在印度的「雙重使命」，「一是破壞，一是重建；換言之，一方面消滅舊的亞洲社會，一方面奠定西方社會在亞洲的物質基礎」。由鐵路產生的現代工業，必然會瓦解種姓制度所憑藉的傳統分工方式以及「本土社會中所有偉大和高尚的事物」(12:217-18)。所以，「亞洲的專制與停滯」不得不讓位給「歐洲化」(39:347)。這意謂著，資本主義也會粗暴地對待其他欠缺發展的社會，並且一一摧毀。資本主義永遠不會滿足於任何低於征服世界的東西；全球化就是它的本質。

雖然這個時期的其他帝國主義反對者並未那麼聽天由命地將這些征服視為無可避免或「進步」[14]，馬克思以德國為中心的歷史理論顯然在此發揮作用。無論如何，他對於早期的社會愈來愈感興趣。自一八五三年起，他偶爾會推測「亞細亞生產方式」是前資本主義的特別階段，其特點是缺乏土地私有制、農村共同體持續存在、農業與大型灌溉工程連動、國家占用大部分的剩餘價值藉以維持其專制。[15]一八八〇年代早期，馬克思研究了幾位專注於原始財產共有制的作家，尤其是美國民族誌學者路易斯・摩根（Lewis Morgan），他也是深具影響力的《古代社會》(*Ancient Society*, 1877）一書的作者。然而，證明多數早期的社會偏於集體主義或少有或沒有私有財產，此舉的價值為何並不完全清楚。是盧梭的魅力抑或弗格森的幽靈暗示著這種情況更為品德高尚？恩格斯認為，早期的社會較多合作、較少競爭（45:109）。但原始的共同體，無論是在土地、妻子或其他事物方面，卻是逐漸消失在整個歷史的過程中（46:451-2）。恩格斯曾在一八四七年寫道，「只有在機器和其他發明促使給予社會所有成員全面發展和幸福生活的前景變得可能時，共產主義才出現」（6:101），他也認為，婦女（半數人類）的解放只會與大規模的工業相伴而生（26:262）。馬克思在國際工人協會中重申，「機器創造了由真正的社會生產系統取代工資制度所需的物質條件」（21:9）。原始社會就是原始社會。它們如何能像資本主義那麼成功？事實上，在某些方面，它們代表了對立面——野蠻而非文明——充其量只是馬克思所鄙視的「軍營共產主義」的前景。

然而，在一九八〇年代，社會學家狄奧多・沙寧（Teodor Shanin）卻戲劇性地主張，馬克思開始相信，「資本主義的人……不是到目前為止的人類歷史的終極人類。在某些方面，易洛魁聯盟（Iroquois）的『紅皮膚獵人』比城市的職員在本質上更具人性且更為解放，而且，就這點來說，更接近於社會主義未來的人。」[16]這意謂著，在資本主義下，大規模合作所創造出的「全面」社會性，就將決定未來的集體主義結果而言，已與部落社會的自然社會性相悖。在原始主義與美德的混合中，馬克思實際上更接近盧梭與弗格森，而且遠離了他自己在一八四四或一八六七年時的信念。然而，這樣的結論，設想一個「紅色的」人做為另一個人的祖先，此時看來如同由馬克思所撰寫的、誇張的、卡爾・梅（Karl May）或詹姆士・庫柏（James Fenimore Cooper）式的諷刺作品。[17]在論「笨蛋」亨利・

梅因（Henry James Sumner Maine）的文章中，馬克思寫道，「群體即原始共同體的給人帶來滿足和樂趣的紐帶」與文明的紐帶形成對比。當然，馬克思致力於這個主題所耗費的時間和精力，不僅表明了他對這些發展的入迷，同時也表明了面對隨之而來的「個性的片面闡述」的必要性。但馬克思的主要關注點是，去研究原始共產主義以及私有財產是如何從中產生，而不是去理想化或浪漫化。沒有證據表明，他認為通常被視為與父權制家庭相伴而生的「人的個性」完全不會進步，而且在個人與集體之間的對抗停止後，它必須在一個更高的階段上實現。[18]摩根曾經表示，未來的進展將見證「古代氏族的自由、平等以及博愛復興，但卻是在更高形式的復興」。馬克思注意到這一點，卻未詳細說明。[19]恩格斯則贊同地引用了這段話（26:276）。其他一些段落則顯示，馬克思未曾想過回歸原始的財產共有制：「人唯有透過歷史的進程才能變得個性化。最初他是一個物種的存在、一個部落的存在、一個獸群的動物……交換本身是這種個性化的主要代理人，使得獸群般的存在變得多餘，進而消除」（28:420）。未來的財產共有制必須保持這種個性化。[20]因此，俄國的公社只會是個起點，而且永遠不會是任何接近最終狀態的事物。

CHAPTER 10

恩格斯的問題
The Problem of Engels

弗里德里希・恩格斯迄今算是馬克思的年輕伙伴。然而，他的貢獻有時卻是突出，甚至是決定性的。[1]恩格斯出生於有「德國曼徹斯特」之稱的巴門（Barmen），他是虔誠的工廠老闆的長子。他有點叛逆；他的父親在一八三五年抱怨道，「甚至就連受罰的恐懼都無法教會他無條件地服從」（2:582）。根據他的第一個傳記作者古斯塔夫・麥爾（Gustav Mayer）所述，恩格斯年輕時，常常「把自己所有小額積蓄捐給窮人」。[2]他很早就目睹了工人酗酒以及墮落的情形，而且在一八三九年，便已將這些放縱行為歸咎於工廠的工作，「在鄙陋的空間裡，人們吸入的煤煙和灰塵比氧氣還多」（2:9）。他希望自己投身文學，於是先是涉足理性主義的、進步的「青年德意志」（Young Germany）運動。一八四一年，恩格斯來到柏林服為期一年的兵役，並於服役期間加入了被稱為「自由」（the Free）的「黑格爾派」（他如此稱呼他們）團體。他與反動的謝林進行搏鬥，抨擊浪漫主義的國家理論是赤裸裸地為地主貴族的辯護。接著他擁抱無神論，然後在一八四二年十月接受共產主義。在英國時，他一方面研究社會問題，一方面又在父親的公司所屬、設於曼徹斯特的棉花工廠擔任職員維生。他後來表示，他在這裡「第一次開了眼界」，看見新的體系所隱含的種種事物（48:97）。他立即支持憲章派推動男性普選運動。他譴責下議院是「在大規模的賄賂下所選出的、背離人民的機構」，並預言了一場無可避免的暴力革命（2:371-4）。

恩格斯在曼徹斯特遇到眾多組織良好的歐文追隨者，他們早已建構出一套資本主義危機理論，卻譴責其政治對手憲章派更具革命性的策略。憲章派中有些人曾在一八四二年策動一場失敗的起義，這顯然讓恩格斯對他們往後的革命潛力過於樂觀。[3]恩格斯成為歐文的熱忱崇拜者，而且從與當地歐文派人士約翰·瓦茲每週的對談中獲益良多，瓦茲後來將談話發表於《政治經濟學家的事實與虛構》（*The Facts and Fictions of Political Economists*, 1842）一書當中。[4]對恩格斯來說，瓦茲的觀點極為重要，他以此為基礎，完成〈政治經濟學批判大綱〉（1843）一文，比馬克思更早開始面對政治經濟學，「源自商人的彼此嫉妒和貪婪的致富科學」（3:418）。「政治經濟學批判」因此有了歐文派的淵源，不久也演變成馬克思的起點。

如同馬克思，恩格斯對於圍繞著商業與工業的自私、嫉妒、狡猾和暴力，以及定義「自由貿易」觀的「偽善、反覆、不道德」及「合法的欺騙」與「卑鄙的貪婪」，無不感到憤怒（3:420, 422-3）。一如馬克思，恩格斯早期著作背後也潛藏著提升社會性的概念：「私有財產將每個人孤立在他自身原始的孤單中」，造成「普遍的分散狀態，必然會使人們只管自己，使人類彼此隔絕，變成一堆互相排斥的原子」（3:432, 475-6）。以共產主義去廢除它，將能確保「一個值得人類生存的世界」，在那裡，生產會被合理規畫，「每個人都能自由發展自己的人性，並與鄰人建立人際關係」（3:435, 4:263）。相較於馬克思所強調的自我實現，這是一個在某種程度上更具集體性的起點。我們會覺得共產主義是為了實現人性。恩格斯寫道，「如果生產者自己知道消費者需要多少，如果他們把生產組織起來，並且在他們中間進行分配，那麼就不會有競爭的波動和競爭引起危機的傾向了。你們有意識地做為人，而不是做為一個沒有類意識的分散原子進行生產」(3:434)。在這裡，我們看到了歐文派的危機理論，財富的集中和小資本家的消失，這些主題後來在《共產黨宣言》裡湧現。

恩格斯認為，現有的實驗已充分證明共產主義原則的「最大成功」(4:214)。在北美基督教的震教徒(Shakers)中，「沒有人必須違背自己的意志而勞動，也沒有人為找工作白白操心。」在那裡，沒有警察或窮人；「他們所有的需求都能獲得滿足，他們不虞匱乏」(4:216)。所以，財產公有「並不是什麼不可能的事」(4:227)。所需要的是，普遍地去拓展這項原則。在「公社及其管理機構的手裡，那也就不難按照需求來調節生產了」(4:246)。恩格斯甚至認為，「而這正是因為(不管看起來多麼奇怪)在這個社會裡，管理機構必須管理的不僅是社會生活的個別方面，而且是整個社會生活的一切表現、一切方面」，「行政機關與司法機關」將「大大地簡化」(4:248)，儘管部分是因為針對財產的犯罪會消失，而非因為缺乏經濟的複雜性。然而，恩格斯認為，藉由大型住宅的經濟，歐文的五百至一千五百人的社區計畫提供了「最大的勞動力節省」(4:252)。但這正好是他與馬克思在一八四八年明顯放棄的模式。

恩格斯對於馬克思的第二個思想貢獻來自《英國工人階級狀況》(1845)。針對現代無產階級在工廠地區和大城鎮裡淒慘、骯髒、黯淡與不確定的生活情況，以及整個社會的「每個人在其私利中的殘酷冷漠和無情的孤立」，這本書做了情感強烈且鉅細靡遺的闡述和批判（4:329）。因此，恩格斯對於馬克思最初的思想分享便是明白地擁抱共產主義；其次則是對於英國的社會主義理論與激進的民主理論及工人階級的真實處境的鳥瞰。馬克思沒有類似的經驗可以依賴。很顯然，馬克思之所以能夠接受恩格斯為伙伴，不只是因為他們所見略同，更是因為在馬克思的一生中，恩格斯總甘於為他「屈居副手」。馬克思過世後，恩格斯成為第一把手，而且他也很清楚地意識到，結果會是「無可避免地出紕漏」，他甚至認為自己被「高估」（47:202, 50:163）。情況也確實如此。不過，誠如泰瑞．卡佛和其他人所認為的，我們很難忽視恩格斯對馬克思主義的貢獻。[5]我們有時必須借助他來填補馬克思論述的漏洞，並為馬克思辯護。然而，我們不能假設他們的觀點完全一致；尤其是馬克思離世後才發表的著作。

恩格斯的「問題」主要在此。長期以來，人們始終認為，「在恩格斯心中」的「馬克思主義」——這個詞彙最早可能是巴枯寧或保羅．布魯斯（Paul Brousse）於一八八二年左右所提出——是馬克思既不追求、甚至也不想要的形式。[6]雖然早就有人提過這種說法，但到了一九七〇年代開始有人討論，恩格斯是將馬克思的思想形塑於自然科學之上的「第一位修正主義者」。[7]（這些可能的哲學差異是否會轉化為政治差異則是另外一回事。）尤其是自一九九一年以來，恩格斯飽受令馬克思主義迅速沉淪為古板的、科學的、實證主義的教條主義的批評。[8]人們曾明顯趨向於視「恩格斯為蘇聯馬克思主義中所有不討喜的部分的代罪羔羊」[9]，並假定，用羅素．雅各比（Russell Jacoby）的話來說，「對於恩格斯的依賴標誌了正統的，尤其是蘇聯的馬克思主義」。[10]蘇聯領導人與讀者的閱讀史和引述史，同樣支持這種詮釋。

其主要的原因在於，恩格斯連結起唯物主義史觀和自然科學，暗示兩者各自奠基於一個同樣精確的、以經驗為本的基礎。恩格斯的《反杜林論》（1878）——一篇反對德國社會主義者歐根・杜林（Eugen Dühring）的論戰文章——是第一本向德國工人階級宣揚馬克思主義的書；皈依者包括重要的修正主義者伯恩斯坦（稍後會再討論）。這本書將馬克思的成就總結為「兩項偉大的發現」：「唯物史觀」與「剩餘價值理論」（25:27）。在《自然辯證法》（*Dialectics of Nature*；大多完成於一八七八至八二年，直到一九二五年才出版）一書中，恩格斯所扮演的不是馬克思思想的推廣者與編輯者，而是下定決心證明其「科學」資格的詮釋者。[11]這樣的馬克思主義反而經常被視為史達林所偏好的詮釋，史達林本身的哲學建立在自然界存在辯證法的思想之上。[12]因此，它成為「辯證唯物主義」中「科學的歷史背後」（借用阿圖塞的說法）的哲學基礎。[13]

不過，許多論者認為，恩格斯的「機械唯物主義」「截然不同」於馬克思自己的構想。有很好的證據足以證明此觀點。馬克思曾在一八七〇年表示，弗里德里希・朗格（Friedrich Albert Lange）「絲毫沒有想到，這種『物質中的自由運動』無非只是對於處理物質的『方法』所做的改述——也就是『辯證方法』」（43:528）。這表示，馬克思並未將辯證法視為存在於自然界本身。他在《資本論》中把自己的「辯證方法」說成是「直接對立」於黑格爾的辯證法，意思是，「觀念只不過是人類心靈所反映出的、並轉化為思想形式的物質世界」（35:19）。[14]但馬克思意在將其描述成一種說明與解釋的方法。到了一八六〇年代，他實際上已經對哲學本身失去了興趣。然而，恩格斯比馬克思更為堅持，「在自然界中……同樣的辯證運動法則在無數錯綜複雜的變化中發生作用，就像在歷史上這些法則左右著似乎是偶然的事件一樣」（25:11）。這是否遠比「鬥爭」和「演化」廣泛地標誌著更多的意義，或是遠比「人類的歷史」是「人類自身的進化過程」（25:24）具更多意義，則有待商榷。今日大多數讀者不會將階級鬥爭的理論與演化的理論相提並論。而且恩格斯本人後來也確實強調，「實際生活的生產與再生產」只在「最終分析」裡才是「歷史的決定因素」，他也為過分強調它且沒有「公正地對待相互作用的其他因素」深感抱歉（49:35-6）。

恩格斯因此成為馬克思第一個也是最重要的推廣者與系統化者。他極為成功的兩部作品：《社會主義從空想到科學的發展》（*Socialism: Utopian and Scientific*, 1880）和《費爾巴哈和德國古典哲學的終結》（*Ludwig Feuerbach and the Outcome of German Philosophy*, 1886），不斷地灌輸哲學已在「科學社會主義」（scientific socialism）中達到高峰。在他關於早期德國人的研究中，繼而又在《家庭、私有制與國家的起源》（*The Origin of the Family, Private Property, and the State*, 1884）一書裡，也將馬克思對於摩根的《古代社會》種種想法延展到未知的領域，擴大了馬克思體系的範疇。共有財產、「共產主義式的家庭」以及各種形式的集體婚姻，是大多數早期社會的特色，並隨著私有財產的興起而衰落，此一廣泛的結論當然有利於現代共產主義工廠。至於，女性在更為集體的環境下享有更高的社會地位與更大的權力——在易洛魁聯盟中甚至享有投票權——只因家庭以外發展出的勞動分工致使她們遭到貶低，這般推論亦復如是。（26:176, 191, 261）

如此看來，我們至少必須承認，馬克思與恩格斯開展共產主義革命者事業的起點其實是不同的，此外，他們其實在某種程度上依循著不同的軌跡前進。不過，兩人都醉心於那個時期的科學精神，並認為技術能夠減輕人類的不幸，也都認為借助科學原理可以讓人類事務的混亂更為有序且理性。他們共享時代精神，特別是自達爾文以降，將歷史視為是劇烈演化的、無可避免的與決定性的，並在人類對於克制自我與控制自然的長進中，以及在人類從必然朝向自由的運動中，見到所有的演化。所有的這一切在當初看來遠遠沒有如今我們所見那麼不祥或愚昧。

沒有什麼比達爾文（Charles Darwin）於一八五九年出版的《物種起源》（*On the Origin of Species*）更能定義這些主題。達爾文將人類從上帝所賦予的崇高地位上趕了下來，這一點十分吸引世俗主義者。演化論表面的一般意旨也是如此。馬克思在一八六〇年致恩格斯的信中寫道，「這本書為我們的觀點提供了自然史的基礎」，其言下之意是，「歷史上的階級鬥爭」在達爾文「適者生存」中找到了相似之處（41:232, 246）。李卜克內西後來回憶道，倫敦的德國工人「幾個月來只談達爾文以及他的科學征服所具有的革命力量。」[15]「正如達爾文發現了有機自然的演化法則，馬克思則是發現了人類歷史的演化法則」，恩格斯曾在馬克思的墓旁如此讚頌（24:467）。馬克思的女婿艾威林則附和道：「馬克思對於經濟學的貢獻，如同達爾文對於生物學的貢獻。」[16]

不過，這些常被引用的言論卻具誤導性。這種類比不僅被證實是危險的，而且相當不正確。在第二次閱讀達爾文後，馬克思的結論是，達爾文「在野獸與植物中」只發現了「英國社會及其勞動分工、開拓新市場的競爭、種種『發明』以及馬爾薩斯的『生存鬥爭』」（41:381）。[17]他後來感嘆，某些達爾文主義者視他的想法為，某種「人類社會永遠無法從獸性中解放出來的決定性因素」

（43:217）。因此，馬克思顯然並不認為，達爾文也在自然中發現了一種類似於他自己在歷史中發現的辯證法。他從未明白表示過辯證法則存在於物質中，雖然他偶爾會暗示確實如此。[18]他的意思只是，「鬥爭」對於自然與歷史都至關重要。恩格斯也強調，達爾文的原則無非是把「霍布斯的『所有人對所有人的戰爭』的理論、資產階級經濟的競爭理論和馬爾薩斯的人口論」應用在自然上。他寫道，「單單是將過往的歷史視為一系列的階級鬥爭，這種看法便足以揭示，視同樣的歷史為『生存鬥爭』的修正，這種觀點的絕對淺薄」（45:108-9）。恩格斯因而承認，「把歷史看作一系列階級鬥爭，比起只是將其簡化為生存鬥爭的無甚區別的階段，來得更有內容且深刻」（25:585）。

然而，義大利社會主義者恩里科・費利（Enrico Ferri）表示，正如達爾文主義指出，所有動物演化都與個體及物種之間的生存鬥爭有關，馬克思則證明，「社會演化的所有機制」被歸納為「階級鬥爭的法則」。因此，馬克思「最終在《資本論》中，於社會領域裡，完成了始於達爾文與史賓塞的科學革命。」[19]馬克思在世時，恩格斯曾寫道，「自然是辯證法的證明」，意思無非就是，自然「經歷了一場真實的歷史演化」（24:301）。他表示，「演化論的個人生存鬥爭，在激烈的暴力下從自然轉向了社會」，是階級鬥爭後期階段的特徵（25:260）。無論如何，對達爾文與馬克思來說，「鬥爭」的概念，不管是階級的、抑或是物種的，事實上都是源自馬爾薩斯，他既是李嘉圖的（因此是馬克思的）、也是達爾文的關鍵源頭。馬克思沒有想過將恩格斯稱之為「辯證法的三規律」（量轉化為質和質轉化為量；對立面的相互滲透；否定的否定〔25:356〕）應用在歷史上。不過，「演化」的觀點對馬克思主義的廣泛影響毋庸置疑。至於，這是否真的特別在「第二國際」（Second International）期間促進了改良主義（reformism），尤其是因為它對考茨基的影響，正如盧卡奇（György Lukács）和其他人所言，則是一個有待討論的問題。

CHAPTER 11 烏托邦 Utopia

如果我們必須以戒慎恐懼的態度定義馬克思的理論是「科學的」，那麼將他描繪成「空想家」恐將挑戰諸多讀者的期待。[1]烏托邦主義（Utopianism）需要一個想像更美好的或更理想的（但並非「完美的」）社會的過程，而這些更美好或更理想的社會可做為評斷當前不足之處的模型，以及由此產生的實際實驗。至少自一八四五年，卡爾．格倫首次將「烏托邦主義」與「科學的社會主義」並列時，馬克思對這種方法的排斥似乎已經確定。馬克思將許多早期的社會主義者斥為「空想主義者」，因為他們不承認歷史表明，無產階級將不可避免地透過階級鬥爭和革命來改變社會。反觀「空想主義者」，則是試圖透過示範和慈善事業來提高工人階級的生活水準。自一八四五年起，如我們所見，馬克思覺得有必要藉由堅持共產主義只是產生於現有的發展中，去避免任何唯心主義的指責。因此他在一八七一年重申，巴黎公社的擁護者「沒有想靠人民的法令來實現現成的烏托邦……他們不是要實現什麼理想，而是要解放那些正在崩潰的舊資產階級社會裡孕育的新社會因素」（22:335）。

不過，馬克思所主張的，隨著工人運動的發展，工人運動的理論家只需要「注意眼前所發生的事情，並成為其傳聲筒」(6:177)，這無疑是實證主義的，更不用說過度樂觀了。責難「為未來餐館」撰寫食譜的必要性（如同《資本論》所做的）是一回事(35:17)。但少有廚師會在沒有食譜的情況下感到興奮或滿足，而且，有人覺得，馬克思的委婉說法只不過是為了掩飾他仍是烏托邦主義者的尷尬。[2]儘管如此，這種方法卻無止盡地重複了一個世紀。列寧援引馬克思對公社問題的看法認為，「在發明或想像一個『新』社會的意義上，馬克思並沒有烏托邦主義的跡象。不，他研究的是，做為自然歷史的過程，新社會從舊社會中的『誕生』、從後者到前者的過渡型式。」[3]某些後來的馬克思主義者，尤其是恩斯特．布洛赫（Ernst Bloch），更接近於在烏托邦裡找到更廣泛的價值，主要是透過將其轉化成某種希望哲學與某種準末世論類型的意志行為，儘管沒有描繪未來的目標是什麼。[4]但大多數人認為，馬克思的社會主義與烏托邦主義的區別在於，其歷史基礎與無產階級革命的理論，以及馬克思對剩餘價值的論述的「科學」性。

然而，這些說法其實不夠坦白，甚至近乎學術上不誠實。正如我們所見，馬克思具有「要去實現的理想」(22:335)，特別是團結、協作、具有共識的「自由生產者」的社會、自我實現和全面發展等。他也誇讚並採用歐文、傅立葉、聖西蒙及其他人的理論觀點。歐文是這方面的傑出人物，不單是他在「烏托邦主義者」中是重要的共產主義者領導人，更因為他在整合勞動與教育、減少工時以及特別是推動協作上所採取的觀點。這些在馬克思的終極願景中的關鍵組成元素，既是理想、也是實踐。直到一八五一年，恩格斯仍敦促馬克思寫下「人們十分渴望知道的祕密」，「備受稱道的『正面的東西』，即你『本來』想寫的東西」(38:492)。這從未發生過，有人推斷，因為他們兩人都希望「將學說核心裡的烏托邦精髓隱藏起來」。[5]

我們已經看到，在一八六〇年代，馬克思會否認自己是烏托邦主義者，其所要表達的是，合作生產做為未來經濟的模式出現於資本主義中，這是由於自然增長的生產的社會化性質。的確，他從未解釋過為何這種群體形式在道德上更為優越（或者，這種群體形式如何培養他早先與類存在關聯起來的種種性質），且免於淪為純粹的未開化群眾：正如鮑爾所警告的，無產階級是「一群」被「困惑、懶散、恐懼與限制」所奴役且「難以接受普世理念」的人。[6]然而，生產合作的「規範性」想法仍是一種理想，而且確實與勞動分工所促進成的「自然」合作以及各種形式的消費者合作大相徑庭。[7]況且，即使是生產者合作，也不必然會實現馬克思所追求的種種目標；它們必須被創造。因此，馬克思在這方面的評述並未精準地描繪自身的行動方法。「資產階級」社會帶動了許多趨勢向前，有些是進步的，有些是反動的，有些預示著更高的社會理想，有些則無情地摧毀了人類生命中最好的一面。公社本身也正好是某種理想的化身，而不僅僅是資本主義自然生成的東西。

因此，馬克思當然希望歷史朝著一個特定的方向發展，其輪廓在一八四八年就已經很清楚了。[8]「普遍個體」的概念——在麥克萊倫看來是馬克思的「烏托邦願景」的核心——一如既往地被熱切地持續著[9]。它的中介則是確保在新社會中「共同需求的滿足」，諸如「學校、醫療服務等」。（24:85）無可否認，馬克思不願在他的共產主義社會願景的骨架上放入太多血肉，並詳細描繪其展望，寧可將這一切留給歷史的進程及其創造者的自由裁量。因此，他留下許多關於未來的關鍵問題沒有回答。然而，他的整個體系是建立在計畫的原則上，這項事實使他不願討論未來的態度令人備感困擾。「計畫」的定義牽涉到想像未來的需求與改善過去的缺失。單單只是「無情地批判現存的一切」（3:142）是不夠的；我們需要替代方案。我們能不能或應不應去計畫一下，什麼是未來的最佳發展呢？難道我們不需要計畫一下如何計畫嗎？

馬克思的批評者形容他是烏托邦主義者，還有第二層負面的涵義。大衛・洛威爾（David Lovell）寫道，「我們可以承認馬克思的計畫是烏托邦式的，它是基於人的完美性——自相違逆的想法——從而不認為它注定會產生專制政權。」洛威爾注意到科拉科夫斯基早先提出的指責，「馬克思的計畫是烏托邦式的，因為它是建立在自由與社會統一兩種相互競爭的價值上。」[10]此外，埃里克・沃格林（Eric Voegelin）與其他一些人，也同樣尖銳地將馬克思在一八四〇年代早期的願景看成是準宗教的，特別是千禧年信仰的。[11]約翰・麥奎爾（John Maguire）也是如此，他將馬克思「早期的共產主義版本」描述為「狂野的烏托邦」（像是認為能夠終結所有人與自然、人與人之間的衝突），卻也認為《共產黨宣言》早就「不太屬於千禧年信仰」，因為在《共產黨宣言》中，「廢除所有差別」的想法已被「終結在生產資料中的私有財產」的想法所取代。[12]大衛・利奧波德（David Leopold）則提到，馬克思早期著作中的「完美主義思路」，使用這個詞來代表對於發展某些能力的渴望，而非用來描繪它所促成的理想終點。[13]馬克思在一八四四年的作品顯然可以用這種方式來解讀。「人類所有感官與特質的完全『解放』」，這時變成了「主觀的與客觀的，『人類』」（3:296-7, 300），顯然是對黑格爾針對異化所做的神學解答的回應，因此，仍然是在神學的基礎上。不過，這個觀點在一八五〇年代晚期與之後的作品中則已被超越。

我們無法在此一一解開烏托邦思想與世俗千禧信仰思想之間的所有差異。[14]然而，至少有七種方式，可以把馬克思描述為中性的或正面的「空想家」，也就是說，著眼於闡述他的種種想法，而非僅僅只是貶低其「科學」虛榮。

首先且最明顯的是，馬克思的共產主義與由湯瑪斯．摩爾的《烏托邦》所定義的傳統有所關聯。一八四五年，馬克思、恩格斯和赫斯企畫了一個「國外最佳社會主義作家圖書館」，其中包括湯瑪斯．摩爾與托馬索．康帕內拉（Tommaso Campanella）（4:667）。這時的「烏托邦」指的是「擁護共產主義」，因此「社會性」優先於「財產所有權」，「公眾」優先於「私人」；這也意謂著克服城鄉之間的差異（對摩爾來說，這是透過輪流勞動來達成）。這種被強化的社會性是廣泛奠基於某種互惠、團結或友誼的理想上。

其次是馬克思對專業化持續抱有的敵意。埃爾斯特認為，「在共產主義下，將不再有專業化的職業」，例如「不再有畫家，只有既會做其他事情、也會畫畫的人」，此為「馬克思更是烏托邦式的想法之一」。[15]關鍵的問題是，後來馬克思在多大的程度上依然考慮廢除勞動分工，以及這代表了什麼？《哥達綱領批判》將共產主義描繪成，終結「個人從屬於勞動分工的奴役，從而也終結智力勞動與體力勞動之間的對立」（24:87）。在這裡，如同一八四四年，「全面發展」仍然是個理想。但這個概念並非毫無問題。如果它意謂著對專業化與專業知識的敵意，我們不禁要問：業餘主義在哪個領域裡算是一種美德？當手術刀準備就緒時，我們是否想要一個一心陶醉在詩歌裡的心臟外科醫生？當飛機降落時，我們是否想要一個真正熱愛的是園藝的飛行員？況且，誰不想要至少在某件事上嫻熟精通，而且獲得認可？「全面發展」的理想與專業知識的必要性，或許還有個人的成就感，顯然具有嚴重的衝突。這個概念根本沒有經過仔細思量。不過，「個人全面發展」仍是馬克思的烏托邦化身。

馬克思的第三個烏托邦假設是，一旦終結了私有制，社會行為會有顯著的改善。伊林．費切爾（Iring Fetscher）認為，「馬克思的中心思想之一是，社會主義革命會帶給人們非常巨大的改變，致使他們自發地表現出團結的精神，並且展現出對於共同體的關懷。」[16]如同大多數的社會主義者與無政府主義者，馬克思也認為私有財產是社會罪惡的主要根源，特別是竊盜、人身暴力以及賣淫。他對於一個和平且富足的未來階段所懷抱的理想，還有他對於獲致「在這個地球上的終極統一」所做的暗示，都具有準千禧年信仰的色彩，在許多方面也像是某種世俗版的「神意彰顯」。（許多不同形式的馬克思主義充斥著類似的情懷。）這裡也暗示了一套本質主義的人性理論，尤其是與工人階級行為的理想有關。然而，馬克思並不願意把這個共同體的願景描述得更清楚。親密、信任與相互扶持似乎成了脅迫、剝削與恐懼的對立面。馬克思的共同體想法顯然受到費爾巴哈的人的統一理論啟發，而且主要仰賴烏托邦的「信任」概念。但在施蒂納攻擊共產主義之後，馬克思不願談論「以愛為本的國家」或是某種「社會」的新宗教（5:211）。[17]像是將「整個社會分解成自願團體」（5:416），一個馬克思歸功於傅立葉的想法，有時似乎更接近於他自己的意向，即使是令人不快的普魯東主義式。但集中化的生產仍不可或缺。[18]或許有人會補充說，「東方的」或「亞洲的」專制主義的整個理論（私有財產的缺席與極端的政治專制同時發生），顯示出這些假設的某些缺陷。事後看來，後來的共產主義社會也呈現出這種組合，如同我們即將見到的，這項事實破壞了這類論點。

第四個烏托邦假設在於，將社會的最初階段與最終階段連結起來。愛德華・卡爾（E. H. Carr）認為，馬克思和烏托邦主義者共享了「他們對於人類開始發展的原始狀態及人類終將達到的未來狀態的看法。在這些要點上，馬克思沒有任何原創性的貢獻，而且滿足於做為烏托邦社會主義者的忠實信徒。」[19]原始共產主義缺乏階級鬥爭；未來的階段也將如此。然而，儘管大多數原始群體比現代群體具有更強烈的集體責任感，但未來的社會卻需要緩和（如果不是廢除）資本主義所培養的利己主義。馬克思後來對於俄國公社的興趣表明，他認為某些早期的社會或許能為未來的共產主義組織提供如何避免這個問題的線索。馬科西米里安・呂貝爾（Maximilien Rubel）稱此為，「對歐文的最後致敬」。[20]但在其他地方也有類似的證據。一八六八年，馬克思在提到格奧爾格・毛萊爾（Georg Ludwig von Maurer）關於早期德國土地占有權的著作時曾寫道，「每個民族的原始時期」「都符合社會主義的傾向」(42:557)，平等主義是主要的特質。他最後的結論是，共有財產「源於印度」，並且「在歐洲所有民族發展之初」就存在「於他們之中」(43:434)。然而，他們所展現出的無須某種形式的個體性去平衡的社會性，顯然威脅到《共產黨宣言》的觀點。

第五，我們必須考慮到，馬克思假設社會有一個無法被超越的、未來的目標，那就是共產主義。盧克斯將「共產主義社會」描述為「馬克思與恩格斯自己的烏托邦」。[21]烏托邦的願景提供了一種可以改變的形式和目標，把對於改善的渴望以及對於壓迫的抵抗濃縮在一個等待達成的理想上。即使成功，一場僅僅以推翻為目的的革命也難以長存。最後，由於拒絕詳述未來可能（或應該）如何展開，馬克思因而被批評為在理智上不誠實，然而，在他確實描繪了在資本主義下，什麼組織（亦即合作生產）將成為社會主義的基礎後，這項事實緩和了馬克思所遭受的批評。但這仍是最終目標，至少在共產主義之前，除非我們假定歷史方法另有規範，這似乎不太可能。

馬克思的第六個烏托邦假設是，他不願面對自己所擁護的原則的全部現實。弗里茲・拉達茲（Fritz Raddatz）提到，有個上門的訪客曾告訴馬克思：「我無法想像你在一個平等主義時代裡的模樣，因為你的偏好與習性完全是貴族式的。」馬克思則回應說：「我也不能；那樣的時代必然會到來，但屆時我們恐怕早已不在。」[22]這顯示出，他所堅持的理想與他整個人生經驗，以及他自己的觀點和偏好，完全大相逕庭。

第七，我們應該回顧一下馬克思的期望；在他看來，社會化方面的種種進步，特別是無疑可在小規模的共同體裡實現的減輕強制與壓迫，同樣也能在民族國家的層級上被效仿。規模的問題在這裡非常重要：許多在幾千人或只在社區的層次上可行的事情，在數百萬人或是在不同組織結構的情況下，或許不可行。然而，馬克思或許假定了基本的合作單位便能實現先前與小規模的「自願」或「有意」共同體（誠如我們今日所稱）有關的某些功能。

這些烏托邦的特質其實不會減損馬克思願景所具有的價值。描繪這些特質只是有助於澄清，我們應該如何理解馬克思，並評斷他的想法與提議是否可行。施密特稱他為「哲學史上最偉大的烏托邦主義者」。[23]呂貝爾說他是「最偉大的社會烏托邦主義者」，甚至是「烏托邦主義者中的烏托邦主義者」，正是因為他「藉由將『實現社會主義的道德假設』與『資本主義的覆滅及其對於人類行為的後續影響的科學法則』聯繫起來，賦予社會主義烏托邦理性的基礎」。[24]然而，其他人可能會認為，這些特質或許是馬克思的遺產中最不烏托邦的面向。馬克思本人有時會承認某些社會主義前輩的價值，例如，他在一八六六年致路德維希・庫格曼（Ludwig Kugelmann）的信中寫道，「諸如傅立葉、歐文等人的烏托邦，都包含了對於新世界的預感和遠見」(42:326)。然而，我們在這裡看到，馬克思把全面發展的理想、經濟合作與民主的集體控制結合起來，為獲得解放的工人階級提供一個清晰的願景。諷刺的是，正是馬克思最「烏托邦」的部分——而非最「科學」的部分——深具價值。藉由構思一個大幅改進的社會，超越當時所有關於群眾的可改進性的偏見，他成為首屈一指的遠見者。馬克思關於人類的全面發展能力的主張是持久的，其價值歷久不衰。雖說這可能極難實現。但烏托邦主義沒什麼好困窘的：它畢竟是行動的必要指引。

CHAPTER 12 總結馬克思 Concluding Marx

一八八三年三月十四日下午三點，馬克思驟然卻也安然地在書房裡他最喜歡的扶手椅上離世，他也終於能從許多病痛的折磨中解脫，享年六十四歲。三天後，僅十一名哀悼者前來參加在海格特公墓為他舉行的葬禮。

然而，一年後，有大約六千人前往他的墓地憑弔。馬克思迅即成為傳奇人物。恩格斯宣稱，馬克思的名字與著作將「永垂不朽」(24:469)。對他來說，眼前最迫切的任務無非是著手整理馬克思所遺留下來堆積如山的手稿，同時雕琢這個傳奇。格奧爾格·盧卡奇（Georg Lukács）曾經指出，馬克思的成就主要在於他憑藉個人的非凡能力，尤其是從英國的現況裡（而且主要是藉由書本的閱讀），發展出一套論述整個資本主義的理論。[1]與其說他是哲學家、經濟學家、政治理論家或群眾領袖，不如說他是先知，以E·H·卡爾的話來形容，他「藉由一種獨特且優越的思想所具有的純粹力量，讓自己留名青史。」在預示歷史上一個全新時代的可能性下，他標誌著「人類思想的轉捩點」。[2]庫格曼稱他「值得被譽為代表十九世紀意識的思想家」，是「讓亞里斯多德以降的所有學者相形之下都只能算是無足輕重的人物」。[3]不過，其他評論者則沒有那麼寬厚。約翰・凱因斯（John Maynard Keynes）宣稱，《資本論》「對於現代世界沒有任何適用性甚或好處」。但這顯然是錯誤的。馬克思是「歐洲最被討厭且最受誹謗的人」（恩格斯的說法〔24:464〕）。他是怪物殺手。然而，他究竟是聖喬治（Sanctus Georgius）或是唐吉訶德（Don Quijote）?他非常聰明且博學。他認為自己對資本主義所做的分析，無疑是（最終也是）領先絕大多數同時代的社會主義者。但他也幾乎完全不願接受他人觀點。民主的本質——妥協及接受反對意見——往往超出他的能力範圍。身為人的馬克思有許多身為傳奇的馬克思所沒有的缺點。

且讓我們簡單總結馬克思的成就。他達成了什麼，他的理論沒有說明什麼？

最重要的是，馬克思為我們提供了關於資本主義工業化令人信服的說明，他的說明強調了資本主義所具有的破壞性、浪費和壓迫性。他針對這個體系所提出的替代方案，得以讓自我實現最大化、必要勞動最小化，從而提供「個人全面發展所需的時間」（29:97）。然而，馬克思未能證明，後一種模式必然會從前者中出現。（它並沒有。）他堅稱，沒有任何體系是恆久的，所有體系都會持續變動。（的確是。）他提出一種更高形式的協作、社會、集體的存在，在那當中不再有剝削，馬克思向我們保證，我們不僅會得到更多回報，不論是集體的還是個人的，而且在很大程度上兩者的連結也更加公正，而不會像在由資本主義的競爭精神定義之下過生活。（此爭端仍懸而未決，不過這個論點依舊具說服力：給予幫助的社會讓人比較寬心。）

就廣泛的歷史層面上而言，馬克思犀利地解釋了現代性的主要發展。在理解社會關係中，他優先考量財產所有權，顯然克服了關於社會是如何運作的，宗教、法律以及政府通常又是如何為統治階級服務等問題的詮釋所構成的迷宮。不過，馬克思並未解釋很長一段時間以來，經濟基礎與上層建築中的運動之間，如何存在著各種巨大的變異。[4]他視階級為決定多數人命運主要因素的看法深具說服力。多數人都有生命賜予他們的命運，對於他們要做些什麼甚或想些什麼，幾乎沒有選擇餘地。在歷史上，許多人都是和土地綁在一起的奴隸或農奴。在一個據稱是由自由所定義的時代裡，很多人從中得到少許的自由。馬克思最偉大且最持久的任務之一，便是反對資產階級故弄玄虛的意識形態。貿易自由並非其他各種自由的基礎。大魚的自由帶給小魚的是死亡。普選無法像反映階級衝突那般解決階級衝突。因此，自由主義的體制是一種欺騙、是一種詭計，雖然在某種程度上允諾「自由」，卻也使大多數的人淪為富豪統治與工資奴役的犧牲品。當自由主義更是繁榮昌盛時，馬克思必須提出答辯。

在經濟上，對於剝削如何發生、資本主義為何容易產生危機，馬克思提出一套令人印象深刻的論述。他最終並未充分考慮到，貧困化或許不會如預期般加深的可能性，也未充分考慮到，工人的生活水準如何或為何可能改善。馬克思的社會理論最大的主題是失去控制，或是強制高於同意的主導地位，對我們來說，這比以往都要更為反映現實。所有神祕化、異化、對象化和意識形態的用語，還有種種思想的真實關係的偽裝無不指出，必須有意識地引導社會走向滿足每個人的需求的目標。然而，今日少有人認為馬克思的成就是來自剩餘價值理論。如今我們承認，道德批判與經濟評估在成熟的作品中齊頭並進。關於意在取代資本主義的替代經濟模式（主要是協作），以及經濟主體如何與國家或其他行政機關互動，馬克思所提供的細節太少。

重要的是，少有人意識到整個經濟可以被集中規畫的想法。如果合作社決定我們每天要工作八小時，而規畫者決定十二小時，誰會勝出？如果規畫者勝出，工作難道就會停止被異化嗎？此外，如果他們不是選舉產生的呢？馬克思未能解釋如何調整共產主義下的優先順序，使其不單只是賦予工人更多的自由時間，並為「有吸引力的勞動」的概念賦予實質。勞動本身必須被改變（此為《巴黎手稿》的核心），這項暗示後來似乎被擺到次要的位置。此外，即使總括來說，對於勞動分工的批判以及對於剩餘價值的說明，也未能提供我們一套充分的關於工作場所的剝削與壓迫的理論，更遑論工作場所之外的剝削與壓迫。涉及壓迫的個人統治或集體統治的許多面向，諸如種族主義、性別歧視和許多其他形式的偏見，馬克思並沒有明確地說明。此外，他認為，將引發資本主義崩潰的核心矛盾——在交易的無政府狀態、財富的個人集中化和（在工廠組織中顯而易見的）生產的社會化性質之間——並未在這種形式下實現。

進一步強調發生在自由時間裡的解放，這項轉變導致馬克思面臨各種問題。增加自由時間暗示著需求保持相對穩定，因此我們不選擇為了多消費而多工作。然而，即使在共產主義下，馬克思承認，「自然的需求」可能會「持續地改變」（6:117）。為了節省時間，必須限制需求；「……首要的經濟法則，若以集體生產為本」，唯其如此，才能讓快樂極大化，同時也維持「物質或精神方面的其他生產」（28:109）。馬克思顯然希望，貪欲和對致富的追求在未來得以脫離「被金錢實現」的「對快樂的抽象追求」(28:155)。但他並未解釋該如何進行。《資本論》暗示,「『存在方式』的概念會顯著地擴張,勞動者會主張完全不同的生活水準」(35:530)。這表示,除非機器可以填補,否則工作日恐怕不會減少太多。

馬克思後來的著作確實暗示,擁有他們所製造的商品,至少是生活用品或諸如此類,是工人未來幸福的一個組成部分,正如黑格爾所強調的。「社會本身產生新的需要;培養出社會人的一切屬性,並且把他做為具有盡可能豐富的屬性和聯繫的人,因而具有盡可能廣泛需要的人產生出來」或許比較不是精神的,而是物質的(28:336)。[5]「自由時間」可能會被商品化幻象所牽引的虛無、麻木的娛樂所吞噬,而非協助人們自我實現或發揮創造力。共產主義者可能會變得對奢侈品興趣盎然,熱中於炫耀,甚至被這些需求所奴役,忽視巴貝夫、魏特林和其他人的警告,並且再次助長不平等。因此,沒有私有財產的消費將更具社會性、更不具占有欲、更不可能製造嫉妒與對抗,這樣的假設仍未獲得證實。事實上,如果不鼓勵累積財富,炫耀性消費恐怕會增長。一九二八年,約翰·杜威(John Dewey)在列寧格勒注意到,「人們之所以如此自在地花錢,無論是花在必需品抑或是娛樂上,主要是因為整個政治控制是反對個人累積財富的,因此金錢被視為即時行樂的工具,而非未來行動的工具。」[6]

圍繞著馬克思的最重要爭議包括兩個面向:他對於人類的原始目標是什麼,以及他如何始終如一堅持下去。麥克萊倫與其他一些人理所當然地將異化視為連結馬克思早期作品與成熟作品的主要議題。[7]然而,它告訴我們的,比我們所預期的要少。這表明青年馬克思與後來的「科學」觀點之間存在著「裂隙」的指控是不可信的。《資本論》以「全面發展的個人」對比於「殘缺的」、「破碎的」人：「全面發展的個人適合各種勞動，準備好面對任何生產的變化，對於他們而言，不同的社會職能只不過是為他先天與後天的能力提供自由領域的諸多形式」（35:490-91）。這個想法一直與馬克思的著作統合在一起；他的目的仍是「自由的人」。不過，重要的是，馬克思後來的異化理論並非黑格爾的。晚期的馬克思所含有的黑格爾遺產，並沒有超出後期經濟著作中的範疇安排模式太多。馬克思的辯證法同樣也不是黑格爾式的。更遑論他的共產主義理論、全面性的理想、對於被描述成透過協作內存於資本主義的社會性的說明，抑或是馬克思的革命理論、政治理論、意識形態理論與國家理論。此外，馬克思後來對於異化的處理，從哲學的架構轉為政治的架構。最初曾是心理問題與哲學問題的事情（在工作場所中失去控制權），如今被視為經濟管理和國家的政治問題，可以透過工作場所中的民主與協作來解決，而非改變工作的過程。

如果有的話，這意謂著，馬克思在後期變得更加民主派。對於約翰・普拉梅納茨（John Plamenatz）而言，「馬克思認為無產階級政府從一開始，就比資產階級歐洲裡任何已知事物都更真正的民主與自由。」[8]然而，馬克思的兩個關鍵政治概念，如今似乎特別可疑。首先，他大致上接受從「人民政府」進步到技術專家「管理事務」的聖西蒙原則。這樂觀的態度如今似乎極其不合宜。再者，「無產階級專政」也許是政治思想史上最未經縝密思量的主要概念。馬克思關於由民主組成的多數所領導的一場充滿階級意識革命的論述，既不真實、又過於浪漫（這是普拉梅納茨的批評）。[9]伯特倫・沃爾夫（Bertram Wolfe）曾寫道：「馬克思與列寧所指涉的『無產階級專政』，兩者之間存在著隔閡。」

[10]對於許多人來說，列寧是布朗基主義者，而非馬克思主義者，正如我們所見。不過，有些人也認為，馬克思的政治思想被尋求社會與知識的一致性所糾纏，這種一致性唯有在「專制主義的殘酷形式」下才能實現，誠如科拉科夫斯基所言。[11]未能至少預料到這種可能性，對馬克思來說，似乎是一個嚴重的缺陷。此外，《共產黨宣言》所聲明的權力高度集中於國家，還有組建由嚴密的管制計畫所統領的「工業大軍」，許多人也在其中看到了之後專制主義的萌芽。

因此，馬克思並未充分解釋過渡時期，即無產階級專政，將如何保留那些民主程序，並促進那些構成部分「自我實現」理想的自由。他不願重新思考黑格爾，亦未在任何地方說明，為什麼即使是一個體現了官僚階層而非外來統治階級的相對中立而非強制性的國家，在共產主義下或在通往共產主義的道路上就會消失不見，或者為什麼「政治」會與階級社會中的這類過程截然不同。正如為何無產階級該以馬克思所假定的方式來行動，這一點，他也沒解釋清楚。對尤金．卡曼卡（Eugene Kamenka）來說，在這方面，「馬克思思想的根本弱點」是缺乏「關於階級與組織以及自由與奴性的理論，以『正面』的角度來看，就所涉及的過程和運動的『特徵』而言」。[12]將無產階級描繪成「普遍的」階級仍有許多不足之處。從革命的觀點來看，其苦難並未提供特別有利的條件。它也沒有特別傾向共產主義，儘管我們可以看出，為何馬克思認為在更高生活水準下的平等顯然優於令人絕望的貧困。馬克思對於農民的看法也被證明非常有問題。

我們也很難不把馬克思的共產主義社會願景視為世俗版的基督教千禧年信仰或希臘的黃金時代，善惡力量之間最終的巨大鬥爭讓位給一個和諧、平等且人人富足的新時代。時至今日，我們理所當然會對這樣的願景抱持更加懷疑的態度。馬克思主義創造了一個鋼鐵時代，而非黃金時代，但它被過度應用在製造鐵絲網上。然而，在另一個層面上，和平地轉型成能為所有人提供高生活水準的富裕社會以及在生產過程中的民主管理，這也是馬克思所追求的。在這樣的觀點中，富足——意指公眾的富足而非私人的奢華，以及更大的平等——是馬克思的目標。

馬克思思想體系中的其他幾項缺點，對於今日的讀者來說，同樣是顯而易見。革命將以某種方式永久而非短暫地「鍛造」獻身共同利益的新形式——或是從舊形式中解放出來——這個想法似乎沒有事實根據。如果「剝削者」是最不道德的人，那麼被剝削者就是最善良的人，這種默示假定（tacit assumption）在許多層面上似乎都很可疑。資本主義也沒有創造出具有領導能力的新型工人。[13]至於國際主義或世界主義將取代民族主義的忠誠，這般假設也顯然是設想錯誤。馬克思也從未充分地將平等理論化，也從未解釋過如何才能避免能力、抱負等方面的差異變得僵固，甚至遺傳。他從未思考「軍營共產主義」是否會變得比資本主義更糟。他也不擔心群眾不會去殺害特權階層，尤其是知識分子。因為像馬克思這樣的人，通常都是共產主義革命的第一批受害者。

馬克思拙於解釋思想是如何運作、意識形態又何以時而真時而假。領導者與追隨者、理論家與步兵之間的關係，同樣也未獲深思熟慮。我們將會看到，大多數的馬克思主義革命都是由農民與中產階級領導者共同締造，而且不是發生在先進工業國家。領導者是這些劇變的核心。馬克思的革命理論並未解釋，為何以及何時卡萊爾筆下的英雄可能會領導，盧梭可能會鼓舞人心，羅伯斯比可能會策動政變，或是，馬克思主義者可能將革命理論化。貝內德托・克羅齊（Benedetto Croce）後來將馬克思稱為「無產階級的馬基維利」。[14]不過，關於拿破崙三世是如何（在一八五二年）成為受愛戴的獨裁者的論述（當然是由農民所支持），在探究領導者的角色上倒是具有一定的成就。

在此，對於如何回答《提綱》的第三條以及誰來教育教育者——歐文的問題；對此，歐文的回答是「家長式的慈善家」——馬克思表現出一種可以理解的混亂。從一開始就很清楚，革命成功的先決條件包括了用共產主義的宣傳淹沒工人階級。這只能由大量精通理論的參與觀察者，即資產階級的知識分子來創造。他們當然會對運動做出反應，正如它會自我改變。然而，即使馬克思不希望他們來領導運動，他們的角色顯然也不會只是被動的傳聲筒。他們之中的某些人也或許更多人會成為領導者。但馬克思的心理學，無論是群體的還是個人的，卻都沒什麼發展。令人費解的是，他沒有預見在這種情況下會出現某種特殊的英雄崇拜。事實上，他的舊識海因岑早在一八四八年，便曾諷刺地表示，馬克思是德國共產主義的「英雄」。[15]

這些弱點與缺失有許多可以概括成一項批評，那就是馬克思從未充分思考過他所說的「自由」的涵義。「全面發展」是早期和晚期馬克思的思想連結。儘管馬克思對烏托邦有過不少批評，烏托邦仍是被渴望的。誠如《資本論》所言，新制度讓工人「有時間受教育，發展智力，履行社會職能，進行社交活動，自由運用體力和智力」(35:270)。對馬克思來說，這是最有意義的自由形式，除此之外，所有其他都是次要的；挨餓者與受壓迫者或許會欣然同意這一點。馬克思（如同黑格爾）曾一度懷念起古希臘城邦，他認為自由最終在那裡「從世上消失」(3:137)。「自由發展」是《巴黎手稿》、《共產黨宣言》與《資本論》的核心理念，體現了共產主義的優越性。馬克思從未放棄這個概念。「自由發展」是他的異化理論的邏輯結論。沒有免受剝削的自由，其他形式的自由對馬克思來說根本毫無意義——這當然標誌了他與多數自由主義的形式之間的差距。尤其是「平等的」代理人買賣勞動產品的「自由」只是一場鬧劇，而且是虛構的。實際上，只有資本是自由的，那些沒有財產的人嚴重受限，因為擁有資產的階級才能買到政治與個人的自由。

馬克思比其他任何人更深刻了解「民主」（我們如今想像，這是一七七六年至一七八九年的抽象目標）與「市民社會」、商業、經濟和經濟強權之間的矛盾。但是，如果馬克思仍是激進的民主派，那麼他始終拙於探索民主體制如何實際運作，以及哪些因素使得某些體制優於其他體制。馬克思不幸未能更全面地描繪個體的價值，或者至少為共產主義如何促進個體價值提出理論；這點在此無須多做評論。然而，馬克思無疑認為，無產階級一旦獲得自由，便不會再失去自由。難道黑格爾未曾寫下，「『東方人』讓自己在宗教和政治領域落入專制統治」只因他們缺乏「自由意識」？[16] 兩種狀況其實是類似的。只因時代精神的逆轉而顯得不可思議。所有的歷史似乎都是呈現相反的方向。所以後來的現代人失去了平衡，正如我們今日所見。

PART 2 馬克思主義 MARXISM

引言　轉變
INTRODUCTION　Conversion

矛盾的是，馬克思主義的大部分內容與我們今日所知的馬克思，或是與一八四八年或一八七一年的革命範式[1]，都沒有多大的關係。直到一九四〇年代，馬克思的許多關鍵文本都未曾發表，即使在那之後它們也大多都未曾為人所閱讀。在列寧出現之前，大多數人對於馬克思的認識通常來自恩格斯的六部作品。他們所提出的體系之所以吸引人，主要是因為它既簡單、又複雜。受過教育的人受到了一種新語言的挑戰、鼓舞及困惑，這種語言充滿了討學生喜歡的概念，因為它們暗示著某種祕密的智慧，把這樣的智慧據為己有，將使他們成為少數的受選者。馬克思主義在「科學性」、最能洞察現代、最能看透歷史，甚至於最道德（因為它是最普世的）等方面，散發出了強大的確信與魅力。它把自己描繪成歷史與哲學的頂點。做為一種「完整的」世界觀，它彷彿回答了所有問題。

「完整性」的吸引力不容小覷。對於資本主義或傳統的、腐敗的政黨，是沒有妥協的或受污染的半套措施或「改革」可言。在它的完整性中，馬克思主義擁有優雅的、令人讚嘆的純潔。改變將是既深刻、又全面：邪惡將被擊敗，革命之後一切都會變得美好。無論是在理性或感性上，這都非常令人滿意。對於數百萬人來說，少數幾條簡單好記的公式，成了他們最能與馬克思串起的連結：資本主義是惡劣的，因為它剝削了廣大的人民；經濟基礎促成上層建築；革命黨在階級鬥爭中成長；革命成功後，國家將消亡；共產主義社會將消弭人類的主要困境；無所不能、無所不知的黨總是對的。然而，基本的想法甚至還更加簡單。對於貧窮且往往是文盲的農民來說，馬克思主義主要意謂著一件事：從地主手上奪取土地！對於工人來說，馬克思主義則代表結束工資奴役。

因此，馬克思就宛如一位獨特的、天賦異稟的先知，他的正義許諾往往帶有宗教的性質。他的自信也是他成功的關鍵。即使時至今日，許多讀者依然訝異於馬克思的大膽。他就像一把大鐮刀橫掃了過往思想家的田野，將在他之前的所有思想家全部砍倒。我們會覺得，他「必定」是正確的，因為他是如此得意洋洋地夸夸其談，是如此地藐視他的對手。這種自信具有十分巨大的渲染力。它讓很多人容易去接受皈依共產主義的過程，這種過程往往是種深刻的情感體驗，甚至超越了墜入愛河。在一個嚴重崩壞的時代裡，當許多人發現自己身陷戰爭、工業化及帝國主義的困境中，馬克思主義提供了一個想像的喘息、一個認同的焦點和一個更高道德理想的寶庫。加入一個普世人類大家庭的感覺是可以明顯感受得到的。世俗救贖的前景，似乎（或聲稱）超越了前人在過去一個世紀裡提供的其他所有理論。在被問及共產主義是什麼時，胡志明曾經回答說：「再也沒人會被剝削，我們會彼此相愛，我們會人人平等。」[2]這些主張在人世間是無與倫比的；這就是地球上的天堂。

馬克思主義的追隨者來自四面八方。其中多半當然都是受過教育的人。然而，諸如覺醒的人、迷途的人、叛逆的人和憤怒的人，往往也會以某種強烈而持久的方式在馬克思的理想中找到屬於他們的意義。擁抱那些理想就宛如宗教的皈依。曾經擔任托洛斯基祕書的伯特倫・沃爾夫（Bertrand Wolfe），起初把馬克思主義接受為某種「信仰」，並指出，「它的吸引力有部分可歸因於，它不僅是一種未經驗證的理想，它也是深奧的」，而且「它透過在財產關係中的簡單改變立即治癒了一切。」他還補充道，某些心理分析學家「在其中看見了治癒懷疑的解藥，它為生命漫無目的之處提供了生存的目的，它保證了某種無名的不朽，它也為敵對情緒指引了一條昇華的出路。」[3]馬克思的歷史理論往往會帶給人最初的吸引力。曾於一九一九年出任第三國際（Third International）書記的安潔莉卡・巴拉巴諾夫（Angelica Balabanoff）曾寫道：「在馬克思的唯物主義歷史觀中，我找到了一盞明燈，它照亮了我的知識生活的每個角落。」[4]

資本主義於一九三〇年代陷入史上最嚴重的危機，驅使了許多人投身這項事業。馬克思似乎終於可以獲得平反。在變得迷信且保守前，一度曾是蘇聯間諜的美國人惠特克・錢伯斯（Whittaker Chambers）回憶道：「一個人通常不會因被共產主義所吸引而成為共產主義者，但卻會被這個世界正在經歷的歷史危機所造成的絕望所驅使。」[5]英國人道格拉斯・海德（Douglas Hyde）曾表示：「共產主義的力量在於它擅於掌控仇恨、受虐者的復仇欲望、年輕人的理想主義，以及對於一個更純淨的世界的渴望，然後把所有這些強大的馬匹全都套到它的戰鬥馬車上。」匈牙利裔英國作家亞瑟・庫斯勒（Arthur Koestler）回憶道：「信仰不是通過推理獲得。」他接著補充說：「我成了皈依者，因為我成熟到適於皈依，而且我活在一個渴望信仰的破碎社會中。」[6]

對於某些人來說，馬克思主義代表了激進的人文主義的更高形式。非裔美籍共產黨人理查・萊特（Richard Wright）曾寫道：「在蘇聯的一切發展過程中，許多落後民族在國家的層面上實現統一的方式令我著迷。」對於另一些人來說，它則是鋪平道路的宗教。鑽研過《資本論》和《反杜林論》、偉大的法國作家安德烈・紀德（André Gide）曾表示：「引領我走向共產主義的，不是馬克思，而是福音。」他的結論是，「幸福在於讓他人幸福」。擁抱馬克思主義「就像某種信仰」，他回憶道：「在我看來，蘇聯的計畫就像是指出某種救贖」，蘇聯宛如「正走在實現烏托邦路上」的一個國家。[7]對於其他的人來說，好比波蘭人切斯拉夫・米洛茲（Czeslaw Milosz），理性主義是最重要的，馬克思主義可說是「十九世紀的科學世界觀必然得出的邏輯結果」。[8]許多人認為，馬克思主義解決了民族主義的孤立性問題。美國記者路易斯・費雪（Louis Fischer）回憶道：「布爾什維克革命的獨特吸引力在於其普世性」：「它放眼於全球性地消弭戰爭、貧困和苦難。」[9]革命的許多早期見證者確實對他們所看到的東西感到欣喜若狂。美國記者林肯・史蒂芬斯（Lincoln Steffens）在一九一九年的一次訪問後宣稱：「我已經進到了未來，而且它奏效了。」美國舞蹈家伊莎朵拉・鄧肯（Isadora Duncan）也曾在一九二一年寫道，她「確信，俄羅斯發生了兩千年來人類最偉大的奇蹟。」[10]猶太人以不成比例的高額數目蜂擁而至，將新的世界主義視為從古老的反猶太主義中得到喘息的機會。非白人同樣把革命視為「色盲」，認為它深刻地致力於種族平等。所有人都把馬克思視為揭露現代的複雜性及獨特性的揭密者。

在這種情況下，為了達到這樣的目的，有什麼犧牲會是不合理的呢？無論他們是加入黨，抑或是做為同路人在場邊閒晃，信徒們往往都對這項事業充滿忠誠。藉口是永遠都需要的。為了閱讀馬克思主義的經典作品，米洛茲不得不躲到河中小島的灌木叢中。[11]一旦皈依，大多數人都會冒著打破飯碗的風險與黨聯繫。許多人滲透到非共產主義的組織中，或是在其中「占據」職位，在那當中他們的關係必須保持隱密。一有機會，他們就會專門拔擢那些志同道合的「同志」。忠誠是信仰的考驗。一個緊密結合的小團體為人類的統一賦予了意義。從表面上看，「資產階級的」慣例往往受到蔑視，因為共產黨人在「『鄙夷』中獲得了自豪」。性自由十分普遍，「資產階級的婚姻」被視為「合法賣淫」，儘管黨聲稱有權對個人生活的各個方面進行紀律處分。[12]是以，新的自由與新的限制攜手並進。然而，在一個關鍵領域裡，德國的社會民主主義，馬克思主義卻是與自由民主的理念相互結合，注定了會與在俄國革命期間那些較為專制的詮釋者產生巨大衝突。

CHAPTER

1

馬克思主義與社會民主主義，一八八三至一九一八年：修正主義者的辯論

Marxism and Social Democracy, 1883–1918: The Revisionist Debate

西方馬克思主義可以回溯到一八七〇年代，當時它開始在整個歐洲迅速蔓延，繼而傳播到歐洲以外。[1]就連無政府主義者和非馬克思主義的社會主義者，例如支持漸進、和平的改革的英國社會主義團體費邊社，也不得不正視它。除了德國和俄國以外，特別是在比利時、荷蘭、義大利、法國及英國，出現了種種相關的運動。他們全都帶給了與馬克思的意義及遺產有關的辯論獨特的歷史軌跡，並且將之應用在他們自己的特殊問題上。在這段時期裡，馬克思主義被普遍認為是取代資本主義工業化及剝削最具說服力的方案——其實是唯一的方案。[2]第二國際的時代（1889-1914）見證了工人階級運動的首次偉大勝利，尤其是在德國。[3]在九場代表大會中，其中包括了在巴黎（1900）、阿姆斯特丹（1904）、斯圖加特（1907）與哥本哈根（1910）等地舉行的代表大會，工人階級政黨尋求建立起圍繞著新理想的全球大團結。一九〇七年在斯圖加特舉行的代表大會有上千名代表出席，其中包括了上百名議會的議員。此時的一個關鍵問題就是，避免在歐洲發生戰爭。奧古斯特・貝貝爾

（1840-1913）是這場會議的領袖人物，他曾在普法戰爭期間因投票反對戰爭信貸而遭到監禁。在他看來，發動一場全面性的罷工，時機尚未成熟；然而他的想法卻遭到羅莎・盧森堡（Rosa Luxemburg）和卡爾・李卜克內西（Karl Liebknecht）等人的反對。當世界大戰最終於一九一四年爆發時，在面對民族沙文主義下，國際主義迅速消散。當時許多馬克思主義者都鋃鐺入獄。法國社會主義領袖尚・饒勒斯（Jean Léon Jaurès）遭到一名狂熱的民族主義者暗殺。德國社會民主黨於一九一六年分裂為主戰派和反戰派。不過諷刺的是，戰爭雖然證明了國際主義的失敗，卻也加速了專制政治在一九一七年的崩潰。

第一次世界大戰期間，對於什麼是馬克思主義的目標及如何實現此一目標，人們產生了很大的分歧。有鑑於理論必須套入各式各樣的環境，這種情況是無可避免的。隨著選舉權與工業化的日益擴大，有個問題在西歐蓋過了大多數其他的問題，那就是：共產主義能否漸進、和平地擺脫資本主義？如我們所見，馬克思和恩格斯都認為，至少在西方，情況可能會是如此。

這樣的情節似乎最有可能發生在一八九〇年代便已擁有大型社會民主政黨的德國。在這裡，還有在其他工業化擴大並促進了無產階級的政治成熟的地方，一七九二年與一八四八年的起義模式似乎已經過時。早期的社會民主黨人主要是些富有的工匠，他們渴望社會融合更甚於革命。人們多半都是基於「某種模糊的不公正感」加入了黨，而非出於任何精確的理論取向。[4]德國社會民主黨（Sozialdemokratische Partei Deutschlands，簡稱德國社民黨〔SPD〕）成立於一八七五年，在一八九〇年俾斯麥的《社會主義者鎮壓法》（Sozialistengesetze，正式名稱為《鎮壓社會民主黨危害社會治安法令》〔Gesetz gegen die gemeingefährlichen Bestrebungen der Sozialdemokratie〕）被廢除後，該黨隨即於一八九一年將馬克思主義列為其官方學說。它受到了浮誇的斐迪南・拉薩爾（1825-64）所影響，他希望（馬克思認為不切實際），利用國家來發展由工人主導的大規模合作生產。由於「煽動一個階級反對另一個階級」依然屬於非法，德國社民黨在政治上面臨著長期的苦戰。當時出版物遭查緝和集會遭警察破壞等情況十分普遍，文化宣傳較為容易，德國社民黨於是發行了大約有七十種報紙。它也創立了保險、體育、戲劇、合唱與教育等方面的協會，甚至還有自行車、吸菸與集郵等方面的組織，這些全是以黨之名，特別是在德國北部的城市。在餐館、禮堂或公園裡舉行的慶典也很常見。在這裡頭，在概念與活動的融合中，在自由時間與全面性的融合中，社會主義的社會性獲得實踐。[5]某種等待著轉型那一天到來的反文化被創造出來，某種相對於「資產階級」文化的「無產階級」文化獨特感也出現了，它們就表現在例如勞動節之類的慶祝活動中。

這場運動十分成功。社會民主黨的得票率從一八八七年的百分之十・一，上升到一九〇三年的百分之三十一・七，在當時的國會中贏得了八十一個席次。到了一九一二年，社會民主黨的得票率更一舉衝高到百分之三十四・八，儼然成為全國最大的政黨，擁有一百一十名國會議員；儘管如此，該黨在一九一八年之前卻從未產生過任何部長。除了幫助建立一個全面的福利國家以外，還通過了無記名投票和國會議員有給制等措施。一天工作八小時的制度是在一九一八年達成的。這種模式顯然支持了社會民主黨最終必將執政的想法。至少從一九〇七年的國會起，德國社民黨變得更為主流，也變得趨向官僚主義、工會主義和帝國主義。在一九一二年的選舉中，該黨走向加強與其他政黨的合作。它的成員愈來愈接近工會的觀點，擁抱「資產階級化」（embourgeoisement）或中產階級的價值觀及生活方式，加深與現有制度的連結。以政黨管理人為業變得完全合法，曾經出於自願、出於熱情完成的許多工作，這時改由黨庫來支付酬勞。

然而，這種歡樂地進入新社會主義世界，卻是暴露出了根深蒂固的教義分歧。一場「修正主義」的辯論隨之爆發，在一九一七年後，最終導致了社會民主黨與共產主義之間的決裂。[6]儘管德國社民黨曾在其一八八三年的哥本哈根會議上宣告自己是個革命黨，藉以回應俾斯麥的《鎮壓社會民主黨危害社會治安法令》，不過，在獲得權力的合法手段再度變得可能後，這樣的觀點卻迅即消失。一八九一年的「埃爾福特綱領」（Erfurter Programm）最是清楚地勾勒出了和平轉型的戰略。在馬克思主義成為黨的官方學說的同時，無產階級專政卻也被正式宣布放棄。進化被認為是無可避免，正如該黨主要的理論家卡爾．考茨基所言，該黨的目標是將國家轉變成一個「合作共同體」。[7]此外，普選、比例代表制及累進稅率所得稅等，也是其綱領的訴求。

修正主義的辯論聚焦於愛德華．伯恩斯坦（1850-1932）身上，他曾與奧古斯特．貝貝爾一起擔任過恩格斯的執行人。[8]這位猶太火車司機之子，在一八七〇年代初期對政治產生興趣前，曾是銀行職員。一八八八至一九〇一年他流亡英國，受到社會主義團體費邊社（成立於一八八四年）所影響；他甚至還對抗愛琳娜．馬克思和愛德華．艾威林，為他的漸進主義辯護，儘管他也與主張革命的海德曼合作。[9]到了一八九一年，伯恩斯坦則開始暗示，「科學社會主義」是不可能的。

在一八九六至一八九八年以「社會主義的問題」為題所發表的一系列文章中，伯恩斯坦質疑了馬克思所預言的，在經濟日益繁榮下將出現的災難性危機和無產階級的貧困。他沒有看到任何證據表明中產階級的某些階層正在消失，他反而看到某些證據顯示他們似乎正在成長。而且資產階級的資本也不完全集中在少數人的手中。事實上，伯恩斯坦堅稱，社會民主黨可以將無產階級提升到資產階級的社會地位。[10]工會這時已在社會中取得了顯著的地位。工人的權利比馬克思所預測的有了更大的增長。大型的托拉斯（trust，即商業信託）和卡特爾（cartel，或稱獨占聯盟）對於生產與價格的控制程度遠遠超過馬克思的預期。對於伯恩斯坦而言，馬克思價值理論中的剩餘價值只是一種「純粹抽象的存在」，它忽略了效用、主觀偏好與供需關係。[11]他認為辯證法做為一種方法，忽視了經驗事實。他還認為，倫理道德在進步中扮演的角色遠比馬克思所承認的重要得多；他甚至在這件事情上援引康德。經濟不穩定的情況可能會持續存在，但導致資本主義垮台的災難性危機卻不太可能發生。（伯恩斯坦聲稱恩格斯同意這種看法。）實際上，財富分配反倒可能會更為平等。因此，進化，特別是透過逐步民主化經濟和政治組織，可說是向前的王道。革命不再是必要的或值得嚮往的。所以國家不是該被廢除的東西，在勝利的無產階級手裡，可能是社會轉型的媒介。

這些論題成為伯恩斯坦的商標。在《社會主義的先決條件》（*The Preconditions of Socialism*, 1899；又名《進化的社會主義》〔*Evolutionary Socialism*〕）一書中，他為「社會主義只是某種無產階級的學說或資本主義發展的必然結果」這樣的想法辯護。他強調，這項運動遠比「最終目標」重要得多。「無法完全相信終極定局」，他表示，「我無法相信某個社會主義的最終目標。」[12]他拒斥馬克思在一八四八年的觀點，將其視為基本上屬於布朗基主義。這使得《共產黨宣言》成了一篇烏托邦的論文，因為它暗示了少數獨裁而非整個無產階級的革命；此一觀點為尚．饒勒斯與法國哲學家喬治．索雷爾（Georges Sorel）——他試圖將工聯主義（syndicalism）與馬克思主義結合在一起——等人所接受。因此，「無產階級專政」是一種有害的、「返祖的」、未開化的概念，因為它無視與其他階級結盟的必要性，甚或是反民主的。而且，以恩格斯的話來說，國家也不會「消亡」；就這點來說，伯恩斯坦認為，馬克思過於接近普魯東，並且暗示重要的官僚職能未來可能會繼續存在。此外，權利的語言是伯恩斯坦的理論核心，其中包括了普遍公民權的理想、少數族群權利的保護以及「公民自由的保障」。伯恩斯坦所承認的這些顯然是一種自由主義的理想。他甚至將社會主義描述為「有組織的自由主義」和自由主義的「合法繼承人」，這是馬克思永遠無法想像的表述。這無涉於建立一個「無產階級社會」，而是關乎「以社會主義的社會秩序取代資本主義的社會秩序」，關乎邁向「更高的道德觀與法律權利觀」的「文明進化」。社會主義「不會創造出任何形式的新束縛」，卻會使每個人「在他的行動及志業選擇中免於所有經濟上的壓迫」。[13]因此，伯恩斯坦在一九〇〇年寫道，在他看來，「既不可能、也無必要賦予社會主義理論一個純粹的唯物主義基礎」。「馬克思的方法，」他在一九〇三年堅稱，「並非毫無錯誤；他的結論也並非總是正確，他的一些預設更已被後來的歷史發展所反駁。」一種全新的方法會讓社會主義只是「對於經濟生活的理性控制」。[14]

因此，為了支持某種較為偶然且較具懷疑論色彩的民主社會主義的形式，馬克思主義的某種詮釋被宣告放棄。然而，伯恩斯坦卻也反對由工人選舉他們自己的工廠經理，他聲稱，這不僅會賦予他們太多的權力，還會鼓勵無效率。難怪有些人會說，伯恩斯坦「推翻了馬克思主義哲學的每一項原則」。[15]不過，最大的決裂尚未到來。一九二一年，伯恩斯坦譴責布爾什維克主義基本上是「學究氣的」，因為它「以強迫的、演繹的方式為現有的公理或理論提供『證據』」，他還譴責列寧政權「肆無忌憚地打壓異端與迫使異議噤聲的恐怖行為」。[16]

在一九一四年之前，伯恩斯坦在社會民主黨裡的主要對手，是當時最著名的馬克思主義作家卡爾．考茨基（1854-1938），雖然他們有許多共同點，而且還共同擬定了埃爾福特綱領。[17]考茨基出生於布拉格，父親是舞台設計師，母親則是演員，在一八七四年成為社會主義者前，他曾就讀於維也納大學。一八八三到一九一七年，他擔任當時主要的馬克思主義期刊《新時代》（*Die Neue Zeit*）的編輯，這樣的身分讓他在形塑左派意見上發揮了極人的影響力。考茨基的主要貢獻在於，他堅持認為，當一個無產階級政黨進入議會後，它會改變後者的性質。工人階級多數可能會引入社會主義生產體系，特別是透過逐步地將私有的企業轉變成公有。

但考茨基不願接受伯恩斯坦為促進此一過程而與資產階級結盟的建議。即使是在德國，無產階級也還不是最大的階級。它也需要從外部（例如由資產階級的知識分子）引入的「社會主義意識」。在考茨基看來（特別是承繼恩格斯和達爾文），他們的「社會科學」是自然科學的一個分支，而且在無情的（經濟）法則中具有程度類似的確定性。考茨基對於一再發生與日益嚴重的資本主義危機持較為傳統觀點，對於資本主義因應消費不足與生產過剩的能力則持較為悲觀的看法。他是最早將尋求海外新市場與當時日益增長的帝國主義連結起來的人之一，並譴責以殖民擴張為藉口掠奪原住民。[18]他認為革命是資本主義不可避免的結果。考茨基最暢銷的作品，《資本論導讀》（*The Economic Doctrines of Karl Marx*, 1887），強調了勞工與資本家之間階級鬥爭的必然性，從而也強調了剩餘價值理論的持續相關性。在《倫理學與唯物史觀》（*Ethics and the Materialist Conception of History*, 1906）一書中，考茨基認為，和諧社會的理想也可能衍生自達爾文對於社會本能的描述和某種唯物主義的人類學。[19]在《唯物史觀》（*The Materialist Conception of History*, 1927）裡，他則是為馬克思的體系提供了一套廣泛的合命題（synthesis）。[20]他堅信，馬克思的社會主義是科學的，無須道德補充。他曾在一八九七年寫給伯恩斯坦的信中表示，如果他放棄了唯物主義的歷史觀和無產階級的革命性角色，那麼他的人生根本「沒有意義」。[21]在一九〇三年的黨代表大會上，考茨基成功地擊敗了伯恩斯坦的修正主義。

這場爭論很大一部分聚焦於，參與資產階級的議會或政府會對社會主義政黨帶來什麼後果。在一九一四年之前，考茨基會持續強調在民主制度中和平過渡到社會主義的可能性，他正確地宣稱馬克思也提出了同樣的觀點，以及階級意識在這樣的轉變裡居於核心地位的可能性。在《階級鬥爭》（*The Class Struggle*, 1892）一書裡，他否認「暴力和流血」是必要的。[22]在《社會革命》（*The Social Revolution*, 1902）中，他強調無產階級只能借助政治優勢來實現其目標。[23]在《通往權力之路》（*The Road to Power*, 1909），他則預見了無產階級借助工會和黨的群眾行動取得優勢，而且他並不贊成使用武力來擺脫「經濟的、法制的與道德的壓迫」。[24]考茨基拒絕大規模或全面性的罷工，將這樣的策略視為不合時宜，甚至可能會適得其反。即使在他人生中的最後幾天，他也拒絕對希特勒進行武裝抵抗。

對於考茨基而言，這個時代的關鍵問題是，「去發現在哪種政治體制下工人的政治統治是可能的」。[25]答案就是：民主共和制。但在這裡，他指出，馬克思與恩格斯並未通盤考慮過某些隨後將變得迫切的問題，例如在新政府中合併立法權及行政權可能帶來的影響，就像一七九二年的法國或後來的巴黎公社那樣。考茨基認為，在向社會主義過渡時，不會重蹈覆轍這樣的情況。因此，「絲毫沒有任何理由支持將行政權與立法權結合起來，倒是會有許多令人信服的理由反對它」。其中包括了分工的好處；在分歧的政府中「容忍反對派」的必要性，在他看來，「這對於制定法律的議會絕對有其必要」；立法機關控制行政機關的能力，以及避免個人獨裁的必要性等等。考茨基認為，馬克思曾在《法蘭西內戰》一書中敦促終結獨立的國家。但他堅持認為，在為「一個在巴黎的國家代表團」對抗「一個功能很少卻非常重要的中央政府」的辯護中，後者「隱含了同樣的立法權與行政權的分立，那是馬克思渴望見到廢除的，只要它關係到了公社」。他的結論是，「馬克思是否希望國家與公社擁有同樣的制度，這一點值得懷疑」。這凸顯了馬克思評論公社的著作的含糊不清。考茨基在這裡所關注的是，如何保證在過渡期之中與之後的民主控制，並避免獨裁統治。[26]然而，他的論述卻也未能明白界定黨的權力及角色與國家的範圍、領域及權威之間的界限。

考茨基基本上並不比馬克思更同情農民。[27]在《農業問題》（*The Agrarian Question*, 1899）一書中，考茨基認為，雖然大型農場通常比小型農場來得更有效率，但在某些情況下，後者反倒更為可行。（另一位德國社會主義者愛德華．大衛〔Eduard David〕實際上認為，家庭農場是理想的模式。）工業化導致了農業「相對於工業失去了重要性」。他強調，無產階級是卓越的階級，是「現代社會的繼承人」。然而，利益衝突存在於：農民希望糧食價格上漲，城市工人卻希望糧食價格下跌。因此，考茨基不僅要求土地的國有化，同時也要求抵押貸款、糧食貿易、森林與水資源的國有化。此外，他還駁斥了「從中世紀流傳下來的鄉村共產主義可能成為現代社會主義的一個要素」這種觀點，事實上，在他看來，那反倒是「農業進步的阻礙」。[28]

修正主義的影響最明顯是出現在一九一七年之後，就在考茨基開始迅速擺脫布爾什維克主義並且發現自己被列寧貼上最偉大的「叛徒」這個標籤時。[29]在此之前，考茨基曾經高興地承認，社會主義的意識不是從群眾中自發產生，而是需要從外部輸入，特別是從社會民主黨的資產階級知識分子；這項觀點通常被與列寧連結起來。[30]然而，早在一九一七年十一月，考茨基就警告過，布爾什維克的掌權致使俄國面臨混亂的威脅。在他看來，列寧才是將「官僚－軍國主義」國家強加於俄國的真正「叛徒」。[31]

其中的關鍵問題在於民主，考茨基認為，民主與社會主義是不可分割的，民主也並非只是達到目的就拋棄的一次性手段。一九一八至一九年，他拒絕接受德國的共產主義組織「斯巴達克斯同盟」（Spartakusbund），認為他們蔑視民主。在《無產階級專政》（*The Dictatorship of the Proletariat*, 1918）一書中，他將列寧的政權描述成國家奴隸制，他更強調，這意謂著民主的終結，誠如民主特別是由一個工人國家中的普選制來定義。他認為，列寧的目標「不僅是要破壞所有的自治機關，還要消滅除了他自己的政黨以外的所有其他的政黨及社會組織」。無論是恐怖統治、抑或是內戰，都源於這種獨裁統治。[32]（我們將在後頭審視列寧的回應。）考茨基的表述十分直截了當：「沒有民主的社會主義是不可想像的。」他斷言，馬克思並不「支持超越民主的獨裁統治」，他所描述的是「一種政治條件，而非政府形式」。[33]沒有成熟的民主制度和受民主實踐所教育的無產階級，就不可能實現社會主義的生產組織。借助官僚機構的國家組織是無可替代的。在沒有支持他們的歐洲革命的情況下，布爾什維克被迫推動一種不以民主為基礎的獨裁政權。考茨基也不承認，於一九〇五年首次成立的工人委員會「蘇維埃」，是民主的「更高形式」，因為他們剝奪了所有「剝削者」（那些僱用他人的勞動的人）和非工人的權利。考茨基暗示，列寧因為不願妥協，是以鋪平了「由單獨一人行使獨裁權力」的道路。考茨基強調，布爾什維克依賴著一種忽視實際經濟發展的革命意志的理想。他認為，他們的關鍵失誤在於，拒絕「所有社會主義黨派的統一陣線」，允許他們自己「對於權力永不滿足的渴望」取得勝利。隨著布爾什維克的恐怖而來的是，制憲議會的解散及民主的廢除。[34]巴枯寧的預言被證明是個準確到令人不寒而慄的預測。

對於考茨基而言，這些發展也強化了這種觀點，那就是：社會主義只能建立在資本主義的成就之上，尤其是「大型工業」，這使得像在湯瑪斯．摩爾的《烏托邦》裡所表述出的那些方案在很大的程度上變得無關緊要。[35]考茨基在一八九二年寫道：「即將到來的社會主義生產體系，不會是古代共產主義的續篇；它其實會是資本主義生產體系的續篇。」[36]一九二二年，他則譴責了「將國家的整個生產活動形塑成由一個中央所控制的一個單一工廠，這個中央可以將它的任務指派給每個個別的企業，可以彙整所有人的所有產品，可以指定每個企業的生產方式，也可以指定每個消費者他的實物消費方式」的這種想法，在他看來，這就宛如「監獄或軍營」。他再次強調，「社會主義必然隱含著從資本主義上取得進步，而非從資本主義上倒退」；他嘲笑巴拉圭近世時期的耶穌會政權，還有十六世紀再洗禮派（Anabaptist，或稱重浸派、重洗派）的原始共產主義，因為這些人尋求「完全廢除自由個性」，由「長老」來為每個人分派工作、糧食甚至於配偶。他認為，蘇維埃的俄國「是第一個，無疑地也將是最後一個」，在現代時期裡的「這類嘗試」。[37]考茨基還認為，在社會化的生產中，國家與市政當局將比合作社更為重要。不過，他也承認「沒有人比國家更拙於管理工業企業」，所以與奧托．鮑爾（Otto Bauer）同樣選擇了由工會、工人和消費者的代表負責管理。[38]然而，到了一九二四年，考茨基的這些建議在俄國多半都不為人所知，而且這時他的作品在當地也遭到查禁。在德國，考茨基同樣遭到邊緣化，成了激進的共產主義對手的箭靶。

這些爭議暴露出了考茨基（及馬克思）的假設與列寧的假設之間的巨大差距。考茨基認為，「民主」包括了普選和民眾集會；列寧則認為，民主意謂著採取任何必要的手段確保被剝削者的終極利益。考茨基的《恐怖主義與共產主義》（*Terrorism and Communism*, 1919）斷言，馬克思主義要求普選，即使在革命中也不例外。階級專政是「純粹的無稽之談」；因為所有的獨裁都會變得個人化，而且「沒有法律和規章的階級統治是不可想像的」。他強調，馬克思在一八四八到一八七一年間改變了他對此一主題的看法。恐怖主義既沒有促進第一次的法國革命，在其雅各賓和布朗基主義的形式下，它也沒有協助巴黎公社，更將不會有助於布爾什維克主義。一方面，這代表了與馬克思的概念徹底決裂；另一方面，它揭示了其直接影響，伴隨無可挑剔的歷史準確性。考茨基認為，布爾什維克主義永遠不會變得民主：「單單布爾什維克主義覺得自己在人民中屬於少數這項事實，就能讓人明白，為何它會如此頑固地拒絕民主。」他還針對報復資產階級的渴望提出警告，在他看來，資產階級是「一種其特徵無法消除的特殊人種」。對於未來幾十年的血流成河，這又再次被證明是個準確到令人不寒而慄的預測，正如呼應了巴枯寧的這項警告：布爾什維克代表一個「新的統治者階級」。[39]考茨基最後的作品之一，《陷入僵局的布爾什維克主義》（*Bolshevism at a Deadlock*, 1930），對於該政權面臨著顯然迫在眉睫的破產、在其選舉制度內所有的反對派遭到禁止，以及「共產黨獨斷專橫的統治」感到遺憾。它還聲稱，貝尼托・墨索里尼（Benito Mussolini）的鎮壓政策「只不過是在模仿列寧」。[40]希特勒很快就會說出同樣的話。如此看來，專制統治似乎頗具傳染性。

布爾什維克革命導致了德國社民黨在一九一八年分裂。一個新的共產黨（德國共產黨〔Kommunistische Partei Deutschlands, KPD〕）在德國革命（1918-19）失敗後出現，這場革命導致了德皇威廉二世被迫退位與共和國的建立，然而，在新建立的共和國中，一九一九年年初的一場共產主義起義卻遭到強力鎮壓。從這時起，共產主義和社會民主主義在左派中明顯分道揚鑣，而且往往還傾向於對立。由於社會民主黨如今成了共產黨的主要敵人，德國共產黨反對做為「社會法西斯主義者」的德國社民黨，顯然有助於希特勒上台。[41]一九四五年以後，伯恩斯坦的學說構成了新成立的德國社民黨的基礎，該黨目前仍是今日德國的主要政黨之一。

除了考茨基以外，伯恩斯坦早期的主要對手還有卡爾・李卜克內西（Karl Liebknecht, 1871-1919）和羅莎・盧森堡（Rosa Luxemburg, 1871-1919），他們兩人都死於一場流產政變中。李卜克內西出生於萊比錫，是位律師。他的父親威廉・李卜克內西（Wilhelm Liebknecht）是馬克思的朋友，曾於一八四八年進入法蘭克福國民議會。李卜克內西尤其堅持，資本主義必然會在最後的危機與同樣必然會接踵而至的革命下崩潰。盧森堡則是猶太裔波蘭木材商人的女兒，她會說俄語和德語，於一八八六年踏入左派政治圈。她抨擊過伯恩斯坦對於政治民主、工會與合作社的支持，以及他對於中產階級的增長所做的分析。[42]

在《社會改革還是革命？》（*Social Reform or Revolution?*, 1899）一書中，盧森堡強調了馬克思主義的科學性和資本主義災難性崩潰的必然性。她堅稱，社會民主主義無法超越工會的觀點。議會制度是階級社會的噴發物，不能被當成社會主義的目標。否認社會主義的「客觀必然性」，對於盧森堡而言，就宛如虔誠的基督徒放棄對於天堂的信仰。然而，有別於馬克思，她卻也堅決主張，反對「過早」占據政治權力，代表了拒絕考慮無產階級的奪權。她認為，改革主義永遠不可能取代革命，只能做為革命的前奏。「科學社會主義」預言了資本主義無可避免的消亡，在這當中，「生產過程的逐漸社會化……促使了未來的社會秩序萌芽」。「無產階級的組織與意識增強」是「即將來臨的革命的積極因素」。巨大卡特爾的形成將「加速資本主義全面衰落的到來」，正如日益增加的暴力危機所標示的那樣。工會並不會為社會主義奠定基礎，而是在資本主義下規範關係，並且在不改變「生產規模或生產的技術進步」下維持工資法。資本主義國家的階級基礎也不會因為工人階級政黨前進議會而改變。儘管如此，資本主義終將結束，「其崩潰的必然性正在導致……社會主義」。無論是工會、抑或是合作社，都不能藉由減少利潤來馴服這個體系。[43]有別於德國各工會的立場，盧森堡支持大規模罷工的想法，這點基本上把她的策略與德國社民黨的策略劃分開來。她還駁斥了波蘭獨立的必要性，在她看來，這會破壞無產階級的階級意識，她希望無產階級國際主義能夠取代較為狹隘的忠誠。

雖然始終預言資本主義無可避免的消亡，盧森堡的《資本積累》（*The Accumulation of Capital*, 1913）卻也強調了帝國主義在延長資本主義和促進軍國主義等方面所扮演的角色。正如約翰・霍布森（John Atkinson Hobson）在《帝國主義研究》（*Imperialism: A Study*, 1902）一書中的開創性論述，它不僅解釋了，資本主義的不斷尋求市場如何導致海外擴張，並預測一旦全球都被打開，危機就會變得無可避免。如同馬克思與恩格斯，盧森堡也對原始共產主義與未來的社會主義社會之間的相似之處十分感興趣，她甚至把本於早期群集的「集體本能」的「無意識規畫」拿來和未來的「完全有意識、理性的規畫」進行類比。

一九一七年，盧森堡指出托洛斯基與列寧企圖「消滅民主」，對此，她有句名言：「只有政府的支持者享有自由，只有黨的成員享有自由——無論這些人的數量有多麼地多——那都不是自由。自由始終只屬於抱持不同想法的人」在《俄國革命》（*The Russian Revolution*, 1918）一書中，她指責列寧和托洛斯基建立了一個「比它應該治癒的邪惡更糟糕」的政權。[44]她還抨擊列寧（在他的《進一步，退兩步》〔*One Step Forward, Two Steps Back*〕裡）企圖將更大的權力集中在陰謀集團的手中，並鼓勵盲目地服從一小群幹部，彷彿預示著「少數幾個政治家」的專政。也因此，她嚴厲批評在革命後缺乏選舉、新聞自由以及討論自由和集會自由；她強調，「完全無法想像」群眾在沒有它們的情況下還能發揮任何作用。[45]

十九世紀末期，在德國以外的地方，同樣產生了不少著名的馬克思主義思想家。（關於俄國的思想家，我將留待後頭再行介紹。）在英國，威廉．莫里斯（1834-96）將約翰．羅斯金（John Ruskin）的浪漫主義及審美的激進主義與馬克思的革命主義結合起來。儘管抱持著中世紀的哲學觀，莫里斯至今仍常被認為是與馬克思主義眉來眼去且最支持馬克思主義的思想家之一。羅斯金對於「美」在生活中首要地位的堅持，使他在二十世紀初期的英國勞工運動中成為比馬克思本人更受歡迎的人物。莫里斯將這些美學問題轉化為某種新的勞動願景，在這當中，個人從事創造性與裝飾性的手工藝勞動，藉以讓生活變得更為美好，並且將個人的表達能力做最大程度的提升。機器仍有助於減輕必要的勞動負擔。[46]雖然這與馬克思在一八四四年所關心的問題相似，但馬克思未曾賦予「美」核心地位。莫里斯的願景代表了一種超越技術理性的另類世界觀，而不僅只是在補充它。

在奧匈帝國，也產生了一位強大的社會民主黨領袖，維克多．阿德勒，和幾位重要的經濟學家，特別是魯道夫．希法亭（Rudolf Hilferding, 1877-1941），他的《金融資本》（*Finance Capital*, 1909）一書強調銀行家的重要性日益高過實業家，他們努力建立一個強大的國家，藉以確保他們的目的。[47]其他奧匈帝國主要的馬克思主義理論家，包括馬克斯．阿德勒（Max Adler）在內，他將馬克思主義與新康德主義（neo-Kantianism）結合起來，從而為歷史唯物主義提供了一個新的倫理學基礎。他們同樣非常關注民族問題，因為這個大帝國包含許多不同的族群。如今被視為多元文化主義（multiculturalism）創始人的奧托．鮑爾（1881-1938），曾經試圖在共產主義和社會民主主義之間進行調解，他極力主張以聯邦主義解決帝國內部相互競爭的民族主義問題。由於他把國家視為許多族群都能認同的某種更高形式的「人格」，而非僅僅只是某個主導族群的領地，於是他在社會民主主義方面進行了最為細膩的民族性研究。他認為，社會主義必須將民族情感擴展到群眾中，藉以強化他們的共同體意識，甚至應該凸顯民族的差異性，而不是試圖去根除它——這種做法明顯有別於馬克思的方式。[48]

另外，在義大利也出現了幾位著名的思想家。安東尼奧．拉布里奧拉（1843-1904）以《唯物史觀論文集》（*Essays on the Materialistic Conception of History*, 1896）聞名於世，書裡的許多內容頌揚《共產黨宣言》對於「最先進國家的社會……透過自己未來固有的律法進入共產主義」這個過程的預示。[49]他的主要批評者之一是貝內德托．克羅齊（1866-1952），日後成為安東尼奧．葛蘭西（Antonio Gramsci）的主要根源（詳見後頭的介紹）。[50]在法國，主要的修正主義者是尚．饒勒斯（1859-1914），他將人道主義和民主的原則發展成對於正統馬克思主義的有力批判，他也譴責仇恨精神，主張和解與避免暴力。[51]另一位重要的領導人則是茹爾．蓋德（Jules Guesde, 1845-1922），他領導的法國工人黨（Parti ouvrier français, POF）與德國社民黨關係密切。至於在比利時，埃米爾．王德威爾德（Emile Vandervelde, 1866-1938）扮演了主導角色，儘管他拒絕唯物主義歷史觀中更具決定論性質的那些面向。

在這些作家中有許多人都是屬於漸進主義者，他們拒絕承認革命是無可避免的或可取的。他們聲稱，人們可以用和平、民主的方式征服資本主義。然而，那些活著見證布爾什維克主義崛起的人很快就會發現，這時已然湧現出一種截然不同的對於馬克思的詮釋。

CHAPTER 2 列寧與俄國革命：「麵包、和平、土地」 Lenin and the Russian Revolution: 'Bread, Peace, Land'

正如馬克思是當代居領導地位的社會思想家，馬克思主義時代的決定性事件：一九一七年的布爾什維克革命（十月革命），也是截至此時為止在社會工程方面最重要的實驗。所以，在此必須以與其重要性成比例的篇幅來加以討論。[1]

一八七〇年代，《資本論》的俄文譯本首度出版後（一八七二年；英文版於一八八七年出版），馬克思主義開始在俄國擴散。然而，由於資本主義在俄國無甚發展，大部分的俄國讀者認為，馬克思的架構與他們無關。不過，在任何的歷史分析中，比起司法或政治因素，賦予經濟因素優先權，無論在何處倒也都是可行的。巴枯寧認同這個觀點，它也吸引了大量知識分子的關注。他們當中有許多人都自認與廣大中產階級的民粹主義運動或民粹派（narodnik）運動有關，這項運動興起於一八六〇及一八七〇年代，聚焦於保護農民公社，如我們所見，馬克思曾對這種觀點抱持些許同情。他們當中也有些人，特別是一八七九年形成的「民意黨」（Narodnaya Volya；意即「人民意志」），後來轉向了恐怖主義。

馬克思主義在俄國所散發的吸引力也來自其科學、開明的展望。西歐的思想與科技，正如一個世紀後美國的思想與科技，當時被看作是遠遠勝過任何俄國的產物。它們體現了現代性，正如後來一九一七年的革命。彼時俄國國內最重要的馬克思主義者是後來流亡海外的格奧爾基·普列漢諾夫（Georgi Plekhanov, 1856-1918）。[2]出生於貴族家庭，父親擁有約莫五十名農奴的普列漢諾夫，是個充滿魅力的人物，也是一位傑出的演說家。一八九八年，他在明斯克（Minsk）成立「俄國社會民主工黨」（Russian Social Democratic Labour Party），當時只有九名成員，其中包括尤里·馬爾托夫（Julius Martov），他日後成為孟什維克（Mensheviks）的領導人物，批判「契卡」（Cheka，全俄肅清反革命及怠工非常委員會）的暴行，也倡導民主。普列漢諾夫顯然是第一位使用「辯證唯物主義」一詞的俄國人；在一八九一年的一篇論文裡。列寧回憶道，在他的諸多著作中，《論一元論歷史觀的發展》（*On the Monist Conception of History*, 1895）幫助「教育了一整個世代的俄國馬克思主義者」。[3]在這裡，馬克思的思想被視為集啟蒙唯物主義、黑格爾主義與社會主義之大成。普列漢諾夫大量採用恩格斯的觀點，藉此陳述辯證唯物主義如何能夠克服僅僅只是屈從於歷史必然性鐵律的宿命論。如果，對於黑格爾來說，進步是自由的意識，那麼，對馬克思而言，認識必然性則是自由的基礎。這需要掌握經濟法則，這也是社會主義所承諾的。

一八九〇年代晚期與二十世紀初期，所謂的合法馬克思主義（Legal Marxism）者，包括彼得·斯特魯維（Peter Struve）、米哈爾·杜岡－巴拉諾夫斯基（Mikhail Tugan-Baranovsky）、尼古拉·別爾嘉耶夫與謝爾蓋·布爾加科夫（Sergei Bulgakov），都參與了這些議題。他們視資本主義在俄國的發展為進步的，反對民粹主義者所主張的「農民公社足以做為社會主義未來的基礎」這種論調，宣揚知識分子歐洲化（intellectual Europeanization，別爾嘉耶夫的用語）是俄國唯一的救贖。這意謂著，如同《共產黨宣言》極力主張的那樣，與資產階級建立一種革命的伙伴關係，藉以推翻沙皇專制制度。這個團體的許多成員都希望，能夠維持一種獨立於階級鬥爭的道德觀，以及自由意志的概念。列寧曾在一九〇〇年批評他們的觀點是資產階級與伯恩斯坦式的修正主義，但同時仍將他們視為對抗獨裁專制的盟友。斯特魯維後來確實轉向自由主義，並以捍衛自然法（natural law）做為抵抗國家侵犯的手段。[4]但這是革命不會採行的眾多途徑之一。

普列漢諾夫早期曾皈依於巴枯寧的革命民粹主義，接著他拒斥伯恩斯坦的修正主義、列寧的布爾什維克主義、彼得・特卡喬夫（Pyotr Tkachev）和俄國的布朗基主義者，後來甚至也拒斥巴枯寧。雖然普列漢諾夫偶爾會承認恐怖主義的效用，但他往往還是因其有利於群眾革命而摒棄它。在一八七〇年代後期，他認為現存的農民公社制度，或許可為未來的社會主義社會提供一個集體主義的基礎。創立一個自治公社的自由聯邦，並不需要透過資本主義或建立一個強大的中央集權國家。他希望知識分子能夠引領農民朝這個方向前進。工廠工人可以幫助農民，但沒有必要去領導革命。他認為，「沒有任何行政部門、管理部門或任何其他的委員會，有權在歷史上代表工人階級」。[5]普列漢諾夫認為這一切都與馬克思的學說相符，在他看來，馬克思的學說並未規定發展的單一路徑。為何俄國或任何其他國家必須承受資本主義才能實現社會主義？這將成為下個世紀重大的問題之一。

在一八八〇至一九一七年漫長的流亡歲月中，普列漢諾夫轉向西方馬克思主義靠攏。他開始重視恩格斯與其他人對於俄國公社的衰敗所持的悲觀態度，雖然馬克思於一八八二年在為普列漢諾夫所翻譯的《共產黨宣言》寫序時仍表明，它們可能形成「共產主義發展路線的一個起點」。[6]普列漢諾夫逐漸預期一個「資產階級憲政階段」將成為俄國的下一步，儘管他希望在專制政權垮台後不久，便可提出革命社會主義的種種要求。這暗示著，在這段過渡期間，將與資產階級在政治鬥爭中暫時結盟。普列漢諾夫的《我們的分歧》（*Our Differences*, 1885）一書確立了他與民粹派的疏遠，後者希望能夠完全避免資本主義。這時他認為，伴隨著工業化，摧毀農民公社、引入資本主義式農業、土地集中於富裕農民之手，都是無可避免。那麼，該怎麼辦呢？看來，只有在資本主義成熟之後，在歷經長時間於民主過程中的政治訓練之後，並且在具有階級意識的革命無產階級興起之後，社會主義才能產生。在這裡，社會主義的知識分子顯然在教育無產階級上扮演著重要角色，雖然不是在領導革命上。農民這時顯然屈居次要的角色。工業發展將決定革命的進程。一八九八年，普列漢諾夫拒斥伯恩斯坦的修正馬克思主義的最初陳述，抱怨他「一點也不」了解社會主義。[7]接著，在一九〇二年，由於列寧提出將土地國有化當成對抗專制政權的一個直接步驟，再加上其他一些事情，普列漢諾夫遂與列寧鬧翻。

俄國社會民主工黨的重大危機發生於一九〇三年在布魯塞爾舉行的代表大會上，最終導致該黨分裂為「孟什維克」（少數）與「布爾什維克」（多數）兩派。紛爭的導火線是關於「該黨的基礎應該多廣泛」的爭論。儘管列寧曾在一九〇二年暗示，如果小資產階級與無產階級能夠聯手，「我們可以在沒有獨裁統治的情況下運作得很好」，但這時，他卻支持一個更緊密、更嚴格、更集中、更獨裁且擁有更多權力的中央委員會，特別是在管控地方的組織上。[8]在〈寫給同志評論我們組織任務的一封信〉（Letter to a Comrade on Our Organization Tasks, 1902）中，列寧斷言極權主義專制從事謀反行動的基礎。在他看來，工人階級無法自發地產生「階級的政治意識」，他們頂多只能獲得「工會意識」或資產階級觀點。「社會民主主義意識」只能從外部，亦即由社會主義政黨帶給他們。[9]因此，結果就是，必須減少工人入黨。包括尤里．馬爾托夫在內的其他一些人，支持黨應該廣納各界成員的要求，對他們來說，這種對於群眾明顯的不信任令人厭惡。其他的俄國馬克思主義者，例如阿奇莫夫（V. P. Akimov），既反對集權、也反對無產階級專政的必然性，他們同時也針對黨對工人的輕蔑提出警告。因此，在這裡，列寧更接近馬克思於「共產主義者同盟」時期的觀點，而非第一國際群眾運動的馬克思。

從這時起，孟什維克認為，即將到來的革命將是政治性的，將以中產階級的力量取代沙皇統治。為了讓這個政府取得成功，必須做出一些妥協——例如，一九〇六年，在國內的許多地方，孟什維克不僅實際上支持溫和的立憲民主黨（Kadet；Constitutional Democratic Party）候選人，而且還警告八小時的工時要求會嚇跑立憲民主黨的選民。[10]相較之下，布爾什維克則堅信，革命本質上是社會性的，而且終將走向工人階級統治。孟什維克還認為，俄國太過低度發展，無法先於其他地方導入社會主義；布爾什維克則主張，這樣的策略不僅可以束縛新興資產階級，俄國也可以利用其前資本主義的組織形式來加速社會主義發展。不過，兩者倒是都對歷史的必然性抱持堅定的信念，也都反對由農民為主的社會革命黨和其他人所主張的個人恐怖主義行為。列寧指出，一七九二年的法國為一九一七年的俄國指點了一條應該跟隨的路。

挾著普列漢諾夫的支持，列寧的觀點成為主流觀點。有人甚至主張，相較於革命成功實現，民主或許是次要的。不過，隨著與孟什維克的分裂加劇，普列漢諾夫對於列寧的極權主義專制也日益感到不安。他曾警告，列寧的態度傾向波拿巴主義（Bonapartism），而且布爾什維克「顯然把無產階級專政與對無產階級專制混為一談」。[11]不過，在「革命成功是最高原則」的原則上，普列漢諾夫卻也認為，「革命的無產階級可能會限縮上層階級的政治權利，正如上層階級曾經限制無產階級的權利。」無法得到預期結果的議會可能會被解散。所以，民主再次成為達到社會主義目的的一種主要手段，而非目的本身。[12]普列漢諾夫早在一八九三年就曾指出，當革命完成後，自由將僅限於工人階級，「由能夠正確理解馬克思的教誨並從中得出正確結論的同志來領導」。[13]

在這些年裡，很少有俄國馬克思主義者仔細描繪未來共產主義社會的樣貌。革命者謝爾蓋·涅恰耶夫（Sergei Nechaev）於一八七〇年左右所做的一段描述，雖然不能代表主流觀點，不過還是很值得一提。它提議，所有的財產都公之於眾，而且都有相同的廚房與一樣的臥室。孩子們也在同樣的學校接受教育。領導人會確保所有的工人都加入工會，而不工作的人就沒有飯吃。工會將妥善規範工作與生產，在一個大家都樂於服從的委員會監督之下，「因為人們在實踐中看到了它的遠見、它的警惕、它的能量和它的命令的效用，也確信紀律的必要性。」[14]涅恰耶夫對於專政過分簡化的描繪，宛如是對馬克思嘲笑為「軍營共產主義」的東西的諷刺文。不過事後證明，這相當具有先見之明。一九一七年之後，布爾什維克為涅恰耶夫平反，因為涅恰耶夫預見了他們的努力。

然後，期待已久的革命總算到來。一九〇四至〇五年，聖彼得堡發生一場總罷工，克隆施塔特（Kronstadt）與塞瓦斯托波爾（Sebastopol）發生海軍兵變，首次創建的「杜馬」（Duma；議會）似乎敲響了舊政權的喪鐘。雖然有不足之處，沒有立法權，又只以少數選民為基礎，杜馬還是提出了八小時工時、工人的集會自由、新聞自由及政教分離等要求。然而，後續反應卻是大獲全勝，而且第一次世界大戰與俄國的慘重損失最終也削弱了沙皇的力量。隨著（出乎布爾什維克意料的）革命於一九一七年三月爆發，沙皇尼古拉二世（Nicholas II）於十五日遜位，終結了三百年歷史的羅曼諾夫王朝。[15]有一段時間，這個國家是由主要為地主、實業家與專業階級組成的臨時政府所領導，臨時政府中為首的則是溫和的社會革命家亞歷山大・克倫斯基（Alexander Kerensky, 1881-1970）。臨時政府面臨著工人、士兵與農民的蘇維埃的挑戰，在這些人當中，孟什維克與一些激進社會革命者深具影響力。[16]在資產階級革命的過渡性「雙重勢力」階段，孟什維克視自己為某種「合法的反對黨」。

自一九〇〇年起流亡西歐、此時旅居瑞士的列寧，與德國人商談了返回俄國的可能性。四月十六日，他乘坐獲得批准的火車順利抵達彼得格勒（聖彼得堡於一九一四年更名）的芬蘭車站。當火車在遲到數小時後終於到站，月台上轟然響起了《馬賽曲》（*Marseillaise*）的歌聲。列寧現身時，廣場上已聚集一大群民眾，日後成為蘇聯人民委員會（Council of People's Commissar）公共福利人民委員的亞歷山德拉・柯倫泰（Alexandra Kollontai）笨拙地捧了一大束花獻給他。在蜂湧而至、不耐煩的與絕非完全同情的群眾簇擁下，由探照燈前導，列寧乘著裝甲車緩緩前行，前往尼古拉二世的情婦、芭蕾舞者瑪蒂爾德．克謝辛斯卡（Mathilda-Marie Feliksovna Kschessinskaya）的宅邸。當他走出廣場時，他語出驚人地宣告資本主義的崩潰，以及全球性的社會主義革命全面啟動。他第一場在俄國發表的兩小時演說要求奪取政權，這場演說悖離了唯物主義分析的每項法則，也因而震驚了馬克思主義者。列寧完全無視制憲議會，只談由工人、士兵與農場勞動者的蘇維埃組織政府的必要。關於必要的資本主義發展的信條，顯然被拋到九霄雲外。一名布爾什維克黨人絕望地表示，列寧召喚了巴枯寧「陳舊的、被鄙棄的、未開化的無政府主義概念」。[17]遠在義大利，當地最重要的社會主義記者安東尼奧．葛蘭西宣稱，這是「一場反馬克思《資本論》的革命……布爾什維克否定了卡爾．馬克思，藉由他們的行動、他們的征服，他們也證實了，歷史唯物主義的法則不像迄今為止人們所認為的那麼缺乏彈性。」[18]

意志的政治這時取得勝利，經濟學則淪為遙遙落後的第二名。事實上，列寧根本未曾提出過任何經濟計畫，他也沒有解釋代表極少數群眾的蘇維埃如何能夠建構社會主義。第二天，他勾勒出他的《四月提綱》（April Theses），它關乎立即取得社會主義革命的進展，還有以蘇維埃的統治取代議會共和制。[19]巴黎公社是一個重要的參考模型：土地收歸國有，廢除官僚機構，代之以接受工人工資的民選官員。馬克思主義哲學家亞歷山大．波格丹諾夫（Alexander Bogdanov）則聲明反對「一個狂人的譫妄」。大多數人認為，列寧根本不曉得當時在俄國究竟發生了什麼事。告誡、規則手冊、馬克思主義，似乎全成了馬耳東風。或者孟什維克黨人和其他人也是這麼想。不過，托洛茨基後來所述無疑是對的，「如果列寧和我沒有現身於彼得堡，恐怕就不會有十月革命。」[20]無可避免的「歷史必然性」就是這樣而已。馬克思的理論如何能夠解釋這一點？

於是，列寧返回俄國開啟了一套全新戰略的可能性。其他的布爾什維克黨人，像是列夫·加米涅夫（Lev Kamenev, 1886-1936）大聲質疑，如果資產階級本身難以完成任務，資產階級革命能否實現。十天後，史達林與格里戈里·季諾維也夫（Grigory Zinoviev, 1883-1936）在黨員大會上力挺列寧的觀點；這場會議決定了將國家權力迅速移轉給蘇維埃，列寧宣稱這是「與一八七一年巴黎公社相同類型的權力」，也就是馬克思所說的無產階級專政。[21] 在列寧看來，俄國現在是「將卡爾·馬克思交給世界的國家」。[22] 事實上，這與某種對於馬克思著作的解讀並不矛盾，正如托洛茨基所宣稱的。不過，也有人說，早在一九〇五年，列寧就認為，一旦共產主義者「在群眾間的工作能有妥善且普遍的組織」，「像蘇維埃這樣的非政黨組織」就是「多餘的」了。[23]

在開始學習自己的台詞或明白這齣戲終成一場悲劇前，歷史把不幸的克倫斯基推上了舞台中央。在俄國西線的潰敗與革命的動盪間，臨時政府這時陷入了困境。臨時政府沒能滿足對於和平、土地與由工人控制的要求，反而壓制尋求進一步推動革命的力量。在七月十六至十七日的一場預謀暴動後，克倫斯基展開反擊。數百名布爾什維克黨人遭囚禁，其中包括了托洛茨基與加米涅夫。列寧則逃之夭夭。九月，拉夫爾·科爾尼洛夫（Lavr Georgiyevich Kornilov）將軍在彼得格勒行軍，結果被冠以軍事獨裁之名，繼而鋃鐺入獄。然而，克倫斯基的種種努力卻驅使許多猶豫不決的人及孟什維克的支持者轉而靠向布爾什維克。由於持續力挺科爾尼洛夫的立憲民主黨，克倫斯基失去了許多同情。進一步的軍事挫敗與普遍的厭戰，促使其他的人朝同一個方向前進。「全力相挺蘇維埃！」的呼聲逐漸淹沒了克倫斯基微弱的抗議。

在一九一七年六月舉行的第一次全俄羅斯蘇維埃代表大會上，布爾什維克只在八百席代表中佔了一〇五席。到了秋天的第二次大會，他們已成為多數（全部六四九席佔了三九〇席）。克倫斯基組建了新的聯合政府。但此時的孟什維克與溫和的社會革命黨，卻因與有產階級過從甚密，以及在終結戰爭上空口說白話，而形象崩壞。對於布爾什維克而言，這也只是一個資產階級的政府。普列漢諾夫認為，旨在妥協、節制與緩和階級敵意的目標是正確的。他警告說，列寧根本完全無視於俄國的實際經濟狀況有利於某種叛變的態度。因此，應該不惜一切代價去避免一場過早的「烏托邦」布爾什維克政變。

在「全力相挺蘇維埃！」的口號下，列寧精心策畫了發生於十一月六日至七日的這場政變。當時許多蘇維埃都還是由溫和的社會主義者所主導。對於工人來說，毫無疑問，蘇維埃意謂著工業民主化、「勞工控制生產」、終結鄉村地區的地主暴政，以及拒絕沙皇獨裁與資本主義專制。十一月七日晚，紅軍占領了臨時政府的所在地，位於彼得格勒的冬宮。他們是由彼得格勒蘇維埃的軍事革命委員會指揮；彼得格勒蘇維埃的第一任財政部長是銀行行員，商務部長則是歷史學家。一群不刮鬍子也不睡覺的男人，還有少數的女人，在菸草迷霧的籠罩下，布爾什維克的領導者們持續在前貴族女子學院斯莫爾尼宮（Smolny Institute）集會。克倫斯基被迫逃亡，但他的閣員大多在冬宮被捕。「麵包、和平、土地」是十一月七日布爾什維克報紙的宣傳口號，當時托洛茨基承諾了一場「史上獨一無二的實驗」：「尋找一股除了滿足士兵、工人與農民的需求以外，別無其他目標的力量。」[24]

十一月八日星期四，數以萬計的人們如常地工作，希望在劃時代的騷動中擺脫困境、維持生計。處在這一天的騷動核心的人是列寧。出身哈佛的美國記者約翰．里德（John Reed）目擊了「一個矮小、結實的人，肩上頂著一顆禿禿、鼓鼓的大頭。小眼睛、獅子鼻、寬闊肥厚的嘴唇、垂垂的下巴」，穿著寒酸，鬍子倒是刮得很乾淨，「無聊、缺乏幽默感、不妥協且無情」，卻有著「最強大的智慧勇氣」。列寧這時宣布了「社會革命的時代」到來，也預言了世界性的革命，「成千上萬張單純的臉龐熱切地仰望」。[25]當天晚上，《國際歌》響徹雲霄。不久之後，房地產所有人（非農民）土地上的私有財產遭到取消，連同受僱勞動。這個計畫主要是挪用自「社會革命黨」，他們尋求「土地社會化」，亦即集體所有權，使用權既可以單獨授予、也可以集體授予，直到最終「透過一個集體主義社會的內在引力」，農民自願加入集體企業。不過，列寧的計畫卻是「在大型農場裡聯合耕作」；在新經濟政策（New Economic Policy, 1921-1928）中斷後，這最終也變成史達林的計畫。[26]

與此同時，革命聯盟開始瓦解。在布爾什維克於十二月的選舉中得票少於社會革命黨（百分之二十四比百分之三十八）後，一九一八年一月，列寧在又一場政變中以武力解散制憲議會。新的人民委員議會「蘇聯人民委員會」（Sovnarkom），由列寧擔任主席，主持會議。在一九一七年十二月的《關於立憲會議提綱》（Theses on the Constituent Assembly）中，列寧宣稱，「蘇維埃共和是比具有立憲議會的一般資產階級共和更高的民主形式」。[27]國家開始分裂，許多軍事單位偏向布爾什維克，儘管他們的長官支持的是克倫斯基。除了領導新政府，列寧也主導了黨的政治局和中央委員會。此時凜多悄悄來臨，戰事持續惡化，飢民遍布於街道上。蘇維埃開始在各地湧現。新政府很快地將地方的權力放到它們手中，其中包括徵收稅賦的權力。

然而，人們卻已聽見這樣的吶喊，「蘇維埃的勢力不是一種民主勢力，而是『反』無產階級的……獨裁勢力。」[28]對於這時身為孟什維克的維拉．扎蘇里奇來說，布爾什維克的政變扭曲了馬克思主義，它不在資產階級與無產階級革命之間為形成充分的政治意識預留足夠的時間。[29]不過，倒也有些令人樂觀的理由。在由布爾什維克所引入的早期改革中，就有世界首見的每日工時八小時的規定。剛開始，企業國有化的程度相對較低，列寧也論及「一種國家資本主義」的經營。到了一九一八年六月，國有化政策已擴展到大部分的主要企業。一個月之後，沙皇與其家人遭到槍決，連同他們的醫生、幾名僕人和兩隻狗（另一隻名為「喬伊」的狗是這場大屠殺唯一的倖存者）。燃料、食物及原物料的短缺，幾乎無可避免地造成了勞動軍事化（尼古拉．布哈林稱之為「無產階級義務」〔proletarian compulsion〕）[30]。於是，工人在工廠裡的控制權讓渡給了嚴格的紀律和強制的勞動，往往還得受軍人監督。[31]然而，在俄國內戰期間（1917-22），列寧卻被迫承認，戰時共產主義（war communism, 1918-21；向農民強制徵糧，故而得名）與過去一些向社會主義過渡的計畫關聯甚少，特別是在數百位農民爆發暴動後。

雖然，一開始，在整個國家裡，令人陶醉的新革命平等精神很快流行起來。在某些工廠裡，監督者被趕了出去。工程師被迫進入一些礦井的坑道中，看看他們有多喜歡揮動十字鎬，一些礦工則暫時坐上了老闆的辦公桌。工人們迅即透過普選選出了工廠委員會去照看日常的管理工作。許多人要求縮短工時與實實在在的加薪。餐館裡立起了告示牌寫著，「別因一個人必須擔任服務生餬口，就藉由提供他小費侮辱他。」[32]飯店員工叫客人自己擦自己的鞋子。[33]昂貴的緊身衣、狗項圈和假髮（舊政權的奢華象徵）突然變得多餘，甚至還有炫富的危險。上流社會的禮儀，像是親手禮，瞬間落伍。（它們在一九二〇年代末期重現江湖。）受過教育的年輕女性，在電車車掌稱她們為「同志」時，會不免感到震驚。不過，正如德國共產黨人羅莎・萊文－麥爾（Rosa Leviné-Meyer）回憶所述，「當時被稱呼『女士』幾乎是種侮辱。」[34]搶劫犯幾乎不受遏制，強取豪奪變得十分普遍；資產階級公民（「前人民」，是種帶有威脅性的字眼）被褪去了皮草大衣、鞋子、錢包與其他許多東西。

對於知識永不厭足的渴望創造了小冊子與報紙的大量商機，它們經常立馬售罄。沙皇曾經強加一種近乎禁欲的政治緘默在人民身上。如今數百萬人渴望發聲；有位美國觀察家曾指出，其中最重要的一件事就是：自由，「Svoboda」，農民的、工人的、士兵的、猶太人的、女人的，自由。[35]每個街角都是一個公共論壇，俄國成了「言論王國」，在這裡，即使是最芝麻綠豆的小事，都會讓工人們放下工作，討論起列寧或蘇維埃最新的政策。[36]但這份自由十分短暫。到了一九一七年十一月底，大部分非布爾什維克的報紙和期刊都關門大吉。列寧下令扣押紙張庫存，儘管他承諾每個黨派都能依其成員的比例使用印刷廠，卻從來沒有兌現。他托詞這些措施都是「暫時的」、「例外的」。然而，所有「資產階級的」期刊基本上卻都被禁止出版，唯有布爾什維克擁有報紙。

在冬宮被占領後，彼得格勒有數日沉浸在名副其實的酩酊狂歡中。一批又一批的人群拜倒在沙皇的酒窖，直到必須用機關槍掃射的方式毀掉數千瓶佳釀，並且明令禁止生產或販售酒精。他們最著名的編年史家約翰·里德曾寫道，「在撼動世界的十天裡」，至少有一半的時間，為數眾多的人都是晃晃悠悠，茫到一個不行。[37]然而，他們贏了。

彼得格勒或許已經光復，可是這個國家的其他地方呢？在許多方面，彼得格勒可謂是歐洲的「飛地」，它不是「俄羅斯母親」（Mother Russia）。這個龐大的國家，與馬克思的高度發展的資本主義願景，根本八竿子打不著；後者的財富集中與社會化的勞動過程，預示著終極的爆炸。事實上，在某些人的生活記憶裡，農奴只在一八六一年被從近乎奴隸的制度中解放。從那時起，在位於歐洲的俄國，農民的處境其實已經惡化，許多先前的公有土地被私有化。許多人仍受地主壓迫，積欠地主債務，即使在發生饑荒的地區，地主仍會出口大量的穀物。超過三分之一的土地為沙皇、他的家族、內閣部長或教會所持有。大約有相同比例的土地屬於農民公社，而農民佔了總人口的百分之八十。正因如此，布爾什維克可以輕鬆地運用戰時的口號，「麵包、和平、土地」。到了一九一七年十一月，一場土地革命席捲了全國各省，新的蘇維埃往往只是接管先前被舊公社或村社（mir）占據的建築物。[38]

俄羅斯帝國的大部分形成於過去兩個世紀，涵蓋了數百個民族和種族團體。一九一三年，在關於民族的問題上，列寧反對分裂，他宣稱，「馬克思主義者對於聯邦與去中心化當然抱持敵意」，因為「資本主義的發展需要盡可能巨大且高度中央集權的國家」。[39]這時他原則上堅持潛藏矛盾的民族自決權，並且反對「大俄羅斯民族主義毒藥」。國家的邊界應由「人民的意志」來決定。[40]一九一七年十二月，芬蘭獨立。緊接著，烏克蘭也在一九一八年年初獨立，而且，由內斯托爾·馬赫諾（Nestor

Makhno）所領導的無政府運動，試圖建立一個保障新聞自由與自治的共和國，他們交替與紅軍及反布爾什維克的白軍對抗。列寧甚至曾考慮過，讓馬赫諾保留烏克蘭的部分區域來進行一場社會實驗。

在俄國，其他領域的改革步伐迅速。宗教自由獲得允許。更重要的或許是，一九一八年三月，與德國及其他大國達成了和平協議。土地被歸類為不可分割的公共財產，再也沒有僱用勞工的權利。最後，一條關於勞動控制的法令廢除了商業隱私，建立了一個全俄蘇維埃來進行產業協調，生產數量由共同體的需求決定，商品價格則由生產成本決定。一般技術工人每個月的政府工資上限是五百盧布（約莫五十美金，相當於二〇一八年的一千美金），每多扶養一個小孩可多一百盧布。（列寧曾訓斥一名同僚以做為國家元首的名義將個人工資提高到八百盧布。）婦女與兒童的夜間工作遭到禁止，每週工時上限是四十八小時，最終希望能夠達成每日工時六小時及工資均一的目標。醫療與失業的社會保險也被引入。所有的頭銜都被廢除，以「同志」（tovarishch）取而代之。所有的一切都符合一八四八年《共產黨宣言》的提議與一八七一年的巴黎公社的規範。這確實是大多數十九世紀社會主義者所認知的真正的社會民主；又或者，它看起來彷彿是如此。

革命的政治路線部分跟隨著列寧的原則、部分則跟隨著大環境。一切會如何發展呢？關鍵當然在於權力。有些人相信，列寧從沒打算過讓蘇維埃成立一個工人議會，或是像社會革命黨人、孟什維克黨人與無政府主義者所假定的那樣，形成一股對於任何政府的制衡力量。在一九一七年四月抵達彼得格勒時，列寧就曾坦言，「一個國家『不能同時並存』兩股勢力」，所指的就是蘇維埃與臨時政府。[41]但相同的原則在革命後卻也適用。列寧早期偏於布朗基主義的傾向常常被提及。他在一九〇二年出版的小冊子，《怎麼辦？》（*What Is to Be Done?*），不僅討論了在俄國建立一個新的馬克思主義政黨的必要，而且也美化了彼得·特卡喬夫對於大規模恐怖行動的頌揚。陰謀戰略首度露出端倪，這與正統的馬克思主義顯然不一致。（如我們所見，馬克思區分了適合民主社會的策略與適合專制統治的策略。）不過，也有人主張，列寧並非布朗基主義者，畢竟他相信，革命是從歷史情境中慢慢發生，無論何時都無法靠密謀來煽動，而且他也認為，政黨應該與無產階級群眾運動緊密結合。[42]這些觀點源自列寧在倫敦協助編輯的《星火報》（*Iskra*）。

在一九〇三年於布魯塞爾舉行的俄國社會民主工黨代表大會上，列寧堅持，黨應該採行「盡可能的集中制」，其中包括中央委員會擁有否決地方決定的正當性。尤里·馬爾托夫批評了這當中所隱含的「中央集權自肥」的必然性，但列寧大部分的同事卻都不太擔心。[43]在與孟什維克於一九〇三年決裂後，列寧在《進一步，退兩步》（1904）一書中將他的對手描述成機會主義者。以「紀律」為後盾的民主集中制（democratic centralism；這是列寧對於馬克思主義理論的重要貢獻），這時成為在與專制統治的鬥爭中該黨的組織原則。因此，在一九二一年，列寧強調，既然「高層組織」總是由「低層組織」所推選，那麼前者的指令永遠對後者具有「絕對的約束力」。後來有些人認為，正是「列寧的中央集權（centralization）」，導致了「集中營國家」（carcerotopia）。[44]

一九〇五年，列寧自詡為激進的馬克思主義民主派。然而，「民主」所指的是社會主義之前的一個階段，是無可避免的「民主，而非在革命的第一個（資產階級的）階段中的一種社會主義獨裁」。

在別的地方，列寧認同對於存在著小資產階級的「民主共和國」的追求，而且將它對比於「無產階級與農民的革命民主專政」。這時列寧區分了個人獨裁與階級獨裁，他強調馬克思始終反對前者，後者則無涉「廢除所有自由與民主保障、各種形式的專制以及獨裁者基於個人利益的各種權力濫用」。但他也直白地表示，將「刺刀架在議程上」即是「『獨裁』這個口號的意思」，也就是「槍桿子出政權」的意思。從一九〇七年起，他強調布爾什維克黨人必須成為專業革命者，坐實了某些人認為這是原則上不信任群眾的看法。繼民主集中制，「前鋒」（vanguard）的概念則是列寧對於馬克思主義最獨特的貢獻。和孟什維克黨人一樣希望黨能海納百川的托洛茨基並不認同這個想法。此外，在像維拉．扎蘇里奇這樣的評論者看來，列寧將「政黨」與「組織」混為一談，後者包含了一種排除異議者的嚴格階級制度，並且支持這個概念，是因為這能讓他控制其他的成員。[45]

這時候，列寧有別的優先事項。除了在俄國宣傳「資產階級革命『對於無產階級的利益是絕對必要』」，列寧也在《社會民主黨在民主革命中的兩種策略》（*Two Tactics of Social Democracy in the Democratic Revolution*, 1905）一書中提倡工農結盟，希望藉此促使貧窮的農民可以起身反抗富人。不過，其他的馬克思主義者認為，列寧對於特卡喬夫的讚揚以及對於土地改革的支持，讓他成了叛徒。在農業方面，所有的土地都收歸國有，大型莊園轉型為示範農場。私人耕作仍然保留，儘管列寧認為小規模農作是沒有效率的。一九一三年，他曾向貧窮的農民保證（引用恩格斯的話），掌權的布爾什維克絕對「不會想要強行徵用」他們。一九一八年，他譴責「土地國有化」是資產階級的口號，宣稱馬克思也同意。[46]當年八月，黨將其口號改為「土地社會化」，賦予農民處置土地的自由。然而，不管列寧說了什麼，他的目標都在建立集體農場。至於這時，始於彼得格勒的工人在工廠裡的控制權，列寧則因缺乏黨的監督而感到焦慮，儘管如此，他仍渴望在這方面尋求支持。他也暗示，革命將被帶向歐洲，給予俄國一個喘息的空間；如若不然，革命恐怕無法成功。托洛茨基表示贊同。

一九一七年春天，列寧敦促黨發揮「新秩序的相對自由」，稱俄國是全世界交戰國中最自由的國家。他散布了「全力相挺蘇維埃」的口號，聲稱直接民主意謂「徹底重塑整部舊國家機器」。在「雙重勢力」（蘇維埃與克倫斯基的資產階級「專政」）的局面下，列寧認為革命專政可以仿照巴黎公社，由人民選出可以被撤換並以工人工資敘薪的官僚，由武裝工人取代常設的軍警。列寧對於自己與馬克思的關係有很強烈的自覺。他堅信，布爾什維克「不是布朗基主義者，我們不贊成以少數人奪取權力。」[47]他將自己的終極目標描述為超越民主，在四月時表示，在「民主意謂著人民的統治，而武裝的人民卻不能自我統治」時，政權已不再是「民主」。於是，他補充道，「民主這個詞彙」，「就科學而言，應用在共產黨上是不正確的。」[48]一九一七年七月，列寧依然稱自己努力獲取權力是一種「起義」；「新型態的國家」將監督從資本主義到社會主義的過渡。一九一七年十一月，他強調，無產階級專政將為共產主義之路做準備。唯有如此，「真正完整的民主才有可能、才會實現」，「唯有如此，民主才會開始『消亡』」。因此，民主是通往共產主義的路途上「其中一個階段而已」。它意謂著「形式平等」；但在「共產主義的更高階段」中，它將會被「實際平等」與「工酬對等」所取代。[49]

列寧對於這些主題的重要評論，集結於《國家與革命》（*The State and Revolution*, 1918）一書中。[50]恩格斯是這本小冊子的主要靈感來源，這本小冊子也為未來幾個世代的馬克思主義者提供了一幅簡單的藍圖。列寧寫道，在存在著「階級對立『無法調和』」的地方，國家權力只不過是「壓制某些階級的暴力組織」。他將普選詆毀成「資產階級統治的工具」，不一定能夠反映「工人多數的意志」。不過，在無產階級專政下，它也可能被用來壓制資本家。一個「沒有資產階級的資產階級國家」甚至可能存留到共產主義中。列寧強調，民主「不等於少數服從多數」，民主其實是讓公民權的問題及黨如何被選擇保持開放的「一種承認少數服從多數的狀態」。他在「民主共和國」（democratic-republican state）中含糊曖昧地使用「民主的獲勝」這樣的用語，似乎削弱了選舉和罷免的理由。但這也意謂著「以武力鎮壓，換言之，將人民的壓迫者與剝削者排除在民主之外」。再一次，列寧的主要模型名義上是巴黎公社，但實際上卻是與極權主義而非聯邦主義結合。然而，短暫的無產階級國家或「半國家」最後終將「滅絕」或「消亡」（以恩格斯著名的話來說〔25:268〕），「人們將習於見到沒有暴力、沒有從屬關係的社會生活基本情況」。沒有壓迫，國家將會結束。「寄生」的官僚將被「愈來愈簡單的」、人人都能進入的控制與會計的系統所取代，「於是人人都能在一段時間裡成為『官僚』的一部分，如此一來，無人會變成『官僚』」。[51]列寧仍然認為，「各種類型與階層的技術人員」會繼續存在，他也強調，「一定程度的從屬關係……權威或權力」將會續存。不過，他有信心，「今日在順從資本家的期待下幹活的紳士們，明天將會在順從武裝工人的期待下把活幹得更好。」（考茨基曾反駁道，「刺刀的刀尖不是勞動最好的動力」。[52]）一九一八年五月，列寧承認某些專家要求高薪是一種「妥協」，雖然只是暫時的。很顯然，即興創作是必要的，而且列寧還發現到，馬克思從來未曾針對「實現革命的方法與手段」表達自己的看法。[53]然而，其他人的結論卻是，如今「列寧根本就不是一個馬克思主義者」。[54]我們當然也能承認，在這當中最缺的就是一套政治制度的理論。[55]

在《無產階級革命與叛徒考茨基》（*The Proletarian Revolution and the Renegade Kautsky*, 1918）一書中，列寧強調，無產階級專政與「恪遵民主」是完全相容的。所有形式的資產階級國家、君主制或共和制，這時都被視為不過只是「資產階級專政」的某種變體。列寧痛批考茨基，在否認馬克思學說的核心（無產階級專政的必要性）下，把馬克思變成一個「普通的自由主義者」。這種專政指的是「統治直接基於武力，不受任何法令限制」。侵犯「純粹民主」所涉及到的就只有剝削階級、地主與資本家的平等與自由。所有這一切對於實現「階級的廢除」都是必要的，「階級允許了社會的一部分人可以侵吞另一部分人的勞動」。[56]

所以，列寧所謂的「民主」，與政府形式或投票人數幾乎沒有關係，更遑論對於行政權的檢驗與制衡。它原本意謂著，工人實際參與行政，政府代表他們的階級利益。如此一來，不再需要其他政黨。到了一九一八年年初，在鎮壓「資產階級」政黨與孟什維克後，就只剩下兩個政黨，布爾什維克與左翼或更為激進的社會革命黨。同年夏天，在一場反布爾什維克的失敗政變後，後者的崩潰也終結了獨立農民代表的可能性。有位觀察者表示，所剩下的是「布爾什維克的專政，或者，更準確來說，黨的中央委員會對於無產階級和整個國家的專政」。[57]這時同樣也存在著某些個人獨裁的偶然理由。一九一八年三月，列寧認為「蘇維埃民主主義與由單一個人行使獨裁的權力」之間「完全沒有矛盾」……「如何才能確保意志的絕對統一呢？答案就是千萬人的意志服膺於一個人的意志。」[58]

不過，原則上，一九一七年引入的工人掌權，在這段期間倒是一直持續。當俄羅斯在一九一八年一月變成一個蘇維埃共和國，所有的權力名義上都「歸於這些蘇維埃」，完全沒有提到由黨所組成。[59]這種虛構的假象無法維持太久。所有其他的權力機關也一律遭到鎮壓。在一九一七年，工會曾被視為工人掌權的基礎。到了一九一八年一月，它們卻再也無法獨立，必須「無可避免地被轉變為社會主義國家的機構」。一九一八年六月，為了支持一人管理模式，工人對於工廠的控制權遭到廢除。工作場所開始推行「鋼鐵紀律」，儘管並非沒有遭到抗拒。[60]這敲響了工會自治的喪鐘。一九一九年一月，在托洛茨基的領導下，工會的「政府化」過程持續進行，而且工會也轉變成主要負責勞動力軍事化的單位。然而，在戰時共產主義時期（1918-21），城市工人顯然還是對布爾什維克甚感不滿。於是，列寧對蘇維埃實施了一黨專政。俄國共產黨第九次代表大會（1920）終於根除了工會自治與工人掌權。一九二〇至二一年，犀利的女性主義者亞歷山德拉・柯倫泰主導了對於這些措施的反抗運動，她遭到列寧無情地抨擊，後來更在一九二三年被外放到國外從事外交工作。工人反對派（Workers' Opposition）聲稱自己是一九一七年的種種理想的繼承者。它譴責黨與國家的日益擴權，堅持要求對於工會領導人與黨政官員的自由選舉權，還有工會對於經濟的控制權。[61]

然而，列寧卻明白地表示，在與工會的關係上，「專政是由蘇維埃裡的無產階級執行」，而且他也無意分享權力。鞏固黨的地位持續快速推行。官僚（被列寧稱為「蘇維埃裡的烏合之眾」）開始激增，雖然其工資據稱沒有超過一個熟練工的「共產主義上限」。雖然列寧與「廚子也能當官」這樣的建議很有淵源，但他卻寫道，「我們不是烏托邦主義者，我們知道，一個拙劣的勞工或廚子是無法立即勝任國家行政的工作。」相反地，他強調，應對「所有的勞動人民、所有的窮人，針對這份工作」立即展開培訓。[62]可是，到了一九二一年，列寧卻承認，認為任何工人都能做好這項工作，簡直就是個「童話」。[63]

隨著內戰情勢在一九二〇年年底逐漸和緩，人們希望對於布爾什維克反對派的壓制也能緩和下來。當蘇維埃社會主義共和國聯盟（Union of Soviet Socialist Republics）於一九二二年成立時，黨的權力集中在由五名成員組成的政治局手裡；後來擴張為七名，接著又擴張為九名。在黨內，列寧堅拒批判的正當性。在《怎麼辦？》一書裡，他譴責黨內的「批判自由」是「將資產階級思想與資產階級元素引入社會主義的自由」。他對「知識分子的個人主義連同其對於組織關係的柏拉圖式接受」——或「自治主義」（〔autonomism〕針對普列漢諾夫）——的蔑視，與「中央集權」形成鮮明對比。[64]這些觀點並未改變。一九二〇年三月，列寧宣稱，有必要「抹除地表上所有……談論個人權利的孟什維克黨人與社會革命黨人的政策痕跡」。他一再譴責孟什維克是布爾什維克統治的關鍵威脅；托洛茨基則把所有反對派都打成是「孟什維克主義」。[65]

到了一九二一年二月，設於喬治亞（該國於一九一八年五月宣布獨立）的孟什維克政府遭入侵的紅軍驅逐。不久之後，這個曾經力促廢除新政治警察（全俄肅反委員會）的政黨，被宣告為非法組織。列寧允許少數知名的孟什維克黨人與無政府主義者流亡海外。但他這時明確地樹立了「反對」的界限。他表明，「自我形成不同的群體（特別是在一場代表大會之前）當然是被允許的（拉票的動作也一樣）」；但他卻也補充道，「這必須在共產主義的範圍內完成」。黨員們被告知，「在過去，無論我們允許自己進行如何奢侈的討論，無論是對是錯，現在我們都體認到，對於和諧與統一的需求更甚於以往。」新聞自由只不過是「資產階級的政治組織及其最忠實的僕人（孟什維克黨人與社會革命黨人）的自由……它代表著幫助階級敵人」。[66]列寧對於反對派的態度被描述成，產生蘇維埃專制主義「最重要」的因素。如果只有他，還有黨，代表工人階級的利益，那麼任何反對他們的，甚至不是與他們一夥的，則都是敵對的、錯誤的、不正確的或「資產階級的」，都必須被連根拔除。[67]一九一八年，列寧反對考茨基，堅稱「『反對派』是一個屬於承平時期且只屬於國會鬥爭的概念。」[68]一九二二至二三年，列寧曾短暫考慮過讓國家脫離黨的控制，擁有更大的自由，但他後來放棄了這個念頭，因為這可能會致命地摧毀布爾什維克脆弱的掌權。[69]一直以來，列寧都宣稱蘇聯是世上最自由的社會，因為黨所代表的人口數量遠遠多過別的地方的政府。不過，更明白的訊息顯然是：原則上，一切「反對」都是無法被接受的。

對於異議的敵意，同樣也適用於國家的不同部門。在這樣的情況下，司法獨立根本是難以想像。一九一七年十二月五日，舊法院為軍事革命法庭所取代。它的第一宗案件是帕尼納伯爵夫人（Sofia Vladimirovna Panina）的案子，她被控私吞在擔任克倫斯基的內閣成員時政府委託給她的九萬三千盧布。該法庭由兩名農民、兩名工人、兩名軍人和一位主席共同組成（其中只有一人不是布爾什維克黨人），大家都堅持要她歸還那筆錢，並且判她「社會譴責」之罪。[70]

這樣的「憐憫」很快就消磨殆盡。雖然死刑在一九一七年三月被廢除，但同年七月卻又重新恢復。一九一九年時或許有多達三萬人遭到處決，到了一九二〇年在名義上再度廢除死刑；只不過，二次「廢死」非常短暫，從一月十五日開始，到五月二十四日就結束。在異常地尊崇合法性下，許多人在法令通過後、但尚未生效前遭到槍決；單單在生效前夕，在彼得格勒一地就有四百人伏法。連坐的原則也很早就確立，因此，被拘留者的親屬可能被逮捕、槍殺或驅逐出境。到了一九二〇年，孩子已被鼓勵舉報自己的雙親。堅定不移的努力這時也開始擴展到淨化充斥著「反革命」作品的圖書館，包括那些「討論制憲議會、普選、民主共和等等」的作品，或是任何關於宗教、「鼓動質疑的文學作品，現在都被蘇維埃政權以有別於革命的第一個時期的方式來處理」。[71]隱匿「有害性藏書」的圖書館員可能會被逮捕。列寧的妻子，娜潔日達·克魯普斯卡婭（Nadezhda Krupskaya），負責主導這場運動，查禁了康德、叔本華、笛卡兒、柏拉圖、卡萊爾、尼采、史賓塞等人的作品。就連禁書的清單也被查禁。短短幾年之後，馬克思的很多作品也都被禁，部分是因為馬克思敵對俄國的外交政策。

一九二一年的克隆施塔特起義（又稱王冠城起義）是這個時代最大的悲劇之一。早自一九〇四年起，靠近聖彼得堡的克隆施塔特海軍基地，就一直是個不滿情緒的溫床。克隆施塔特的水兵曾在一九一七年的革命中扮演了備受讚揚的要角；也因此，他們在一九二一年三月發起的反抗運動深受同情。這時，在「全力相挺在地蘇維埃」的口號下——加上了重要的但書「但不是力挺黨」——一九一七年的原始熱情重新被喚起。早就十分微薄的麵包配給被大幅削減，引爆了一連串的事件。彼得格勒的工人先是發起了抗議挨餓工資的罷工，接著由水兵轉變為更有系統的、受孟什維克啟發的訴求，他們要求，停止迫害與恐怖統治、恢復言論自由與新聞自由（包含無政府主義者與社會主義者的自由）、舉行蘇維埃的自由選舉。克隆施塔特反叛軍認為，「工人從資本家的奴隸變成國營企業的奴隸」。簡單來說，他們希望「推翻一黨專政，回歸蘇維埃民主制度」。[72]政黨多元化（至少左派的多元化）因而成為這個議程的核心。克隆施塔特反叛軍也支持農民的（不包含僱用勞動的）種種倡議，還有在同樣的條件下在其他地方的小規模生產。[73]社會革命黨人支持這次的抗爭，希望能夠回復他們曾經占有多數席次的制憲議會。不過，克隆施塔特委員會卻否決這項要求，支持一種自由的蘇維埃模式，並且譴責政府是「人民委員體制（commissarocracy）加行刑隊」。它還抨擊新政權創造的「道德奴役」，還有「他們將手伸進勞動者的內心世界，強迫勞動者只能以共產主義的方式思考」。[74]水兵的臨時革命委員會就是列寧所不信任的那種非常自由的、以選舉產生的蘇維埃組織；孟什維克黨人馬爾托夫這時則拿它與巴黎公社相提並論。反叛軍甚至自稱「公社社員」。在坦白的片刻中，列寧曾經承認，「他們不想要白軍，而且他們也不想要我們的權力」。[75]

這場實驗持續了十六天。三月七日，海軍基地遭到襲擊。為了此項任務，列寧召集了來自中亞巴什基爾（Bashkirs）與吉爾吉斯（Kirghiz）的軍隊，因為這兩個地方的人比較不同情反叛軍，相對來說或許較為可靠。曾向克隆施塔特水兵致敬、認為他們是「革命的驕傲與榮耀」的托洛茨基，指揮了這場鎮壓行動，之後他更譴責「反革命」暴動的「深度反動」思想「對於無產階級專政具有致命的危險」。[76]有人（錯誤地）說他命令他的手下「像射殺鷓鴣般射殺叛軍」。克隆施塔特水兵自己廢除了死刑，而且還讓布爾什維克黨人毫髮無傷。可是數以百計的反叛軍親友卻被扣為人質，數千名他們的支持者也在彼得格勒或其他的地方遭到逮捕，其中包括了將近五千名孟什維克黨人。三月十八日，為數五萬的部隊攻克堡壘，一萬八千名防守者中有許多人被槍殺或監禁。此時，許多「鐵桿信徒」對運動失去了信心。對於包括無政府主義者亞歷山大・貝克曼（Alexander Berkman）在內的許多人來說，「最後的一絲希望」這時已然幻滅。[77]

克隆施塔特意謂著在這個布爾什維克國家裡所有合法反對的概念全部死亡。暴動期間，列寧在於莫斯科舉行的第十次黨代表大會上提議，「完全消除所有的黨派之爭」。[78]在莫斯科蘇維埃的選舉中，反對派的候選人或遭逮捕、或遭辱罵、或在媒體上遭到訕笑。當他們成功地進入候選人名單，公開選舉意謂著他們的支持者很容易就被政府特務給盯上。在大聲疾呼「我們不需要對立，同志們，現在不是時候」中，列寧堅持，「比起與反對派的論點拉扯，『用步槍討論』要好得多」。[79]托洛茨基與布哈林支持將工會融入國家體系，但工人反對派卻力促將生產組織轉移給工人本身；在愛德華・卡爾看來，這是一種「準工團主義的觀點」。然而，黨代表大會隨後卻表明，「工團主義及無政府主義偏離本黨」，不見容於黨員。[80]它命令所有次級團體立即解散，「藉以在黨內落實嚴格的紀律，並且透過消滅任何的黨派主義，來取得偉大的團結。」有些人認為，這是「一個在黨的組織史上的轉捩點」。[81]

其他的機構也很快就面臨類似的命運。大學自治同樣在一九二一年結束。接著則是合作社。一九一九年，俄國合作社運動的許多領導人遭到逮捕，其組織被融入布爾什維克議會中。列寧在一九二三年強調，既然「政治權力握在工人階級手中……留給我們的唯一任務……就是組織好合作社裡的人們」，在那裡，「生產資料歸國家所有」。[82]起初，合作社透過正式投票批准政府強加給它們的種種措施，藉以保有虛構的自治。但這種偽裝無法持久。一個組織接著一個組織，差異與多元的生命力被國家榨乾，直到只剩實質缺乏市民社會的一個黨國霸權的單一模式。此外，同樣在一九二三年，列寧再度以可能有助於資產階級為由拒絕了新聞自由。

因此，一九二一年被證明是革命的決定性年份。它見證了二月份的多起工人罷工運動遭到鎮壓、三月份的克隆施塔特起義；獨立的喬治亞被併吞；還有馬赫諾所領導的運動在烏克蘭遭到鎮壓。由於沒能徵收到備受厭惡的穀物稅（雖然人們常在槍口下被迫繳交），導致城市食物不足，偏又適逢乾旱，引發了普遍的饑荒。農民淪落到以橡子和草為食，甚至還發生了人類相食的慘劇。軍事封鎖線禁止人們離開饑荒地區。超過五百萬人喪命。

五個關鍵的轉捩點標誌了俄國革命的悲劇性墮落。首先是一九一七年十一月的布爾什維克政變，它為臨時政府與多黨民主的前景劃下句點。其次是列寧碾壓來自黨內、其他政黨、工會及合作社等方面的反對派。接著是堅持黨，而非無產階級，才能獨自代表革命的進步。然後是列寧的個人獨裁。最終則是一個殘酷的警察國家現形，在黨之外甚至之上進行統治。

在資深革命家維克多・塞爾日（Victor Serge）看來，最後一步是「布爾什維克領導人在一九一八年所犯下最該死、最難容的錯誤」。[83]許多布爾什維克黨人認為，為了獲取和保有權力，採取什麼手段都是對的。為了支持革命大業，列寧從未譴責過包括搶劫銀行在內的盜匪行為，雖然孟什維克黨人強烈反對這類方法。列寧曾表示，「我們的道德完全從屬於無產階級的階級鬥爭利益……道德是用來毀壞舊的剝削社會」。[84]托洛茨基在一次演說中預示了祕密警察的設立，他語帶威脅地說，「以偉大的法國革命者為榜樣，恐怖將以非常暴力的方式呈現」，他還表示，「將會為我們的敵人準備好斷頭台」。[85]全俄肅反委員會（列寧戲稱應該名為「社會毀滅委員會」）於一九一七年十二月二十日成立。[86]由於一心想要以公開絞刑的方式處決沙皇時代剝削貧農的富農，列寧曾於一九一八年八月指示，「去找些真正冷酷無情的人來」。[87]這樣的人不虞匱乏。全俄肅反委員會曾由清廉的菲利克斯．捷爾任斯基（Felix Dzerzhinsky）領導，「他有高大的額頭、瘦削的鼻子、不整潔的山羊鬍，還有一副疲倦且嚴厲的表情」。[88]記者威廉．里斯威克（William Reswick）曾諷刺地指出，其後繼者，國家政治保衛局（GPU），是一九二〇年代早期唯一有卡爾．馬克思半身像裝飾的政府機關；它立在莫斯科惡名昭彰的盧比揚卡監獄（Lubianka prison）外，捷爾任斯基把它置於大門之上。[89]我們不禁好奇，馬克思會怎麼想。

在深感遭受陰謀威脅下，全俄肅反委員會於一九一八年開始大規模逮捕並處決人質。殺戮是它大方進行的少數幾件事之一。列寧甚至極力主張槍殺因慶祝宗教節日而擅離職守的無產階級，藉以「殺雞儆猴」。在與德國簽署終結一戰的《布列斯特－立陶夫斯克條約》（Treaty of Brest-Litovsk, 1918.03）後，全俄肅反委員會展開了對抗布爾什維克左翼危機的布署。四月十一日這天，無政府主義者成了主要的目標。在一場襲擊莫斯科無政府主義者總部的行動中，有數十人死亡，數百人遭到逮捕，他們被控「窩藏歹徒」。其他許多城市也都發生了類似的突襲。反對派的其他潛在來源也被都鎖定。

出生於俄國的義大利社會主義領導人安潔莉卡・巴拉巴諾夫，對於某些孟什維克黨人遭處決表示反對，列寧則強調，「如果我們不射殺這少數的領導人，我們或許就得射殺上萬名的工人。」[90]列寧憎恨宗教，他認為，「就算只是隨便談談上帝的概念」，也都是「非言語所能形容的邪惡」。據說，他親自批核了許多教士的處決令。[91]在一九二三年，大批的天主教徒被控支持「『國際資產階級』進行反抗蘇維埃政權的鬥爭」，換言之，就是支持教皇。十年是典型的刑期。[92]

一九一八至一九二〇年，來自英、美、日、法、捷克斯洛伐克及其他國家為數超過十三萬人的部隊入侵俄國，由於外國勢力試圖粉碎革命，加速了這個過程。在距離彼得格勒幾哩遠的地方，白軍與布爾什維克黨人猛烈交火。紅色恐怖與白色恐怖也相互競逐。異乎尋常的殘暴是常態，而非例外。布爾什維克黨人視恐怖為外國入侵勢力與白軍反動勢力挑起的「革命必然性」。俄國因《布列斯特－立陶夫斯克條約》而損失了三分之一的人口，造成了極大的焦慮。（大部分的領土在一九四五年後再度收回。）無論什麼原因，鎮壓所有反對派的趨勢已然勢不可擋。到了最後，就連同情者，也將恐怖視為一九二〇年後「布爾什維克模式發展的附隨現象」。[93]做為早期領導人物的亨利希・亞果達（Genrikh Yagoda）曾表示，「我們是一個巨大的國家裡頭的少數，若能廢除國家政治保衛局，我們就功德圓滿了。」[94]

新政權還有一個威脅是來自「農民出售剩餘穀物牟利的權利」這個關鍵議題；列寧曾把它視為剝削。事實上，這成為革命失敗的暗礁。為了回應革命前激進的農業要求，在一九一七至一八年，布爾什維克將土地劃分為超過兩千萬個家庭經營的小農場。很快地，徵收農產品引發了龐大的新業主階級廣泛的抵制。拓展少數剛建立的大型國有農場的建議，也引起了人們對於新剝削模式甚或新農奴制的猜疑。在戰時共產主義大旗下，於一九二〇年的三、四月期間引入的極端集權化，既意謂著穀物的強制充公（其中包含未來耕作所需的種子），也意謂著禁絕私人交易。最終這造就了一個比國家分配網絡還要龐大的黑市，反倒使得在城市外設置討人厭的路障與任意充公任何有價值的東西變成必須。共產黨員也和其他人一樣都會利用黑市。

不過，各地卻也都加強紀律管制。列寧相信，「在沒有外力的約束下，就會放下未完成的工作，逕自偷懶」，這是俄國人的習性。他本著「最冷酷的態度」誓言，「不惜一切代價，以無情的嚴厲，去貫徹紀律與對於命令的服從。」[95]他實現了自己的誓言。工作語言變得軍事化。工作場所的「不流血的前線」變成和任何軍事舞台同樣重要的戰場，變成無止盡地為「勝利」而「奮戰」的一部分。到了一九一八年六月，大部分的產業都已國家化。但這並沒能阻止混亂。在城市裡，麵包價格飆升；光是一九二〇年就漲了超過十倍。通膨猖獗，城市的工資價值急貶。工作場所提供的配給糧食幾乎到了微不足道的地步。一九二〇年時下令實施普遍成年勞動，許多前紅軍的士兵被直接徵召為勞動軍而沒有退伍。「勞動軍事化」開始。一九二一年，列寧提出了勞動報酬優惠待遇與隨之而來的「衝擊勞動」（shock work）等想法。他告訴工人們應該「本著比資本家更堅定的態度統治」。他承認，在於紅軍中以射殺做為懲罰下，布爾什維克已經採取了「就連舊政府都無法想像的手段」。[96]這時他將同樣的方法導入勞動過程。部分孟什維克黨人將這一切與法老治下的奴隸制相提並論。

在這種殘暴之下，列寧的經濟政策往往超越最剝削且最壓迫的資本主義形式。《蘇維埃政府的當前任務》（*The Immediate Tasks of the Soviet Government*, 1918）一書極力鼓吹，以大規模機械化做為社會主義的基石、工作中的鐵血紀律、專家的工資差異、一人管理（工人自治的反面）、論件計酬，以及運用泰勒制（Taylor system；列寧曾把它描述為「人類對機器的奴役」）加速生產進行。[97] 包括工會領袖大衛・梁贊諾夫在內的部分左翼反對派，都對此表示反對，而且反對強迫論件計酬，說這是「糟糕的錯誤」。[98]

整個一九二〇年，經濟亂象四處蔓延。工業產值掉到只有一九一三年的五分之一水準。在城鎮裡，電車票價雖被取消，但車廂與鐵道卻也隨之劣化。銀行票據變得分文不值，雖然有些人認為這代表金錢的廢除而感到歡欣。由於用來印製郵票的紙張與墨水匱乏，於是郵政費用終結。馬匹與馬車（主要的運輸方式）被紅軍無償徵收。食糧產量驟降，只有戰前的一半水準。或許，一九二〇年有三分之一的作物收成被政府徵收團隊給暗藏。城市人口迅速減少，莫斯科少了百分之四十四的居民，彼得格勒則少了百分之五十七。工廠工人返回原生農村尋找糧食。他們帶著地毯、掛毯、亞麻製品、陶器等東西上路；沙發可以做鞋子、窗簾可以做衣服。公民秩序被拉扯到了一個極限；就連列寧本人，也曾在莫斯科郊外他妻子居住的療養院附近被盜匪搶劫過。

隨著部分人士轉向進行武裝抵抗，農民的請願幾乎得不到政府的絲毫同情。列寧曾在一九二〇年感嘆，農民雖「不是社會主義者」，但他們卻似乎反而擁護資本主義。俄國最龐大的階級與布爾什維克之間的衝突，已是箭在弦上。不過，列寧倒是准許農民交易剩餘作物——只要他們提前繳納實物稅給國家——就算可怕的饑荒於一九二一至二二年在俄國大地上蔓延。列寧限定將食物分配給那些「在極大化勞動生產前提下真正需要的人」，從而「使這整件事變成一個政治的工具……減少那些非絕對必要者的數量，可以激勵那些真正被需要的人」。[99] 於是，接受這種援助的人數，從三千八百萬人銳減為八百萬人。

在列寧人生中的最後兩年裡，恐怖統治未曾消停。一九二二年二月，全俄肅反委員會更名為國家政治保衛局，或稱國家政治管理局（State Political Administration）。然而，名稱雖改（這代表「政治」現在起由恐怖來定義），對於政策卻沒有絲毫影響，遑論還有更多祕密處決的案件。反社會革命黨與孟什維克的運動引發了嚴重的暴動。死亡人數持續累積。這場內戰奪走了七百萬至一千兩百萬條人命。一九一七至一九二四年期間，總共約有一千三百萬至兩千萬人死亡。[100] 一九二四年的大饑荒又奪走百萬條人命。因此，到了一九二四年，革命總共犧牲掉了高達百分之二十的人口（當時的總人口約莫是一億一千萬）。根據同時代的一些估計，在一九二四到一九三四年間，另有九百五十萬人死亡，這使得一九一七至一九三四年間的死亡人數來到將近三千萬人。比起沙皇幾世紀的統治，蘇維埃政權二十多年的統治流了更多的鮮血。

如果說，政治壓迫是對災難威脅的一種回應，那麼經濟自由主義，一九二一至一九二八年的新經濟政策，則是另一種回應。歷經四年的戰爭與革命、資源短缺與工作過度、飢餓與不斷排隊，俄國早已精疲力竭。暫時回歸市場似乎是唯一的靈丹妙藥。列寧稱此計畫為「國家資本主義」；據傳，他曾表示，「最好的共產黨人是能夠完成最佳買賣的人」。不過，在其他地方，他卻說新經濟政策是「以退為進」。但他也哀嘆，共產黨人似乎普遍缺乏每個資本主義的推銷員都具備的……與商業或如何做生意有關的知識。[101]新經濟政策旨在，藉由准許農民交易自己的剩餘穀物，而非直接徵用它們，試著將糧食帶回城鎮。工業產品則做為收買他們這麼做的誘因。糧食徵收這時被實物稅取代，之後更能以金錢支付。在部分是由托洛茨基推動下，工業生產轉向製造消費者取向的貨品，藉以激勵農民生產更多的糧食。這時大資本被認為在俄國經濟發展中扮演著進步的角色，但列寧同時卻也希望農業合作社能夠協助在鄉村地區建立社會主義。個人所有權從來不是一個選項；列寧早先曾寫道，「如果農民不接受社會主義，當專政到來時，我們就會跟他們說：『當你必須使用武力時，浪費唇舌是沒有用的！』」[102]工廠、原物料與其他資源可供資本家使用，藉以交換他們的部分利潤。蘇聯這時邀請大量外來的專家進駐。國家會殘暴地鎮壓所有的罷工，勞工的自由運動又往往被禁絕，甚至以槍殺做為懲罰，在這樣的情況下，外國工廠老闆享有理想的條件。然而，國家卻試圖在對外貿易上維持壟斷局面，強迫外國公司與之協商。一九二二年，列寧與史達林對於這個問題抱持相反的態度，列寧主張要壟斷。

「社會主義的」城市與「私有的」鄉村之間的長期伙伴關係，從來未曾在可行的規模上具體實現。然而，自革命後，倒是首次出現了真正的成功。一九二五年，勞工僱用與土地租賃合法化，正如布哈林告訴農民，即使社會主義只以牛步前進，也可以「致富」。托洛茨基警告，一個新資本主義階級正在興起。事實上，愈來愈多以前的老資產階級變身「紅色經理人」受到聘任，而且工資也比之前更優渥。有時他們對待工人的方式並不比一九一七年之前來得好。隨著物價上漲、失業率攀高與工資下降，都市工人愈來愈忿忿不平。有人開玩笑說，新經濟政策是「對無產階級的新剝削」。（後來有個盛行的說法，「資本主義是人對人的剝削，社會主義則剛好相反。」）不過，對於很多人來說，至少在餐桌上終於有食物了。到了一九二二年，就連恐怖統治也在退散，而且非共產主義作家也能出書了。一九二六至二七年，生產據稱已恢復戰前的水準，即便可能有點誇大，但在當時的情況下，這已是令人驚訝的成就。這顯示出，布爾什維克會妥協、會做生意、會節制他們的野心。這樣的共產主義是世故的。

不過，新經濟政策卻也使得資本主義對於農民更具吸引力，而且使他們與布爾什維克主義更為疏遠。蘇聯或許得以維繫命脈，甚至還發展得更好，但社會主義卻也將同時進一步退卻。較多產品被轉往黑市，較少產品被以虛矯的低價售予國家。炫富的新貴（所謂的「nepmany」〔NEP-men〕）如今蜂擁進入大城市，開著豪華的進口車、光顧一流的餐廳、穿著皮草、戴著奢華的名錶與珠寶。某位旁觀者曾報導說，「放蕩、狂野的縱欲，以裸體為特色的徹夜酒趴，成了暴發戶的新時尚。」政府官員迅速流於貪腐。[103] 對於沒那麼幸運的人來說，這是一記打在臉上的耳光；這也表明了，革命（以如此的代價）所企圖達到的一切全都失敗了！在國家恢復酒品壟斷後，到處都是醉鬼。服務生表現出一種卑屈的態度，再度期待收取小費。黑皮鞋再度被擦得閃閃發亮。農民可以吃得好，不過，由於可出口的糧食減少，工業化的速度減緩。

對於右翼反對派來說，主要是米哈伊爾·托姆斯基（Mikhail Tomsky）與布哈林，這是值得付出的代價；剩餘農產品逐漸用在取得新機器上，工業化可以緩慢地前進。想向全世界輸出「不斷革命」、屬於左翼的托洛茨基，卻是反對如此。他反倒提議，藉由擴大國家信貸與提供機器，做為吸引人們加入集體農場的誘因，搭配對於富農或「農村資產階級」徵收更重的稅賦，逐步實現集體化的目標。這將創造可以用來發展重工業的剩餘農作。他獲得了包括經濟學家葉夫根尼・普列奧布拉任斯基（Evgenii Preobrazhensky）在內的一些人支持；普列奧布拉任斯基曾在一九二三年抗議黨內的黨派禁令。普列奧布拉任斯基明白地表達了很多人的想法：社會主義的資本累積，如同資本主義，也需要同時廣泛地剝削城鎮與鄉村的勞動力。[104] 當焦點日益擺在快速發展的重工業時（正如史達林所做的那樣），這種剝削顯然一定會加劇。

這些事情能夠進展到什麼程度，取決於一個人的特質與眼光，也就是革命的領導者。列寧具有馬克思那種始終保有高度自信的態度。有一種意志學說頗適合他：他渴望指導無知的人、訓誡放肆的人。他公然宣稱，「馬克思主義學說是萬能的，因為它是真實的。」「它是全面且和諧的，為人們提供了一種無法妥協於任何形式的迷信、反動或捍衛資產階級壓迫的完整世界觀。」[105] 他的教育人民委員會主席阿納托利・盧那察爾斯基（Anatoly Lunacharsky）曾評論道，「列寧對權力的熱愛，源於他對自身原則正確性的強烈肯定，不過，或許，也源於他沒有能力……設身處地為對手著想。」[106] 無疑地，「憑藉單一個人的意志力與想法，列寧主導了俄國的整個發展。」[107]

這個獨特的個人是什麼樣的人呢？一八七〇年，列寧出生於辛比爾斯克（Simbirsk），原名弗拉迪米爾・伊里奇・烏里揚諾夫（Vladimir Ilyich Ulyanov）的他，來自一個富裕的、完全俄羅斯化的德國貴族家庭，具有猶太血統，也可能有「韃靼人」或中亞人的血統（不只一人曾注意到他的「蒙古利亞」杏眼）。在他的哥哥於一八八七年因密謀推翻沙皇而被處決後，他變得很激進，而且從此執迷於對獨裁者的仇恨，列寧變成聖彼得堡的一個主要煽動叛亂者，後來在一八九七年被放逐到西伯利亞三年之久。受到一八九〇年代的饑荒所驅使，他和許多人一樣，都投向了馬克思主義。一八九四年，在《什麼是「人民之友」以及他們如何對抗社會民主主義者？》（*What the 'Friends of the People' Are and How They Fight against the Social Democrats*）一書中，列寧抨擊了民粹派願意去適應沙皇的獨裁統治。他於一八九五年在瑞士遇見了普列漢諾夫，因而皈依馬克思主義（列寧曾說，自己「愛上了」普列漢諾夫與卡爾・馬克思）。不過，列寧卻也還是欣賞俄國的布朗基主義者。其中最主要的人物之一是農業激進分子彼得・特卡喬夫，他有時也被稱為「第一位布爾什維克」，強調意志、陰謀與暴力的力量。[108]特卡喬夫體現了這樣的觀點：一支小型的革命先鋒隊將透過政變引入獨裁統治，並以恐怖來維持它。列寧更讚揚謝爾蓋・涅恰耶夫，涅恰耶夫曾誓言清算整個羅曼諾夫家族，對其仇恨遠遠超越憐憫的列寧來說，這種想法簡直是天才之作。[109]

列寧十分勤奮好學，他曾出版《俄國資本主義的發展》（*The Development of Capitalism in Russia*, 1899）做為流亡的成果。他的《帝國主義是資本主義的最高階段》（*Imperialism, the Highest Stage of Capitalism*, 1916；特別是建構在英國評論家約翰・霍布森〔John Hobson〕的基礎上）則繼續解釋，為了追求更高的利潤而向低度開發國家輸出資本，伴隨著對於原物料的需求的增加，如何激起了帝國與殖民的競爭。約莫在一九〇〇年，列寧認為，和他一樣的知識分子，都只不過是任何無產階級運動中的附屬品。然而，他也曾向季諾維也夫透露，他相信自己是被「召喚的」，是一位天生的領袖。[110]盧那察爾斯基認為列寧的特質是，「超級堅定，具有超強的意志力，能夠專注於最迫切的任務，但卻從未偏離他強大的智力所及範圍。」[111]列寧私底下總是一絲不苟，熱愛秩序。在流亡期間，他瞧不起《星火報》編輯同僚所居住的「公社」混亂不堪的樣子。（說來奇怪，馬克思對於一八四三年時在巴黎親自短暫地接觸公社生活也有類似的反應。）這些是集體主義的吸引力對於個人的極限。

列寧最後成為他協助設計的體制的受害者。極端的權力集中總是意謂著許多決策只能由層峰決定。透過觀察一九二一年二月二日這一天列寧的日常活動，我們不難看出這種體制創造出了怎樣的困境。除了參加多場會議、接見訪客、寫筆記和發送電報，他親自參與商議了以下事項：派遣兩列火車運送食物補給到彼得格勒，發放獎金給造船工人，確保工人修繕船隻，採取行動反對運輸委員會中的官僚等等。[112]人們只為了拿到一張火車票或預定飯店房間就打電話給他。[113]儘管一九二〇年蘇聯有六百萬名行政管理人員，但若沒有列寧的干預，大部分的業務都沒辦法完成。在不太關心自己的飲食和健康狀況下，列寧被因此產生的工作量嚴重拖累。

這麼多的關注集於一身，他自然也受到了阿諛奉承與個人崇拜。列寧在一定的程度上抗拒了這一點。他避免奢華的生活，一開始是住在僕人的單人房裡，後來則住進了克里姆林宮裡一個布置簡單的四房套間，他的小鐵床上覆蓋著一件他最心愛的格子毯，那是他母親所給的最後禮物。在一九一九至二〇年的酷寒冬天裡，他也不開暖氣。和其他人一樣，他也在理髮店裡排隊剃頭。然而，做為國家領導人，他倒是可以合法地放縱一些欲望。列寧的房裡大約有八千本藏書，主題相當廣泛，而且有很多不同語言的原文書（他能讀或說九種語言），他經常會翻閱它們。他的圖書館有一部分專門收藏關於「電氣化」的著作；列寧曾為共產主義下了一個很有名的定義：「蘇維埃政權加全國電氣化。」[114]他可以熱情地、滔滔不絕地談論這個主題，正如一九二〇年英國小說家赫伯特．喬治．威爾斯（Herbert George Wells）拜訪他時那樣。或許，較具威脅性的是，列寧曾向這類主題的某本書的作者指出，「這就是何以人們應從ＡＢＣ開始教育俄國野蠻人」。[115]這裡頭不只有一些關於蘇維埃政權的類比。

在這段期間，有許多人描述了列寧的性格。某些很了解他的人，認為他是一位從「革命鬥爭的觀點」來評估「每個個人與每個社會事件」的大師級策略家。[116]維克多．塞爾日認為他，「既不是個厲害的雄辯家，也不是一流的講演者」，不過，「由於生動的模仿，還有驅策著他的理性信念」，他倒也「絕不無聊」。他是「一個基本上滿簡單的人，單單為了說服你，便會誠懇地與你交談，而且只訴諸於你的判斷，訴諸於事實與純粹的必然性。」[117]伯特蘭．羅素（Bertrand Russell）說他「從未見過一個如此不自大的大人物」，而且覺得他「獨斷、冷靜、無懼、異常不去追逐私利」；不過，他也指出，「在我的印象中，他鄙視大多數的人，而且是個知識分子貴族」——這當然是五十步笑百步。[118]美國記者路易絲．布萊恩特（Louise Bryant）對於他「全然的智慧——他很專注、很冷漠、沒有吸引力、對於被打斷感到不耐煩」留下了深刻的印象。[119]英國的婦女參政權運動家希薇亞．潘克赫斯特（Sylvia Pankhurst）注意到，他的「棕色眼睛常常閃耀著興味，但卻會瞬間轉為冷漠地定睛凝視，彷彿他能

穿透一個人的內心思維。」[120] H．G．威爾斯則是遇到，

> 一張和藹可親、變化迅速的褐色臉龐，他帶著活潑的笑容，習慣在談話中停下來時瞇起一隻眼（或許是因為有點聚焦障礙）；他非常不像你在照片上看到的那個人，因為他是那種神情變化比個人特質更重要的人；當他說話的時候，他會用手在堆滿的文件上稍微做點手勢，他說話很快，非常專注於他的主題，沒有任何裝腔作勢、虛矯托詞或語帶保留，就像一位優秀的科學家說話的模樣。[121]

對他最親密的描述，當屬他的妻子娜潔日達．克魯普斯卡婭的《列寧回憶錄》（*Memories of Lenin*, 1930）。不消說，書裡沒有寫到任何缺點或問題。然而，我們倒是能夠從中了解到，列寧對於工人階級的真正同情，還有他做為一個謀略家的能力，像是可以用隱形墨水寫作、巧妙地閃避特務警察、在夾層行李箱中走私祕密文學、使用種種化名等等。此外，還有他一切以革命為重的決心，他放棄了下棋、滑冰與拉丁文，當這些事情阻礙了他非常井然有序且勤勉刻苦的學習。他很有說服力與決斷力，對小人物則沒有什麼耐心，他也懷有「對於無產階級的階級本能最深刻的信念，相信無產階級的創造力、相信它的歷史任務……唯一真正一貫的革命階級。」他「一讀再讀」自己最心愛的馬克思與恩格斯的著作，「在我們的革命的每一個新階段。」[122]

毫無疑問，列寧是絕對的一心一意，也是一心一意的絕對；巴拉諾夫斯基曾談到他的「冷淡、

輕蔑與殘忍」，他憑此「前行，堅定且不畏縮」，「對於權力不屈不撓的熱愛」一路驅策著他。[123]冷酷無情對他來說是輕而易舉。他曾經說過一段著名的話：他無法「太常聆聽音樂」，因為這會使他「想要說些善良、愚蠢的事情，並且拍拍人們的頭。然而，現在你得要巴他們的頭，毫不留情地巴下去！」[124]他的確痛打了人們一番。

儘管托洛茨基、布哈林、加米涅夫、季諾維也夫和其他人也在這場鬥爭中扮演了重要的角色，但列寧卻無庸置疑成了它的象徵。不過，他也愈來愈意識到，事情並未如自己所願的發展。在一九二二年十二月的最後幾天，列寧起草了他著名的「遺囑」，譴責史達林，過於粗魯、不柔軟、反覆無常、心胸狹窄，無法管理黨務。列寧抱怨「他缺乏人類最基本的誠信」。[125]他警告說，史達林「手中握有無限的權力」，可能無法「足夠謹慎地善用自己的職權」。（他也對托洛茨基的過度「自信」有所保留。）[126]早在一九二三年，列寧就會提議將史達林降職，克魯普斯卡婭確實曾向加米涅夫報告過，列寧打算在政治上摧毀史達林。然而，在當年四月召開的第十二次黨代表大會上，季諾維也夫、加米涅夫與史達林的三頭政治崛起，托洛茨基與其盟友倒被邊緣化。「這部機器已經失控」，據說列寧會在垂死之際如此表示。這個機器的隱喻非常貼切。

一九二四年一月二十一日，列寧與世長辭，在革命的中心留下了巨大的空虛。有位親近的觀察者曾提到，他的人生顯示出了，「一個人的意志，即使是在非凡的智慧、堅定的目標與無比的勇氣引領下，也無法無視於社會發展的基本規律而獲得勝利。」雖然他「完全無私且自我節制」，他卻創造出了一個蘇聯（最終還有世上其他大部分的地區）無法逃離的獨裁政權。[127]他停棺於紅場，他的屍體則經過防腐處理（此舉開啟了一個由史達林、胡志明與毛澤東所承續的傳統），他始終是重要的革命偶像。

CHAPTER 3

布爾什維克領袖們：布哈林、托洛斯基、史達林
Bolshevik Leaders: Bukharin, Trotsky, Stalin

正如列寧對他的稱呼，「全黨的最愛」、「黨最重要、最有價值的理論家」，尼古拉．布哈林（1888-1938）在列寧一九二四年去世後占據了核心地位，直到史達林於一九二八年將他驅逐。[1]使用數十年來不會再聽聞的語言，布哈林主張以「社會主義的人道主義」做為蘇維埃的發展基礎，一方面賦予消費者優先權，另一方面也允許（甚至鼓勵）文化與知識生活方面的競爭，而不是「把每個人都擠進一個拳頭裡」。一九二八至二九年，隨著史達林轉趨強制集體化，布哈林警告說，需要一個「警察國家」，藉以「在鮮血中淹沒叛亂」。[2]然而，布哈林卻也心知肚明，這樣的國家早已存在；人們往往也說他認為，「各種形式的無產階級強迫……始於草率執行，終於強制勞動，無論聽起來有多麼矛盾，是一種將資本主義時代的人類材料重新改造為共產主義人類的方法。」[3]他成為在一九三八年審判大秀中最知名的受害者。如果史達林沒有勝出，他就會是某些人認為布爾什維克主義可能變成的那樣的門面擔當。只不過，他並非民主主義者，也從未質疑過一黨專政國家的原則或禁止黨內派系的原則。[4]

布哈林的早期著作包含了一九一五年一篇關於帝國主義的論文，他採用魯道夫．希法亭在《金融資本》一書中的概念，將帝制國家形容為「新利維坦」（new Leviathan），資本家在這些國家裡相互合作來瓜分全球的利益。他設想未來的社會是一個「沒有國家組織」的社會，但他同時也主張（相對於無政府主義），「社會主義者認為，社會經濟是由集中化與集權化的趨勢在無可避免的生產力發展伴隨下產生，反之，分權主義無政府主義者（decentralist-anarchists）的經濟烏托邦，則將我們帶回前資本主義的形式。」他最暢銷的著作，《共產主義ＡＢＣ》（*The ABC of Communism*, 1919），一直到一九三〇年代中期，都還是布爾什維克的中心論述。它合理化了恐怖統治與「剝奪資產階級自由的必要性」，但承諾「工人國家將逐漸消亡」。[5]他並未解釋「無產階級專政的消逝」會如何發生，或是如何判斷其進程。在《過渡時期經濟學》（*The Economics of the Transition Period*, 1920）中，他重申：

> 當國家力量逐漸消亡，所有強制規範都從人際關係中消失，共產主義人類將會創造出最先進的「事物管理」型態。屆時，關於集體領導或一人管理的問題將不復存在，因為，在未來，人們會自願實行單純基於統計所算出的要求。

在共產主義社會裡，他補充道，「將會有完全的『個人』自由，沒有外部規範來管理人與人之間的關係——換言之，無拘無束的自我調節活動。」[6]

在此之前，需要非常不同的統治方式。布哈林曾暗示性地警告列寧，俄國可能會出現軍國主義式的國家資本主義，尤其是以國家強制力取代城市與鄉村之間的自由交換。列寧譴責布哈林抱持「半無政府主義」的觀點，雖然在一九一七年克魯普斯卡婭曾寫道，「在國家的問題上，他和你的意見不再有任何分歧。」當列寧於一九二一年引入新經濟政策時，布哈林立即皈依，而且在執行上發揮了重要的作用。做為右翼反對派領袖，相較於托洛斯基所領導的左翼，他支持較為和緩的革命步伐。在評估世界資本主義可能會趨於鞏固而非走向革命這一點上，他也與後者的看法不同。德國革命潰敗後，這種看法似乎是挺合理的，儘管它屬於異端。然而，到了一九二〇年代後期，布哈林卻警告，蘇聯需要市場機制來彌補計畫過程中的種種缺陷，這些缺陷會引發類似資本主義危機的危機。這時，就連托洛斯基，也對不應貿然廢除市場的理由讓步。

布哈林的《歷史唯物論》（*Historical Materialism*, 1921）變成黨員的教科書。它所主張的「無產階級科學」的優越性，還有透過「紅色眼鏡」而非「白色眼鏡」來看待事實，掌握了新世界觀的精髓。「社會科學與自然科學一樣穩固。「心理現象」是「被組織成某種形式的物質特性」，主要意謂著，「社會的精神生活是生產力的一種功能」。因果關係是不變的，就算社會事件的時間是無法預測的，它們的方向與確定性卻是可以預測。「社會主義無可避免地將會來臨」，布哈林預測道，「因為，無可避免地，特定階級的人會支持其階級的實現，而且他們會在勝券在握的情勢下這麼做。」不過，在預測未來十年的鬥爭時，他則對於「農人並不傾向於與工人團結一致」感到惋惜。[7]

雖然早以作家與辯論家的身分聞名於世，托洛斯基（原名列夫．布隆斯坦〔Lev Bronstein, 1879-

1940〕）卻是較晚才加入布爾什維克的大業；他在結束了海外流亡與拘禁期間後，於一九一七年七月左右才入黨。[8]托洛斯基的性格標誌著知識分子的光彩與傲慢。他非常有野心；安潔莉卡・巴拉巴諾夫認為他「習於鄙視每個人與每件事」，「即使他出於好意，他也會築起一道圍起自己的冰牆。」[9]做為革命最重要的軍事領袖，他的精力與能力無與倫比。搭乘裝甲火車，從一個前線衝到另一個前線，他彷彿能夠瞬間移動、無所不在。盧那察爾斯基說他「多刺又霸道」，但擁有「令人印象深刻的外貌」，以及「帥氣、俐落的姿態，他的演說強而有力，他的聲音宏亮從不顯露疲態，他的措辭具有很強的連貫性與文學技巧，他有豐富的想像力，他的諷刺尖酸刻薄，他有強烈的感染力，他的邏輯嚴謹，清晰得就像打磨過的鋼鐵。」[10]另有一段敘述則說：

> 他那金屬般的聲音，他的端正姿態，他那嚴峻但威武的風度，他整個人所散發出的全神貫注、自信且沉著的力量……他眉毛上的皺紋、漆黑又有活力的雙眸前架著的眼鏡、小小的八字鬍、黑色的山羊鬍，讓人一眼就能認出他來。[11]

雖然他後來被譽為布爾什維克最偉大的異議分子，托洛斯基卻聲稱，「唯有透過一黨專政的手段，才有可能實現蘇維埃專政。」這不成問題，因為黨體現了工人階級的利益。[12]於是，托洛斯基後來又說，「對抗黨的人不可能是正確的……因為歷史沒有創造其他實現正確的事情的方法。」[13]然而，呼應聖西蒙與馬克思的想法，他在一九二〇年卻暗示，當時候到了，共產黨自己就會消失不見，由一個最高公共經濟委員會取代，在這個委員會裡，只有工業團體，而非政黨，來籌劃發展。他還渴望能夠見到，建立一個「因經濟發展需求而抹去國家疆界」的歐洲聯邦共和國。[14]一九二三年十月，由於他寫了一封信譴責官僚主義與「黨內獨裁統治」，因而遭到中央委員會其他成員的抨擊。到了十二月，史達林帶頭對他發動攻擊；一九二四年年初，托洛斯基讓位。不過，對他的打擊仍未落幕，托洛斯基不斷遭受其他領導人的公開批評。

令史達林與托洛斯基分道揚鑣的關鍵問題就是，前者（在布哈林的協助下）從一九二四年起支持「在一個國家裡的社會主義」，或是「蘇聯可以在其他地方不發生革命的情況下邁向共產主義」這樣的想法。托洛斯基將這種想法與他早期（1905）提出的「不斷革命」並列，此舉暗示著，就算其他地方發生暴動，革命也只有在俄國才能成功；馬克思也是這麼看。一九二五年，史達林利用他對不斷革命的意見分歧做為進一步孤立托洛斯基的手段，托洛斯基被迫流亡，最後在一九四〇年於墨西哥遭到謀殺。一九三六年，托洛斯基創立了第四國際（Fourth International），與莫斯科的第三國際（1919-43）相抗衡，不過，第四國際的少數成員也同樣落得被國家政治保衛局謀殺的下場。然而，即使時至今日，托洛斯基主義仍是馬克思主義的重要宗派。

在列寧過世後冒出頭的重要人物是有「紅色沙皇」之稱的約瑟夫．史達林。[15]早在一九〇七年，普列漢諾夫已有先見之明地警告說，「最後的結局……就是所有的事情都將圍繞著一個以先知之名集所有權力於一身的人。」[16]這個人就是史達林。他集合了列寧主義最壞的特質，還有列寧從不犯錯的神話。他一手打造了二十世紀最具毀滅性的極權主義國家，奪走數百萬條性命，無分貧富貴賤。然而，在他的統治之下，蘇聯卻也崛起成為大國，以不穩定、不均衡的方式，快速地邁向現代化。

這位偉大的獨裁者發跡於惡運的開端。一八七八年十二月十八日，史達林出生於喬治亞小鎮哥里（Gori）一個農奴後裔的貧困之家。[17]本名約瑟夫・朱加什維利（Joseph Dzhugashvili）的他經常遭到喝醉的鞋匠父親毒打，但他仍深愛自己的母親，母親則希望他能成為一名教士。他曾在提比里斯（Tiflis）的一所神學院裡苦熬了將近五年，孜孜不倦地涉獵除了神學以外的所有學問。耐人尋味的是，他後來卻譴責那是「監視、暗中刺探、入侵內心世界」的「恥辱體制」。他日益高漲的自尊剛好彌補了他矮小的身材（和列寧一樣：五呎四吋或是一百六十二點五公分高）。[18]在決心要成功的路上，他是一個出色的學生，但他卻也很早就學會了報復；兒時的朋友曾回憶說，「獲得成功且受人敬畏，對他來說是一種勝利。」後來他自己也表示，他「最大的喜悅就是，去標記一個人的敵人，做好一切準備，親自徹底報復，然後上床睡覺。」[19]在神學院裡，史達林接觸到社會主義，也許還稍微研究了《資本論》。到了一八九九年，他開始了漫長的革命學徒訓練。他的人生走上了「不斷努力證明自己是個革命英雄」的路。[20]到了一九〇四年，他則專心研究他所崇拜的列寧。他經常援引列寧的作品，他的布爾什維克主義則始終是列寧主義。後來在他的藏書裡只有十三本馬克思與恩格斯的著作，相形之下，他們兩位對他似乎不太重要。[21]在一九〇二至一九一三年期間，他曾八度被逮捕、七度被流放、六度脫逃。

後來自稱是「鋼鐵人」（他取自己姓氏的前半做為筆名，在喬治亞語中「dzhuga」即是鋼鐵之意）

的史達林，憑藉狡詐、無情及擅於利用他人的真本事，在布爾什維克的排行中竄升到「領袖」（Vozhd）的位置。有些人，例如鞋匠政委拉扎爾・卡岡諾維奇（Lazar Kaganovich），認為他原本其實是個「寬厚的人」，但在歷經長時間的鬥爭後，「難免會變得殘酷」。[22]不管是自我或第二自我，「史達林」是一個結果；從不擔心過度的激情——這個男人自己曾坦率地表示，「史達林就是蘇維埃政權」。[23]他的朋友叫他「科巴」（Koba；根據某本喬治亞的小說裡的一名歹徒）；終其一生，他說的俄語都帶著濃重的喬治亞腔。他的敵人往往多過朋友，雖然他也殺了不少朋友。偏執與對於至高權力的渴望很快地就主宰了他的人生。他變成一個孤單的人；尼基塔・赫魯雪夫（Nikita Khrushchev）曾回憶說，後來他被隔絕在權力與恐懼的繭中，史達林「感到極度孤獨，他不知該如何自處」。[24]在他獨裁統治的全盛時期，他經常款待自己的心腹（所有的人都渴望取悅他，也活在對他極大的恐懼中）且過量飲酒。在他的親密伙伴面前，他喜歡唱歌、打撞球，還會跟賓客開些幼稚的玩笑；像是把番茄放在他們的椅子上或是拍打麵包球等等。不斷地勸酒，希望藉此看看人們會洩漏些什麼，是一種尋常的樂子；至於他們沒有顯露出來的，則由他手下那些無時無刻在監視著大家的間諜去補齊。

這種總是令人緊張不安、充滿恐懼與爭權奪位的社交，從未抑制他的殘忍或激起他的憐憫。他在鄉間宅邸的園藝工作中找到一些慰藉（他喜歡玫瑰）。他的妻子在一九三二年尋短，此事令他非常不安（雖然那是他的霸凌所造成），而且刺激他變得更為偏執與恐怖。當他的兒子雅可夫（Yakov）於一九四一年遭德國人俘虜後，他宣布與他斷絕關係。他有個心愛的女兒名叫詩維特蘭娜（Svetlana），但由於他過分拘謹，看不慣她的輕佻，兩人經常格格不入，後來她甚至叛逃到美國。

H・G・威爾斯在一九三四年與史達林會面後，曾回憶說，此人的「社交能力有限」，他「不太容易形容，而且許多描述都誇大了他的黑暗與靜默」。他對史達林的第一印象是，一個「身著刺繡白襯衫、深色長褲與靴子，看來相貌平凡的男子」，因此他認為，「我從未見過一個更坦白、更公平、更誠實的人，他將自己在俄國無可撼動的優勢地位歸功於這些特質、歸功於沒有任何深奧或陰險」。「後來」，威爾斯回憶道，「我們討論了言論自由。他承認批評的必要性和好處，但他卻也認為，批評應該在黨組織內部由黨自己來。他宣稱，黨內的批評是格外辛苦與不受控的。」[25]當南斯拉夫的共產黨強硬派米洛凡・吉拉斯（Milovan Djilas）在二戰後會見史達林時，他的印象是這樣的：

> 史達林穿著三軍統帥的制服與柔軟的靴子，除了一枚金星以外，沒有配戴任何勳章；那是代表蘇聯英雄的勳章，他將它別在左胸前……他的站姿沒有任何的不自然或做作。這不是照片或新聞影片中偉哉史達林的形象：帶著堅定、謹慎的步伐與儀態。他沒有片刻沉默……我還對其他事情感到訝異：他身材矮小，體型笨拙。他的軀幹既短且窄，手腳卻又太長。他的左臂與左肩似乎比較僵硬。他挺著一個大肚腩，頭髮雖然稀疏，但頭頂倒並未全禿。他的臉色偏白，雙頰紅潤。[26]

史達林崛起為獨裁統治者，這顯示出了他非凡的政治手腕。同時具備極佳的記憶與極度的無情，他「對黨來說曾是默默無名，也鮮為大眾所知，性格堅定，擁有東方思維，器量小，警醒，滑頭」。他不屈不撓地利用黨的總祕書處，把自己的人馬安插到有用的位置上。[27]他的第一部重要的理論著作，《馬克思主義與民族問題》（*Marxism and the National Question*, 1913），部分抄襲自奧托・鮑爾與卡爾・考茨基，譴責了大多數的民族主義形式，但卻也認可地區自治在教育及方言使用上的價值。到了一九一七年，他更為反對分裂，主張俄國如今可以建立一個「民族聯盟」，同時保留某些被讓渡的權力。早在一九一七年八月，他也曾是首批認為俄國可在西方沒有發生革命的情況下實現社會主義的人士之一。

如果情況合他的意，史達林願意通融。一九一七年，他就力促與孟什維克妥協，結果在四月遭到列寧回絕。列寧對於史達林得以進入中央委員會至關重要，這令他的革命活動實力大增。有別於後來的官方歷史，史達林對於革命本身的作用其實微不足道。一九二二年四月，史達林成為黨的總書記，同時還身兼民族事務人民委員，他提出了一項「自治」計畫，旨在以一九二一至二二年存在的六個民族族群建立俄羅斯聯邦裡的幾個「自治共和國」，有效地降低他們獨立的可能。一九二二年九月，他譴責列寧的「民族自由主義」促使各個民族團體愈形獨立，列寧則在十月反過來強調他對「優勢民族沙文主義」的嫌惡。

到了一九二三年，季諾維也夫暗示史達林對於個人獨裁的野心。許多人都聽到了這些警告，但卻也一籌莫展。列寧去世後，史達林精心打造了一部高度集權的政治機器，大舉拔擢自己的心腹，並且如蜘蛛結網般往下、往外，將勢力延伸至各省分。這給了他無可匹敵的資訊來源與控制工具，也使得他能夠勝過在列寧死後與他共享權力的其他兩位領導人，季諾維也夫與加米涅夫。加米涅夫曾於一九二五年斷言，史達林無法統一黨，他還補充道，「我們反對創造一套『領袖』的理論；我們反對讓任何人成為『領袖』」。[28]然而，一切為時已晚。在一九二五年十二月舉行的第十四次黨代表大會上，加米涅夫與季諾維也夫被邊緣化；他們後來與托洛斯基一同於一九二六年在黨內成立「聯合反對派」或反史達林派。一九二七年，由於供給城市的糧食減少，這為托洛斯基對於富農的抨擊帶來廣大的支持。城鄉之間的內戰似乎有可能一觸即發。托洛斯基這時儼然成為列寧可能的繼任者，而史達林利用布哈林所領導的右翼反對派來孤立托洛斯基。右派沒有料到史達林打算儘早趁機取得絕對的權力，然後壓制他們。官僚準備力挺他，藉以保留自己的特權，此舉摧毀了回歸更大的工人掌權的機會。

一九二七年，托洛斯基、加米涅夫與季諾維也夫被驅逐出黨。同年十二月舉行的第十五次黨代表大會徹底擊垮了反對派。那些被趕走的人面臨無情的鎮壓，許多人立即被「以行政裁量」先判處三年徒刑，然後再以莫須有的罪名多判五年。到了一九三二年，似乎開始引入針對黨內反對派的死刑。[29]布哈林曾表示，「歷史的鐵幕正在放下」；他預示了邱吉爾在二十年後會使用這句話。早在「極權主義」一詞從德國傳來的數年前，托洛斯基就已寫道，「這個政權變成了『極權主義的』」。[30]不過，黨本身在某種程度上也縱容了這一點。列寧去世後，黨員從三十五萬一千人迅速擴增為五十九萬一千人，其中很多都是工人轉職的公務員。一九一七年，他們之中有許多人都沉默地作壁上觀。一九二八年後，他們則粗暴地推開了發動革命的那個世代。

處理完左翼反對派後，史達林把矛頭指向以布哈林為首的右翼集團。一九三四年十二月一日，在列寧格勒頗受歡迎的布爾什維克黨人謝爾蓋．基洛夫（Sergey Kirov）遭人謀殺，就算不是史達林本人所指使，他也馬上就利用了這起事件，去譴責季諾維也夫與加米涅夫集團應為此事負責。[31]一場對於叛徒的恐慌搜索隨即展開。很快地，一項法律獲得通過，准許在十天內對被指控的恐怖分子速審速決，而且可不經上訴立即行刑。短短一個月之內，超過六千五百人遭逢厄運。

這時史達林宣稱自己是列寧唯一的合法繼承人。他能在列寧死後崛起，很大程度上得歸功於，黨從一個菁英團體轉形為一個藉由其特權、紀律與不容異議統合而成的群眾組織。史達林將列寧主義定義成「無產階級革命的理論與戰略」，他反對季諾維也夫，堅決認為，只有「無產階級領頭」與農民的結盟才有可能。他還揚言，「所謂的無產階級專政，本質上，是以它的先鋒的『專政』，黨的『專政』，做為引導無產階級的力量。」這意謂著，「沒有黨的指導，我們的蘇維埃與其他群眾組織就無法決定任何重要的政治問題或組織問題。」史達林否認黨能「以武力將其領導權強加於階級上」，他還補充道，「如果發生這種事，將無法長期領導。」但他仍表示，「藉由說服『領導權受到保護』贏得」多數支持的黨，可以「強迫少數」順從它的觀點。因此，對於史達林來說，引用列寧，「一黨專政」是個可以擁護的口號，因為它並不意謂「權力直接基於武力」，而是「無非只是黨的領導」。實際上，這兩者間的界線確實很細。而且，在一九二八年，否認「一黨專政……其實意謂著領導人的獨裁」，聽起來不禁讓人覺得很空洞。[32]

身為最高領導人，史達林繼續推動農業集體化與清算富農。這是俄國真正的革命，終結了幾個世紀以來的傳統與絕大多數人民的生活方式。在列寧治下，黨的政策是與農村的窮人結盟，並且讓「中階」農民中立化。一九二五年，史達林則認為這包含了「與中階農民穩固結盟」。[33]富裕的農民從未被爭取。到了一九二六年，約有百分之六十的蘇聯小麥是由大約百分之六的農民售出。囤積穀物造成了城市的糧食短缺，都市工人先是歸咎富農，接著更歸咎政府支持富農。因此，從一九二七年十二月起，富農成了史達林的快速集體化計畫的焦點，雖然在一九二八年七月時他仍然支持個體農場的發展。[34]一九二八年，集體農場裡有四萬五千戶家庭，到了一九二九年，增加到一百萬戶，一九三〇年，更變成六百萬戶。據說，單是一九三〇年的頭兩個月，就有約六千萬人被集體化。在廣受抵制後，集體化的步伐戲劇性地減緩下來，短短幾個月內，被集體化的家庭的比例從百分之五十六驟降到百分之二十四。其後，這個數字於一九三三年再度上升到超過一千五百萬。

這項運動是以超乎尋常且往往是肆無忌憚的野蠻方式進行。「去富農化」部隊的大規模掠奪行為頗為常見。一九二九至三三年之間，約有七百萬人被發配到集中營或流放到遠東的凍原地區，這些人得在沒有食物、沒有遮蔽物或沒有工具的情況下自行謀生。一九三一至一九三三年間，約有六百萬人——也或許有九百萬人——直接死於集體化與工業化政策下所造成的饑荒，其中大部分是烏克蘭人。農民往往拒絕交出穀物或牲畜，他們寧可倔強地毀壞糧食、宰殺牲畜，也不願被白白搶走。他們對待牲畜就像人民委員對待他們一樣，冷酷無情。到了一九三三年，馬、羊、豬的數量只有一九一六年的一半水準。乞丐遍布於鄉村與城市。人類相食的慘況時有所聞。傳染病也在全國各地蔓延。

對於史達林來說，工業化最主要的目標就是，確保蘇聯獨立於資本主義大國之外。為了達到這個目標，任何代價都不算高。軍事必要性驅動它。國家尊嚴需要它。他在一場演說中強調，「舊俄羅斯的歷史是由包含這個國家因落後而不斷遭受攻擊在內的一些事所構成。」[35]他認為，如果沒有集體化，不管是城市還是軍隊都會無法餵飽，農業生產本身也會衰退。他曾告訴馬克西姆·高爾基（Maxim Gorky），「徹底地破壞舊社會與狂熱地建設新社會」是必要的。[36]富農成為實現社會主義的主要障礙，因為社會主義必須奠基於重工業。為了獲得國外的機器與加快工業化的速度，蘇聯大量外銷包括糧食在內的農產品，即使國內面臨物資短缺。與此同時，普通工人與技術工人之間、工人與管理者之間的工資差距也拉開了。史達林表示，「無法接受」看到「火車司機和抄寫員拿一樣的薪水」，即使這其實代表著「賞了馬克思主義一巴掌」，因為馬克思主義認為，「所有人類都應該穿同樣的衣服，吃相同、等量的食物」，無論是在社會主義還是在共產主義下。[37]即便如此，由於失去了很多他們的專門知識，如今又由黨的忠誠者來領導，集體農場卻從未成功，蘇維埃農業也從未具有效率或具有生產力。私人的小塊農地雖然僅占所有土地面積的不到百分之四，產量卻持續占總產量的三分之一。

史達林的個人崇拜真正始於一九三〇年代早期。到了一九三六年，報紙上的每篇文章或評論都以「領袖」的引言起頭。史達林成了「革命的偉大火車頭工程師」、「有史以來最偉大的人物」、「國父」。部屬們誇張地競相巴結，再怎麼荒謬都不足為奇。在一九三六年的作家會議（Writers' Congress）

上，有位演講者於演說結尾宣布了自己妻子懷孕的消息，他們希望，「將來我們的孩子說出的第一個字，就是史達林的名字」[38]。遺憾的是，對於那些禁不住鼓勵寶寶這麼做的父母來說，這顯然是不可能的任務。不過，如果有人做到了，也少有人會感到訝異；這樣的奇蹟和邪教信仰幾乎沒什麼兩樣。

對於許多人來說，史達林的統治就等同一九三六至三九年間的大整肅，它在一九三七年時到達顛峰，當時大約有一千六百萬人被捕、七十八萬人被槍殺。[39]大整肅部分是出於史達林在兩個方面的敵對妄想，其一是對於發起革命的所謂舊布爾什維克黨人，這時他們多半已被消滅，再者是對於軍隊可能發動的政變，它最終導致了對於許多高階指揮官的整肅；部分則是因為，需要借助「破壞者」、「毀壞者」和「托洛斯基主義者」充當代罪羔羊，來遮掩蘇維埃經濟中無數的系統性失敗。單單只是被史達林或其他人懷疑，就足以構成處決的理由。他是恐怖統治幕後的「總幹事」，不僅簽署的死亡執行令長達數頁，還持續要求催化狂熱與逮捕更多的人。[40]告發的文化席捲全國。在各省區與各大城市裡，數十萬無辜的受害者枉死。一九三五年，有個十二歲的未成年孩子因偷竊而被判處死刑。然而，就算有百分之十甚或二十的人是無辜的，史達林也將此合理化為值得付出的代價。這便是共產主義的道德數學。總數不斷累積。相隔五年後，一九三九年，第十八次黨代表大會召開時，沒有任何的批判或辯論。異議幾乎是難以想像的事。不過，赫魯雪夫倒是曾在他著名的演說（1956）中描述了史達林的「錯誤」：一九二八年一月之後，史達林就再也沒有造訪過這個國家的任何村莊。或許，由他一手創造出的現實世界真的太令人窒息了。

無論如何，這時史達林可以高枕無憂，因為他的對手多半都已或死或囚。勞改營系統（或簡稱「古拉格」〔Gulag〕）始於一九一八年，接著便大舉迅速擴張。[41]直到一九九一年相關的檔案開放後，勞改營真正的恐怖才顯現於世人面前；這些檔案揭露了唯有納粹可比的謀殺規模，真實情況甚至可能更糟，取決於數字如何計算。[42]除了政治犯，許多普通罪犯也被囚禁在幾乎無助於改造的環境中。數百萬人的性命被耗損在天候極端惡劣的西伯利亞；挖掘沒有用的運河，砍伐數百萬棵樹木。其中最糟糕的，莫過於在北方凍原下的無數地雷。到了一九三九年，約有八百萬人（佔總人口數百分之九）被關在勞改營。整個史達林統治期間的鎮壓影響了大約六千萬人，約有兩千萬人遭到殺害（取決於不同的計算方式）。對照一下，二戰期間有七百萬蘇聯士兵戰死沙場（加上約一千八百萬至兩千萬的平民），一戰則有一百七十萬俄國軍人陣亡。

從早期開始，古拉格就像一個龐大的奴隸勞動系統。內務人民委員部（NKVD；國家政治保衛局一九三四年後的新名稱）掌握了約百分之十八的國家預算，提供約百分之二十的勞動力。為了因應開發迄今無人居住的廣袤領土的迫切需求，奴隸勞動被視為國家資源的合理運用。許多於二戰期間不幸住在蘇聯被德國占領地區的人民，在蘇聯收復國土後，卻被判處發配勞改營。同樣殘忍的還有，許多在戰時被捕但倖存下來的蘇聯戰俘，以及被送往德國從事強迫勞動的平民，在戰爭結束後，也都被送往古拉格——因為沒有戰死而被視為叛徒，或是見識過蘇聯以外的生活，就被認定對政權有威脅。數百萬名士兵因為史達林在軍事上的無能與自大犧牲了性命。[43]外國人也無法倖免於難。一九四〇年年初，約有兩萬六千名波蘭的軍官與菁英在卡廷（Katyn）遇害；不久之後，類似的屠殺與流放也在併吞立陶宛、拉脫維亞與愛沙尼亞後相繼發生，緊接著更在當地制定了俄國移民與文化俄羅斯化的政策，藉以確保蘇維埃的統治地位。

史達林的統治也在人們的日常生活中帶來無所不在的恐懼。在這段時期的大部分時間裡，平凡百姓都持續處於妄想狀態。即使是在睡夢中，只要發出一丁點的批判之聲，就是對於拘捕的邀請。黑市中的「投機買賣」受到嚴厲的懲罰。民間流傳著一則笑話，有位來訪的老師在數學課上問道：「如果我用二十五盧布買了一箱蘋果，然後以五十盧布轉售，那麼我會得到什麼？」學生們回答：「三年的牢獄之災！」[44]另有一則笑話是關於就業申請表的問題：「你有沒有坐過牢？如果沒有，為什麼？」[45]在一九三〇年代早期，許多人都被抓走，成千上萬嗷嗷待哺的孤兒在城市的火車站裡乞討維生。史達林曾下令槍殺所有因搶奪食物而被捕與患有性病的人。[46]

然而，在這段期間裡，蘇聯在工業化與現代化上倒是取得了長足的進步。雖然實質工資上漲緩慢，卻也還算穩定。在醫療保健和其他許多方面，俄國徹底地做了改善，創造了更大的繁榮與平等。在教育方面，致力於創造一個無階級社會的典範，成果也十分顯著。一九一七年，男性的識字率粗估為百分之三十七．九，女性的識字率則為百分之十二．五，到了一九三九年，已提升至百分之八十七。一九一八年，學校制服、體罰與考試遭到廢除，連同那些標記、獎章以及用以區別階級成員的徽章（雖然這些措施在一九三六年捲土重來）。孩子接受本於新理念的教育；在一九三〇年左右，曾有套遊戲設定了美國資本家、英國帝國主義者、墨西哥教士及其他剝削者的角色，當這些角色被球一一打趴，它們就會顯現這些主流團體的反面代表——黑人、爪哇人、中國人等等。[47]在大學裡，學位被廢除。

社會的階級與差別於一九一七年十一月正式取消，同樣也見於取消政府公務員的所有職等區分及軍隊裡的軍階、頭銜、勳章和特權待遇。「軍官」一詞被「指揮官」取代，團長以上的指揮官都是由選舉產生。大多數的個人軍階於一九三五年恢復，最資深的將軍與司令則是於一九四〇年恢復。史達林後來勸誡他的東德部屬說，「真正的馬克思主義方法」就是，多付給專家一點錢藉以避免「以農民為準」，還有仰賴專業軍隊而非武裝民兵組織。[48]

對於女性而言，新平等是個混合體。她們的權利在革命後不久獲得了廣泛的擴張，而且幾乎比其他任何國家的擴張速度都還要來得快。人們說，是「資產階級」的道德觀讓女性不自由。於是，這時婚姻貶值了。離婚變得很簡單，離婚率很快就攀升到世界最高。私生子比較沒那麼被污名化，雖然有些人認為這對女性不利。性教育與生育控制被引入。墮胎變得容易，而且起初墮胎也變得非常頻繁。至少在某些城市裡，放蕩不羈的自由主義是一九一七年後初期的象徵，像是亞歷山德拉·柯倫泰就非常縱容濫交。不過，到了一九三五年，離婚卻變得困難許多。墮胎也在一九三六年再度變成非法，改而強調「母性的神聖本能」。斯維爾德洛夫大學（Sverdlov University）的扎爾金（Zalkind）教授建議，不應鼓勵調情、戀愛、撒嬌等行為，生理的吸引力應該讓位給優生學與階級選擇，即使在婚姻中，性行為都應減到最少。[49]就連公開表露情感都會遭到處罰。喬治·歐威爾（George Orwell）在《一九八四》（*Nineteen Eighty-Four*）」書裡對於這一切的諷刺並不會太超過。

在經濟上，新制度旨在支持恩格斯的名言，「唯有當女性能夠在廣大的、社會的規模上參與生產，而且只需付出一點點心力維持家務，婦女的解放才有可能實現。（26:262）」實際上，這往往代表著女性得開始幹粗活、駕駛牽引機、電車或清掃街道。她們的工資仍低於男性，所得到的養老金也非常少。然而，正如許多人所預見的那樣，「資產階級」家庭並未消失。女性確實獲得了更多的獨立性。可是並無證據顯示，在狹小的新集體公寓中，男性分擔家事或照顧孩子的比例有大幅增加；在新集體公寓裡，為了強化團體感，廚房與廁所都是共用的，而在貼近的距離與薄薄的牆壁下，實際上是不可能擁有私生活的。

★

一九一七年之後，蘇維埃馬克思主義最重要的實際發展就在於，建立一個中央集權的規畫機構，根據人們的需求進行生產，藉以取代市場的混亂與浪費。只不過，它的概念在許多方面都存在著缺陷。事實上，制訂計畫需要一個由官員組成的龐大官僚體系，這些官員無可避免地會想要圖利自己或自己所屬的部門，而且，計畫的制訂往往沒有考量清楚，原則上經常悖離工人掌權的理念。列寧曾在一九一八年強調，「無條件服從單一意志，對於勞動過程在大型工業模式下的成功組織是絕對必要。」[50]因此，決定勞動過程的性質的，不是資本主義，而是機器；正如恩格斯在〈論權威〉一文中所示。也因此，泰勒的革命勝過馬克思的革命。

新計畫系統的主要機構是成立於一九二一年的國家計畫委員會（State General Planning Commission，簡稱 Gosplan）。在一九二〇年代晚期的擴張後，它的焦點轉向五年計畫（1928.09-1932.03）下的重工業。一九二六至二七年間，私營部分還占蘇聯國民收入的一半左右，到了一九三三年，卻幾乎所剩無幾。在整個歷史中，蘇聯曾長期苦於民生物資短缺，糧食補給斷斷續續，實質工資偏低，外匯不足與產品劣質。在農業方面，由於過度使用武力來處理富農問題與保護糧食，再加上長期的鼓勵危機、抗拒集體化與儲存設備和交通運輸不良，導致了農業的困境。有些聲名超級響亮的計畫，像是白海－波羅的海運河（修築於一九三一至三三年間，犧牲大約兩萬五千名犯人的生命），幾乎是一塌糊塗（運河太淺，以致無法容納大多數航海船隻）。由於害怕面對失敗的事實，人們幾乎很難獲得真確的統計數據。

在某些方面，像是軍事硬體與後來的核能及太空計畫等等，制訂計畫則取得極大的成功。這當中顯露出了快速集中大量資源的能力。第二次世界大戰期間，蘇聯的軍火產量比德國多了將近一倍；從一九五〇到一九六五年，蘇聯的年成長率是百分之三・四，美國則只有百分之二・三。然而，快速工業化的沉重負擔，最終卻造成了比任何國家都來得惡劣的生態環境（至少在中國於一九九〇年代達到類似的發展水準前）。到了一九六〇年代，一些蘇聯的經濟學家甚至曾推估，依照目前的趨勢，全國人民或許都得融入計畫官僚體系中。如果這能普遍化新行政秩序（有時稱為「要職人員」〔nomenklatura 或 apparatchiki〕）的特權，它倒也不是什麼壞事。只不過，誰來擦亮鞋子呢？

於是，國家並未如馬克思、恩格斯與列寧所預言的那樣「消亡」。它反倒變得更壓迫、更執著於自身的力量、更沒有能力接受有意義的反對的可能性。它變成托洛斯基所謂的「凌駕於無產階級之上的獨裁……透過組織統治階級的階級政治統治。」「我們藉由強化國家來推動廢除國家的目標」，史達林於一九三〇年稱此為「辯證法」。[51]官方的馬克思主義，彷彿一種國家宗教，從生產數據到黨的歷史，全都淪為大規模的系統性謊言。至高無上的官僚篡奪了工人的權力。在種族上，俄羅斯在蘇維埃帝國的許多少數民族中占據主導地位，並且經常無情地蹂躪他們；其中包括了位在西方的烏克蘭、波蘭，還有波羅的海諸國的人民。一九三四年後，民族主義與愛國的論述復興，即使在今天仍具有相當大的影響力。

在布爾什維克主義下，蘇聯的男性和女性並未如某些科學家所期待的那樣，重生為更具道德性與社會性的人，抑或複製為更高級的生物類型。反之，在這個環境下塑造出了一群完全丟失理想主義的、懦弱的、順從的、奉承的與恐懼的人。然而，我們不該忘掉，黨其實渴望創造一種新人類。從強加給黨員、給共青團成員（新興世代最優秀、最傑出的人）的紀律，我們不難看出這種理想的人類所指的是什麼。人們期待這群未來的哲學家菁英，能夠藉由避免各種放縱行為，樹立一種個人行為的榜樣。他們受以下的座右銘所引領：「那些有助於摧毀舊剝削者的社會以及團結建立新共產主義社會的工人的事情才是道德。」[52]陳腐的「資產階級」態度遭到譴責。然而，黨卻也代表了其他資產階級美德的勝利。成員們被鼓勵應該忠於配偶、避免醜聞與過度飲酒、鄙視暴力與罵髒話等行為。總體來說，私人的享樂比不上為公眾的犧牲。乾淨、適度，以及最重要的，認真工作，才是受到重視的。

有一段時間（某種程度上，沒有出現憤世嫉俗與經常性無精打采的蘇維埃歷史中）這些理想並非只是光說不練。在革命後早期的「黃金年代」，正如基洛夫的刺客後來在被史達林審訊中回憶所述，「黨員曾充滿了熱情與自我犧牲的精神」，而且「有著忠誠的友誼、互助的熱情與同志的道義」。然而，後來一切都「變得官僚化」。[53]除了名字以外，新的菁英們骨子裡完全就是資產階級，事實上，「蘇維埃資產階級」（sovbour）一詞也成了一個新的詞彙。除了皮草、珠寶和香水，要職人員的特權還包括了特殊公寓、鄉間別墅、假日、運動與教育設施、官方豪華轎車的交通專用道、販售著大多數人都無法購買的商品的專屬商店、出國度假的權利等等，族繁不及備載。在徹底剷除舊的資產階級、貴族階級與知識分子後（這些人的子女不但無法升遷，甚至失去就業機會），這意謂著，有成千上萬的職缺開放給擁有工人階級背景的新黨員們。這群人成了史達林最堅實的支持者。少年先鋒隊與共青團禁欲、無私的形象，這時與辯證唯物主義官僚結黨營私的形象並列。他們最終征服了國家和黨，以托洛斯基的話來說，「官僚政治沉重的屁股重重壓制了革命的腦袋」。[54]完全沒有因為曾被剝削而變得更加善良，掌權的無產階級——從不知權力誘惑的滋味——就和任何其他團體一樣，迅速地沉浮於奢華的誘惑。

「新階級」的最上層，珍貴黨證的持有者，在一九三〇年代中期約佔了總人口數的百分之十二至十五。[55]特別是在恐怖統治之後，當史達林的人馬占有主導地位時，此一群體最上層的許多人都擁有半獨立的封地。與這個龐大的新官僚體系有關的文書工作，複雜到令人咋舌。效率極為罕見，粗製濫造、倉促、浪費的情況無處不在。在史達林的隨從中，縱欲、強暴和酗酒的情況極為常見。恐怖統治確實鼓勵了冒險行為；誰曉得明天誰還能活著呢？

在工作場所中，幾十年來環境依然十分艱困。整個一九三〇年代，工資往往處於貧窮的水準，也因此，人們得要加班，甚至去從事第二份或第三份工作。超量工作的菁英員工，例如斯達漢諾夫運動者（Stakhanovites），可能會獲得巨額獎金。（這項勞動競賽運動是以礦工阿列克謝・斯達漢諾夫〔Alexey Stakhanov〕命名；一九三五年八月三十一日，他在六小時內挖了一百噸的煤，因而獲得了一間附家具的小公寓和一輛馬拉貨車，當然，還有許多同儕的敵意。）工資差異大幅增加，而且可能天差地遠。[56]在工作中，偷竊與曠工十分常見。從一九二〇年代起，浪費就是一種常態。勞動紀律非常嚴格，與維多利亞時期的英國差不多壞，而且往往還更糟。工資的百分之十通常會被以「自願」借給國家的名義預先扣除。管理人員依據對於黨的忠誠度被任命與晉升。政府所制訂的計畫通常非常混亂，供給工業建設匹配的原物料與電力這類企圖往往流於失敗。勞工的流動率很高，因為工人們總在尋求更好的工作條件，儘管沙皇的內部護照制度（一九一七年一度廢止，一九三二年再度實施）阻礙了遷徙。[57]竄改統計數據是稀鬆平常的事，完成紙上「計畫」成為唯一的目標。未完成計畫通常會遭受像暗中破壞或「破壞分子」之類的嚴厲懲罰。工人常被要求「自願」工作數日，拒絕配合的人，他們的護照就會被蓋上「因破壞生產計畫遭到解僱」的戳章；這代表著一張前往古拉格的車票。[58]

因此，除了軍事生產和少數其他的領域，蘇維埃經濟從未達到很高的效率水準。粗製濫造司空見慣，民生消費品甚或必需品的短缺情況，一直到一九九一年都還存在。從一開始，排隊就成了常見景象；社會主義所帶來的大部分自由時間都被投注在這上頭，但這不是一個獲得「全面發展」的好地方。低薪是最大的問題。數十年來，工人的給養太差，以致他們往往沒有力氣好好地工作。一九三〇年代中期，人們「一致認定」，境況比革命前還要糟糕。[59]「布拉特」（blat）無所不在，這是一種以服務換取服務或支援的系統，是早期社會主義理論家所認可的平等交換行為。住宅短缺意謂著，整個家庭通常得住在一間單人房裡，離了婚的丈夫或妻子有時會被趕到角落去，與他們的後繼者隔著布簾同居。在如此惱人的靠近中，竊盜與爭吵十分常見；賣淫與自殺也所在多有，特別是在莫斯科。早年的工人有時會住在多達五百人甚或更多人的大宿舍裡；這種模式有時俗稱為「軍營社會主義」（barracks socialism）。

當然，原則上，所有的失敗都普遍被認為是暫時性的。人們假定，在共產主義教育下，新世代的孩子不會被革命前的惡習與偏見污染，會懷著對於共同利益的熱情一路成長。與此同時，黨與國家為了遮掩體制的缺陷也付出了巨大努力。備受吹捧的一九三六年蘇聯憲法，表面上保障了許多權利，包括宗教自由、言論自由、新聞自由、集會與示威自由，但實際上卻什麼也不存在。在大部分共產主義國家的模仿下，這變成一種假象、一種虛假的恭維，「人民的民主」毀滅了自由主義長達半個多世紀之久。不過，有些觀察者（其中最著名的是英國費邊社的領袖碧翠絲・韋伯與悉尼・韋伯〔Sidney Webb〕）甚至宣稱，蘇聯是「世界上最具包容性和平等性的民主國家。」[60]

另一方面，蘇聯在文化領域也下了紮實的功夫，藉以透過創造真正的勞動文化，來極大化勞動的價值感與尊嚴感。數百萬的電影觀眾與廣播聽眾在一九三〇年代被培養了起來。他們所看到與聽到的絕大部分內容，都是取決於新意識形態。在蘇聯的電影中，很典型地，「一個百分之兩百實現工作排程的拖曳機駕駛會贏得女孩的芳心」。[61]到了一九三〇年代中期，和文學一樣，這方面被黨所束縛。曾經，如同緊接在革命後那段時期的前衛海報，創意與創新為新的理想帶來了色彩以及一種神祕、冒險的新奇感與活力感，此時，一股冷淡、濕黏的灰色迷霧籠罩著藝術界。審查員在作品的每個階段都進行干預。社會主義現實主義，對於普通工人的美化，是唯一被接受的風格。經過檢驗的作家、導演與藝術家享有豐厚的收入、鄉村別墅、在像蘇聯作家協會（Writers' Union）這類組織裡的特權地位，以及大批觀眾的歡迎。不過，偏差的代價卻是高昂的，就像作家的自殺率那樣。即使是自然科學界，也被要求嚴格遵循黨的路線。產出「錯誤」研究的地質學家、細菌學家、農學家、生理學家和其他許多人為此慘遭苦果；其中包括被判處死刑。

史達林時代的官方意識形態是粗糙版的列寧主義。它與馬克思主義的連貫性頗具爭議。考茨基曾寫道，「沒有什麼比把他的學派降格成一個死板的宗派更讓馬克思恐懼的事了。」他堅信，對於馬克思來說，「沒有終極的知識，只有無止盡的學習過程。」[62]這些警告被視若無睹。在史達林治下，馬克思主義所指的是，黨在任何一天所說的任何事。當然，馬克思從來不需要努力解決政治權力的現實問題。工業化、集權化、集體化是他的經濟平台的主要準則。然而，在他的著作中，沒有任何一處曾經建議，要將所有革命力量集中在一個不受民主控制的政黨，進而集中在一個個人的手中；

也從未表示要創造一個龐大的奴隸勞動帝國，雖然在《共產黨宣言》中有過勞動大軍的提議。馬克思的體系，至少部分地，鼓勵其中的某些發展。但馬克思本人並非布朗基主義者，也從不贊成長期的大規模壓迫。在這個時代，馬克思最終可能會覺得，自己更像個修正主義者，或是後來的工人反對派，而非史達林。

然而，在波蘭最重要的哲學家萊謝克・科拉科夫斯基眼中，史達林主義也是對於馬克思歷史哲學的一種「正當」詮釋。它的成功或許可以在事後很好地合理化某些（即使不是全部）它所採取的手段。即使受到迫害與囚禁的黨員對於能否實現和平、富裕且人人滿意的共產主義社會感到焦慮，史達林所做的每一件事都會被證明無罪。但這幸福的日子卻從未到來。馬克思對於人類完全統一與取代異化勞動的預期是否導致了極權主義，誠如科拉科夫斯基所言（因為，「否則的話」，這些「基本價值很難被實現」），則是另外一回事。這部分取決於，我們在多大的程度上認為，在馬克思的想像裡，即使在共產主義社會中分歧也會持續，而且沒有一個政黨能夠宣稱永不犯錯地緊握真理。像是威廉・莫里斯，就是如此認為。因此，馬克思主義者可能會合理地假設，「統一」有其局限而非完全。而且並非所有的烏托邦都是「對於一個完美統一的社會的憧憬」，正如科拉科夫斯基所暗示的那樣。[63]但這個本質上是。

在這個時期建構的蘇聯馬克思主義官方品牌，多半受惠於恩格斯而非馬克思，特別是《反杜林論》、《自然辯證法》與《社會主義從空想到科學的發展》這三本著作。[64]這些作品提出了這樣的觀點，如摩西般，馬克思「發現」了永恆不變的、無可避免的、無法抗拒的「歷史法則」，而布爾什維克主義的反對者其實相信地球是扁平的，或是仿效克努特大帝（Canute the Great）的討海人最值得同情，卻也是該被滅絕的瘋狂異教徒。俄國革命加速了早已在進行中的教條主義的馬克思主義正統觀的誕生。伯特蘭・羅素將它比作一種宗教，在這種宗教中，「接受布爾什維克主義的人，不僅變得對於科學實證無動於衷，而且還進行智能自殺。」[65]它的原則被用於每一種科學與每一種研究形式中，從農學到物理、化學、語言學、遺傳學、天文學——甚至是烹飪——在所有學科中，唯心主義都被打倒，猶如聖喬治屠龍。

在政治上，派系很快就被嚴禁，偏離趨勢的想法很快就變成該罰的異端邪說。史達林必須承擔這個過程的主要責任。一九三一年一月二十五日，中央委員會正式明令禁止哲學爭論。他們編定了一套集結馬克思、恩格斯、列寧與史達林的思想的「經典」文本，定義了辯證唯物主義體系。這通常被視為一個統治自然世界與人類世界的概念，帶著銘刻於事物本身的辯證法則以及特別是矛盾的普遍性。辯論僅限於引用章節來支持黨的路線，並且根據神聖的權威爭取更堅定的正統信仰。辯證法變成神祕主義與江湖郎中的科學，為的是蠱惑與混淆，並且盡可能避免經驗性的真相。史達林憑藉其特別是關於民族問題、列寧主義和語言學方面的著作，晉升為世界史級的哲學偉人。這些趨勢製造了一種不誠實、虛偽與自欺欺人的氛圍，馬克思主義無法從中恢復原狀。

蘇聯歷史的改寫與史達林個人崇拜的創造，與《聯共黨史簡明教程》（*Short Course of the History of the All-Union Communist Party*）的出版關係密切；在一九三八至五三年期間，該書一共印製了大約五千萬本。這本書的敘事（以粗鄙的唯物辯證主義散文的方式）是由史達林負責「編輯」（《真理報》

（*Pravda*）一度宣稱本書是由史達林「撰寫」）。[66]它符合史達林的觀點，也就是，馬克思主義首先是「一種整體的世界觀」，它獨特的焦點在於階級戰爭，這本書強調了（或虛構了）史達林在革命中的核心角色，還有他做為列寧繼承人的地位。在整肅或「清洗」期間，黨員經常被測驗它的內容。本書將社會主義描繪成「現代資本主義社會發展的必然結果」，「唯有透過反對資產階級的革命暴力」才能實踐。在這當中，列寧與史達林的所有對手，都像保齡球瓶般排排站好，然後被一一擊倒，而且處置他們的必要性也都被合理化，其中的首要叛徒當然就是「猶大托洛斯基」（據說這是列寧的用語）。史達林被視為列寧的當然繼承者。從史達林的《列寧主義的基礎》（*Foundations of Leninism*, 1924）擷取理論依據，「辯證唯物主義」被定義成「馬列主義政黨的世界觀」，「辯證」是一種研究方法，「唯物主義」則是「對於自然現象的詮釋」，兩者是相互依存且不斷變化（這個觀點主要是源自恩格斯的《自然辯證法》與《反杜林論》）。[67]

無論如何，史達林對於馬克思主義與社會主義的貢獻被形容為只是「膚淺的」。他瞧不起群眾，熱中於在他認為有必要之處透過武力強加自己的信條於人民，他也很少關心共產主義社會的其他可能目的，例如增進大多數人的自由與平等。他信奉以工業化做為恢復與提升俄國聲望的途徑。即使他曾經有過，他也早就放棄了對於馬克思的「生產者自由聯合體」這個想法的信念。[68]相反地，正如某位莫斯科的學生在一九四五年所言，「馬克思主義就是黨的歷史」。[69]這種「馬克思主義」與它不斷被改寫的歷史，恐怕永遠也無法為馬克思所接受，對於馬克思來說，宏觀地思考工人運動永遠是最重要的。

CHAPTER 4

史達林之後，一九五三至一九六八年
After Stalin, 1953–1968

史達林得為第二次世界大戰初期的巨大悲劇負相當大的責任，他與希特勒密謀瓜分波蘭領土，將波羅的海諸小國據為己有，更在戰前大量殺戮自己的軍官。不過，儘管頭髮花白，健康狀況也不穩定，蘇聯在一九四五年的勝利讓史達林獲得認同，從而再度贏回他的名望。一九四三年在史達林格勒告捷後，他自封為蘇聯大元帥，雖然整個國家承受著毀滅性的破壞與巨大的人命損失，此時的他卻比以往任何時候更像個民族英雄。接著，蘇聯於一九四九年擁有核武，在革命僅僅三十二年後，就與美國勢均力敵。若不論人民的苦難，這是一項了不起的成就。伴隨同年毛澤東在中國的勝利，這似乎預示著共產主義終將取得世界性的大勝。

一九五三年三月五日，當史達林過世時，成千上萬的人當眾哭泣。為了趕在他經過防腐的遺體被安放在紅場列寧墓之前瞻仰他的遺容，有數百人在人群推擠中慘遭踩踏。（史達林的遺體於赫魯雪夫解凍時期在一九六一年被遷移。）儘管如此，恐怖統治的傳承仍是難以動搖。在為史達林守靈時，死亡與毀滅無處不在。一九五三年的人均糧食產量仍低於一九一三年的水準。蘇共總書記赫魯雪夫在一九五六年的黨代表大會上發表了著名的祕密演說，譴責史達林的「大規模鎮壓」與「個人崇拜」，這是首次正式清算史達林主義，促進了短暫的意識形態平靜期（1953-59）。這時所強調的重點是，需要以「社會主義的人道主義」來建立共產主義道德的基礎，而非只是任何有助於階級鬥爭的事物。[1]

在接下來的十年裡，大約有七百至八百萬人被從古拉格釋放（古拉格的規模於一九五二年達到顛峰）。農業方面回復了物質誘因，集體農場獲得了更大的獨立性。國家承諾全體人民都能獲得單戶家庭公寓，同時也展開了大規模的建築計畫。從一九二八年起，蘇聯的平均經濟成長率估計為每年百分之四．二，到了一九七七年，蘇聯的國內生產總值是美國的百分之五十七。[2]不過，蘇聯的消費性商品品質卻是惡名昭彰（電視機不時會爆炸）。自由化（其中包括抑制「權貴」的特權）在列昂尼德．布里茲涅夫（Leonid Brezhnev）於一九六四年繼赫魯雪夫擔任總書記下遭到翻轉，史達林也獲得部分平反；之後在弗拉迪米爾．普丁（Vladimir Putin）治下再度被平反。[3]不過，一九五〇年代中期，尤其是一九五三年，史達林時代最有權勢的警察首腦拉夫連季．貝利亞（Lavrentiy Beria）遭到處決後，祕密警察不再是個國中之國，終於回歸黨的控制。然而，整個國家並未出現「消亡」的傾向，而且最晚直到一九七〇年，西方的一些專家仍將蘇聯稱為「極權主義」國家。[4]之後，國家安全委員會（KGB）雖被聯邦安全局（FSB）所取代，時至今日，政權的反對者卻依然持續遭到謀殺。可謂積習難改。

紅軍在一九四五年的勝利，不僅為蘇聯取得了西方的大片領土，更讓在一九四八年強行設置蘇維埃政府的那些地方變成蘇聯的勢力範圍。做為回應，冷戰迅速地發展起來，引發了韓戰（1950-53），激發了越戰（1945-75），並且助長其他地區的種種衝突。從史達林模型中倒出來的獨裁者紛紛就位，特別是東德的瓦爾特・烏布利希（Walter Ulbricht）與埃里希・何內克（Erich Honecker）、羅馬尼亞的自大狂尼古拉・希奧塞斯古（Nicolae Ceausescu）（他偶爾會坐在巨大的金色王座上接見外交官員）[5]，還有匈牙利的拉科西・馬加什（Rákosi Mátyás）與卡達爾・亞諾什（János Kádár）。雖然他們的政權比起史達林政權溫和得多，卻很粗暴，也有很多酷刑與審判秀。不過，在死亡率上倒是有頗大的差別，從捷克斯洛伐克的幾百人到羅馬尼亞的數十萬人。波羅的海諸小國甚至連獨立的藉口都被剝奪了，當它們被納入蘇聯，知識分子遭到無情大量殺戮，儘管「森林兄弟」（Forest Brothers）的抵抗一直持續到一九五〇年代。在史塔西（Stasi，情報和祕密警察機構）的統治下，東德對人民的監控其實勝過史達林的蘇聯；至少有百分之二・五的公民最終成為經常性的告密者，如果加上偶爾告密的人，告密者的比例高達百分之二十五。一九五六年，匈牙利則有十分之一的人是告密者。

在整個戰後時期，隨著西方變得富裕，東方因集中化的計畫經濟、無能與過度的官僚主義而陷於停滯，經濟與文化的差距開始顯現。赫魯雪夫在一九五九年訪美時曾脫口說出，「我看到了資本主義的奴隸，他們過得挺不賴」；當西方的無線電廣播將這段訪問轉播到蘇聯時，遭到了蘇聯審查人員的干擾。對於年輕世代來說，牛仔褲、流行音樂、好萊塢所放送的一切（泰山曾是最受歡迎的一個角色），以及一種免於意識形態水刑折磨的精神食糧自由，逐漸標誌出這樣的差異。在這方面，人們普遍感到人身自由的不足。安排好的選舉，通常只有一個黨獲准參與，而且幾乎是一面倒的勝選，普遍被認為是種騙局。慢慢地，在經濟停滯的情況下，政權的合法性遭到侵蝕，有愈來愈多內部的批判之聲開始發出。在沮喪中，酗酒在蘇聯變成一種流行。自發性的社會生活遭到扼殺與麻痺。進一步的壓制只是加速了崩潰的過程。

在戰後的蘇聯，尋求從體制內改善體制的修正主義者面臨到艱困的挑戰。列寧對於「叛徒考茨基」的強烈抨擊已經固定好了樣版。蘇聯的《政治辭典》（*Political Dictionary*）對於「修正主義」所下的定義是：僅僅只是「重新審視」馬克思，就代表著對於馬克思主義的「扭曲與否定」。在外部，西方國家的社會民主主義是少數剩下的社會主義替代形式。在蘇聯內部，所有之前的反對派的痕跡則在一九五〇年代被根絕。接著，新的批判浪潮出現。正如亞歷山大・索忍尼辛（Alexander Solzhenitsyn）的小說《伊凡・傑尼索維奇的一天》（*One Day in the Life of Ivan Denisovich*, 1962）所預示的，《古拉格群島》（*The Gulag Archipelago,1918–1956*, 1973）一書不僅出色地揭露了史達林的鎮壓所具有的規模及殘暴，出版後更引起轟動，他承續了喬治・歐威爾的《一九八四》（1949）在一個世代前所引領的對於極權主義強而有力的文學批判。異議的流通（通常透過「地下出版」〔samizdat〕印行）往往受到嚴厲的壓制。許多異議分子，像是知名的物理學家安德烈・沙卡洛夫（Andrei Sakharov），視蘇聯為「一個以國家資本主義為基礎的社會」，與其他形式的資本主義差別只在於蘇聯是「完全國有化」，而且是一種涵蓋大部分生活領域的黨國壟斷。[6]不過，在一九六〇年代前，利用馬克思的作品來批評這個體制的情況倒還極為罕見。

然而，在蘇聯主導的東方集團裡，在它於一九四〇年代晚期建立之後，隨著哲學家、劇作家、經濟學家與文學評論家尋求各種類型的改革，很快地就在各個地方出現了破口。由於不滿蘇聯的干預，在約瑟普．布羅茲．狄托（Josip Broz Tito, 1892-1980）的帶領下，南斯拉夫成為第一個在蘇聯勢力範圍內擺脫史達林主義的國家。一九四八年，共產黨和工人黨情報局（Communist Information Bureau, Cominform；於一九四七年接續在一九四三年解散的第三國際）以抗拒土地集體化及蘇聯統治東歐為由，開除了南斯拉夫。[7]蘇聯試圖以政變推翻狄托的行動失敗。南斯拉夫的米洛凡．吉拉斯曾經分析名義上的社會主義社會裡的技術官僚「新階級」，他們對於勞工的剝削與資本主義社會裡的情況類似。（他曾魯莽地要求結束黨對權力的壟斷，結果在一九五四年被除名。）馬克思主義的人道主義受到像《實踐》（*Praxis*）編輯加若．彼得羅維克（Gajo Petrovic）的支持；這份期刊強調青年馬克思的異化理論與當代的關係。南斯拉夫的經濟實驗也著重在權力下放與市場社會主義。

東德（一九五三年六月）、波茲南（Poznán）與華沙（一九五六年六月與十月）、匈牙利（一九五六年十月至十一月）、捷克斯洛伐克（一九六八年一月至八月）、格但斯克（Gdańsk）（一九七〇年十二月、一九八〇年八月）與羅馬尼亞（一九七七年八月）等地都發生了暴動事件。最嚴重的暴動遭到蘇維埃軍隊鎮壓，這證明了史達林主義比史達林更為長壽。在東德，提高工作量的威脅在一九五三年造成民眾的反抗，雖然當時也曾有工會自由與選舉自由的要求。一九五六年在波蘭的動亂，則是因赫魯雪夫二月時的祕密報告所引發，食物的價格後來也扮演了重要的角色。受南斯拉夫的發展所啟發，舉辦獨立工人議會選舉的呼聲，也於一九五六年在匈牙利響起；人們同樣要求「由上至下」的黨員自由選舉以及成立新的國民議會。在布達佩斯街頭，代表蘇聯占領的各種符號成了民眾的攻擊目標。群眾拆毀了一座巨大的史達林塑像，只留下一雙六呎高的靴子；之前這座塑像曾如奧林匹克的神祇般俯視著這個城市。塑像的頭顱被人在街上滾動，受到各式各樣的凌辱。短命的納吉（Imre Nagy）政府退出華沙公約組織，尋求中立，並且開始解散共產黨與引入多黨制。然而，在蘇聯介入後，約有兩千五百人喪生，二十萬人流亡他國。一九五八年，納吉因叛國罪被祕密處決。

在這些案例中，有些人將蘇聯統治的災難歸咎於史達林個人，甚或列寧，但更普遍地則是歸咎於「個人崇拜」。也有些人在共產主義的體制中糾錯，特別是針對「無產階級專政」這個概念，還有針對馬克思主義經典的正統（錯誤）詮釋。中央計畫的僵化經常遭到抨擊，蘇聯凌駕於其他社會主義政權的主導地位也備受質疑。這些發展點出了通往社會主義的道路多元及對於馬克思的不同詮釋的可能性，也點出了對於在決策制定與目標設定上擴大民眾參與及自由辯論的普遍堅持。不過，所有人同樣都認為，現代共產主義的主流趨勢是有問題的。高壓統治（壓迫）並非馬克思所表達的思想本質，而是它的對立面。然而，它卻體現了以他為名的那個體系。

當皈依共產主義的作家（如亞瑟・庫斯勒、伊尼亞齊奧・西洛內〔Ignazio Silone〕和理查・萊特等人）「叛教」出走，信仰真理的欣喜被冷靜清醒的失望所取代，幻滅的文學在西方於一九四〇年代早期迅速蔓延開來。[8]在蘇聯，像是外國共產黨人之類的貴賓，常會得到盛情的款待，被帶去參觀示範的工廠與住宅。盛宴僅供宣傳拍攝之用。有些人很快就意識到，「一切都是為了我們的利益而上演的」，根本就是「騙局與謊言」。像波坦金（Potemkin）之類的村莊，用虛假的偽裝來掩飾它們的貧窮，「真正的工人」其實是祕密警察所扮演。但也有些人，因為害怕幫助政府的敵人，自願將自己所學所知的東西送交審查。那些留下來工作的超級理想主義者，很快就跟他們的蘇聯同儕一樣一窮二白。[9]一九三九年八月訂定的《德蘇互不侵犯條約》（The Molotov-Ribbentrop pact），是這種信仰喪失的早期轉捩點。它惹得美國馬克思主義者馬克斯・伊斯特曼（Max Eastman）不僅總結說，「現今的俄國沒有為無階級社會留下任何希望」，而且「史達林主義比法西斯主義更糟糕——更加無情、野蠻、不公正、不道德、反民主、不留任何希望或顧忌。」[10]某些人逐漸離開，去尋求解決世上種種問題的其他答案，例如道格拉斯・海德在天主教教義裡找到「新上帝」。許多人開始認為「目的證明手段合理」這樣的信條再也無法被接受。[11]一九五六年蘇聯鎮壓匈牙利暴動，還有一九六八年蘇聯入侵捷克斯洛伐克，趕跑了更多的人，這些舉動也讓蘇聯失去了西方數百萬人的善意與同情。傲慢、暴虐和殘忍在溫和的政權可能占上風之處占了上風。

CHAPTER

5

西歐的馬克思主義，一九二〇至一九六八年及其後

Western European Marxism, 1920–1968, and Beyond

大約一個世紀以來，馬克思主義對於西歐的精神生活發揮了相當大的影響。國家馬克思主義的變形部分取決於先前已存在的政治環境。在政治深受自由主義所影響的地方，例如英國，馬克思主義更有可能融入或染上自由主義的色彩。有時某些自發性的發展與蘇聯的直接影響同時存在。為了提供各地新生政權迫切需要的支持力量，第三國際（1919-43）於莫斯科成立，從一開始，它就被蘇聯牢牢地掌控。在第一次會議上，除了一位代表，其他所有的代表都是莫斯科方面選出來的，因為俄國如今宣稱自己是國際無產階級的祖國。做為一個政治煽動宣傳組織與操偶大師，第三國際的成就是無與倫比的。各地的共產黨領導人不斷爭取莫斯科提供給順從者顯然是無限的資源。發大財還是丟小命，全看能否順著黨的路線走；對於黨來說，忠誠是最被重視的美德。

隨著義大利法西斯主義者墨索里尼於一九二二年上台，左右世界政局直到一九四五年的戰線於焉形成。在一九二九年華爾街股災後，嚴峻的政治選擇似乎就介於布爾什維克主義與資本主義／法西斯主義之間。「人們不得不在法西斯主義與同路人之間做個選擇」，旅居巴黎的英國歷史學家理

查·科布（Richard Cobb）回憶道。[1]希特勒在一九三三年上台，他的反猶太主義與反布爾什維克主義的惡意，對於提升蘇聯的影響力頗有貢獻。在這樣的情況下，蘇聯巨型而享有盛譽的建築與其他計畫，還有關於生產擴張、就業、教育、消費等無數令人眼花繚亂的統計數據，都讓天真的訪客留下了深刻的印象，訪客經常只看到他們想看的，而且無視任何與官方宣傳相矛盾的事物。在大蕭條的深淵裡，不停地宣揚如此顯著的成功，使得蘇聯看來像是在火速發展，尤其正當西方國家領取賑濟的隊伍在持續延長。十九世紀末與二十世紀初，美國曾是未來的偉大國家，如今對許多人來說，蘇聯已取代它成為進步的現代性燈塔。這個時代的氛圍表現出對於一種制度所造成的貧窮、殘酷與不公平的爆炸性憤恨，此時這一切更將種種亂象擴散到全球。因此，像是美國作家約翰·多斯·帕索斯（John Dos Passos）就曾預測美國資本主義的垮台，厄普頓·辛克萊（Upton Sinclair）則認為，「蘇聯正在崛起，資本主義國家正在衰落。」[2]對於許多人來說，共產主義變成邁向未來顯而易見的選項。「穿著制服的作家」（誠如馬克斯·伊斯特曼對他們的稱呼）迅速增加，共產黨的同路人亦然，只不過，他們雖然同情，但還不到全面皈依的程度。多斯·帕索斯、歐內斯特·海明威（Ernest Hemingway）、約翰·史坦貝克（John Steinbeck）、查理·卓別林（Charlie Chaplin）、羅曼·羅蘭（Romain Rolland）、辛克萊、亞諾·褚威格（Arnold Zweig）及其他許多人都呼應了這種情懷。

這些情懷在一九三六年的一年之內結晶。由法蘭西斯科·佛朗哥（Francisco Franco）對抗共和國的法西斯政變所觸發，沒有其他任何事件比西班牙內戰（1936-39）更能標誌這個時代的重大爭論。蘇聯的干預經常損害共和國的事業。除了最忠誠的追隨者，史達林將所有的人都視為「競爭對手」

一一剷除，此舉嚴重破壞了對抗佛朗哥的鬥爭。在德國，社會民主黨人是「社會法西斯主義者」這樣的共產主義路線，疏離了數百萬的潛在支持者，也削弱了反對希特勒的聲浪。訓練有素的馬克思主義者確實偶爾會主張，「所有非蘇維埃信徒都是法西斯主義者」。[3]德國與蘇聯之間的《德蘇互不侵犯條約》（1939-41）嚇跑了許多同情者：「這是辯證法，同志們」，這種說法再也沒用。不過，當史達林在第二次世界大戰中成為英國與美國的盟友，馬克思主義倒是再次在自由世界中為人所接受。在這段期間，很多人都認為共產主義對於俄國與其他落後國家是個相稱的選擇，但他們並不希望先進的西方國家也採用；舉例來說，碧翠絲·韋伯就曾在一九三二年表示，「俄國共產主義是中國唯一的希望。」[4]

盧卡奇與葛蘭西

匈牙利的盧卡奇與義大利的葛蘭西可說是一九二〇年代與三〇年代最重要的馬克思主義作家。身為銀行家富二代，曾是格奧爾格·齊美爾（Georg Simmel）與馬克斯·韋伯（Max Weber）的學生，盧卡奇（1885-1971）先是擔任成立於一九一九年、命運多舛的匈牙利蘇維埃共和國的文化委員，接著遷往維也納，後於一九二九年移居莫斯科。[5]一九一八年，他還擁抱倫理唯心主義（ethical idealism），希望「建構與其理想一致的制度」。他也擔心，布爾什維克主義在假定「良善可能來自邪惡」時，呈現出「一種無法解決的道德兩難」。在一篇名為〈共產主義的倫理基礎〉（The Ethical

Foundation of Communism, 1918-19）的文章中，他將階級鬥爭的目標描繪成「互愛與團結」。[6]

當一九一九年的共和國垮台時，盧卡奇差點無法逃過一劫。他在維也納重新撰寫了他最重要的作品，《歷史與階級意識：馬克思主義辯證法研究》（*History and Class Consciousness: Studies in Marxist Dialectics*, 1923）。[7]他在本書中的主要焦點之一在於，破壞官方馬克思主義的科學基礎。盧卡奇拒斥恩格斯將辯證法運用在自然上。在預期青年馬克思的人道主義將被重新發掘下——這位匈牙利人宣稱，「異化的問題首度在此被提出」——盧卡奇強調了階級意識的主觀層面。[8]因此，他的革命唯心主義（revolutionary idealism），甚至是「柏拉圖主義」，與布爾什維克主義大不相同。他的世俗末世論比較受惠於黑格爾，而非布哈林或其他布爾什維克黨人的機械唯物主義。[9]不過，他的共產主義理想與馬克思或列寧沒什麼不同，其終極目標在於，「建構一個道德的自由將在所有行為規範中取代法律強制的社會」。[10]從馬克思對於商品拜物教的討論中獲得啟發，盧卡奇發展出物化（reification）的概念，藉以解釋存在於我們現實意識中的種種扭曲，特別是我們被自己無法控制的法則所控制，因而無法理解世界的「整體性」（這也暗示了理解世界的整體性其實是可能的）。盧卡奇認為，可以透過無產階級意識來克服這個過程，這將使工人階級成為歷史的主體。

一九二一年於莫斯科舉行的共產國際第三次代表大會上，盧卡奇臣服於列寧的個人魅力，在列寧死後，他還寫了一些恭維他的文章。在那之後，雖然他對於史達林有所批評，但他卻從未放棄列寧主義，強調黨在體現無產階級專政及無產階級意識上所扮演的主導角色。[11]一九三〇至一九四五年流亡莫斯科期間，盧卡奇與大衛．梁贊諾夫合作，在公開做為史達林主義堅信者下，奇蹟似地於整肅中倖存。他曾三度與自己的重要作品斷絕關係，認為那是一本充斥著「革命的救世主信仰」的「錯誤之書」。一九五六年，他加入了納吉政府的內閣，在因蘇聯介入而遭驅逐前，這個政府曾廢止匈牙利一黨專政國家的局勢。然而，盧卡奇既不想要政治多元化，也不想要退出華沙公約組織。他依然堅持，唯有馬克思主義者才能在大學裡教授哲學，他還認為，像希特勒的《我的奮鬥》（*Mein Kampf*, 1925）這種書不該自由流通。維克多・塞爾日指責盧卡奇擁抱極權主義，特別是因為他相信，既然歷史無法脫離政治，那麼就該由共產黨官員來撰寫。[12]

即使到了晚年，盧卡奇仍否認「馬克思主義本身需要修正」，他曾在一九七一年譴責馬庫色和布洛赫是「烏托邦主義者」，同時宣稱「我是馬克思主義者」。但他卻也主張「馬克思的經濟理論並非真的正確」，而且「馬克思的核心實際上是他的歷史觀與社會意識分析」。他的最後一批著作之一《民主化的現在與未來》（*Democratization: Its Present and Future*, 1968），駁斥了多黨制國家的觀念，寄望於人性的「徹底改造」，這種觀點與「極權主義」有關。[13]一九五六年起，史達林主義者抨擊盧卡奇是修正主義者，認為他將黑格爾對於意識的強調帶入馬克思主義，而他確實下了不少工夫去重振對於探討馬克思主義的黑格爾根源的興趣，特別是透過《青年黑格爾》（*The Young Hegel*, 1948）一書。他還成為一位深具影響力的美學家暨文學評論家，並且撰寫了一篇關於非理性主義做為國家社會主義起源的重要研究，以及一部未完成的、名為《社會存在本體論》（*The Ontology of Social Being*）的作品。[14]

雖然他在義大利以外的影響力只存在於一九六〇年代，但最具影響力的西歐馬克思主義理論家是出生於薩丁尼亞島（Sardinia）的安東尼奧・葛蘭西（1891-1937）。[15]由於駝背的關係，他只有五呎高，維克多．塞爾日曾經這麼形容葛蘭西：「他的頭很重，額頭寬又高，嘴唇細薄；一個瘦小、方肩、胸膛單薄、佝僂的身軀承載著這一切。他纖細、瘦長的雙手動作優雅。」[16]身為一九一四年的社會主義者，葛蘭西相信未來將會帶來「最大的自由和最小的限制」。[17]他曾積極組織杜林（Turin）的工業工人，他認為工廠委員會預示著一種新的民選社會主義管理形式，儘管黨仍扮演著主導的角色。一九二〇年，他參加了於莫斯科舉行的共產國際第二次代表大會，回國後，便著手創立了義大利共產黨。當墨索里尼的法西斯主義者掌權時，葛蘭西將他們視為由工人階級的仇恨所驅動的小資產階級群眾運動。一九二六年十一月，他遭到逮捕並被判處二十年徒刑。獄方提供給他許多書籍，他大量地閱讀與書寫各種不同的主題，像是民俗學、語言學、義大利知識分子等等，填滿了大約三十二本筆記本。他從未獲釋，十一年後因為遭受虐待與身體欠安辭世。

葛蘭西最持續關注的主題在於，資本主義的成功牽涉到透過製造與安排贊同去控制多數人的世界觀這樣的霸權（hegemonic，或主導權）。葛蘭西的研究顯現的另外一個核心問題則是，需要一個既能吸引農民、又能讓自己脫離資產階級世界觀的新知識分子階級。葛蘭西深受克羅齊的影響，克羅齊強調人類活動或意志力在創造歷史上所扮演的角色。儘管這暗示了顯著的相對主義風險，對葛蘭西來說，將所有歷史都化為實踐，卻成了一股與主流馬克思主義盛行的經濟主義與決定論（尤其是恩格斯後來的著作）相抗衡的平衡力。這種意志的代理人是承續馬基維利的「現代君王」（Modern Prince）：非「具體的個人」或特定的統治者，而是由革命政黨的知識分子有機體來代表無產階級的集體意志。[18]然而，這將破壞任何獨立的知識觀的可能性。「傳統的」知識分子（誠如葛蘭西如此稱呼他們）視自己為獨立於其他階級之外，「有機的」知識分子則體現了他們所出身的族群的階級觀。葛蘭西認為，無產階級需要的是屬於它自己的有機知識分子。（史達林當然也這麼認為，但希望知識分子能夠全然順從，並且徹底接受無產階級文化的洗禮。）葛蘭西也強調，任何成功的政治運動都必須反映它的在地根源，而那往往就是民族特質。如同盧卡奇，葛蘭西也認為，恩格斯版的唯物主義，讓馬克思那些更精妙的黑格爾思想詮釋變得庸俗。他拒絕任何對於歷史必然性的嚴格詮釋，主張革命競爭是場持久戰。他還堅持一黨專政的理念，摒棄分權的自由主義思想，那如同允許官僚機制強制統治，並且反映了一個階級分立的社會。[19]

葛蘭西的《獄中書信》（*Prison Letters*）和《獄中札記》（*Prison Notebooks*）（寫於一九二九至三五年）使他成為資本主義文化霸權（與克服它的手段）最重要的理論家。「虛假意識」解釋了為何工人階級無法掌握資本主義的真實本質。葛蘭西認為，政治對於實現與建構社會主義至關重要，社會主義並非完全取決於經濟因素。比起大部分的馬克思主義者，他賦予知識分子在這場鬥爭裡更為核心的角色，尤其是在市民社會中。他的霸權理論不僅描繪某些知識分子是如何提升與捍衛統治階級的地位和權力，更將這種觀點視為無可避免的與自然的。資本主義尤其如此，在那當中，實現無產階級反霸權顯然極為困難。階級鬥爭的核心是知識分子對知識分子的競爭，這當然是個奉承過去與現在的知識分子的概念。這套理論仍是葛蘭西最重要的遺產，在媒體高度集中化的今日，其相關性是更為顯著。[20]

另有一些二十世紀早期的馬克思主義者值得在此一提。第二次世界大戰後，義大利最著名的馬克思主義者，當屬加爾瓦諾・德拉・沃爾佩（Galvano Della Volpe, 1895-1968）。他早先曾經主張，黑格爾經常混淆歷史運動中的抽象與真實、黑格爾本質上是個宗教神祕主義者，並且對於閱讀或擴展馬克思無甚助益，這些主張也讓德拉・沃爾佩因而聞名。拒斥社會民主黨的演化策略，德拉・沃爾佩熱中於超越恩格斯對於馬克思的解讀。他針對馬克思與盧梭（「現代民主精神之父」）進行了一項重要的研究，強調前者優於後者的共和平等主義與「抽象人類」的概念。[21]他也拒斥康德的自由主義，認為康德過於執著利己主義，並試圖使列寧免受獨裁主義指控。[22]

這段期間德國著名的馬克思主義者是卡爾・科爾施（Karl Korsch, 1886-1961）。如同盧卡奇，他的《馬克思主義與哲學》（*Marxism and Philosophy*, 1923）一書批判恩格斯將唯物主義與自然科學等同起來，也著眼於回歸黑格爾。不過，科爾施卻依然認為，馬克思主義隱含了哲學（包括倫理學）的「廢除」，而且馬克思主義的政治是一個充分的「科學體系」，也是「不帶價值判斷」的「對於社會運動法則的詮釋」；這些立場如今顯然是站不住腳。[23]科爾施將社會主義定義為，「實現自由的一場鬥爭」。[24]同時批判列寧主義者與史達林主義者的威權主義（他將兩者連在一起），受費邊社影響的科爾施也支持工業民主，以工人委員會的形式，一方面做為激發階級意識與避免官僚化的一種手段，一方面則做為國家社會主義與工團主義的替代方案。結果，他在一九二六年遭德國共產黨開除，更在一九三一年遭史達林點名批判。科爾施還特別強調，在嘗試推動任何革命前做好心理準備的必要性。他與盧卡奇是第一批使用馬克思的早期作品批判史達林主義的作家。

在戰爭與戰後期間，馬克思主義愈益與外來的種種思想或運動相結合，也取得了程度不盡相同的成功。其中包括超現實主義（surrealism）；超現實主義宣揚激進的自由形式，尋求將個人解放及性解放與社會轉型融為一體。安德烈・布列東（André Breton）著名的《超現實主義宣言》（*Surrealist Manifesto*, 1924）主張，「自由是唯一值得服務的理由」。對於熱中於透過想像恢復這個世界活力的自由放任馬克思主義者（libertarian Marxist）來說，它仍然是一個起點，從而挑戰意識的商品化（commodification）。在這裡，無政府主義（anarchism）與馬克思主義被聯合起來，要求每一場革命都必須「確保無政府主義者對於個人的文化創作自由所抱持的理想」。[25]

在這段期間裡，女權主義（feminism）還是一個與馬克思主義曖昧結合的主題。繼《共產黨宣言》的建議，恩格斯的《家庭、私有制與國家的起源》暗示，傳統的性別勞動分工終將伴隨資產階級家庭一同消失。雖然女性做為被資本主義剝削的廉價勞力來源，但她們的鬥爭——正如種族、民族與族群的鬥爭——從運動之始，就被馬克思主義者普遍置於革命底下。舉例來說，蘇聯的宣傳強調，女性融入工作場所就代表著，像是共餐可以減輕女性在家做飯的負擔。在任何地方，很少有女性在共產黨內擔任要職。儘管如此，奧古斯特・貝貝爾的《女性與社會主義》（*Women and Socialism*, 1879）很早就將女權主義的要求納入社會主義的議程中，該書更成為一九一四年之前對於德國社民黨的讀者最有影響力的小冊子之一。[26]此一時期還有另外兩位著名的德國女權主義馬克思主義者（feminist Marxist），記者莉莉・布朗（Lily Braun）與教師克拉拉・蔡特金（Clara Zetkin），後者尤其強烈反對資產階級女權主義。[27]

法蘭克福學派

馬克思主義轉向分析資產階級意識形態與文化霸權，這種傾向在法蘭克福學派（Frankfurt School）的作家中最為明顯。到了一九三三年，馬克思主義革命願景的失敗感已然十分顯著，甚至助長了許多馬克思主義理論家的悲觀論述。[28]馬克思經濟學的弱點也促使人們回歸一種較不以經驗為依據、更哲學的立場，這點也無法被「證明是不對的」。有人確實認為，在無產階級辜負了馬克思主義後，有必要放棄兩者，超越現實世界的政治與革命主義，並回歸理論批判，以維持傳統的活力，更充分地面對資本主義的意識形態和心理堡壘。

法蘭克福學派原是成立於一九二三年的社會研究所（Institut für Sozialforschung），其主要成員有最早的華特・班雅明（Walter Benjamin, 1892-1940）、馬克斯・霍克海默（Max Horkheimer, 1895-1973；他在一九三〇年成為該所所長）、狄奧多・阿多諾（Theodor Adorno, 1903-1969）；然後是馬庫色（1898-1979）和尤爾根・哈伯瑪斯（Jürgen Habermas, 1929–）。他們或多或少受到了馬克思的影響，但同樣也受到其他思想家的影響，特別是佛洛伊德與韋伯。一九三〇年後，大多數的人其實都對史達林主義與改良主義的社會民主主義懷有敵意。法蘭克福學派是促使馬克思主義受到尊重的原因，特別是在西方的大學裡，在批判理論——或是阿多諾所說的「否定辯證法」（negative dialectics）——的大傘下，對於霍克海默來說，它的出發點就是馬克思的政治經濟學批判。[29]一九三三至一九五〇年，法蘭克福學派成員流亡美國，後來（透過馬庫色）對於美國的新左派（New Left）造成了顯著的影響。

這些作家究竟有多麼算是「馬克思主義者」，一直備受爭議。有人認為，阿多諾試圖「證明辯證唯物主義是唯一有效的認知經驗結構」。[30]霍克海默與盧卡奇相似，認為所有知識鑲嵌於圍繞著它們的社會，但他並不認同無產階級的階級意識代表著實現了理論與實踐的統一。或許是思及「社會關係的集合」，班雅明曾寫道，「並非一個人或一群人，而是掙扎的受壓迫階級，才是歷史知識的貯藏所。」[31]但阿多諾的《否定辯證法》（*Negative Dialectics*, 1966）也徹底拒絕了歷史本身具有理性的最終目的這樣的想法。早在一九二七年造訪莫斯科時，班雅明就明顯感到幻滅，他得出一個結論：「在無產階級專政（普羅階級獨裁）的國家裡，做為一個共產黨員，意謂著完全放棄你的個人獨立性。」[32]

沒有替代方案的批判，就宛如一種只開花不結果的立場。在他們持續聚焦於「批判」時，這些作家多半還是清楚回應了馬克思對於資本主義的批判，即使不是推翻它的手段或可能導致的結果。佛洛伊德關於無意識的著作，特別有助於揭示資本主義的說服與操控技巧，並提供威權主義各種方面研究基礎（尤其是阿多諾等人的著作《權威性人格》〔The Authoritarian Personality, 1950〕），幫助揭露父權家庭如何協助強化意識形態的刻板印象。深入探究非理性在資本主義中所扮演的角色，特別是在操縱消費者行為上，也被證明是擴展馬克思的商品拜物教理論的好方法。

法蘭克福學派的主要思想家也將馬克思置於整體脈絡中思考。霍克海默與阿多諾合著的《啟蒙的辯證》（*Dialectic of Enlightenment*, 1944）一書，視馬克思的目標為擴展「啟蒙方案」（Enlightenment project；如今人們經常這麼稱呼它）——雖然或許比較傾向於「文化工業」（culture industry）所為的「欺騙大眾」（mass deception）這種負面意義的啟蒙，而非正面的。[33]儘管如此，做為一種進步的典範，雖然受到納粹反猶太主義的悲劇所阻撓，啟蒙旨在「使人類從恐懼中解放出來，建立他們的主權」，消除神話與擊破假象，這些目的都清楚預示了馬克思的意圖。[34]霍克海默對於支持自然統治的思想的純粹「工具理性」所做的討論，則預見了一九六〇年代的原生態意識（proto-ecological consciousness）。

法蘭克福學派的核心觀點是，資本主義產生了霍克海默所說的「欺騙大眾」的「文化工業」。[35]馬克思的意識形態理論與商品拜物教理論，在揭露支配過程（像是透過奢侈品牌，或是娛樂和廣告的無縫交織）上顯然十分有用。對於霍克海默來說，批判理論也擷取了馬克思歷史方法的本質，即永遠與實證主義對立，以及特別是在扎根哲學於自然科學方面，對比於基於現實整體性的辯證理論，即使無產階級的立場與階級意識不再是關鍵的參考框架。

然而，霍克海默與馬克思的起始立場之間也存在著實際的差異。尤其對於前者來說，「使勞動進入人類活動的超驗範疇是一種苦行的（ascetic）意識形態……由於社會主義者堅持這種一般概念，他們讓自己變成資本主義宣傳的媒介。」阿多諾也抱怨馬克思「想把整個世界變成一個巨大的濟貧院」。[36]（值得回顧的是，一八四四年，馬克思諷刺「粗陋輕率的共產主義」的第一階段是，「『工人』的類別未被廢除，卻反倒擴及所有人類」的一個階段〔3:294〕。）這種方法意謂著，馬克思主義永遠無法成功批判資本主義，因其過於映現甚或拙劣地模仿，以至於無法超越某種工作倫理。[37]相形之下，一個真正的批判觀點必須從假設一個並非由勞動所定義的人類目的開始。

如我們所見，馬克思在一八六七年就已部分地及於這個立場：人類的財富在於自由時間（free

time），而不在於勞動中的實現，儘管對於勞動條件的政治控制仍是核心重點。一九五六年，霍克海默與阿多諾簡要地重申《共產黨宣言》的目標，他們再次否認工作應該「被視為一種絕對」。霍克海默甚至拒斥了「人類天生喜歡工作，無論他們的工作是否有目的」的觀點，並且悲觀地總結，「除了一個或多或少有些陳舊的美國體系樣式，我們無法從人類身上期待什麼。」阿多諾也指出，儘管「馬克思所設想的是從工作中」徹底「解放」，許多人似乎僅僅滿足於「選擇工作的可能性」。[38]在資本主義中意識形態支配的虛假意識，以及消費主義的享樂主義哲學及「選擇的自由」哲學的中心地位，是顯而易見的，即使現在沒有「真實意識」能與這個內在現實相提並論。還有馬克思的主張，自由時間的範圍將由自我發展來定義，此時也被「不自由」殖民，誠如阿多諾所言，它隨著徵兵進入大多數人認可的休閒模式或嗜好。[39]在這裡，我們可以強烈感受到，墮落的娛樂在多大程度上浪費與侵蝕了我們的創造力。

重新發現青年馬克思的異化理論、一種關於「資產階級唯物主義」的反文化懷疑在一九六〇年代出現，以及熱中於「個人從富裕社會中解放出來」，這些巧合促使馬庫色成為戰後西方最具影響力的馬克思主義者。[40]在他看來，問題不在於工作中的奴役（儘管可能是「屈從」工作的奴役），或是屈從老闆的奴役。它是在資產階級傳統主義限制下的禁錮，由某種對於事物的依戀——這也是馬克思與某些亞洲哲學（如佛教）似乎趨於交會之處——與性壓抑來定義。在對資本主義的「虛假需求」所做的有力批判中，馬庫色把馬克思與佛洛伊德結合起來，而與某種所謂的非操縱且自覺的烏托邦式的自主性和獨立理想形成對比。在這種情況下，一種植根於佛洛伊德的壓抑思想的性解放理論至關重要。[41]

但更大的問題是消費社會的出現。早在一九三八年，在一篇題為〈論享樂主義〉（On Hedonism）的論文中，馬庫色就意識到，關鍵問題不在於快樂的追求，而在於相信唯有透過競爭的個人主義才能實現快樂的追求。[42]他認為，「消費社會」現在服務於「維繫資本主義的生產關係，確保大眾支持，並詆毀社會主義的基本原理」。為了提供選項替代這種誘人的世界觀，社會主義不僅要消滅貧窮，還必須「改變存在的質——改變需求與滿足本身」。[43]

馬庫色認為馬克思的異化理論是強而有力的武器，他在《理性與革命》（*Reason and Revolution*, 1941）一書中探索了它的源由。他的《愛欲與文明》（*Eros and Civilization*, 1955）則把資本主義描述為抑制人類對於幸福的渴望，特別是藉由性壓抑。在這當中，生活的觀念不是以工作為主，而是以自由時間為先。問題不再是無產階級，他們在此被忽略，而是人類的解放。藉由認同快樂原則而產生的性解放需求，很容易融入資本主義文化的享樂主義精神，成為某種資本主義的反文化烏托邦激進變體，而非它的替代品。

這些反思也要求對於現有的共產主義進行批判。馬庫色的《蘇聯馬克思主義》（*Soviet Marxism*, 1958）一書著手於，「無產階級扮演革命階級的失敗」、西方工人的「資產階級化」，以及為了革命的潛力朝較未開發地區的轉向，其「不成熟」決定了權力集中於黨的必要性。然而，列寧被描繪成確立了「工業化優先於社會主義解放」，如同蘇聯的目標是「超越主要資本主義國家的經濟水準」。這導致蘇聯與西方的體制趨於一致，不只都呈現出集中化與理性化取代了個體企業與自主性，也顯示

「經濟與政治官僚的聯合統治」和大眾媒體的盛行。不過，官方馬克思主義卻變得比意識形態更糟：它反而是「虛假意識，一種在客觀的真實利益所代表的『更高真理』脈絡下『被修正』的虛假」；而且辯證法從「一種批判性思維模式」到官方意識形態只是摧毀了它。與此同時，蘇維埃國家也透過懲罰效率不彰與表現不佳來鼓勵「技術性恐怖」。[44]

然而，壓抑也是資本主義的特徵。相較於他自己的《愛欲與文明》，馬庫色的《單向度的人》（*One-Dimensional Man*, 1964）更為悲觀地描述了現代性。先進的自由主義資本主義政權，由於「既得利益者對於需求的操縱」（特別是透過銷售技巧及廣告語言的扭曲，這最終也吞沒了政治），被描述成本質上是極權主義的。這意謂著逃離無所不在的主導意識形態僅有一絲微弱的希望，特別是在面對任何革命動力的衰退下，無產階級和其他每個族群一樣都被這個體制迷惑了。科學理性和機械理性的勝利與階級制度兩者的勢所必然，似乎決定了在所有政體下對於個人的壓迫，因為技術從根本上形塑了人類生活的各個層面。任何有希望的「內在可能性的解放」，無論是在資本主義或是「實際現存的社會主義」中，似乎都愈來愈渺茫。不過，馬庫色倒是認同馬克思所說的，當「自由時間的向度」成為「人的個人存在『和』社會存在將建構其自身」的領域，一種「新文明」可能會出現，伴隨「必要領域」的完全「自動化」。[45]

因此，馬庫色擁抱了馬克思的異化理論，並且比霍克海默或阿多諾更為徹底地探索了馬克思的早期著作。但他依然懷疑馬克思的目標是否能實現；他在一九六八年寫道，「超越必要領域的自由領域的馬克思主義形象必然顯得『浪漫』。」因為它規定了一種勞動的個別主體，一種富有創造性的活動與休閒的自主性，以及一種在統治與工業化過程中早已被消除的未受破壞的自然面向。[46]不過，一九六八年的種種事件，特別是「布拉格之春」與巴黎學生示威，激起了資本主義還是可能由內部爆發的希望。在《論解放》（*An Essay on Liberation*, 1969）一書中，馬庫色視「解放」為第三世界革命者以及西方學生與少數武裝分子的動機。他將動亂視為「一個轉捩點」，希望「對於叛亂的暫時性鎮壓不會逆轉這個趨勢」。「從屬於生產力的發展與為了人類物種、為了消除貧苦……為了實現和平去創造團結所必需的更高生活水準的一個革命幽靈」出現了。「烏托邦」再也不是「不真實的」，而是代表著「更加理性且公平的資源運用、破壞性衝突的最小化，以及自由領域的擴張」。這時存在著創造馬克思的「個人全面發展」的可能性，儘管這個個體是基於尋歡作樂而非具有創造性的工作，而且不是由無產階級所帶來。[47]

這套劇本進展得當然並不順利。到了一九七〇年代後期，隨著反文化變得愈益商品化，融入主流文化中，並且摒棄了大部分的激進主義，加上各個先進國家的富裕工人階級對革命的傾向日益減少，對於馬庫色的熱情消退了。受馬克思主義啟發的城市游擊隊，陸續出現於一些歐洲國家（像是義大利的「赤軍旅」〔Red Brigades〕、西德的「紅軍派」〔Baader-Meinhof group〕）。某些第三世界獨立運動偶爾會擴散到歐洲。從一九七〇年代起，強調透過溝通系統而非透過勞動過程造就的意識形態支配，也成為哈伯瑪斯著作的重心。他的焦點放在資產階級公共領域的出現，還有它試圖創造某種更為理性、人道與民主的風氣所產生的問題，特別是那些存在於認識論（或稱知識論）與方法中的問題。[48]哈伯關注的重點之一就是「從擁有解放的潛力到變成僅僅只是技術的工具僕人」這種理性的沉淪。哈伯瑪斯以各種方式把自己與馬克思區隔開來，尤其是認為宗教可能在促進平等與權利發揮積極作用這方面。他的核心目標在於建立一個沒有支配的公共領域，在那裡，特別是科學與技術都是可被理性辯論的主題——這顯然是馬克思主義的目標，如果一個人同樣受到「啟蒙方案」本身局限的阻礙。

到目前為止所討論的對於馬克思主義的各種修正與補充意謂著，它可以被自由化、被改革、變得更人性化與更有意義，特別是對新一代的人而言。在一九七〇年代的西歐，各式各樣的「歐洲共產主義者」試圖從史達林主義的魔掌中拯救列寧主義，又或許是從列寧主義中拯救馬克思主義。法國與義大利都是支持共產黨的堡壘。義大利擁有西歐最大的共產黨，在一九七六年的選舉中，該黨曾囊括百分之三十四．四的選票。法國共產黨在一九四五年有五百萬名支持者，一九六八年曾獲得超過百分之二十的選票，但仍受到史達林主義所染指；它在一九七六年放棄實現無產階級專政的目標。

戰後的法國哲學中，馬克思主義在與存在主義（existentialism）連結下擺脫了史達林主義。這主要得歸功於尚－保羅．沙特（Jean-Paul Sartre, 1905-1980），儘管他的主要作品，尤其是《辯證理性批判》（*Critique of Dialectical Reason*, 1960），被佩里．安德森（Perry Anderson）貶抑為「一個深奧、冷酷的新詞迷宮」。[49]沙特掙扎於「相信追求自由是一種泰半屬於個人且幾乎是無用的過程」與「同情無產階級和馬克思主義對於解放無產階級的渴望（這需要摧毀馬克思主義的種種決定論變體）」之間。然而，儘管無法對歷史懷抱信仰，但在無產階級體現人性的本質異化中所包含的普遍真理仍可維續。沙特的出發點是需求和欲望（必要性和可能性）之間的衝突，以及匱乏在它們關係中的作用。如果這些問題能被克服，一種真正的自由哲學是可能的——只不過這是一個很大的「如果」。一九五六年，沙特在匈牙利問題上與法國共產黨決裂，但他仍將馬克思主義視為唯一有根據的哲學，並堅決認為，如果真理存在，「它必須是個已經『成為』真理的真理，它必須讓自己『整體化』（totalization）。」沙特也是少數借助研究群眾心理學去了解社交運作的馬克思主義者之一，他甚至假定，自由只有在群體裡才有可能。[50]

另一位法國存在主義者，阿爾貝・卡繆（Albert Camus），將馬克思與國家權力的擴張連接在一起，這種權力擴張似乎是隨現代革命而來，對於奴隸對抗主人的「形上學的反叛」來說是種阻力而非助力。哲學上，馬克思主義也被莫里斯・梅洛－龐蒂（Maurice Merleau-Ponty）及其弟子克勞德・勒佛（Claude Lefort；他在日後批判了極權主義）與「現象學」關聯起來。阿圖塞與莫里斯・古德利爾（Maurice Godelier）等人則是將馬克思與結構主義（structuralism）連結起來。在都市社會學方面，亨利・列斐伏爾做出極大的貢獻。[51]在這些作者當中，有些人以回歸黑格爾做為檢視馬克思哲學基本原理的一種方法。

現在看來，這些努力很多似乎了無新意且過時，而且往往只是在風格上做文章，以致過於深奧。儘管如此，他們還是努力以其他方式去觸及工人。中產階級知識分子的無產階級偽裝（皮夾克、牛仔褲、工人階級口音）再度風行，正如一九三〇年代那樣。但這並未縮短哲學趨勢、黨的組織與群眾之間的距離，抑或大學與工人階級之間的距離。語言與外表大相逕庭。隨著馬克思主義上升至新黑格爾主義、存在主義和結構主義思辨的縹渺境界，它與大多數人的生活愈來愈脫節。對於馬克思主導地位的挑戰，特別是取道尼采和佛洛伊德，紛至沓來；新的權力理論，特別是米歇爾．傅柯（Michel Foucault）所提出的，取代了馬克思的，甚至是列寧的理論。

不過，一九六〇年代的某個時候，馬克思主義的多元化似乎突然遍地開花，至少在歐洲是如此。五月事件（一九六八年學生在巴黎示威）暗示了馬克思主義得以輕易從中得利的、深刻的文化危機與政治危機。西方年輕人厭倦了戰爭（熱戰或冷戰），對於核災深感焦慮，對於帝國主義懷有罪惡感，對於物質主義感到困窘。對他們來說，美國和蘇聯都不是理想的社會模式。種種此時再次重塑馬克思主義的反殖民革命讓他們變得激進。重新發現青年馬克思以及異化理論的明顯相關性，大大提升了人們對於馬克思主義的興趣。然而，很少有人轉而閱讀列寧或史達林的「巨著」。毛澤東則幸運多了，人們不太能夠獲得關於中國的準確資訊，而且文化大革命也未在西方廣泛報導，因此西方世界的學生與知識分子反倒讚頌被他們視為由底層所發動的群眾民主的反官僚主義運動。[52]

特別是在有組織的共產黨勢力薄弱的美國和英國，新左派於一九五〇年代末期匈牙利革命後出現，但也是為了回應未開發國家所爆發的獨立運動，以及美國國內的種族主義而崛起。新左派普遍認為，一種沒有剝削官僚政治、非壓迫性的民主社會主義（democratic socialism）是可能的。它並非總是共產主義的，有時試圖以「自我表達、自我實現、自主性或共同體」之名去推翻現有的社會體制。它也旨在將反種族主義運動與婦女及同性戀解放運動擴展為「對於解放內容的完整重新定義」。[53]對於那些尋求資本主義替代方案的人來說，青年馬克思尤其成為一個具有吸引力的人物。在「個人的即政治的」（the personal is political）口號下，馬克思主義在許多層面上再度與女權主義結合，挑戰典型的父權偏見。馬克思主義與性解放、濫交、廢除資產階級核心家庭及輟學享樂主義連成一氣。革命時尚變成一種流行，年輕人藉由穿上切・格瓦拉（Che Guevara）的T恤、貼上毛澤東的海報裝飾牆壁，來彰顯他們與被剝奪者象徵性的文化團結。

二十世紀的馬克思主義也催生出豐富的歷史撰寫傳統，特別是在開創工人階級與流行文化的「由下而上的歷史」（history from below）方面。在英國，以克里斯多福・希爾（Christopher Hill）、E・P・湯普森（E. P. Thompson）與艾瑞克・霍布斯邦（Eric Hobsbawm）為主的一些學者致力於經驗歷史研究。在法國，知名的馬克思主義歷史學家有阿爾貝・索布爾（Albert Soboul）、丹尼爾・蓋倫（Daniel Guérin）與喬治・勒費弗爾（Georges Lefebvre）。在印度，D・D・高善必（D. D. Kosambi）與羅米拉・塔帕爾（Romila Thapar）及其他許多人做出了重要的貢獻。在社會學和經濟學方面，馬克思主義也在包括日本在內的許多國家產生了實質的影響。貧窮、階級與革命，始終是馬克思主義作家聚焦的主題。在文學批評方面，雷蒙・威廉斯（Raymond Williams）具有很大的影響力。直到今天，《新左派評論》（*New Left Review*）仍是許多領域中馬克思主義評論的執牛耳者。

在東歐，儘管修正主義在一九五六年匈牙利革命領導者的審判中就已遭到指責，諸如波蘭的亞當・米奇尼克（Adam Michnik）、捷克的瓦茨拉夫・哈維爾（Václav Havel；一九八九年天鵝絨革命後成為捷克總統）等思想家，即使不斷受到壓制，仍延續了一九五六年一代的批判趨勢。萊謝克・科拉科夫斯基成為這個時代最重要的哲學家。布拉格之春（1968）被蘇聯視為徹頭徹尾的叛變，觸發了殘酷的鎮壓行動。儘管如此，持不同政見者還是組成了像是波蘭的「勞工保護委員會」（Workers' Defence Committee, 1977）和捷克斯洛伐克的「七七憲章」（Charter 77, 1976-92）這類推動與促進民主發展、爭權利的團體。[54]不過，改良主義的馬克思主義不只有一個而是有兩個大敵。雖然美國經常鼓勵東歐的反蘇聯異議，不過在其他地方，一旦那裡可能出現較為自由的共產主義政權（如一九七〇至七三年薩爾瓦多．阿葉德〔Salvador Allende〕治下的智利），它們很快就會被美國所援助的干預給摧毀。

然而，到了一九八〇年代，共產主義在東歐似乎愈來愈注定要失敗。在萊赫．華勒沙（Lech Wałęsa）的領導下，波蘭於一九八〇年成立了「團結工聯」（Solidarity trade union），獲得廣大群眾的支持。米奇尼克曾解釋說，「對於蘇維埃制（Soviet system）來說」，這就「猶如宗教改革之於天主教教會——一種對於該機構的所有教條的挑戰」。[55]它最終打破了黨的力量的束縛，贏得一九八九年的自由的議會選舉，從而加速蘇聯帝國的瓦解。在這當中，獨立工會的原則至關重要。不過，相對落後於西方的生活水準也是重要因素。即使是古拉什共產主義（〔goulash communism〕又稱「肉湯共產主義」，匈牙利的共產主義變體），還有其他為大眾提供民生物資的公平策略，也遠遠無法滿足人們的需求。效率很差：「他們假裝付我們工資，我們假裝在工作」，是這個時期的順口溜之一。

一九八〇年代後期，總書記米哈伊爾．戈巴契夫（Mikhail Gorbachev）為挽救蘇維埃制做了最後努力。他在某些方面的改革重建（perestroika）計畫試圖回歸新經濟政策路線。開放（glasnost）政策喚起了比一九二〇年代中期的政治討論更為自由的氛圍。然而，這個體制終究無法維持。由於不具備任何先決條件，蘇聯無法成為一個「開放社會」（open society）。與美國的軍備競賽造成在經濟上難以滿足消費者需求，最終更招致國家破產。一九八九年十一月，在匈牙利允許大批東德人通過其與奧地利的邊境後，柏林圍牆倒塌。蘇聯於一九九一年解體，實際上標誌著馬克思主義做為一種追求自由的理想對於數百萬人的吸引力消失殆盡。共產主義這時顯得無法被賦予某種人性面孔。到了十一月，俄國總統鮑利斯．葉爾欽（Boris Yeltsin）宣布禁止共產黨活動。（後來又被恢復。）馬克思的夢想，列寧所創造的夢魘，終於走到了盡頭。然而，在普丁的領導下，史達林仍然是俄國一個出奇受歡迎的人物，他所代表的強人及軍事天才的典範，讓古拉格的遺產相形見拙。

及至二十一世紀初期，歐洲主要的左翼政黨——英國工黨、德國社民黨、法國社會黨——大多都已放棄了任何想要從根本上改變資本主義的偽裝。做為更嚴厲的自由主義形式的人道變體，它們保留了一些吸引力，至少比「歐洲共產主義」更具吸引力，後者將自己描述成對於史達林主義的改良主義替代方案。然而，傳統的政治分界正在被重新劃分。一九七〇年代初期，馬克思主義在幾個國家與生態運動相結合，其中最有名的莫過於西德，該國的「綠黨」（Green Party）在選舉中取得了顯著的成功。特別是在蘇聯與中國，快速工業化的破壞性這時變得愈來愈明顯。資本主義與馬克思主義似乎都建立在一種擴張消費、商業暢通及工業化的模式上。與此同時，全球化與新技術正在改變傳統的經濟協定。到了一九八〇年代末期，作家們宣告著「工人階級的終結」，而經典的馬克思主義分析也可能因此變得無關緊要。[56]從「真實存在的社會主義」崩潰的灰燼中，出現了包括政治生態學在內的浴火鳳凰。一場和法國思想家安德烈·高茲（André Gorz）密切關係的運動，其特點在於譴責痴迷於「成長」而危機四伏的資本主義，譴責意識形態造成不公以及以奢侈為中心的消費觀。[57]有些人視完全自動化為「完全失業」的處方，將這個過程描述成，開啟了一個由「從工作中解放」定義的潛在的「天堂」。[58]在這方面，馬克思後來關於自由時間的討論經常被提及。

CHAPTER 6 其他馬克思主義 Other Marxisms

我們先前看到，馬克思對於非西方、低度開發或「原始」社會的研究從未取得太大的進展。直到一八七〇年代後期，馬克思對於農民的輕視，也使他不願考慮他們在未來的革命運動中可能的中心地位。然而，到了二十世紀初，這些問題對於他的追隨者來說變得愈來愈重要。第二次世界大戰後，全球大部分地區依然處於一個或多個殖民母國的掌控之下。不過，這場大戰也讓大多數偉大的歐洲帝國（英國、法國、荷蘭）破產，並且燃起世界各地的殖民地的獨立渴望。隨著帝國主義殖民的不公愈加明顯，針對它所做的批判，也成了一九二〇年代初期印度評論家羅易（M. N. Roy）等人著作中第三世界馬克思主義出現的核心。這裡的關鍵問題包括，本土資產階級與殖民者的勾結、西方工人與帝國主義的勾結，還有本土無產階級的缺席。

一九五〇與六〇年代，儘管馬克思主義在歐洲變得搖搖欲墜，它卻從中國開始在亞洲與非洲躍進。這些運動有許多最初是受到馬克思列寧主義所啟發。領頭羊通常是學生、工會成員、知識分子和農民領袖。人們大多力圖將馬克思主義與民族主義串連起來，藉以動員大量群眾對抗殖民占領者。蘇聯先是戰勝希特勒，接著在冷戰時期對抗美國的新帝國主義，再加上它做為核武與太空競賽大國的地位，都為它的意識形態賦予了頗高的聲譽。它的犧牲精神、正義與種族寬容，似乎都體現了貪婪的消費資本主義所未曾、也無法達到的一切。馬克思主義者對於一九四五年後第三世界發展的關注焦點，往往從關於馬克思遺產的辯論轉向種族與非無產階級（通常是以農民為基礎）的反抗議題。歐洲與北美的白人工人階級在帝國主義剝削中的共犯結構（這正是馬克思曾指出的英國工人階級與愛爾蘭的關係），這時定義了馬克思主義的新舞台。

這種轉變實際上使得馬克思的大部分思想內容變得多餘，或者僅僅剩下裝飾門面的作用。世界持續向前。高度開發的資本主義國家不會發生革命。由知識分子領導的農民將在其他地方進行這項工作。此時，有數億人將馬克思的遺產視為從殖民主義中獲得解放。到了一九六〇年代，先進國家的馬克思主義經濟學家開始探索新帝國主義與低度開發的理論。一九五〇年代以後的反殖民起義普遍發生在以農業為主的國家，這些國家存在著城市小資產階級，也存在著由當地地主與外國投資者和／或占領者聯手進行的大規模原物料開採。這些鬥爭多半是民族主義取向，儘管殖民地邊界通常是帝國統治權的人為標記，與部落或民族的分界並不一致。一九四五年後，約有九十個新國家成立。然而，即使取得獨立，許多國家卻發現它們既受制於借貸機構（低廉的「開發」貸款容易取得，但多遭到貪腐集團濫用），也受制於國際市場（國際市場以提供比當地生產要更便宜的製成品，換走其珍貴的原物料）。這造成了所謂的「低度發展」現象，在這些地方，相對的國家經濟獨立性受到債務、國際分工及地方貪腐勢力所阻礙。

在這段期間，保羅・巴蘭（Paul Baran）的《增長的政治經濟學》（*The Political Economy of Growth,* 1957）以及保羅・斯威齊（Paul Sweezy）、薩米爾・阿敏（Samir Amin）、安德烈・法蘭克（Andre Gunder Frank）、伊曼紐・華勒斯坦（Immanuel Wallerstein）等人的作品幫助低度發展的概念變得普及，他們評估了先前的殖民地或帝國領土在某些依賴關係中（特別是透過債務與強加的單一文化）仍遭束縛的程度。[1]我們今日所謂的全球化，曾與資本主義核心刻意不去發展外圍地區的趨勢有關。這比正式的帝國主義還要廉價，因為確保原物料開採所需付出的政治成本，可以轉嫁給新獨立的國家。隨著跨國企業變得愈來愈龐大、愈來愈富有，這些國家挑戰其霸權的可能性就愈來愈小。事實上，企業變得極為強大，進而模仿早期巨大的貿易公司，於是它們開始篡奪國家的主權功能，讓自己豁免於利益監控，掩蓋其收入並減少賦稅支出。透過游說、賄賂及簡單的經濟影響力，它們變得能夠廣泛地左右國家的政策。

中國與毛澤東

戰後由馬克思主義所啟發的最重大的事件，當屬中國的革命。一九四九年，中國承受外國入侵、屈辱、內戰與和饑荒等苦難已超過一個世紀。在鴉片戰爭期間（1839-42, 1856-60），英國迫使不情願的中國接受一種致命但利潤豐厚的作物，造成數百萬名鴉片成癮者，卻也使得英屬印度在經濟上有了生機。外國強權在中國建立的租界強化了資源的掠奪。當地的反抗遭到殘酷的鎮壓。中國共產黨雖成立於一九二一年，不過，從一九二〇年代中期開始，就面臨由孫逸仙和蔣介石所領導的國民黨的持續競爭。一九二七年，第三國際強迫中國共產黨人與蔣介石結盟，導致他們幾近覆滅。接著，一九三一年起，日本入侵，展開了一場漫長而殘暴的占領。直到一九四九年，中國仍處於腐敗、軍閥割據的分裂狀態。

毛澤東（1893-1976）是中國的馬克思主義者當中最有才華的一個，他曾偶爾擔任圖書管理員和學校教員的工作。由於受到《共產黨宣言》深遠影響，他在一九二〇年皈依共產主義，是中國共產黨的創黨黨員之一，於一九二八至一九三五年間取得領導權。[2]美國記者艾德加・史諾（Edgar Snow）曾生動地描述四十三歲的毛澤東：

> 一個憔悴、相當林肯式的人物，比一般中國人來得高，有點駝背，頭髮長而濃密烏黑，有雙洞悉事物的大眼，高挺的鼻子，突出的顴骨……在我看來，毛澤東是個很意思也很複雜的人。他有著中國農民的純樸和率真，富有幽默感，時常露出質樸的笑容……他精通漢語古典，飽覽群書，在哲學和歷史方面造詣很深。他擅長演說，擁有非凡的記憶力和專注力。他的寫作底子深厚，雖然不拘泥於生活瑣事與外表，但做事很仔細嚴謹。他擁有無窮的精力，在軍事與政治方面也是個富有才幹的戰略家。[3]

當史諾在一九三六年遇見他時，毛澤東住在一間兩房的小屋裡，他主要的奢侈品是一頂蚊帳。

他只有幾件毯子和少許私人物品，包括兩件飾有兩條紅槓的普通士兵制服。這不是一個與群眾疏離的特權政黨。

毛澤東確實是逆勢崛起，尤其是在數十年的艱苦鬥爭中贏得了農民的心。在歷經後來被稱為長征（1934-35）的六千哩策略性撤退下，他避開了蔣介石的軍隊，並且在與日本人的對抗中逐漸取得勢力與地盤。憑藉「劫富濟貧」的政策，例如土地重新分配、廢除或減少稅收、終結高利貸，再加上嚴格的軍事紀律，毛澤東獲取農民對於共產黨占領區的信任。他在一九四九年的勝利迫使國民黨逃往台灣；這也馬上改變了戰後世界的權力平衡。直到中蘇交惡（1960）之前，這個世界上人口最多的國家與蘇聯連成一氣，攜手與資本主義及帝國主義為敵。世上過半的人口這時為受馬克思啟發的政權所統治。然而，中國是個以農業為主的國家，極為少數的無產階級主要集中在上海。大部分的剝削都發生在富裕的地主與數億貧困的農民之間。有史達林的模式為鑑，毛澤東必須調整馬列主義來適應這些情況。諸如階級鬥爭、工業化的本質與步調、共產主義的說明等等，這些都是必須解決的問題。黨必須承擔一個不存在的無產階級所無法扮演的角色。這主要意謂著征服農村。早在一九二六年，毛澤東就曾表示，農民比都市無產階級更有革命精神。此後，他的馬克思主義與蘇聯的馬克思主義便漸行漸遠。一九六九年，他譴責「蘇維埃社會帝國主義」（Soviet social imperialism），並稱蘇聯是「資產階級專政」。[4]但他與美國「紙老虎」的對峙卻始終維持不變。

土地改革是毛澤東的第一要務。一九三〇年代的中國，約莫百分之二．五的人口坐擁將近百分之四十的土地。雖然毛澤東在爭取勝利時曾與一些富農聯手，但早在一九四七年十月，他就開始沒收地主的財產。一九五一年，大約百分之四十的土地為百分之六十的人口所持有，而共產黨的目標就是「推翻整個地主階級」。[5]最初，貧農獲取一小塊土地做為私有財產耕種，到了一九五〇年代初期，富農只擁有全國百分之二的土地。新創建的合作社雖然擁有機器，但土地仍為私人持有。毛澤東仿效史達林，試圖將農業集體化。及至一九五六年，百分之九十一的農民家庭被編入了合作社，兩年後，所有農民家庭都隸屬於稱為公社的集體農場。一九七一年，百分之九十五的耕地為七萬個公社所有；每個公社平均約有一萬五千人，分成大約兩百二十戶的生產隊，接著再細分成大約三十戶的工作小組。比起史達林，毛澤東對於農民抱持較深的同情，中國的集體化也不若蘇聯那般嚴苛。在許多公社裡，食物是免費提供給成員，也允許擁有私人住房。小規模工業供給了大多數其他的需求。但脫離公社卻十分困難。大部分的作物都被強制以低價賣給國家，這有時會造成農村的動盪。當幹部階級形成後，貪腐也跟著產生。與此同時，儘管嚴格的平等主義不是官方政策，它還是會出現在某些方面；舉例來說，有些軍官就曾因騎馬而遭批評。[6]

城市生活也迅速改變。在整個一九七〇年代，即使是基本食物，定量配給的情況也很常見，其他的民生物資同樣還是短缺。住房總是稀缺，共享宿舍、集體宿舍則是常態。到了一九五〇年代中期，戶口登記限制了遷徙，特別是從農村到城市。在監控網絡迅速擴張下，城市居民淪為持續受監視的對象。國家開始分配工作；很快地，工作單位就成為住房、糧食配給、醫療及養老金的來源。此外，國家還推行一些政治運動，而且結婚、離婚、旅行證及其他許多事情都必須申請核准。聘用永久有效，可謂是「鐵飯碗」，但換工作卻也很困難。大部分的工業都在一九五六年為國家所徵收，但之前的業主可留任為管理人員，通常是由蘇聯技術人員協助培訓。為了恢復經濟誘因，工資差異再度被引入，儘管毛澤東曾警告差異不可過大。都市犯罪，尤其是賣淫、毒品交易與組織犯罪，很快就被壓制。大學從一九五一年就開始進行思想改造運動，特定目標是「對所謂『美國生活方式』的崇拜」。

早年的鎮壓反革命運動十分嚴厲，一九五〇年代初期至少有七十一萬人遭到處決，許多受害者後來都被證明是無辜，另外約有兩百萬人遭到囚禁。（毛澤東曾表示，「正確的」死刑執行率為總人口的百分之〇．〇一，亦即五十萬人。）[7]毛澤東於一九五七年初鼓吹的「百花齊放、百家爭鳴」政策，短暫地鼓勵了對於社會目標的公開辯論。但也因此導致了大量的投訴，還有對於改變和調薪的鼓動。罷工、抵制、請願與示威活動激增。集體農場成員人數急遽下降。幾週後，毛澤東痛批百花之中「毒草」叢生；對黨的「指教」只能是正面的。學生領袖與組織罷工者遭到處決。

隨後，黨主席毛澤東決定發動一項大規模的工業化計畫，即「大躍進」（1958-61）。相較於國家主席劉少奇所擁護的蘇聯的集中計畫與密集重工業模式，此舉涉及到的是建立遍及全國各地的煉鋼能力（將數百萬噸金屬在家戶後院的冶煉爐中轉化為可用鋼材），還有分散經濟計畫。其中一個目標就是製造大量的新式農具。但「最要緊的事」是「自力更生」，這意謂著要在沒有蘇聯的援助與專業技術下生存。[8]一九五八年，毛澤東誓言中國要在十五年內超越英國的工業生產量，後來更縮短到三年之內。這項計畫是一場災難。期間總共建造了大約六十萬座小型高爐，但它們的產量很少，品質也很差。約有六千萬人轉職冶煉鋼鐵，糧食耕種也受到了影響。很多有用的東西都被熔掉，其替換成本反而更高。此外，大量的煤與鐵的運輸問題事先也未被考慮進去。毛澤東後來才承認，自己是「經濟建設的大外行」，他更在一九五九年自白，「對於工業的規畫一無所悉」。[9]高估收成也造成了超量採購糧食，其中有部分被外銷或做為外援贈與他國。由此導致的饑荒所奪走的人命，估計應在兩千萬至四千六百萬之間。[10]一九五九至一九六二年期間，人均收入下降了三分之一以上。此後，毛澤東認為在中國建立社會主義可能需要一百年的時間。

然而，到了一九六〇年代中期，價格重新恢復穩定，基本物資像是腳踏車、收音機、手錶與衣服都能取得，公社也提供給大多數人福利給養。許多中國人這時的生活都獲得大幅改善。婦女的地位也大幅提升。生育控制普遍可行。不再有媒妁婚姻、嫁妝與納妾。醫療健保很陽春，但對於大多數人來說，倒是比之前要好得多。許多疾病消失了，「赤腳醫生」深入農村的角落。鴉片成癮的情況幾乎根絕。遭受債主、稅吏與富有地主奴役的情況終結，特別是對於幾乎沒有土地的三分之二的農民來說。平均預期壽命從一九五三年的四十歲上升到一九七六年的六十四歲。有些人或許覺得這是「軍營共產主義」(Barracks communism)，不過，對數百萬人來說，這卻遠遠優於他們祖先的生活。在心理上，中國也恢復了自尊與民族認同，卸下外國侵略者強加在他們身上的自卑情結。中國第一次核彈試爆（1964）提供了一個重要的地位象徵。

共產黨是毛澤東治下的中國核心，一九六五年約有一千八百七十萬名黨員（當時中國人口約莫七億六百萬），黨員則分成二十六個等級。如同蘇聯，這個等級制度是以特權而非工資為標誌，像是住房、交通、於特殊商店消費與旅行等權利。國家沒有其他的權力中心。每一項重要決定都要得到黨的批准。在政治上，回歸官僚政府或由知識分子統治，是一種永遠存在的危險。對於受過教育的菁英的猜疑在一九五七年後顯而易見。一九五〇年代末期，毛澤東曾計畫原則上定期「下放」所有高階幹部，做為「一種政治治療的慣例」，藉以「無產階級化黨的思想」（借用艾德加・史諾的話來說）。[11]毛澤東曾強調，雖然在整個過渡期裡階級鬥爭會持續進行，但資產階級與其他階級的矛盾基本上是「非對抗性的」，換言之，不會威脅新秩序。然而，一九五七年，他卻指出新國家與人民之間存在的矛盾。黨幹部貪腐，特別是在農村地區，已經變得十分普遍。事實證明，單純根據階級背景與意識形態熱情選拔與晉升的公務員，並不比其他族群更能抗拒誘惑。

毛澤東這時確信，依循蘇聯的「修正主義」道路，建立一個與人民脫節的官僚體系，加劇了城市與農村之間的差距，使中國陷於危險之中。而一場黨的領導人毛澤東與劉少奇的個人鬥爭也在持續進行中。（劉少奇於一九六八年遭開除黨籍。）毛澤東的回應，中國的文化大革命（1966-69），涉及到強調更大的平等主義。這場革命始於對黨員的大規模整肅（清洗）。許多知識青年都被送到農村進行勞動改造與再教育，希望透過接觸農民與大自然，讓他們的「書本哲學」變得實際或「紅色」。誠如我們所見，縮小、簡化、淨化官僚結構，以及克服智力勞動與體力勞動之間日益擴大的鴻溝，一直是馬克思主義的核心目標。但那或許是馬克思無法想像自己能生活其中的一個未來的時刻，他去養豬的可能性恐怕不會高於我們在一八四九年的加州淘金。

這些措施所釋放的熱情很快就失控。反智主義（anti-intellectualism）迅速進入白熱化。年輕的紅衛兵手裡緊握著體現毛主席訓示的《毛語錄》（一九六四年首度出版），狂熱地攻擊做為「走資派」

的老師、教授與黨領導幹部。毛澤東曾經承認自己被「資產階級」教授們「嚇壞了」，他們的「博學多聞」使得共產主義者自覺「一無是處」。[12]如今他可以復仇了。他在一九六四年表示，「讀太多書」是「極其有害的」，他甚至跟醫科學生說，「書讀得愈多愈蠢。」[13]舊科舉制度與死記硬背經典，同樣也是毛澤東瞄準的目標。「老師也需要從事體力勞動，」他在一九五八年寫道。他在一九六〇年代反覆強調，少點理論、多點實踐。他在一九六四年敦促說，「馬克思主義的書要讀，但不可多讀。讀個幾十本就好。讀多了，又不能消化，又可能會走向反面，成為書呆子，成為教條主義者、修正主義者。」[14]因此，一點點的學習是可以接受的，太多的學習則是危險的；博學不如「紅」學。專門知識與官僚體制被等同起來，「紅色」或政治狂熱與意識形態的潔淨則被發揚。毛澤東曾經嘗試平息動亂，但成千上萬的人卻被迫戴著傻瓜帽（錐形高帽）遊街示眾。毆打司空見慣。超過百萬人喪命。大學關閉了十年。儘管如此，毛澤東仍譴責呼籲廢除所有「首腦」的上海市人民委員會的「極端無政府主義」，強調「永遠都有『首腦』存在」。因此，他捍衛了對於領導人的尊敬，包括「史達林正確的一面」，雖然不是「盲從」。[15]

事實上，這種崇敬被提升到一個新的極致。一九六五年，「個人崇拜」（毛澤東的用語）被重新用來控制黨，而且對於毛澤東的個人崇拜甚至使對於史達林的個人崇拜相形見絀。[16]一九六九年，與蘇聯軍隊在邊界發生的衝突及中蘇交惡（始於一九六〇年）促使局勢回復常態。極左派受到壓制，黨則在總體上恢復原狀。將文化大革命視為走偏的「民主」實驗是錯誤的解讀。原則上，毛澤東曾敦促黨在重要問題上與群眾協商。不過，實際上，黨仍是統治機構，雖然國家官僚機構曾經（且仍然）享有極大的特權，至少高層如此。到了一九七〇年，幾乎所有被「下放」的人都予以復職。

直到一九八〇年代，中國的馬克思主義始終被所謂的「毛澤東思想」左右。[17]大體來說，毛澤東認為辯證唯物主義無庸置疑是真確的。他對於馬克思主義的貢獻首先在於他被廣為仿效的游擊戰著作。毛澤東最著名的格言就是，「革命不是請客吃飯」而是「暴動」，還有「槍桿子出政權」。兩者都暗示了新政權中武裝力量的重要角色。毛澤東同時也強調，哲學植根於階級鬥爭；以中國話來說，如我們所見，所有的學生，特別是學人文科學與社會科學的，都應該到農村裡勞動。

毛澤東的風格直接、簡練，有時還很接地氣，他也能同時兼顧中國思想與馬克思主義經典。哲學方面，他最有名的是一九三七年的兩次講演。《實踐論》強調勞動對於人類活動的重要性。《矛盾論》則是強調對立面之間緊張關係的普遍性，以及在不同過程中賦予不同類型的矛盾優先權的必要性。此外，它還將辯證法（依循列寧）定義為「研究存在於事物本質裡的矛盾」。[18]在這裡，毛澤東特別區分了「對抗性」與「非對抗性」的矛盾，前者對於任何秩序都是更嚴重的挑戰。在《新民主主義論》（1940）中，他認為資本階級民主革命必須先於社會主義民主革命，但資產階級可能會協助此一進程。一九五〇年代中期，他依然相信無產階級會在革命鬥爭中扮演重要的角色，卻也預見在大量都市工人階級缺席的情況下，黨將挺身領導。黨內「民主」的意思是，決策原則上是透過集體討論達成，但必須無條件遵守。中央政治局是一個關鍵組織，雖然它與群眾的關係據稱也是辯證的。在所有的企業中，重大決策都是由黨拍板決定。

比起與馬克思主義的關聯，毛澤東對於辯證法的不嚴格的態度往往與中國哲學更為有關。「對立統一是最基本的規律，」他在一九六四年說道，並指出，「根本沒有什麼否定之否定。」「睡眠與起床也是對立的統一。」他在一九五八年寫道。生產與消費、播種與收穫、生與死、戰爭與和平，以及一年中的四季也是如此。每個過程都是有限的，也意謂著其對立性。[19]毛澤東對於馬克思主義經典的理解保持彈性態度，並斷言馬克思在預測歐洲革命與最初反對巴黎公社上也犯了錯。不過，同樣地，毛澤東堅持黨要有「鐵」的紀律，而非「豆腐」紀律。[20]「民主集中制」不可能撤守，沒有民主集中制便「無法鞏固無產階級專政」。毛澤東也藉此鼓勵群眾偶爾暢所欲言，更重要的是，讓黨面向農民。[21]

實際上，毛澤東更加強調，改變意識，而非改變物質條件，才是成功革命的序曲。殺人流血可能受制於他的原則，也就是「對於反動階級實行專政，這並不是說把一切反動階級的分子統統消滅掉，而是要改造他們，要用適當的方法改造他們，使他們成為新人。」[22]他推翻了需要工業發展來創造革命的無產階級的假設；只需貧窮與為其所苦也就夠了。如同列寧，先鋒的角色跟黨而非工人階級比較有關，但黨是由其意識形態觀點而非客觀的階級立場所定義。

有人認為，「毛澤東思想是回歸前馬克思主義的社會主義學說與哲學的唯心主義。」[23]早在一九二六年，毛澤東就曾強調貧農所扮演的革命角色，認為他們最容易響應共產主義的領導。總的來說，毛澤東重視人的因素（特別是革命意志與意識形態狂熱）更甚於經濟決定論。他認為錯誤與失敗難免，但自我批判與改革則有助於克服它們。中國龐大的人口使得許多問題都能透過純粹的數字而非科技的創新來解決。然而，中國軟弱無力的無產階級卻意謂著，階級意識必須反映個人的前景，而非與生產資料的關係。這種對於改革和自我批判的強調代表了，即使是「黑五類」（地主、富農、反革命分子、壞分子、右派分子），也可以藉由消除內心的矛盾轉而支持黨的路線來「修正」他們的前途。毛澤東也想讓馬克思主義更具體的中國化。他不認為「自然權利」或「演化論」會有益於中國，並主張「我們只能利用西方的科技」。[24]

「民主」對於毛澤東來說，既是列寧主義的「民主集中制」（毛澤東將這兩個概念並置而非融合），也是「來自群眾的想法」。這也意謂著不斷批判與自我批判，「馬克思主義辯證法」是「『一分為二』，成就與缺失、真理與錯誤。」[25]毛澤東強調，身為黨主席，他受政治局常委的多數觀點所束縛，「否則你就是一人專制」。[26]但此處幾乎沒有自由主義的痕跡；「反革命意圖的言論自由」從不被允許，「獨裁與極權主義」的方法則可接受，即使這主要代表著「說服而非壓制」。毛澤東認為，即使在共產主義下，「意識形態與政治的鬥爭」也「永遠不會停止」，雖然階級衝突可能會被「先進技術與落後技術之間的鬥爭」所取代。儘管如此，共產黨與無產階級專政「有朝一日」都將「消失無蹤」。[27]

毛主義一度輸出至葡萄牙、印度、尼泊爾及哥倫比亞等國，並且短暫流行於一九六〇年代晚期的一些西方學生運動中。中國曾經協助各種對蘇聯代理人懷有敵意的游擊運動，特別是在安哥拉。一九七〇年代中期，恩維爾・霍查（Enver Hoxha）治下的阿爾巴尼亞曾一度向毛主義靠攏。中國與蘇聯在一九六〇年的交惡，對於某些人來說，代表著對於史達林主義（對比於與毛澤東有關的以群眾為基礎的民粹觀點）的批判。

我們今日所知的中國是從一九八〇年代才開始成形。整個一九七〇年代，中國的經濟成長率極低，從一九五〇到一九七三年，平均經濟成長率僅百分之二．九左右。一九七〇年代中期，經濟其實停滯不前。住房短缺的情況增加，部分民生物資仍舊匱乏。農村的貧困現象普遍存在。一九七八年，鄧小平成為領導人後實行改革開放，這使中國得以在二十一世紀初期成為經濟、政治與軍事的世界強權。鄧小平開放市場競爭與私人投資，實際上展開了一場資產階級革命，連帶也使得包括許多黨員在內的大量中產階級變得富有。農業集體化遭到廢棄。財富集中變得極端，大約三分之二的工人工資依然低微且停滯不前。土地所有權持續由國家壟斷，造成房地產投資與土地投機買賣比在資本主義下更為容易。這樣的社會是否應該被稱為「奉行馬克思主義的」是個懸而未決的問題。共產黨的獨占地位仍是毛澤東時代的主要遺產。總的來說，政治自由化的跡象極少，對於異議的箝制還是十分常見。

古巴：卡斯楚與切．格瓦拉

在拉丁美洲與南美洲，馬克思主義的影響在古巴最為持久。一九五九年，卡斯楚（1926-2016）推翻了由美國政府與美國的犯罪集團及企業支持的巴蒂斯塔政權。[28]巴蒂斯塔（Fulgencio Batista）在一九五二年的政變中取得政權並取消了預定的選舉，他也耗盡了該國約百分之九十的國家儲備金。[29]卡斯楚後來估計，當時古巴七百一十萬人口中，大約有六十萬人失業，百分之三十七．五的人是文盲；此外，在過去十年中，對美貿易逆差累計達到約十億美元。電話、電力供應與其他如礦業等重要產業都遭到美國壟斷。甘蔗種植佔出口的百分之八十。為了取悅美國人，除了工作外，古巴黑人禁止進入俱樂部與飯店。卡斯楚認為，主要由中產階級組成的少數派在農村展開的武裝反抗將引發一場革命。從只有八十二人開始，他的三千人部隊擊敗了一支為數約三萬七千人的軍隊，箇中原因，部分是巴蒂斯塔嚇跑了他的中產階級支持者，特別是學生，從而致命地破壞了政權的支柱。在很短的時間內，這個身材高大、頭戴野戰帽、滿臉鬍鬚、抽著雪茄的人物，變成了國際認證對抗美國歌利亞（Goliath）的大衛（David）。

身為富裕的西班牙農民之子，卡斯楚起初並未以馬克思主義者自居展開他的革命事業。他原本採取「空想共產主義」（utopian socialism）的立場。然而，在閱讀馬克思時，卡斯楚後來回憶道，特別是《共產黨宣言》，「造成了巨大衝擊」，它「教導我社會是什麼……及其發展的歷史」。[30]卡斯楚接受《生活》（*Life*, 2006）雜誌訪問時表示，他在一九五〇年代左右成為「一個堅定的馬列主義者」，同時從古巴著名的民族主義者暨基督教人道主義者何塞．馬蒂（José Martí）身上學習倫理學。他認為列寧是「第一個解決殖民問題的人」。[31]卡斯楚承諾最晚在一九五八年舉行自由選舉，並主張給予地主補償的土地改革，但不考慮工業國有化。一九五九年五月，他表示，「我們的革命既不是資本主義的、也不是共產主義的！……資本主義犧牲了人類，共產主義則以其極權主義的觀念犧牲了人權。」[32]然而，在取得政權後，他開始成立大型國有農場，卻從未舉辦過任何選舉。直到一九五九年三月，卡斯楚都還否認自己是個共產主義者，但在同年稍後的七二六運動中，他開始宣揚馬克思主義。接著，在面臨美國的敵對時，他得到了蘇聯的支持，並於一九六〇年年初與蘇聯簽訂協議，隨即自蘇聯大量輸入軍備與原油。一九六〇年年中，在古巴宣布徵收所有美國企業（隨後還有大量的古巴企業）後，兩國的關係終於決裂。

此時，卡斯楚似乎面臨嚴峻的抉擇：共產主義抑或失敗。在傾向馬克思主義的切．格瓦拉促使下，卡斯楚在一九六一年年初宣布自己是共產主義者，也開始談論起馬克思主義的經典。（私底下，他曾痛批史達林的「嚴重錯誤」，包括「濫用武力與鎮壓」。）[33]一九六一年四月，美國中央情報局在豬玀灣發動了一次失敗的入侵計畫。第二天，卡斯楚就宣告「我們革命的社會主義本質」。[34]接著，一九六二年發生古巴導彈危機，蘇聯於古巴領土布署核導彈，核戰爭幾乎一觸即發。此後，古巴便仰賴蘇聯的援助，主要透過蔗糖出口償還，這也迫使古巴落入單一作物的境地，以致在面臨美國的經濟制裁下，難以達到經濟多樣化。美國的顛覆行動一直持續著，其中包括對古巴農業發動生物戰，還有提供會爆炸的雪茄在內的六百多次暗殺卡斯楚的計畫。由於規畫不善，加上從蘇聯和東歐（這時古巴有百分之七十五的出口產品都是輸往那裡）運補困難，長期物資短缺的情況愈形惡化。經濟困頓與政治壓迫驅使大約一百五十萬古巴人逃離家園。革命後不久，數百名巴蒂斯塔官員遭到處決，不過，其他許多人則被納入新政權中。卡斯楚反對國內對他的個人崇拜，像是以領袖之名命名街道，或在公家機關辦公室懸掛他的肖像。

儘管資源極為有限，不過古巴在健保、教育與反對種族及性別歧視等方面取得長足進步，成果傲視該地區和其他許多更為富裕的國家。二〇一五年，古巴的平均預期壽命達到七十九．一歲（美國為七十八．七四歲），這是一項了不起的成就。在卡斯楚本人變得較能接受拉丁美洲解放神學的革命訴求下，該黨最終接納宗教信徒加入其行列。[35]在擔任總理（1959-76）繼而接任部長會議主席（1976-2008）的漫長統治期間，卡斯楚的個性完全主導了黨的發展，他同時兼任黨的第一書記，反對派的空間極為有限。他曾出手援助其他地方的反帝國主義運動，包括玻利維亞、委內瑞拉、剛果、衣索比亞、安哥拉與莫三比克。他還向許多貧窮國家提供療援助；二〇〇五年，古巴共有三萬名醫生在國外工作，這個數字超過任何一個工業化國家，而古巴本身則只有四萬名醫生。

在歐洲，當卡斯楚在一九六八年支持蘇聯鎮壓布拉格之春時，人們對他感到幻滅。然而，他的政權也提供二十世紀後期馬克思主義所造就出的最重要的一個偶像。一九六〇年代，對於蓄著鬍鬚、戴著貝雷帽的阿根廷醫生埃內斯托．格瓦拉（Ernesto Guevara, 1928-1967）的崇拜，使他成為比馬克思本人辨識度更高的人物。[36]這時，革命有了一個海報男孩，所有的人都管他叫「切」（Che；阿根廷西班牙語中的「朋友」之意）。突然間，馬克思主義變得既酷又性感，成為年輕與叛逆的同義詞。在他的偶像形象變成另一個時尚符號與行銷工具之前，切．格瓦拉被連結到試圖建立一種全新的、自我犧牲的共產主義道德觀，以及反對帝國主義的剝削。卡斯楚曾說，他「創造了一個偉大的光環、一種強大的神祕感」。[37]在試圖向玻利維亞輸出革命時，切．格瓦拉英年早逝，這也使得他的形象永不磨滅。但古巴在後來的數十年間卻很難繁榮起來，到了一九九〇年代中期，蘇聯援助終止的「非常時期」更幾近崩潰。二十一世紀初期的改革允許更多的私人企業，旅遊業也幫助了帳目的平衡。

非洲的馬克思主義

在第二次世界大戰後，整個非洲興起了反對殖民主義的種種抵抗運動。其中許多都帶有馬克思主義的元素，有些則是由蘇聯或中國直接贊助。各地都迅速實現了獨立，單單在一九六〇年，就誕生了十七個新國家。

從馬克思主義的觀點提倡去殖民化的人士中，最著名的是出生於法國海外大區馬丁尼克（Martinique）的精神病學家法蘭茲．法農（Frantz Fanon, 1925-1961），他曾參與阿爾及利亞獨立戰爭（1954-62）。在《大地上的受苦者》（*The Wretched of the Earth*, 1961）一書中，法農擁護暴力的解放作用，引發了一場對於這種「淨化力量」（能讓原住民從他們「自卑情結」中解放出來，特別是低度開發地區的農民）的本質與效應的持久辯論。[38]

在撒哈拉以南非洲，許多著名的政治家都受到馬克思主義的啟發。在黃金海岸，獨立運動領袖夸梅．恩克魯瑪（Kwame Nkrumah, 1909-1972）於一九五七年成為迦納的首任總統。恩克魯瑪最初是透過加勒比海地區的托洛斯基主義者C．L．R．詹姆斯（C. L. R. James）接觸到馬克思。[39]恩克魯瑪認為「新殖民主義」（neo-colonialism：外國資本對於前殖民地與其他地區的持續支配，特別是美國）是「最糟糕的帝國主義形式」。[40]恩克魯瑪提倡「泛非主義」（pan-Africanism），其目的是在一個聯邦、社會主義的基礎上，促進最終取得獨立的前殖民地相互合作。雖然是以反帝國主義為出發點，在這當中，跨越部落界線，甚至將其「徹底裂解」，比階級鬥爭更為重要。[41]福利國家是另一個目標，正如提高婦女在政府中的地位。工業化與集中規畫則將取代對於單一種植（可可）的依賴。漸漸地，恩克魯瑪在迦納取得了更大的權力；一九六四年，他讓自己所屬的「傳統人民黨」（Convention People's Party）成為該國唯一的政黨，譴責多黨制基本上會讓「『富人』與『窮人』之間的鬥爭」永無止盡。[42]兩年後，一場可能是由美國所協助的政變將其推翻。雖然恩克魯瑪自認為是非洲民族主義者，而非共產主義者，但他強調非洲社會中的平等主義概念以及社會主義做為一種更高層次的地方自治主義（communalism）觀念。[43]

第一位明確表達一種自覺的非洲社會主義的作家是利奧波德・桑果（Léopold Sédar Senghor, 1906-2001），他在一九六〇年領導塞內加爾走向獨立，成為該國總統。他在留學法國和擔任教師期間，幫助發展了「黑人性」（négritude）的概念——這個詞由來自馬丁尼克的詩人艾梅・塞澤爾（Aimé Césaire）所創，用以表示「非洲黑人的文化價值觀」，傳達一種基於血緣的種族驕傲感，甚至根植於情感溫度的優越感。其意在於做為非洲人的統一概念。[44]儘管如此，即使在為塞內加爾的獨立奮鬥期間，他依然支持一種法國（前殖民勢力）在其中扮演要角的聯邦主義理想。

桑果所抱持的非洲社會主義的特定想法，最初是受到馬克思與維拉・扎蘇里奇關於俄國農民公社的通信所啟發。但他與馬克思主義的交鋒往往是帶有批判性的。他認為，馬列主義在堅持單一通往社會主義的道路上犯了「文化帝國主義」的過錯。無產階級專政創造了一個「至高無上、沒有靈魂的怪物」，「背離馬克思的學說」，這使他得出結論：非洲人「不再接受馬克思的未來願景」。馬克思在其他關鍵的領域也令人失望，像是他對於農民（發展中國家的農民往往會變成革命者）的評價，以及對於資本主義崩潰的預測。桑果拒絕無神論的唯物主義和完全公有的、由國家管理的經濟，他偏好私人投資，但不允許自由市場經濟占據主導地位。他曾譴責蘇聯尋求一條「跟美國資本主義發展愈來愈像的、美式生活」的道路，並祈求一條「中間路線，一種『民主社會主義』……這與法國社會主義者的舊道德思潮相連」。他讚揚馬克思的異化理論，更將它延伸到殖民問題上（如同法農）。不過，他認為共產主義，特別是史達林主義，「對於人性尊嚴的焦慮和對於自由的需求」，還有對於民族主義，都付出太少關注。[45]

儘管馬克思主義在不同程度上影響了其他許多廣受歡迎的非洲領袖，包括南非的曼德拉（Nelson Mandela, 1918–2013）和坦尚尼亞的朱利葉斯・尼雷爾（Julius Nyerere, 1922–1999），如今它在非洲政壇的重要性已然大大減弱。[46]

越南（胡志明）、柬埔寨（波布）與北韓

在東南亞與東亞，共產主義政權於一九五〇年代出現在越南和朝鮮，一九七〇年代出現在寮國與柬埔寨。[47]越南的偉大領袖胡志明（「最開明的胡」，1890-1969），出生於法屬印度支那義安省南壇縣（位於現今中越）的一個農民家庭。胡志明九歲時，就曾協助他的父親傳遞反法殖民抵抗運動的訊息。他曾在船上當了幾年廚房助手，據傳甚至在倫敦卡爾登（Carlton）飯店主廚埃斯科菲耶（Escoffier）手下擔任過糕點師傅。（如果這是真的，那麼列寧所說的「廚子變成政治家」的名言就真的實現。）[48]

在巴黎和會（1919）上，他為越南自決提出了慷慨激昂的請願，為此，他在家鄉可能會被判處死刑；當時的社會主義者偶爾會在未經審判的情況下遭到處決。胡志明是一九二〇年法國共產黨的創始黨員，他抱有強烈的民族認同感以及對於帝國主義中普遍存在的種族主義的怨恨。一九二〇年代與三〇年代，他自稱阮愛國，在法國、中國、泰國與越南為共產國際效力，一九四一年回到越南領導抗日。一九五四年，法國於奠邊府戰役落敗後，胡志明隨即掌握這時已分裂的越南北部，其後在越南人稱為「美國戰爭」的大部分時間裡，他一直是北越的領導人。他的形象是樸素、慈祥的「叔叔」，溫和、機智的男子，但他也是一個「不妥協、不腐敗的革命者，猶如聖茹斯特（Saint-Just）」，一位法國友人保羅．穆斯（Paul Mus）曾如此描述他。[49]

胡志明的馬克思主義始於信奉列寧（他曾在一九二三年嘗試於莫斯科與列寧會面），將他視為「一位解放同胞的偉大愛國者」、「普世同志情義的體現」與「堅決譴責所有對於殖民地人民懷有偏見的第一人」。胡志明回憶道，在閱讀列寧關於殖民主義的著作時，「激發了我極大的情感、極大的熱情和極大的信仰，也幫助我看清楚問題所在。我的喜悅是如此之大，以至於有時我會淚流滿面。」[50]但他也想要「修正馬克思主義……透過東方的民族學來強化它」，期盼能夠「激起民族主義」。[51]他不僅長期抗議法國對待印度支那的方式，也抗議法國對其他殖民地的殘酷行為。他抱怨，法國是個「奇怪的國家。它是孕育令人欽佩的思想的基地，然而，當它外出旅行時，卻不會輸出那些思想。」[52]

「印度支那共產黨」（Indochinese Communist Party, 1930）的原始綱領包括重新分配耕地給貧農。不過，胡志明也強調需要一個廣大的聯盟來獲得獨立，並且向《美國獨立宣言》及其權利語言致敬；

長期以來，他十分敬重林肯（Abraham Lincoln），因為林肯解放了奴隸。他在一九四四年強調，越南獨立是他的優先要務，而非共產主義。一九四五年，他希望能夠說服美國反對法國在日本戰敗後重返印度支那執政，這個想法獲得羅斯福（Franklin Roosevelt）的支持，但遭到杜魯門（Harry Truman）毀棄。美國隨即也開始資助對抗「越南獨立同盟會」（Viet Minh）的戰爭；該會成立於一九四一年，以統一國家為目標滲透南越地區。

在北越獨立取得政權後，胡志明就沒有任何放棄列寧主義或民主集中制的問題。如同其他地方，中國（1953–61）所推動的土地集體所有制證明是血腥又曠日廢時，最終導致了饑荒。一九五八至一九六〇年間，所有企業都被集體化，不過，聚焦以重工業為「社會主義建設的核心」，卻也造成了一些困難。在外交政策上，胡志明利用中國與蘇聯進行槓桿操作。由於嚴重依賴蘇聯的援助，他曾讚揚一九五六年蘇聯對匈牙利革命的鎮壓行動（儘管如此，史達林還是稱他為「共產主義的穴居者」。[53]）然而，儘管中國在一九五〇至五一年對胡志明施壓，他仍拒絕讓下屬因階級背景「不正確」而被剔除。一九五〇年代中期，越南變得愈來愈往史達林主義傾斜，其中包括嚴加監視人民以及特權黨籍菁英愈趨增長的權勢。一九五六年，力促言論自由的記者與作家被迫噤聲。[54]到了一九六〇年代，美國戰爭後期，這個仍舊穿著廢棄輪胎製成的拖鞋，帶著親切又神祕的笑容的孱弱老人，成了對抗帝國主義的國際象徵。純樸、耐力、公平及同志情誼，與超級強權傲慢、種族主義的技術官僚相互較勁。在這場道德冷戰中，相形之下，歌利亞明顯變弱。

美國戰爭也蔓延到了鄰國。一九七五年四月，由波布（Pol Pot，原名桑洛沙〔Saloth Sar, 1925-1998〕）領導的紅色高棉征服柬埔寨，造成共產主義革命史上最大的國家災難。[55]在政權於一九七九年被越南推翻之前，短短四年內，全國有多達三分之一的人口，大約兩百萬人遭到殺害，或因饑荒或因缺乏照料而喪生。大部分這種「種族自我滅絕」（autogenocide）肇因於將都市人口歸類為腐敗的「新人」（new people），並且幾乎立即強制淨空這些飽受戰爭蹂躪的城市。這是階級鬥爭引發的仇恨所導致的大規模屠殺最極端的例證。

就理論上來說，紅色高棉是所有馬列主義政權中最以農民為導向的國家，也是賦予未受教育者的美德、天真與無知最大優先權的國家。但它也是所有共產主義暴政中最粗暴的。貨幣被廢除，圖書館和醫院被淨空，鄉間純淨生活的美德受到讚揚。裝扮自我、穿戴五顏六色的服裝或眼鏡、表達情感、說外語或行為舉止個性化，這些行為不但不被鼓勵，甚至還會被處以死刑。所有事物都以極端集體主義進行成為一種常態，伴隨而來的還有對於難以捉摸的黨組織「安卡」（Angkar）的絕對服從。人們對於受過教育的人、美國支持的前政府成員，以及來自蘇聯、美國與越南的「間諜」和少數民族產生了強烈的妄想猜忌。[56]為數眾多的人遭到處決或在大規模的強迫勞動計畫中死去。波布曾委婉地將這一切形容成一場模仿中國的「超級大躍進」，並且吹噓說，「相較於其他國家，在方法上，我們極為迅速。」[57]他還誇口，即使直升機飛行員「無法大量閱讀」，他們的培訓時間也能大幅縮短，藉以證明「政治意識才是決定性因素」。[58]他們的飛安紀錄無從得知。根據報導，黨的幹部都在研習「馬列」思想，即使如此，也未能激發對於研讀經典資料的信心。

世界上最後倖存的全然史達林主義政權，就在朝鮮半島分裂後成立於一九四五年的朝鮮民主主義人民共和國。最初由金日成（1912-1994）領導，接著由家族王朝繼承，這個政權也和其他這類政權一樣，對於內部對手無情，對於經濟則無能。截至一九九〇年代中期，饑荒已造成多達三百五十萬人死亡。北韓政權以其無所不用其極的個人崇拜聞名，這幾乎是該國所有藝術與文化的焦點所在。它強烈的自力更生意識形態，或稱「主體思想」(Juche)，始於一九五五年，進而擴展成完全的文化孤立。由於極端軍事化，有大約百分之二十五的人口在武裝軍隊裡服役。警察監視十分普遍，對於脫序行為的懲罰則是迅速而嚴厲。在一九九〇年代，主體思想承繼馬列主義，成為官方的國家意識形態。

二十一世紀的馬克思主義
Marxism for the Twenty-First Century

到了一九八〇年代，馬克思主義陷入急遽衰退。誠如法國革命家雷吉斯・德布雷（Régis Debray）所言，這是一個「被索忍尼辛、『新哲學家』（nouveaux philosophes）與船民（boat people）所劫持」的時代。馬克思品牌的黯然失色，主要是因為古拉格的真相被公諸於世，還有一九五六年與一九六八年累積的種種效應。但它的形象也與時代精神不一致。「馬克思主義」的論述如今變成彷彿「一種過時的梵文」，不再與時代產生共鳴。[1]馬克思歷史哲學的預言性與千禧信仰性質自然都很適合教條主義，列寧主義則透過箝制異議來強化這一點。世界革命開始陷入僵化的自我諷刺中，因為它名義上的種種目的變得剝離、模糊與反烏托邦。對於「解放」的熱情顯然已消失了數個世代。在政治暴力被譴責為「恐怖主義」下，「革命」失去了吸引力。步履蹣跚的蘇聯老人統治集團象徵著某種硬化症，長期侵襲他們粗糙地加諸於附庸國家的哲學與模式。這時體現革命的，不是切・格瓦拉迷人的熱情，而是他們那在痴呆症中搖搖擺擺的銀髮政黨。自一九七八年後，中國突然改弦易轍，放棄了計畫經濟，越南也在一九九〇年從善如流。一九八〇年代，阿富汗虛耗了蘇聯的軍隊。進行革命、公正地治理、促進富饒、協助人類「解放」，這些顯然是截然不同的主張。一九一七年彼得格勒的黃金年代，如今似乎只是夢一場。

隨著蘇聯在一九九一年解體，蘇聯對於附庸國的援助也跟著告終。古巴與北韓在保持計畫經濟的同時掙扎著在變局中求生。在俄羅斯，男性的平均預期壽命從一九九〇年的六十三歲降至二〇〇〇年的五十八歲（現在大約是六十五歲）。前東歐蘇維埃集團的國家迅速回歸資本主義，儘管許多人因過時的、接受補貼的國有工業垮台而受苦，或是在外國跨國公司控制的新形式下在低薪區苟活。在二十一世紀初，這些國家有幾個擁抱了右派民族主義，甚至是威權主義或仇外原則。其中有部分是對於蘇聯的占據與數十年來官方馬列主義的回應，部分是對於在第二次世界大戰中人民與領土的損失，部分則是回應全球化的衝擊。匈牙利與波蘭的新政權偶爾表現出對於共產主義時代的自由主義氣息的明顯敵意。事實證明，獲得對於民主反對派的尊敬，比許多人在一九八九年所期待的要困難得多。

馬克思主義的歷史可被視為自然地分成七個階段。第一階段見證了馬克思與恩格斯在一八四八年後為籌組一個「馬克思黨」（Marx party）的早期努力。第二階段是由德國社會民主黨與改良主義直到一九一四年的成長所標記。列寧、俄國革命與辯證唯物主義的具體設定則劃定了第三階段（一九一七至一九三七年左右）。第四階段主要為一九四九年的中國革命。在第五階段，自一九四五年起，馬列主義在整個第三世界擴散。到了第六階段（一九五〇年代至一九八〇年代），官方的僵化與計畫經濟（充其量）的遲緩發展，並行於在早期著作的推動下對於馬克思的興趣的復興。除了少數幾個社會之外，接踵而來的則是衰退與崩潰的第七階段（一九八九至一九九一年）：大多數是完全轉變（中國、越南），有的則是在極端史達林主義中一成不變（北韓），或是隨即發生了較溫和的變化（古巴、白俄羅斯）。因此，如同莎士比亞的《皆大歡喜》（*As You Like It*）中人生的七個階段，這是一個可被從嬰兒期到衰老期追溯的過程。

直到人文主義的主題於一九六〇年代在西方國家回歸之前，馬克思主義在每個階段都變得更遠離馬克思本人一點。在這個年表中，最關鍵的轉捩點就是列寧與布爾什維克革命。馬克思認為自己的目標隱含了兩條主要道路，和平的與革命的。然而，他也強調，他的理論必須因勢利導。正如霍布斯邦的觀察，沒有所謂「正確」或「不正確」的馬克思主義：「考茨基與伯恩斯坦是馬克思的傳人……普列漢諾夫與列寧亦然。」[2]不過，這只在某種程度上正確。馬克思一向堅持「自由人聯合體」的大眾民主（mass democracy）觀，這將能實現與維繫無產階級的權力；他也堅持同意（consent）是首要原則，這意謂著他可能不會在克隆施塔特起義後追隨列寧的「民主集中制」或保衛革命。但是這種評斷仍有爭議。舉例來說，霍布斯邦曾猜想，如果馬克思活到二十世紀，「幾乎可以肯定」，他會「賦予抵禦被推翻的危險以保持革命的無產階級權力最高的初始優先權」。[3]這裡的關鍵問題是（這是完全反事實的），在克隆施塔特事件發生時與發生後，在允許或禁止黨以外的組織獲得競爭的權力來源上，馬克思會怎麼做。因為無產階級的權力——工人掌權——不是黨的權力。不過，我們很難想像，像馬克思這種終極目標是達到一個以「自由個體」為特色的社會的人，會覺得馬列主義強烈的集體主義具有吸引力。

除了經濟問題，馬列主義政權中出現的許多問題，都肇因於其系統性地漠視個人的與公共的自由。馬克思並未提出任何類似於約翰·彌爾那種極為實用的「傷害原則」（harm principle）模式，藉以區分國家或公眾對於個人行為的干預什麼是被允許的、什麼是不被允許的。他的追隨者中很少有人傾向於劃出這樣的界線，或是辨識集體主義（collectivism）的任何限制，但這並不表示原則上不能這麼做。不容異議成為常態。馬克思主義對於以權利為中心去爭取自由的方法所具有的敵意，顯然適得其反且被誤解。因而造成的鎮壓很難與馬克思本人連結起來。然而，《德意志意識形態》為不擇手段地成功實現革命提供了合理化的可能性，這卻是不爭的事實。對於像是萊謝克·科拉科夫斯基等作家來說，同樣地，唯有專制才能帶來馬克思所提出的社會統一的浪漫理想。[4] 如同駕馭著歷史戰車的某種道德殘暴地輾壓在人類身上，人類也被科技套上腳鐐。托洛斯基以政治權宜為合理化殘殺沙皇子嗣辯護；但這項原則也適用在其他人的孩子身上。

然而，過去也曾有過許多或許能讓馬克思主義變得比較溫和的潛在轉捩點。取得完全全體一致性（unanimity）的渴望，既非烏托邦主義也非馬克思主義的一個必然結果。遺憾的是，與事實相違的猜測在這裡幫助不大。舉例來說，我們可以想像，如果工人反對派在一九二一年取得勝利，或者托洛斯基取代史達林接替列寧的位置，或者新經濟政策延續下去，或者古巴或越南在它們爭取獨立的奮鬥中獲得美國更多的協助，或者如果某個或某些東歐政權在脫離史達林主義下卻依然維持馬克思主義的方向，那會發生什麼事？如果戈巴契夫將改革後的蘇聯與市場連結起來又會如何？這是否會形成一個自由的馬克思主義體系？還是說，蘇聯，或者俄羅斯，會跟中國或越南一樣，維持嚴格的一黨專政，壓制民主的種種權利與言論自由，只允許經濟自由呢？我們永遠無從得知。沒有一個可行的社會自由與政治自由的政權能與列寧式共黨政權共存。毛澤東說過，「沒有自由的史達林主義這回事。」[5]然而，正是列寧主義阻止了修正主義成為任何共產黨執政國家的主要政治哲學。馬列主義的道德（有部分）就是，那些獲得權力的人從不試圖放棄權力，而且還會不計一切代價維持權力，正如巴枯寧曾經警告且歐威爾再次重申的那樣。

於是，一九九一年以來，對於馬克思主義的人道評斷往往比過去嚴厲。有些人認為，「正是馬克思與恩格斯的思想導致了奴役與非人道的完備，從古拉格群島到柬埔寨的滅絕營。」[6]大多數的問題都是來自列寧與列寧主義。即便是馬克思主義評論家，像是安潔莉卡·巴拉巴諾夫，也視布爾什維克主義為「馬克思主義的曲解」，它「挪用了社會主義理論，將它變成一種充滿憎恨的諷刺文」，而且還「竄改了我們的術語，玷污了我們的原則」。這種「社會主義的反命題」「完全是列寧的創作」。[7]一九二〇年，伯特蘭·羅素曾抱怨道，「人們憑藉布爾什維克的方法去實現共產主義所要付出的代價實在太可怕了」，他後來甚至懷疑，「這個結果是否是布爾什維克黨人所想要的」。[8]然而，許多左翼人士仍然不願面對布爾什維克主義的遺產中更悲慘的部分。

企圖將馬克思主義從列寧主義最墮落的形式（即哲學的與政治的史達林主義）中拯救出來，一般來說有三種類型。首先是回歸青年馬克思，進而以他的異化論述建立一套關於自由的理論。第二種類型是否定恩格斯對於唯物主義的論述，往往還同時回歸黑格爾，並且否認馬克思主義向來都是「科學的」（在辯證唯物主義的意義上）。第三種類型則是利用馬克思對於工人的民主與協作的支持，去批判列寧主義與史達林主義。到了一九九一年，所有這些努力似乎全都歸於失敗。法國馬克思主義者羅傑・加洛蒂（Roger Garaudy）於一九六四年寫道，「今日，馬克思與他的作品極化了全人類的希望或敵意。」[9]情況不再是如此。撇除中國不談，只剩下少數幾個腐朽的共產主義國家。它們沒有為人類樹立希望的燈塔，也沒有革命的無產階級渴望仿效它們。馬克思的理想，或至少是列寧對它的模仿，已被弄得面目全非。對於許多人來說，共產主義代表的是奴役，而非自由，馬列主義則是知識分子的囚牢，而非解放的承諾。對於擬似宗教的歷史確定性的追求，如今已是聲名狼藉。大多數以列寧主義和黨或無產階級的「真理」體現為出發點的作家，因而不再具有可讀性。此外，將自由主義與馬克思主義結合起來的企圖，也被認為就像把油和水混合在一起。所以，舉例來說，在約翰・彌爾或許可以對於馬克思的政治思想（甚至更明顯地對於列寧的政治思想）做些平衡之處，卻很少有人去下工夫，即便我們還是可以點名莫里斯、伯恩斯坦、費邊社或馬庫色。[10]馬列主義至少如今看來已然過時，就好比在一個電動車的時代裡渴望一場福特T型車的革命。正如萊謝克・科拉科夫斯基貶抑地指出，「我們這個世紀（二十世紀）最大的幻想」，如今似乎只適合被供奉在喬治・索雷爾所說的「逝去神祇的古塚」。[11]

這是個哀傷的結局（如果這是結局），這個理想曾經激勵數百萬人尋求從殖民主義、帝國主義與壓迫中獲得解放，也曾勇敢地挑戰人與人之間不公平的、剝削的從屬關係的觀念。這代表著在追求平等理想上的一個實質挫折，那樣的理想曾是美國革命與布爾什維克革命的支柱，也可能是現代性的基礎。儘管如此，一九九一年之後，「意識形態的終結」與「歷史的終結」的勝利宣言，標誌著美國與資本主義戰勝了馬克思主義。資本主義可以宣稱取得一些重要的勝利（在社會主義、社會民主主義與工會主義大力協助下）：一九五〇年代，世界上約有三分之二的人口處於飢餓狀態。今日這個數字降為九分之一，肥胖甚至成為更大的問題。然而，即使是最富裕的國家，仍有數百萬人遭受著缺糧、缺水之苦，這個問題正在惡化，而且情況很快就會變得嚴峻。雖然資本主義的缺陷顯而易見，如今卻很少有人將馬克思主義視為一種補救方法。在黑白分明的世界裡，對於「資產階級的」哲學來說，這不再是個「正確」的替代選項。現在少有人接受將「哲學」視為啟蒙運動的「頂點」（甚或宗教改革或法國大革命的「頂點」）那樣的論述。我們更少把種種革命運動當成哲學本身的頂點。我們合理地對於集行政、立法與司法功能於一身的政府（通常集中於行政權）抱持懷疑的態度；那會助長獨裁統治。我們對於「進步」與歷史受「法則」所支配的觀念更沒有信心。我們對於任何人類的終極成功，對於任何「理性」原則的首要地位或統治權，或是對於消除剝削的未來，都更為存疑。無論歷史可能具有什麼意義，對我們來說都是不透明的。

這一切都令人氣餒。然而，倘若今日我們不那麼傾向於尋求集體的救贖，那就不算是什麼壞事。因為，如果馬克思主義代表人類企圖實現人間天堂的最後一次偉大的世俗千禧年信仰，在退而求其次下，我們或許能夠獲得更多。儘管如此，隨著一九九一年的經濟衰退，以及二〇〇八年金融危機所造成的更緊迫的問題拒絕退散下，近年來人們對於馬克思的興趣又重新燃起。全球化促使新市場不斷地開拓。為了維持淨利率，企業將產能轉往墨西哥、南亞、東南亞和東亞以及東歐等勞動力廉價的地區，這侵蝕了歐美國家的工業基礎，引發保護主義者對於失業與就業不足等情況的強烈反彈。自一九八〇年代雷根與柴契爾夫人的時代起，新自由主義經濟政策也削弱了工會，並弱化了往最小限度國家與（某些人擔心的）企業獨裁的反烏托邦（dystopia）過渡。[12]在不穩定無產階級（precariat）中，負債、低薪、長工時、零時契約（zero-hours contract）、退休金減少、兒童貧困與類似的影響日益增加。[13]對富人和企業的稅收減免往往伴隨著「緊縮」社會服務、學校、健保與福利。對於失業者甚至是愈來愈多的在職者來說，無家可歸與救濟廚房是一種淒涼的選擇。結果之一，就是財富集中的情況比起上個世紀的任何時候都還要嚴重。[14]現在全球大約有兩千個億萬富翁，前八位富豪所持有的資產總額相當於全世界底層半數人口的財富。約有二十一兆至三十二兆的資產（佔全球投資總額的百分之三十二，超級富豪財產總額的百分之二十五）藏在避稅天堂。

這似乎是種爆炸性的事態。但是，不論是已開發國家貧困狀態的惡化，還是其他地區無產階級的增長，都無法激起革命運動或是對於馬克思主義解決方案的同情。蘇聯解體後，具有霸權地位的自由觀反而享有意識形態的壟斷。大型跨國公司與右翼億萬富翁對於媒體與政治擁有巨大的影響力。在「後真相」時代裡，宣傳、虛假訊息或瞞天大謊，持續地分散人們去檢視對社會不滿的注意力。[15]在英國，兩位極右派的億萬富翁掌控了大約百分之八十的報紙銷量。即便網路資源多元豐富，也幾乎無法平衡宣傳自戀消費、名人、享樂主義、競爭、個人成功與「人不爲己，天誅地滅」的電影與電視的乏味公式。社群媒體上鎖定目標族群的廣告，甚至使得強化意見的「回音室」效應更為強烈。階級戰爭順利進展，我們這個時代的一則笑話就是：富人獲勝。

在某些地方，二〇〇八年的金融危機仍在一定程度上削弱了新自由主義的名聲，並使希臘的激進左翼聯盟（Syriza）等受馬克思主義啟發的政黨掌權，儘管是在經濟狀況最嚴峻的局勢下。在其他地方，傳統左派的得票數即使沒有崩盤，也往往遭到削弱。一種可以穩定體制並回歸二戰後時期更大平等的社會民主意志尚未回歸，有些人則認為不會回歸。[16]就連「激進」（radical）一詞，也在與「基本教義派」（fundamentalism）和「恐怖主義」結合下遭劫持。窮人，不論有工作與否，都不會以階級意識的方式識別自己。他們的恐懼經常為政客與大眾媒體操縱，藉以煽動對外國人（尤其是移民）的民族主義情緒與仇外心理。在東歐，對於共產主義崩潰的記憶逐漸被對於俄羅斯或歐盟、外國人、自由主義以及新經濟秩（失）序和新政治菁英的可疑利益的新焦慮所取代。[17]半個世紀前，異化理論使馬克思顯得格外重要。如今，數百萬人卻爭搶從資本主義的盛宴上掉下來的麵包屑。看來，繁榮似乎比「緊縮」更有可能激發反叛。異化是一種奢侈。

儘管如此，許多人還是不滿資本主義，對於資本主義對地球構成的威脅也深感擔憂。少有人能夠想像廢除資本主義。但是，有一個像馬克思這樣的人物可以幫助我們組織我們的想法，同時肯認他並非不會犯錯，這十分有益。如今，做為一個「馬克思主義者」，實際上可能比接受其他形式的激進主義顯得更為「保守」。馬克思自己的歷史方法可能確實暗示著，時至今日，「激進」需要放棄馬克思主義的很大一部分。在討論他在今日的現實意義之前，讓我們先總結一下馬克思的失敗與成就。然後，我們可以思考這個問題，亦即我們的世界與古典馬克思主義理論所檢驗的世界相去多遠，因此需要新的策略與想法。

在總帳的負面列表上，馬克思主義的缺失包括了：一種過於決定論的進步觀，特別是在社會主義革命的「必然性」這方面；對於伯特蘭．羅素稱之為「激進的確定性」(militant certainty)[18]的信念，它造成了在政策與展望上的傲慢自大；堅持剩餘價值理論的「科學」性，同時排除其他剝削理論；對「共產主義社會」此一終點概念過於籠統與樂觀；對無產階級的浪漫化觀點，錯誤地假定無產階級比其他群體更有道德感，再加上對於「階級敵人」的敵意；既鄉愿又殘酷的「為達目的，不擇手段」的道德觀，藉由誇飾目的一再地合理化大規模屠殺；過度樂觀地假設國家可能會在未來的民主社會中消失；對農民缺乏憐憫；關於社會、公民與個人的自由理論薄弱，而且無力將這些設想成除了「資產階級道德」以外的任何事物；太少強調個體價值；傾向於將人類動機歸納為經濟動機，儘管特別排除了對於權力的追求；極端的經濟集中化與官僚化；思慮不周的「無產階級專政」理論，被用作過度獨斷的權力的藉口；極端擬似宗教的個人崇拜；執著於以重工業為核心的快速現代化；低工資的嚴苛工作制度；對於傳統宗教與少數民族的迫害；未能充分評估思想的力量；過分強調工作在生活裡的中心地位；一套令人迷惑的批判性語言分析，讓許多人如墮五里霧中；盲目崇拜「革命」的概念，視其為解救現存苦難的萬能之計；無法理解民族主義以及種族與宗教認同的循環力量。

這是一份很長的清單，無怪乎今天我們對於馬克思不再那麼虔誠，甚至把馬克思主義描繪成一個保守的、甚或反動的偏執社會主義品牌。由於這個緣故，認為馬克思主義範式（paradigm）已然枯竭，不再代表前進的一種方法，並不無道理。不過，從積極面來看，馬克思還保留了什麼實用性呢？有三個突出的特點。

首先，馬克思關於工作之餘與工作之外的充實生活的觀點，如今或許比以往任何時候都還要有價值。比起大多數與他同時代的人，馬克思更加強而有力地提出這些問題：我們想要什麼樣的生活？我們是否非得假設現存體系是「所有可能世界中最好的」？在想像一個更美好的未來（烏托邦模式）並謀劃如何才能走向那樣的未來下，我們能否做得更好？對馬克思來說，我們可以想像一個，甚至創造一個遠比我們所生存的世界更好的世界。奴隸制與農奴制曾被認為是自然的，後來遭到廢除，為何工資奴役（wage-slavery）就該有所不同？當這種殘酷尚存，我們真的可以說人類在進步嗎？誠然，一個更加人道和平等的社會，會讓所有人都更幸福。社會主義唯一偉大的核心理念，即結束對人的剝削，仍一如既往地具有吸引力。在這方面，能夠幫助我們的，與其說是科學的馬克思，毋寧說是烏托邦的馬克思。

馬克思了解到機器可以讓許多人獲得自由時間。這在他的時代不可能發生，在我們的時代卻可以。許多中世紀的歐洲人一年可享有多達三分之一的假期。現在大多數人恐怕沒那麼幸運，而且近年來勞動時間不斷增加，退休年齡也無情地上修。貧窮雖然可以消除，可是，除此以外，還有許多苦難。今日的烏托邦主義者依然嚮往一個後資本主義（post-capitalist）和後工作（post-work）社會。隨著我們走向愈來愈縮水的福利制度與高薪工作的持續短缺，請求一種無條件基本收入（universal basic income）變得愈來愈合理。新的機械化浪潮或許會使後工作社會變得可能。[19]這看起來似乎是廢除一切形式奴役與提供一個能讓我們的最佳素質蓬勃發展的人性化環境的蒼白幻象。但是，如果烏托邦必須既是在地的、也是全球的，而且必須有一些現實基礎，這肯定會是朝著正確方向邁出的步伐。

其次，我們看到馬克思對於未來的想像是建立在他的異化理論及其對應物，亦即一種全面發展的理想之上。稍加修改，將它應用於二十一世紀並不困難。沒有證據顯示，工作變得更令人滿意，即使是對中產階級來說。數以百萬計的工人進一步淪落為殆危階級（precariat），對於他們工作、健康與未來愈來愈感到焦慮。在低度開發國家，大量的工廠工人忍受著維多利亞時代的工作條件。工作之外，孤寂無處不在。在大城市裡，我們與周圍的人，甚至連我們自己的家人都愈來愈疏離；隨著離婚率上升，有更多的人獨居；我們對老年人的責任感也下降了。利己主義與競爭力比社會性、關懷窮苦與利他主義具有更高的價值。我們的社群感（community feeling）極速衰退。我們在街上遇到的人大多都是陌生人，而且往往是冷漠無視甚或懷有敵意的對象。在政治上，被支配與失去對生活的控制的感受極為強烈，對政治冷漠的情況也相當普遍。在休閒與文化上，對於消費與奢侈品的執迷占據了前所未有的主導地位。隨著我們不斷地破壞我們周遭的自然世界，並變得愈來愈都市化，我們比以往任何時候都不屬於自然的一部分。

我們的社會性也在其他方面減退。操作機器的勞動減少了某些形式的人際接觸。我們所身處的世紀，是一個藉著以刺激持續轟炸我們來極大化感官興奮的世紀。在公共空間裡，罐頭音樂與閃爍的影像往往分散了人們對於對話與直接的人際互動的注意力。（但我們似乎喜歡這樣。）在臉書「友誼」與使用智慧手機成癮的時代裡，人際互動往往被擠到虛擬參與的習慣性點擊之後。（我們似乎也喜歡這樣。）在這裡，一種拜物教的技術狂熱或對機器成癮，如同字面意思那樣將我們與商品融為一體，一旦脫離設備，我們就會不禁迷失方向或是產生失去力量或意義的感覺。如果我們採取馬克思賦予直接的人際溝通（而且多半是在對等的情況下）優先權的想法，這表示科技造成的異化大幅增加，縱然並非所有形式的幻覺與替代現實都屬於這一類。在文化上也是如此，大規模的操縱（包括近來民族主義的與排外的仇恨煽動）迫使我們進一步對立。雖然其中有許多形式並非來自資本主義，而是來自我們與機器的關係，異化仍是處理我們處境的一個重要途徑。只不過，說來奇怪，在很少有人渴望從「單向度」裡「釋放」或「解放」出來的今日，我們卻甚少提及。

第三，馬克思對於資本主義所做的分析，經過適當地更新，依然具有極高的重要性。馬克思強調了生產模式的有機性質、它們不斷變化的傾向，及其關鍵行動者貪婪成性的動機。經濟因素的首要性是他的核心假設。儘管人們對於種族、性別和其他方面的差異愈來愈寬容，但在二十一世紀初，財富集中化持續暢行無阻，而且一再發生的嚴重危機更助長了這樣的情況。在這方面，馬克思仍然保留了一些解放的潛力。我們不需要剩餘價值理論來告訴我們，較不平等的社會更殘酷且不幸福，即使是對富人而言。[20]馬克思的意識形態理論在葛蘭西、法蘭克福學派和其他霸權理論家（還有赫胥黎〔Aldous Huxley〕與歐威爾等諷刺它的作家）的深刻見解支持下，比以往任何時候都更加有用。然而，「虛假意識」在許多方面都被證實是最難解決的問題，尤其錯誤資訊、不實資訊、虛構與「假新聞」前所未有地氾濫。

我們仍然會有危機，我們也仍然會有批評：似乎缺少的是方案與動力。某些具有吸引力的政策可能構成左派議程的基礎，包括強化愈來愈縮水的福利條款；國債的豁免；取消避稅天堂；邁向財務透明化，在「玻璃革命」中，每個人的收入與稅賦都公諸於眾；建立股票與債券的全球金融財富登記，做為對於所有形式的財產徵稅的序曲；[21] 取消企業避稅措施（美國國庫每年至少損失一千三百億美元稅收，全球則更多），特別是透過協調全球最低企業稅；並提供全民免費醫療照護與無條件基本收入。無條件基本收入或許會取代許多目前的福利措施。它也將緩解失業，因為機械化程度不斷地提高，或許很快就會使普遍的勞動不僅不必要，而且不可能。資本主義能否適應這樣的政策卻不致造成嚴重的崩潰，這一點尚不清楚。此外，這些發展也表明，相較於「自由市場」的解決方案，人們需要的是集中與協調的規畫，這再次證明馬克思的觀點，社會控制必然是集體解放的基礎。

在環境這個關鍵的領域裡，馬克思在今日的不合時宜顯而易見。人類在二十一世紀日益加速的反烏托邦墮落，更有可能是破壞環境使然，而非資本主義危機。不只是進步，革命或進化也都不是自動的；退化、墮落、甚至文明崩潰都是有可能的。我們的生存並非必然。除了指出資本主義造成的環境破壞，馬克思在這方面幫不了我們。馬克思主義成為「進步」、「成長」與「發展」的替代願景，旨在改善大多數人的工作條件下更公平地分配財富。然而，烏托邦並不在於極大化我們的生產力及開發自然的能力。如果代價是摧毀地球，我們就無法消滅貧窮。社會主義無法滿足人類的所有需求：資源正在減少。更大的匱乏迫在眉睫，而且可能四處蔓延。全球暖化、資源枯竭與人口過剩的進程意謂著，今日的任何批判觀點都應始於保護自然，而非支配自然。我們可以從利用風力、太陽能、潮汐能、水力等再生能源去取代所有石化燃料著手。除非有足夠的批判，否則未來的世界將沒有任何東西可供漁獵。

如果馬克思還在世，他無疑會發現資本主義依然是一個阻礙人類盡可能實現其潛力的體系。他是否還會想像有朝一日或許能夠終結剝削？毫無疑問。他還會是個共產主義者嗎？他可能不得不承認，社會主義的官僚組織和貪婪的貴族或資產階級一樣，都具有壓迫性。他可能仍會要求一套可以民主問責的財產所有權與經濟管理制度。他是否還會堅持認為世界必須改變才能更好？更甚於以往。切・格瓦拉寫道，「馬克思的功績」在於「在社會思想史上突然造成一場質變」，在於超越解釋和預測去要求改變。[22]設想一個更美好、更人道的未來，是創造未來的第一步。但歷史不會給我們未來。我們必須自己完成這項工作。馬克思常說，「為人類而努力。」這個訊息禁得起時間的考驗。

27.

15 這方面的一本不錯的入門書：Noam Chomsky. *Necessary Illusions. Thought Control in Democratic Societies* (Pluto Press, 1989)。

16 例如 Walter Scheidel. *The Great Leveler. Violence and the History of Inequality from the Stone Age to the Twenty-First Century* (Princeton University Press, 2017)。關於此一主題的概述，參閱 Pierre Rosanvallon. *The Society of Equals* (Harvard University Press, 2013)。

17 參閱 Adam Michnik. *In Search of Lost Meaning. The New Eastern Europe* (University of California Press, 2011)。

18 Russell. *Practice and Theory of Bolshevism*, p. 11.

19 參閱 Rutger Bregman. *Utopia for Realists and How We Can Get There* (Bloomsbury, 2017)。某些類型的超人類主義（transhumanism）設想，將人工智慧、機器人及有機附加物結合在一起，這會大大提高人類的能力與壽命。

20 參閱 Richard Wilkinson and Kate Pickett. *The Spirit Level. Why More Equal Societies Almost Always Do Better* (Allen Lane, 2009)。

21 Gabriel Zucman. *The Hidden Wealth of Nations. The Scourge of Tax Havens* (University of Chicago Press, 2015), p. x.

22 John Gerassi, ed. *Venceremos! The Speeches and Writings of Ernesto Che Guevara* (Weidenfeld & Nicolson, 1968), p. 121.

57 David P. Chandler et al., eds. *Pol Pot Plans the Future. Confidential Leadership Documents from Democratic Kampuchea, 1976–1977* (Yale University Southeast Asia Studies, 1988), p. 128.
58 同上，p. 160。

二十一世紀的馬克思主義

1 Régis Debray. *Praised Be Our Lords. A Political Education* (Verso, 2007), pp. 15, 18.
2 Eric Hobsbawm. *How to Change the World. Marx and Marxism, 1840–2011* (Little, Brown, 2011), p. 13.
3 Eric Hobsbawm, ed. *The History of Marxism, Volume One. Marxism in Marx's Day* (Harvester Press, 1982), p. 234.
4 Leszek Kolakowski. *Main Currents of Marxism* (3 vols., Clarendon Press, 1978), vol. 3, p. 527.
5 引述自 André Malraux. *Antimemoirs* (Hamish Hamilton, 1968), p. 389。
6 Thomas Sowell. *Marxism. Philosophy and Economics* (William Morrow, 1985), p. 203.
7 Angelica Balabanoff. *Impressions of Lenin* (University of Michigan Press, 1964), pp. 35, 137.
8 Bertrand Russell. *The Practice and Theory of Bolshevism* (Simon & Schuster, 1964), p. 101.
9 Roger Garaudy. *Karl Marx. The Evolution of His Thought* (International Publishers, 1967), p. 11.
10 特別是Herbert Marcuse. 'Repressive Tolerance', in Robert Paul Wolff, Barrington Moore, Jr, & Herbert Marcuse, *A Critique of Pure Tolerance* (Beacon Press, 1965)，它將寬容說成「本身就是目的」(p. 82)，並且援引約翰・彌爾來支持這個論點。
11 Kolakowski. *Main Currents of Marxism*, vol. 3, p. 523; Georges Sorel. 'The Decomposition of Marxism' [1908], in Irving Louis Horowitz. *Radicalism and the Revolt against Reason. The Social Theories of Georges Sorel* (Routledge & Kegan Paul, 1961), p. 249。Sorel認為，若非俄國革命的「歷史意外」，它無論如何或許在一九〇〇年左右就已結束了。(同上)
12 參閱David Harvey. *A Brief History of Neoliberalism* (Oxford University Press, 2005)。
13 概括性的論述，請參閱David Harvey. *The Enigma of Capital and the Crises of Capitalism* (Profile Books, 2011)。
14 Thomas Piketty. *Capital in the Twenty-First Century* (Harvard University Press, 2014), p.

perialism (Heinemann, 1962), p. xv.

42 Kwame Nkrumah. *Consciencism. Philosophy and Ideology for Decolonization and Development* (Heinemann, 1964), p. 101.

43 同上，p. 73. Nkrumah另著有*I Speak of Freedom* (1961)、*Africa Must Unite* (1963)、*Selected Speeches* (1997)與*African Socialism Revisited* (1967)。

44 參閱Aimé Césaire. *Discourse on Colonialism* (MR Press, 1972)。

45 Léopold Sédar Senghor. *On African Socialism* (Pall Mall Press, 1964), pp. 32–6, 46, 58, 91; Jacques Louis Hymans. *Léopold Sédar Senghor. An Intellectual Biography* (Edinburgh University Press, 1971), pp. 188, 193.

46 參閱Julius K. Nyerere. *Freedom and Socialism, Uhuru na Ujamaa. A Selection from Writings and Speeches, 1965–1967* (Oxford University Press, 1968); *Nyerere on Socialism* (Oxford University Press, 1969)。

47 概括性的論述，請參閱Colin Mackerras and Nick Knight, eds. *Marxism in Asia* (Croom Helm, 1985)。

48 參閱Pierre Brocheux. *Ho Chi Minh. A Biography* (Cambridge University Press, 2007); Sophie Quinn-Judge. *Ho Chi Minh. The Missing Years, 1919–1941* (Hurst & Co., 2003)。

49 引述自Bernard Fall. *The Two Viet-Nams. A Political and Military Analysis* (Pall Mall Press, 1965), p. 82。

50 關鍵作品是Lenin的 'On the National and the Colonial Questions' [1920], in V. I. Lenin. *Selected Works* (3 vols., Progress Publishers, 1977), vol. 3, pp. 372–8。

51 引述自Jean Lacouture. *Ho Chi Minh* (Allen Lane The Penguin Press, 1968), p. 22; Ho Chi Minh. *On Revolution. Selected Writings, 1920–66*, ed. Bernard B. Fall (Pall Mall Press, 1967), pp. 5, 41, 56; 引述自Brocheux. *Ho Chi Minh*, pp. 27, 50。

52 引述自Lacouture. *Ho Chi Minh*, p. 96。

53 就字面上來說這的確是真的；胡確實曾有段時間住在他把一根石筍命名為「馬克思」(因為它的外型與他相似)的洞穴中，他還曾把一座山與一條河取名為「列寧」(Brocheux. *Ho Chi Minh*, p. 70)。

54 Ho Chi Minh. *On Revolution*, pp. 143, 225, 328, 353; Brocheux. *Ho Chi Minh*, pp. 83, 147, 162.

55 關於Pol Pot，參閱Philip Short. *Pol Pot. The History of a Nightmare* (John Murray, 2004)。

56 細節請參閱拙作*Dystopia. A Natural History* (Oxford University Press, 2016), pp. 219–35。

版有很大的出入。舉例來說，在《矛盾論》裡，對於史達林的批評就被刪除，而且插入了關於過度批評的警告。參閱 Walder. *China under Mao*, pp. 149–50。
19 Schram, ed. *Mao Tse-tung Unrehearsed*, pp. 108–110, 226.
20 同上，pp. 146, 150。
21 Ch'en, ed. *Mao Papers*, p. 38.
22 Schram, ed. *Mao Tse-tung Unrehearsed*, p. 169.
23 Harris. *Mandate of Heaven*, p. 289.
24 Schram, ed. *Mao Tse-tung Unrehearsed*, pp. 234–5.
25 同上，p. 164; Ch'en, ed. *Mao Papers*, p. 87。
26 Schram, ed. *Mao Tse-tung Unrehearsed*, p. 165.
27 Ch'en, ed. *Mao Papers*, pp. 51–2, 65; *Selected Works of Mao Tse-tung*, vol. 5, p. 297.
28 參閱 Fidel Castro. *My Life*, ed. Ignacio Ramonet (Allen Lane, 2007)。
29 Martin Kenner and James Petras, eds. *Fidel Castro Speaks* (Allen Lane The Penguin Press, 1970), p. 8.
30 Castro. *My Life*, pp. 99–102.
31 同上，pp. 105, 153。
32 引述自 Nick Caistor. *Fidel Castro* (Reaktion Books, 2013), p. 57。
33 Castro, *My Life*, p. 181。有人聲稱，「無論如何，馬克思或其他任何人的作品，都不是左右卡斯楚政治行為的關鍵」；參閱 Andrés Suárez. *Cuba. Castroism and Communism, 1959–1966* (MIT Press, 1966), p. 16。
34 Castro. *My Life*, p. 257.
35 同上，p. 226。
36 Guevara 的著作有：Ernesto Che Guevara. *Episodes of the Cuban Revolutionary War 1956–58* (Pathfinder Press, 1996); John Gerassi, ed. *Venceremos! The Speeches and Writings of Ernesto Che Guevara* (Weidenfeld & Nicolson, 1968)。相關的傳記有：Jon Lee Anderson. *Che Guevara. A Revolutionary Life* (Bantam, 1997)。
37 Castro. *My Life*, p. 307.
38 Frantz Fanon. *The Wretched of the Earth* (Macgibbon & Kee, 1965), p. 73.
39 Kwame Nkrumah. *The Autobiography of Kwame Nkrumah* (Thomas Nelson & Sons, 1957), p. 45.
40 Kwame Nkrumah. *Neo-Colonialism. The Last Stage of Imperialism* (International Publishers, 1965), p. xi.
41 Kwame Nkrumah. *Towards Colonial Freedom. Africa in the Struggle against World Im-*

Inventing the Future. Postcapitalism and a World without Work (Verso, 2015); Rutger Bregman. *Utopia for Realists and How We Can Get There* (Bloomsbury, 2017)。

Chapter 6——其他馬克思主義

1 在這方面極為重要的一部著作是，Wallerstein's *The Modern World-System* (4 vols., Academic Press and University of California Press, 1974–2011)。

2 關於毛澤東，參閱 Edgar Snow. *The Long Revolution* (Hutchinson, 1973); Jonathan Spence. *Mao* (Weidenfeld & Nicolson, 1999)；還有，最重要的是，Philip Short. *Mao. The Man Who Made China* (I. B. Tauris, 2017)。關於這段時期的一本很好的入門書：Andrew G. Walder. *China under Mao. A Revolution Derailed* (Harvard University Press, 2015)。

3 Edgar Snow. *Red Star over China* (revised edn, Victor Gollancz, 1968), pp. 90, 92–3.

4 Stuart Schram, ed. *Mao Tse-tung Unrehearsed. Talks and Letters, 1956–71* (Penguin Books, 1974), p. 282.

5 *Selected Works of Mao Tse-tung* (5 vols., Lawrence & Wishart, 1955–77), vol. 5, p. 33.

6 同上，vol. 1, p. 111。

7 Walder. *China under Mao*, pp. 65–6, 71.

8 Schram, ed. *Mao-Tse-tung Unrehearsed*, p. 126.

9 Nigel Harris. *The Mandate of Heaven. Marx and Mao in Modern China* (Quartet Books, 1978), pp. 52–3.

10 Short 的數字較低，他同時也舉出了三千六百萬條人命這項數字（*Mao*, pp. 497, 501）。

11 Snow. *Long Revolution*, pp. 19, 14–15.

12 Schram, ed. *Mao Tse-tung Unrehearsed*, p. 116.

13 同上，p. 203; Jerome Ch'en, ed. *Mao Papers. Anthology and Bibliography* (Oxford University Press, 1970), p. 100。

14 Ch'en, ed. *Mao Papers*, pp. 84, 96.

15 Schram, ed. *Mao Tse-tung Unrehearsed*, pp. 99, 277。

16 Snow. *Long Revolution*, p. 18.

17 參閱 Stuart R. Schram, ed. *The Political Thought of Mao Tse-tung* (revised edn, Penguin Books, 1969); Stuart Schram. *The Thought of Mao Tse-tung* (Cambridge University Press, 1989)。

18 *Selected Works of Mao Tse-tung*, vol. 1, pp. 282–338。這些演說的某些出版的版本與原

49 Perry Anderson. *Considerations on Western Marxism* (NLB, 1976), p. 54。Anderson認為西方馬克思主義的「獨特的奧祕性」是個明顯的弱點。

50 Jean-Paul Sartre. *The Problem of Method* (Methuen & Co., 1964), p. xxxiv。關於沙特的政治觀點，參閱Philip Thody. *Jean-Paul Sartre. A Literary and Political Study* (Hamish Hamilton, 1960), pp. 173–237; Wilfred Desan. *The Marxism of Jean-Paul Sartre* (Anchor Books, 1966)。盧卡奇堅持認為，在「關鍵問題上……沙特仍是一個存在主義者，儘管他對馬克思主義眉來眼去。」(Kadarkay. *Georg Lukács*, p. 447)。關於法國的共產主義較為概論性的著作，參閱David Caute. *Communism and the French Intellectuals, 1914–1960* (Andre Deutsch, 1964); George Lichtheim. *Marxism in Modern France* (Columbia University Press, 1966); Mark Poster. *Existential Marxism in Post-War France. From Sartre to Althusser* (Princeton University Press, 1975); Michael Kelly. *Modern French Marxism* (Basil Blackwell, 1982); Tony Judt. *Marxism and the French Left. Studies in Labour and Politics in France, 1830–1981* (Clarendon Press, 1986)。

51 參閱Henri Lefebvre. *Marxist Thought and the City* (University of Minnesota Press, 2016)。

52 參閱Richard Wolin. *The Wind from the East. French Intellectuals, the Cultural Revolution, and the Legacy of the 1960s* (Princeton University Press, 2010)。

53 Karl E. Klare. 'The Critique of Everyday Life, the New Left, and Unrecognizable Marxism', in Dick Howard and Karl E. Klare, eds. *The Unknown Dimension. European Marxism since Lenin* (Basic Books, 1972), pp. 14, 20.

54 關於他們早期的合作，參閱Elzbieta Matynia, ed. *An Uncanny Era. Conversations between Václav Havel and Adam Michnik* (Yale University Press, 2014)。《七七憲章》堅持「道德情操的最高權威」對比於「未能利用技術創造某種道德」；Erazim Kohák, ed. *Jan Patočka. Philosophy and Selected Writings* (University of Chicago Press, 1989), pp. 340–41。

55 Adam Michnik. *In Search of Lost Meaning. The New Eastern Europe* (University of California Press, 2011), p. 30.

56 參閱André Gorz. *Farewell to the Working Class. An Essay on Post-Industrial Socialism* (Pluto Press, 1982)。

57 參閱André Gorz. *Ecology as Politics* (Black Rose Press, 1980)、*Paths to Paradise. On the Liberation from Work* (Pluto Press, 1985)、*Ecologia* (Seagull, 2010)。

58 Gorz. *Paths to Paradise*，提出了「生活收入」論點的早期版本，如今通常稱為「無條件基本收入」。關於後來的論證，請參閱例如：Nick Srnicek and Alex Williams.

35 同上，pp. 120–67。另可參閱Theodor W. Adorno. *The Culture Industry. Selected Essays on Mass Culture*. ed. J. M. Bernstein (Routledge, 2003), pp. 98–106。

36 Jay. *Dialectical Imagination*, p. 57.

37 參閱Jean Baudrillard. *The Mirror of Production* (Telos Press, 1975)。

38 Theodor Adorno and Max Horkheimer. *Towards a New Manifesto* [1956] (Verso, 2011), pp. 10, 14, 21, 23–4.

39 Adorno. *Culture Industry*, p. 188.

40 Herbert Marcuse. 'Liberation from the Affluent Society' (1967), in David Cooper, ed. *The Dialectics of Liberation* (Penguin Books, 1968), pp. 175–92。關於Marcuse的概述性論述，參閱Robert W. Marks. *The Meaning of Marcuse* (Ballantine Books, 1970); Alasdair Macintyre. *Marcuse* (Fontana/Collins, 1970); S. S. Lipshires. *Herbert Marcuse. From Marx to Freud and Beyond* (Schenkman Publishing Co., 1974); Morton Schoolman. *The Imaginary Witness. The Critical Theory of Herbert Marcuse* (Collier Macmillan, 1980); Vincent Geoghegan. *Reason and Eros. The Social Theory of Herbert Marcuse* (Pluto Press, 1981); Douglas Kellner. *Herbert Marcuse and the Crisis of Marxism* (Macmillan, 1984)。

41 Wilhelm Reich. *What Is Class Consciousness?* [1934] (n.p., 1973), p. 2. 嘗試將馬克思主義與性解放理論結合在一個更高的理論層面上，始於Wilhelm Reich，他的《性高潮的功能》（*The Function of the Orgasm*, 1927）一書指出，無產階級的壓抑性衝動造成他們無法獲得政治意識。他因討論這些主題而被某些共產黨人以處決威脅。

42 Herbert Marcuse. *Negations. Essays in Critical Theory* (Allen Lane, 1968), pp. 159–200.

43 Herbert Marcuse. *Counterrevolution and Revolt* (Allen Lane, 1972), p. 3.

44 Herbert Marcuse. *Soviet Marxism. A Critical Analysis* (Routledge & Kegan Paul, 1958), pp. 18, 29, 32, 74–5, 81, 91, 112, 137.

45 Herbert Marcuse. *One-Dimensional Man. Studies in the Ideology of Advanced Industrial Society* (Routledge & Kegan Paul, 1964), pp. 3, 103, 254, 37.

46 Marcuse. *Negations*, p. xvii。不過，Marcuse補充道：「唯有實現如今所謂的烏托邦，自由才有可能實現。」（同上，p. xx）

47 Herbert Marcuse. *An Essay on Liberation* (Allen Lane The Penguin Press, 1969), pp. viii–x, 3, 20.

48 特別是參閱Jürgen Habermas. *Toward a Rational Society. Student Process, Science and Politics* (Heinemann, 1971)、*Knowledge and Human Interests* (Beacon Press, 1972)、*Theory and Practice* (Beacon Press, 1974)、*Legitimation Crisis* (Heinemann, 1976)。

21 Galvano Della Volpe. *Rousseau and Marx* (Lawrence and Wishart, 1978), pp. 21–48。

22 概述性的論述，請參閱 John Fraser. *An Introduction to the Thought of Galvano Della Volpe* (Lawrence & Wishart, 1977)。

23 Karl Korsch. *Marxism and Philosophy* [1923] (NLB, 1970), pp. 47, 55; *Karl Marx* (Chapman & Hall Ltd, 1938), p. 169.

24 Douglas Kellner, ed. *Karl Korsch. Revolutionary Theory* (University of Texas Press, 1977), p. 15.

25 André Breton. *Manifestoes of Surrealism* (University of Michigan Press, 1969), p. 25.

26 也譯為 August Bebel. *Woman in the Past, Present and Future* (Modern Press, 1885)。參閱 Anne Lopes and Gary Roth. *Men's Feminism. August Bebel and the German Socialist Movement* (Humanity Books, 2000)。

27 參閱 Lily Braun. *Selected Writings on Feminism and Socialism*, ed. Alfred G. Meyer (Indiana University Press, 1987); Clara Zetkin. *Selected Writings*, ed. Philip S. Foner (International Publishers, 1984)。

28 參閱 Martin Jay. *The Dialectical Imagination. A History of the Frankfurt School and the Institute of Social Research, 1923–1950* (Little, Brown, 1973); Trent Schroyer. *The Critique of Domination. The Origins and Development of Critical Theory* (George Braziller, 1973); Albrecht Wellmer. *Critical Theory of Society* (Seabury Press, 1974); Susan Buck-Morss. *The Origin of Negative Dialectics. Theodor W. Adorno, Walter Benjamin, and the Frankfurt Institute* (The Free Press, 1977); Paul Connerton. *The Tragedy of Enlightenment. An Essay on the Frankfurt School* (Cambridge University Press, 1980); David Held. *Introduction to Critical Theory. Horkheimer to Habermas* (Hutchinson, 1980); George Friedman. *The Political Philosophy of the Frankfurt School* (Cornell University Press, 1981); Tom Bottomore. *The Frankfurt School* (Tavistock, 1984); Stuart Jeffries. *Grand Hotel Abyss. The Lives of the Frankfurt School* (Verso, 2016)。

29 參閱 Max Horkheimer. 'Traditional and Critical Theory' [1937], in Horkheimer. *Critical Theory. Selected Essays* (Seabury Press, 1972), pp. 188–243。

30 Buck-Morss. *Origin of Negative Dialectics*, p. xiii。另可參閱 Frederic Jameson. *Late Marxism. Adorno, or, The Persistence of the Dialectic* (Verso, 1990)。

31 Walter Benjamin. *Illuminations* (Jonathan Cape, 1970), p. 262.

32 Walter Benjamin. *Moscow Diary* (Harvard University Press, 1986), p. 73.

33 Max Horkheimer. *The Dialectic of Enlightenment* (Allen Lane, 1973), pp. 120–67.

34 同上，p. 3。

1979); Arpad Kadarkay. *Georg Lukács. Life, Thought, and Politics* (Blackwell, 1991)。

6 Kadarkay. *Georg Lukács*, pp. 195, 200, 214.

7 英文版，Merlin Press, 1971。

8 Lukács. *Record of a Life*, p. 77.

9 根據Kadarkay的看法（*Georg Lukács*, p. 270）。

10 Georg Lukács. *Tactics and Ethics. Political Writings, 1919–1929*, ed. Rodney Livingstone (Verso, 2014), p. 48。

11 Lukács很後期的一部作品，*Solzhenitsyn* (Merlin Press, 1970)，其實把它的主題擺在不要糾結於*A Day in the Life of Ivan Denisovich* (1962)一書中的「重大政治問題」這項任務上，進而承諾「某種馬克思主義的復興」(p. 15)。

12 Victor Serge. *Memoirs of a Revolutionary* (Oxford University Press, 1963), p. 187.

13 Kadarkay. *Georg Lukács*, pp. 461–3。新版的《民主化》（*Democratization*）一書，書名改成了《民主化的過程》（*The Process of Democratization*）(State University of New York Press, 1991)。

14 Georg Lukács. *The Destruction of Reason* (Merlin Press, 1980)。闡述黑格爾、馬克思與勞動的三卷版《本體論》（*Ontology*）由Merlin Press出版（1978–80）。

15 關於Gramsci，可參閱John M. Cammett. *Antonio Gramsci and the Origins of Italian Communism* (Stanford University Press, 1967); Carl Boggs. *Gramsci's Marxism* (Pluto Press, 1976); Martin Clark. *Antonio Gramsci and the Revolution That Failed* (Yale University Press, 1977); Alastair Davidson. *Antonio Gramsci. Towards an Intellectual Biography* (Merlin Press, 1977); Roger Simon. *Gramsci's Political Thought. An Introduction* (Lawrence & Wishart, 1982); Paul Ransome. *Antonio Gramsci. A New Introduction* (Harvester Wheatsheaf, 1992); Antonio A. Santucci. *Antonio Gramsci* (Monthly Review Press, 2010)。英文版的Gramsci主要著作集，參閱Quintin Hoare and Geoffrey Nowell Smith, eds. *Selections from the Prison Notebooks of Antonio Gramsci* (Lawrence & Wishart, 1971)。

16 Serge. *Memoirs of a Revolutionary*, p. 186.

17 Giuseppe Fiori. *Antonio Gramsci. Life of a Revolutionary* (NLB, 1970), p. 107.

18 Antonio Gramsci. *The Modern Prince and Other Writings* (Lawrence & Wishart, 1957), pp. 135–88.

19 Gramsci. *Selections from the Prison Notebooks*, pp. 245–6.

20 Althusser對於「意識形態國家機器」這個概念的發展便是一個例子；Louis Althusser. *Lenin and Philosophy and Other Essays* (NLB, 1971), pp. 121–73。

68 E. H. Carr. *The Russian Revolution. From Lenin to Stalin (1917–1929)* (Macmillan, 1979), pp. 169, 187.
69 引述自 Tucker. *Stalin in Power*, p. 539。

Chapter 4——史達林之後，一九五三至一九六八年

1 V. I. Lenin. *Selected Works* (3 vols., Progress Publishers, 1977), vol. 3, p. 418.
2 Paul Mason. *Postcapitalism. A Guide to Our Future* (Allen Lane, 2015), p. 223.
3 關於戰後的蘇聯，參閱 Adam B. Ulam. *The Communists. The Story of Power and Lost Illusions, 1948–1991* (Maxwell Macmillan, 1992)。
4 例如：Leonard Schapiro. *The Communist Party of the Soviet Union* (2nd edn, Eyre & Spottiswoode, 1970), p. 627。
5 這顯然是鍍金或金箔，或者可能是塗黃鐵礦，所謂的「愚人金」。
6 Andrei D. Sakharov. *My Country and the World* (Collins & Harvill, 1975), p. 14.
7 參閱 Fernando Claudin. *The Communist Movement. From Comintern to Cominform* (Penguin Books, 1975)。
8 關於這些案例，參閱 Arthur Koestler et al. *The God That Failed. Six Studies in Communism* (Hamish Hamilton, 1950)。
9 Andrew Smith. *I Was a Soviet Worker* (Robert Hale & Co., 1937), pp. 21, 37.
10 Max Eastman. *The End of Socialism in Russia* (Martin Secker & Warburg, 1937), p. 9; *Stalin's Russia and the Crisis in Socialism* (George Allen & Unwin, 1940), p. 82.
11 Douglas Hyde. *I Believed. The Autobiography of a Former British Communist* (William Heinemann, 1950), pp. 228, 243, 303.

Chapter 5——西歐的馬克思主義，一九二〇至一九六八年及其後

1 引述自 David Caute. *The Fellow-Travellers. A Postscript to the Enlightenment* (Weidenfeld & Nicolson, 1973), p. 156。
2 同上，p. 10。
3 Unto Parvilahti. *Beria's Gardens. Ten Years' Captivity in Russia and Siberia* (Hutchinson, 1959), p. 65.
4 引述自 Caute. *Fellow-Travellers*, p. 204。
5 參閱 Georg Lukács. *Record of a Life. An Autobiographical Sketch* (Verso, 1983)。另可參閱 George Lichtheim. *George Lukács* (Oxford University Press, 1970); Andrew Arato and Paul Breines. *The Young Lukács and the Origins of Western Marxism* (Pluto Press,

53 Elizabeth Lermolo. *Face of a Victim* (Arthur Barker, 1956), p. 19。史達林表示同意。Sylvia Pankhurst在一九二〇年時觀察到，俄國人「繼續進行這套理論，儘管有壓倒性的證據表明，如果一個人被商店委員會選出，那麼他的心中必然滿懷無私且明智的無產階級團結。」（*Soviet Russia as I Saw It* (Dreadnought Publishers, 1921), p. 50）

54 Trotsky. *Revolution Betrayed*, p. 94.

55 Serge. *Russia Twenty Years After*, p. 44.

56 Trotsky估計，一九三〇年代的總體工資差異高達一百倍；Serge認為，在工人階級中有高達十五倍的差異（*Russia Twenty Years After*, p. 13）；Eastman則認為，八十六倍是典型的（*The End of Socialism in Russia,* Martin Secker & Warburg, 1937, p. 33）。這段期間在美國差異大約為五十倍；如今它們變得遠遠更大。

57 一八五〇年時法國有一套類似的法律被馬克思說成「過度專制」（10:578）。在蘇聯，農村人口直到一九七〇年代才被允許持有內部護照，也因此一直處於某種類似於農奴制的狀態。

58 Serge. *Russia Twenty Years After*, p. 68.

59 同上，p. 8。

60 Sidney and Beatrice Webb. *The Truth about Soviet Russia* (Longmans, Green & Co., 1942), p. 16.

61 Unto Parvilahti. *Beria's Gardens. Ten Years' Captivity in Russia and Siberia* (Hutchinson, 1959), p. 237.

62 Karl Kautsky. *Social Democracy versus Communism* [1933–4] (Rand School Press, 1946), p. 29.

63 Robert C. Tucker, ed. *Stalinism. Essays in Interpretation* (W. W. Norton, 1977), pp. 284, 293, 297.

64 See Gustav A. Wetter. *Dialectical Materialism. A Historical and Systematic Survey of Philosophy in the Soviet Union* (Routledge & Kegan Paul, 1958); Z. A. Jordan. *The Evolution of Dialectical Materialism. A Philosophical and Sociological Analysis* (Macmillan, 1967).

65 Bertrand Russell. *The Practice and Theory of Bolshevism* (Simon & Schuster, 1964), p. 70.

66《真理報》（*Pravda*）曾是蘇聯的兩大主要報紙之一，另一份則為《消息報》（*Izvestia*）。於是，當時有句諺語就說：「《真理報》無真理，《消息報》沒消息。」

67 *History of the Communist Party of the Soviet Union (Bolsheviks). Short Course* (Foreign Languages Publishing House, 1939), pp. 9, 105–9, 268–9, 327.

33 同上，p. 404。

34 Trotsky. *Revolution Betrayed*, p. 39.

35 引述自 Service. *Stalin*, p. 272。

36 引述自 Orlando Figes. *Revolutionary Russia, 1891–1991* (Pelican, 2014), p. 207。

37 引述自 Max Nomad. *Aspects of Revolt* (Bookman Associates, 1959), pp. 29, 31。

38 Serge. *Russia Twenty Years After*, p. 132.

39 兩本較新的相關研究：James Harris. *The Great Fear. Stalin's Terror of the 1930s* (Oxford University Press, 2016)，與 Jörg Baberowski. *Scorched Earth. Stalin's Reign of Terror* (Yale University Press, 2016)。

40 Tucker. *Stalin in Power*, p. 444.

41 更多的相關細節，請參閱拙作 *Dystopia. A Natural History* (Oxford University Press, 2016), pp. 128–76。

42 Figes. *Revolutionary Russia*, p. xvi. 希特勒的東部長期總體計畫當然設想了奴役整個地區的大量人口，並且消滅當地受過教育的階級。

43. 在射殺自己最優秀的指揮官後，史達林忽略了多次對於希特勒的入侵計畫所提出的警告，導致大量的人員與裝備不必要的損失。因此，後來的「史達林是個軍事天才」的神話，可謂是純屬虛構。

44 Ella Winter. *Red Virtue. Human Relationships in the New Russia* (Victor Gollancz, 1933), p. 17.

45 William Reswick. *I Dreamt Revolution* (Henry Regnery, 1952), p. 130.

46 Alexander Orlov. *The Secret History of Stalin's Crimes* (Jarrolds, 1954), p. 53。

47 Winter. *Red Virtue*, pp. 232–3.

48 Christian F. Ostermann, ed. *Uprising in East Germany, 1953. The Cold War, the German Question, and the First Major Upheaval behind the Iron Curtain* (Central European University Press, 2001), p. 36.

49 Winter. *Red Virtue*, pp. 121–2.

50 引述自 E. H. Carr. *The Bolshevik Revolution, 1917–1923* (3 vols., Macmillan & Co., 1950–53), vol. 2, p. 188。

51 引述自 Victor Serge. *From Lenin to Stalin* (Martin Secker & Warburg, 1937), p. 98。史達林曾在另一個場合表示：「這種矛盾就是人生，它完全反映了馬克思的辯證法。」（引述自 Merle Fainsod. *How Russia Is Ruled*, revised edn, Harvard University Press, 1963, p. 111）

52 Winter. *Red Virtue*, p. 28.

Kautsky (Labour Publishing Co., 1921), p. 101.

13 引述自 Leonard Schapiro. *The Communist Party of the Soviet Union* (2nd edn, Eyre & Spottiswoode, 1970), p. 288。

14 John Reed. *Ten Days That Shook the World* [1919] (Lawrence & Wishart, 1961), p. 43.

15 參閱 Isaac Deutscher. *Stalin. A Political Biography* (Oxford University Press, 1949); Robert C. Tucker. *Stalin as Revolutionary, 1879–1929. A Study in History and Personality* (Chatto & Windus, 1974); Robert C. Tucker. *Stalin in Power. The Revolution from Above, 1928–1941* (W. W. Norton, 1990); Simon Sebag Montefiore. *Stalin. The Court of the Red Tsar* (Weidenfeld & Nicolson, 2003); Simon Sebag Montefiore. *The Young Stalin* (Weidenfeld & Nicolson, 2007); Robert Service. *Stalin. A Biography* (Macmillan, 2004); Oleg V. Khlevniuk. *Stalin. New Biography of a Dictator* (Yale University Press, 2015)。

16 引述自 Boris Souvarine. *Stalin. A Critical Survey of Bolshevism* (Secker & Warburg, 1939), p. 66。

17 經常會有其他的日期，參閱 Khlevniuk. *Stalin*, p. 11。

18 Sebag Montefiore. *Young Stalin*, p. 73。在電影中，史達林總是顯得比列寧高大得多。

19 Tucker. *Stalin as Revolutionary*, pp. 83, 72, 211.

20 Tucker. *Stalin in Power*, p. 3.

21 Khlevniuk. *Stalin*, p. 94.

22 引述自 Service. *Stalin*, p. 226。

23 引述自 Sebag Montefiore. *Stalin*, p. 4。

24 引述自 Khlevniuk. *Stalin*, p. 5。

25 H. G. Wells. *Experiment in Autobiography* (2 vols., The Cresset Press, 1934), vol. 2, pp. 803–8.

26 Milovan Djilas. *Conversations with Stalin* (Rupert Hart-Davis, 1962), p. 59.

27 Victor Serge. *Russia Twenty Years After* [1937] (Humanities Press, 1996), p. 153.

28 引述自 Service. *Stalin*, p. 241。

29 *The Letter of an Old Bolshevik. A Key to the Moscow Trials* (George Allen & Unwin, 1938), p. 16.

30 Leon Trotsky. *The Revolution Betrayed. What Is the Soviet Union and Where Is It Going?* (Faber & Faber, 1937), p. 99.

31 Kirov 對於異議所採取的態度確實比 Stalin 更自由（*Letter of an Old Bolshevik*, p. 43）。

32 Joseph Stalin. *Leninism* (George Allen & Unwin, 1928), pp. 15, 24, 33, 43, 45–6, 49, 51。

119 Bryant. *Six Red Months in Russia*, p. 137.

120 Pankhurst. *Soviet Russia as I Saw It*, p. 42.

121 H. G. Wells. *Russia in the Shadows* (Hodder & Stoughton, 1920), pp. 130–31.

122 Nadezhda Krupskaya. *Memories of Lenin* (2 vols., Martin Lawrence, 1935), vol. 1, pp. 11–14, 35, 119, 186–7; vol. 2, p. 81.

123 引述自 Wilson. *To the Finland Station*, p. ix。

124 Figes. *Revolutionary Russia*, p. 23.

125 Trotsky. *Trotsky's Diary in Exile*, p. 44.

126 Lenin. *Selected Works*, vol. 3, p. 680.

127 Angelica Balabanoff. *Impressions of Lenin* (University of Michigan Press, 1964), p. 2.

Chapter 3——布爾什維克領袖們：布哈林、托洛斯基、史達林

1 Bertram D. Wolfe. *A Life in Two Centuries. An Autobiography* (Stein and Day, 1981), pp. 470–71。特別是參閱 Stephen F. Cohen. *Bukharin and the Bolshevik Revolution. A Political Biography, 1888–1938* (Wildwood House, 1974)。

2 Stephen F. Cohen. *Bukharin and the Bolshevik Revolution*, p. 205; N. I. Bukharin. *Selected Writings on the State and the Transition to Socialism*, ed. Richard B. Day (Spokesman Books, 1982), p. xiii.

3 Alexander Berkman. *The Russian Tragedy* (Black Rose Books, 1976), p. 41。

4 Bukharin. *Selected Writings*, p. xxii.

5 Nikolai Bukharin. *The ABC of Communism* [1919] (University of Michigan Press, 1967), p. 80.

6 Bukharin. *Selected Writings*, p. 13, 73, 78.

7 Nikolai Bukharin. *Historical Materialism. A System of Sociology* [1921] (University of Michigan Press, 1969), pp. 11, 49, 55, 61, 277.

8 主要來源為Isaac Deutscher的三卷版傳記，*The Prophet Armed. Trotsky, 1879–1921*、*The Prophet Unarmed. Trotsky, 1921–1929*與*The Prophet Outcast. Trotsky, 1929–1940* (Oxford University Press, 1954–63)。

9 Angelica Balabanoff. *Impressions of Lenin* (University of Michigan Press, 1964), p. 123.

10 Anatoly Vasilievich Lunacharsky. *Revolutionary Silhouettes* [1923] (Allen Lane The Penguin Press, 1967), pp. 65–6.

11 D. J. Cotterill, ed. *The Serge–Trotsky Papers* (Pluto Press, 1994), pp. 9, 11.

12 Leon Trotsky. *The Defence of Terrorism* (*Terrorism and Communism*). *A Reply to Karl*

italism. A Guide to Our Future, Allen Lane, 2015, p. 188。）參閱 Frederick Winslow Taylor. *Scientific Management* (1911) (Harper & Row, 1964)。他的種種方法或許是因卓別林在《摩登時代》（*Modern Times*, 1936）一片中對於它們極盡嘲諷而廣為人知。

98 Price. *My Reminiscences of the Russian Revolution*, p. 283.

99 Lenin. *Selected Works*, vol. 3, p. 450; Maximoff. *Guillotine at Work*, p. 149.

100 Maximoff, *Guillotine at Work*, p. 240.

101 Alexander Berkman. *The Russian Tragedy* (Black Rose Books, 1976), p. 25.

102 引述自 Bertram D. Wolfe. *An Ideology in Power. Reflections on the Russian Revolution* (Allen and Unwin, 1969), p. 172。

103 Reswick. *I Dreamt Revolution*, p. 54.

104 參閱 E. A. Preobrazhensky. *The New Economics* [1926] (Clarendon Press, 1965); *From New Economic Policy to Socialism. A Glance into the Future of Russia and Europe* [1922] (New Park Publications, 1973)。Preobrazhensky 與大部分其餘的左翼反對派都在一九三七年時被 Stalin 槍決。

105 Lenin. *Selected Works*, vol. 1, p. 44.

106 引述自 Conquest. *Lenin*, p. 28。

107 同上，p. 9。

108 Albert L. Weeks. *The First Bolshevik. A Political Biography of Peter Tkachev* (New York University Press, 1968).

109 Service. *Lenin*, p. 98.

110 同上，p. 202。有些人認為，Lenin 的命令習慣與服從期望，部分是源於他貴族的背景：Figes. *Revolutionary Russia*, p. 21。

111 Anatoly Vasilievich Lunacharsky. *Revolutionary Silhouettes* [1923] (Allen Lane The Penguin Press, 1967), p. 39.

112 L. Kunetskaya. *Lenin in the Kremlin. His Apartment and Study, the People He Met, the Books He Read* (Novosti Press Agency Publishing House, 1970), pp. 4–5.

113 Serge. *Memoirs of a Revolutionary*, p. 74.

114 Lenin. *Selected Works*, vol. 3, p. 461.

115 Kunetskaya. *Lenin in the Kremlin*, p. 57.

116 Balabanoff. *My Life as a Rebel*, p. 150.

117 Serge. *Memoirs of a Revolutionary*, p. 102.

118 Bertrand Russell. *The Practice and Theory of Bolshevism* (Simon & Schuster, 1964), pp. 32–3.

1979), p. 33; Brinton. *The Bolsheviks and Workers' Control*, p. 72.
81 Robert Vincent Daniels. *The Conscience of the Revolution. Communist Opposition in Soviet Russia* (Harvard University Press, 1960), pp. 126, 148.
82 V. I. Lenin. 'On Co-operation' (1923), in Lenin. *Collected Works*, vol. 33, pp. 467–8.
83 Victor Serge. *Memoirs of a Revolutionary* (Oxford University Press, 1963), pp. 80–81.
84 引述自 Conquest. *Lenin*, p. 41。
85 引述自 George Leggett. *The Cheka. Lenin's Political Police* (Clarendon Press, 1981), p. 54。
86 Service. *Lenin*, p. 322。正式的名稱為「全俄肅清反革命及怠工非常委員會」。
87 同上，p. 365。
88 Serge. *Memoirs of a Revolutionary*, p. 80.
89 William Reswick. *I Dreamt Revolution* (Henry Regnery, 1952), p. 7。Dzerzhinsky自己的雕像一直立於盧比揚卡大樓（Lubianka）外的廣場上，直到一九九一年才被群眾推倒。早在一九二〇年時，在彼得格勒的斯莫爾尼宮（Smolny）就有一座「糟透了的馬克思雕像」：E. Sylvia Pankhurst. *Soviet Russia as I Saw It* (Dreadnought Publishers, 1921), p. 32。
90 Angelica Balabanoff. *My Life as a Rebel* (Hamish Hamilton, 1938), p. 209.
91 Lenin的《唯物主義和經驗批評主義》(*Materialism and Empirio-Criticism*, 1909）一書旨在，攻擊布爾什維克派中由Anatoly Lunacharsky與Alexander Bogdanov所領導的「唯心論者」，他們試圖在馬克思主義與宗教間尋求一點調和。英國社會主義者George Lansbury曾在一九二〇年與Lenin會面，之後George Lansbury寫道：「我依然認為他是個不願傷害任何一人的人。」*Looking Backwards – and Forwards* (Blackie and Son, 1935), p. 162.
92 O.B. *Red Gaols. A Woman's Experience in Russian Prisons* (Burns, Oates & Washbourne, 1935), p. 2.
93 Balabanoff. *My Life as a Rebel*, p. 206.
94 Reswick. *I Dreamt Revolution*, p. 11.
95 Maximoff. *Guillotine at Work*, p. 117.
96 同上，p. 146。
97 參閱V. I. Lenin, 'The Taylor System – Man's Enslavement by the Machine' [1914], in Lenin. *Collected Works*, vol. 20, pp. 152–4。在十九世紀末，Frederick Winslow Taylor（以他的名字命名的「效率制」〔efficiency system〕的發明者）曾表示，工廠工人「的精神構成，相較於其他任何類型，更接近於牛。」（引述自Paul Mason. *Postcap-*

622.

61 參閱 Alexandra Kollontai, 'The Workers' Opposition' [1921], in Alix Holt, ed. *Selected Writings of Alexandra Kollontai* (Allison & Busby, 1977), pp. 159–200。

62 Lenin. *Selected Works*, vol. 2, p. 371, vol. 3, p. 312; Tony Cliff. *Lenin* (4 vols., Pluto Press, 1975–9), vol. 2, p. 331。Solzhenitsyn曾在他的《第一圈》(*The First Circle*, 1968)中裡借Stalin之口表示:「廚師就是廚師,他的工作就是準備晚餐,同時也告訴其他人什麼是非常技術性的行業。」(引述自Georg Lukács. *Solzhenitsyn*, Merlin Press, 1970, p. 52。)

63 引述自Leonard Schapiro. *The Communist Party of the Soviet Union* (2nd edn, Eyre & Spottiswoode, 1970), p. 210。此時在一萬五千名黨內領導者中約有三分之一是來自無產階級;直到一九二七年,其中更只有不到百分之八的人受過中等教育。

64 Lenin. *Selected Works*, vol. 1, pp. 97, 365.

65 G. P. Maximoff. *The Guillotine at Work. Twenty Years of Terror in Russia: Data and Documents* (The Chicago Section of the Alexander Berkman Fund, 1940), p. 114; André Liebich. *From the Other Shore. Russian Social Democracy after 1921* (Harvard University Press, 1997), p. 77.

66 Maximoff. *Guillotine at Work*, pp. 260, 158.

67 Lovell. *From Marx to Lenin*, p. 188.

68 Lenin. *Selected Works*, vol. 3, p. 53.

69 Neil Harding. *Lenin's Political Thought. Theory and Practice in the Democratic and Socialist Revolutions* (2 vols., Macmillan, 1983), vol. 2, pp. 296–7.

70 Beatty. *Red Heart of Russia*, pp. 300–301。數日後,伯爵夫人Panina付了錢並獲得了釋放。她後來移民,而且一直活到一九六五年。

71 Maximoff. *Guillotine at Work*, pp. 134–5.

72 Rosenberg. *History of Bolshevism*, p. 155.

73 Paul Avrich. *Kronstadt, 1921* (Princeton University Press, 1970), pp. 73–4.

74 引述自Walicki. *Marxism*, p. 310。

75 引述自Schapiro. *Communist Party of the Soviet Union*, p. 208。

76 D. J. Cotterill, ed. *The Serge–Trotsky Papers* (Pluto Press, 1994), pp. 162, 169.

77 Emma Goldman. *Living My Life* (2 vols., Duckworth, 1932), vol. 2, p. 886.

78 引述自Carr. *Bolshevik Revolution*, vol. 1, pp. 198–200。

79 同上,p. 199。

80 E. H. Carr. *The Russian Revolution. From Lenin to Stalin (1917–1929)* (Macmillan,

37 Reed本人在吃了他於達吉斯坦（Daghestan）購買的西瓜後，在一九二〇年死於傷寒，如今葬於紅場，就在列寧之旁。

38 Price. *My Reminiscences of the Russian Revolution*, p. 265.

39 引述自 Carr. *Bolshevik Revolution*, vol. 1, pp. 136–7。

40 Lenin. *Selected Works*, vol. 2, p. 108.

41 同上，p. 40。

42 Kolakowski. *Main Currents of Marxism*, vol. 2, p. 396; G. D. H. Cole. *A History of Socialist Thought, Volume Three. The Second International 1889–1914* (2 parts, Macmillan, 1963), part 1, p. 504.

43 Dan. *Origins of Bolshevism*, p. 239.

44 Nikolay Valentinov. *Encounters with Lenin* (Oxford University Press, 1968), p. 122.

45 Bergman. *Vera Zasulich*, p. 197.

46 Lenin. *Selected Works*, vol. 1, p. 39, vol. 3, p. 86.

47 同上，vol. 2, pp. 34–6。這一點在九月時被重申，當時列寧強調，布爾什維克如今在無產階級中居於多數。（同上，pp. 331–5）

48 同上，pp. 60–61。

49 同上，pp. 302–3, 310–12。

50 相關評論，請參閱 A. J. Polan. *Lenin and the End of Politics* (Methuen, 1984)。

51 Lenin. *Selected Works*, vol. 2, pp. 238–327; Robert Service. *Lenin. A Biography* (Macmillan, 2000), p. 353.

52 Karl Kautsky. *The Labour Revolution* (George Allen & Unwin, 1925), p. 135.

53 Lenin. *Selected Works*, vol. 2, pp. 621, 638.

54 John H. Kautsky. *Karl Kautsky. Marxism, Revolution and Democracy* (Transaction Publishers, 1994), p. 4.

55 Polan. *Lenin and the End of Politics*, p. 129.

56 Lenin. *Selected Works*, vol. 3, pp. 20, 23, 39, 104, 234, 417. 關於Kautsky的想法在俄國的反應，參閱Moira Donald. *Marxism and Revolution. Karl Kautsky and the Russian Marxists, 1900–1924* (Yale University Press, 1993)。

57 Arthur Rosenberg. *A History of Bolshevism. From Marx to the First Five Years' Plan* (Oxford University Press, 1939), p. 123.

58 引述自 Robert Conquest. *Lenin* (Fontana/Collins, 1973), p. 46.

59 Lenin. *Selected Works*, vol. 2, p. 475.

60 Brinton. *The Bolsheviks and Workers' Control*, p. 34; Lenin. *Selected Works*, vol. 2, p.

Personal Record (Oxford University Press, 1955)。

17 引述自 Edmund Wilson. *To the Finland Station. A Study in the Writing and Acting of History* (Penguin Books, 1972), p. 553。

18 引述自 Giuseppe Fiori. *Antonio Gramsci. Life of a Revolutionary* (NLB, 1970), p. 112。

19 出版為 *On the Tasks of the Proletariat in the Present Revolution* (1917)。

20 E. H. Carr. *The Bolshevik Revolution, 1917–1923* (3 vols., Macmillan & Co., 1950–53), vol. 1, p. 79; Leon Trotsky. *Trotsky's Diary in Exile, 1935* (Faber and Faber, 1959), p. 146.

21 引述自 Carr. *Bolshevik Revolution*, vol. 1, p. 86。

22 M. Philips Price. *My Reminiscences of the Russian Revolution* (George Allen & Unwin, 1921), p. 145.

23 Bertram D. Wolfe. *Three Who Made a Revolution. A Biographical History* (Beacon Press, 1948), p. 369.

24 John Reed. *Ten Days That Shook the World* [1919] (Lawrence & Wishart, 1961), p. 72.

25 同上，pp. 72, 103–5。

26 Oliver H. Radkey. *The Agrarian Foes of Bolshevism. Promise and Default of the Russian Socialist Revolutionaries, February to October 1917* (Columbia University Press, 1958), pp. 24–32.

27 Lenin. *Selected Works*, vol. 2, p. 456.

28 Reed. *Ten Days That Shook the World*, p. 125。Reed認為布爾什維克的觀點是，「工人階級的民主，而且是排除其他任何人的民主。」（引述自 Granville Hicks. *John Reed. The Making of a Revolutionary*, Macmillan, 1936, p. 342）

29 Jay Bergman. *Vera Zasulich. A Biography* (Stanford University Press, 1983), p. 213.

30 N. I. Bukharin. *Selected Writings on the State and the Transition to Socialism*, ed. Richard B. Day (Spokesman Books, 1982), p. 61.

31 關於這項發展，參閱 Maurice Brinton. *The Bolsheviks and Workers' Control, 1917 to 1921. The State and Counter-Revolution* (Black Rose Books, 1975)。

32 Louise Bryant. *Six Red Months in Russia* (George H. Doran Co., 1918), p. 39.

33 Helen Rappaport. *Caught in the Revolution. Petrograd, 1917* (Hutchinson, 2016), p. 147.

34 Rosa Leviné-Meyer. *Inside German Communism. Memoirs of Party Life in the Weimar Republic* (Pluto Press, 1977), p. 99.

35 Bessie Beatty. *The Red Heart of Russia* (The Century Co., 1919), pp. 28–9.

36 Reed. *Ten Days That Shook the World*, pp. 10–12; Émile Vandervelde. *Three Aspects of the Russian Revolution* (George Allen & Unwin, 1918), pp. 53–4.

有的生命」描述為「共產主義的本質」，正如《共產黨宣言》所定義的那樣（p. 12）。

Chapter 2——列寧與俄國革命：「麵包、和平、土地」

1 一本在這個系列中最新的概論：Orlando Figes. *Revolutionary Russia, 1891-1991* (Pelican, 2014)。
2 參閱Samuel H. Baron. *Plekhanov. The Father of Russian Marxism* (Routledge & Kegan Paul, 1963)。
3 Georgi Plekhanov. *Selected Philosophical Works* (3rd edn, 5 vols., Progress Publishers, 1977), vol. 1, p. 16.
4 Richard Kindersley. *The First Russian Revisionists. A Study of 'Legal Marxism' in Russia* (Clarendon Press, 1962), p. 218.
5 引述自Andrzej Walicki. *Marxism and the Leap to the Kingdom of Freedom. The Rise and Fall of the Communist Utopia* (Stanford University Press, 1995), p. 230.
6 Plekhanov. *Selected Philosophical Works*, vol. 1, p. 69.
7 同上，vol. 3, p. 45。
8 V. I. Lenin. *Collected Works* (47 vols., Foreign Languages Publishing House, 1960–80), vol. 6, p. 51.
9 V. I. Lenin. *Selected Works* (3 vols., Progress Publishers, 1977), vol. 1, p. 114。這經常被視為列寧最具創新性的發展，例如Leszek Kolakowski；參閱他的著作*Main Currents of Marxism* (3 vols., Clarendon Press, 1978), vol. 2, p. 389。
10 O. Piatnitsky. *Memoirs of a Bolshevik* (Martin Lawrence, 1933), p. 146.
11 引述自Baron. *Plekhanov*, p. 248。
12 Theodore Dan. *The Origins of Bolshevism* (Secker & Warburg, 1964), p. 325。一九一八年一月，Lenin把這個法案的通過丟回給Plekhanov，準備解散選舉產生的制憲議會。
13 引述自David W. Lovell. *From Marx to Lenin. An Evaluation of Marx's Responsibility for Soviet Authoritarianism* (Cambridge University Press, 1984), p. 161。
14 Michael Prawdin. *The Unmentionable Nechaev. A Key to Bolshevism* (George Allen & Unwin, 1961), pp. 48–9.
15 尼古拉二世的退位實際上發生於舊曆（儒略曆〔Julian calendar〕）的三月二日，舊曆在俄國於一九一八年二月為格里曆（Gregorian calendar）所取代，當時舊曆的二月一日至十三日被略過。為便於參照，所有在採用新曆前發生於俄國的事件，皆以新曆日期標示。
16 最受讚賞的當時的記述之一就是，N. N. Sukhanov. *The Russian Revolution 1917. A*

1971), pp. 6, 45, 140.

34 Kautsky. *Social Democracy versus Communism*, pp. 59, 65.

35 Karl Kautsky. *Thomas More and His Utopia* [1888] (A. & C. Black, 1927), p. 204.

36 Kautsky. *Class Struggle*, p. 98.

37 Kautsky. *Labour Revolution*, pp. 281–2.

38 同上，pp. 185, 207–8。但是評論者也發現了這個模式，同樣反對建立一個新的統治階級。（Max Nomad. *Aspects of Revolt*, Bookman Associates, 1959, p. 42）

39 Karl Kautsky. *Terrorism and Communism* (George Allen & Unwin, 1920), pp. 32, 171, 201, 220.

40 Karl Kautsky. *Bolshevism at a Deadlock* (George Allen & Unwin, 1931), pp. 118–19, 139.

41 例如，在一九三一年，德國共產黨支持普魯士的納粹分子反對德國社會民主黨。

42 關於Rosa Luxemburg，參閱Peter Nettl. *Rosa Luxemburg* (2 vols., Oxford University Press, 1966); Paul Frölich. *Rosa Luxemburg. Her Life and Work* (Monthly Review Press, 1972); Stephen Eric Bronner. *Rosa Luxemburg. A Revolutionary for Our Times* (Columbia University Press, 1987); Richard Abraham. *Rosa Luxemburg. A Life for the International* (Berg, 1989)。

43 Rosa Luxemburg. *Social Reform or Revolution?* [1899] (Young Socialist Publications, n.d.), pp. 13, 22, 37, 39, 58, 61, 63, 81–2.

44 Rosa Luxemburg. *The Russian Revolution and Leninism or Marxism?* (University of Michigan Press, 1970), pp. 69, 62.

45 同上，pp. 62, 72, 67。

46 William Morris. *News from Nowhere* [1890] (Longmans, Green & Co., 1899), pp. 104–5.

47 一本不錯的入門書：Tom Bottomore & Patrick Goode, eds. *Austro-Marxism* (Clarendon Press, 1978)。

48 參閱Otto Bauer. *The Question of Nationalities and Social Democracy* [1924] (University of Minnesota Press, 2000)。

49 Antonio Labriola. *Essays on the Materialist Conception of History* [1896] (Charles H. Kerr, 1908), p. 17.

50 參閱Benedetto Croce. *Historical Materialism and the Economics of Karl Marx* (Howard Latimer, 1914); *Essays on Marx and Russia* (Frederick Ungar, 1966)。

51 參閱Harvey Goldberg. *The Life of Jean Jaures* (University of Wisconsin Press, 1968)。Jean Jaures的*Studies in Socialism* (Independent Labour Party, 1909)一書，將「尊重所

the Socialist Revolution, 1880–1938 (Verso, 1979); Dick Geary. *Karl Kautsky* (Manchester University Press, 1987); John H. Kautsky, ed. *Karl Kautsky and the Social Science of Classical Marxism* (E. J. Brill, 1989); John H. Kautsky. *Karl Kautsky. Marxism, Revolution and Democracy* (Transaction Publishers, 1994).

18 更廣的脈絡，請參閱 *Imperial Sceptics. British Critics of Empire, 1850–1920* (Cambridge University Press, 2010)。特別是關於德國，請參閱 Roger Fletcher. *Revisionism and Empire. Socialist Imperialism in Germany, 1897–1914* (Allen & Unwin, 1984)。

19 Karl Kautsky. *Ethics and the Materialist Conception of History* (4th edn, Charles H. Kerr, 1918), pp. 56, 198.

20 刪節成 Karl Kautsky. *The Materialist Conception of History*, ed. John H. Kautsky (Yale University Press, 1988)。

21 引述自 Geary. *Karl Kautsky*, p. 44。

22 Kautsky. *Class Struggle*, p. 91.

23 Karl Kautsky. *The Social Revolution* [1902] (Charles H. Kerr, 1916), p. 3.

24 Karl Kautsky. *The Road to Power* [1909] (Humanities Press, 1996), p. xlviii.

25 Karl Kautsky. *The Labour Revolution* (George Allen and Unwin, 1925), p. 63.

26 同上，pp. 77, 80–83。

27 David Mitrany. *Marx against the Peasant. A Study in Social Dogmatism* (George Weidenfeld & Nicolson, 1951), p. 38.

28 Karl Kautsky. *The Agrarian Question* [1899] (2 vols., Zwan Publications, 1988), vol. 1, pp. 147–8, vol. 2, pp. 311–13, 329–40.

29 關於西方馬克思主義對於布爾什維克主義看法的演變，參閱 Marcel van der Linden. *Western Marxism and the Soviet Union. A Survey of Critical Theories and Debates since 1917* (Brill, 2007)。

30 Moira Donald. *Marxism and Revolution. Karl Kautsky and the Russian Marxists, 1900–1924* (Yale University Press, 1993), p. 30.

31 美國馬克思主義者 John Spargo 顯然也有類似的觀點，參閱他的著作 *Bolshevism. The Enemy of Political and Industrial Democracy* (John Murray, 1919)；這本書將政權描述成一種「如同在專制統治的史冊中的任何事物一樣惡名昭彰」的暴政（p. 261），也將其描述為「對於馬克思式的社會主義的否定」（p. 266）。

32 Karl Kautsky. *Social Democracy versus Communism* [1933–4] (Rand School Press, 1946), p. 57; *Labour Revolution*, p. 86.

33 Karl Kautsky. *The Dictatorship of the Proletariat* [1918] (University of Michigan Press,

Three. The Second International, 1889–1914 (2 parts, Macmillan, 1963)。關於修正主義，另可參閱H. Kendall Rogers. *Before the Revisionist Controversy. Kautsky, Bernstein, and the Meaning of Marxism, 1895–1898* (Garland, 1992)。

3 參閱James Joll. *The Second International, 1889–1914* (revised edn, Routledge & Kegan Paul, 1974)。

4 W. L. Guttsman. *The German Social Democratic Party, 1875–1933. From Ghetto to Government* (Allen & Unwin, 1981), p. 50.

5 Vernon L. Lidtke. *The Alternative Culture. Socialist Labor in Imperial Germany* (Oxford University Press, 1985), p. 195. 耐人尋味的是，德國社會民主黨顯然沒有專門針對馬克思的節慶，而且很少有工人從它所屬的圖書館借閱馬克思的作品。

6 概論性的闡述，請參閱Carl E. Schorske. *German Social Democracy 1905–1917. The Development of the Great Schism* (Russell & Russell, 1970)。

7 Karl Kautsky. *The Class Struggle* [1892] (W. W. Norton, 1971), p. 110.

8 關於Bernstein，參閱Peter Gay. *The Dilemma of Democratic Socialism. Eduard Bernstein's Challenge to Marx* (Collier Books, 1962); Manfred B. Steger. *The Quest for Evolutionary Socialism. Eduard Bernstein and Social Democracy* (Cambridge University Press, 1997)。關於在一九〇五年時馬克思評論的發展狀況，參閱Louis B. Boudin. *The Theoretical System of Karl Marx in the Light of Recent Criticism* (Charles H. Kerr, 1907)。

9 Eduard Bernstein. *My Years of Exile. Reminiscences of a Socialist* (Leonard Parsons, 1921), p. 237.

10 恩格斯曾在一八九一年致Kautsky的信中表示：「最近的一些研究……已使馬克思論述資本主義累積資本的歷史趨勢的章節變得過時」(49:315)。

11 Eduard Bernstein. *Evolutionary Socialism. A Criticism and Affirmation* (1899, revised 1909) (Schocken Books, 1967), p. 34。

12 同上，pp. xxii, xxix。

13 同上，pp. 148–9, 153–4, 222。

14 Eduard Bernstein. *Selected Writings of Eduard Bernstein, 1900–1921*, ed. Manfred Steger (Humanities Press, 1996), pp. 36, 45, 156.

15 Schorske. *German Social Democracy*, p. 19.

16 Bernstein. *Selected Writings*, pp. 181, 189.

17 關於Kautsky，參閱Gary P. Steenson. *Karl Kautsky, 1854–1938. Marxism in the Classical Years* (University of Pittsburgh Press, 1978); Massimo Salvadori. *Karl Kautsky and*

1962)。在篇幅較長的入門書中，闡述最為清晰的，莫過於唯一從內部體驗馬列主義的、卓越的歷史學家暨哲學家Leszek Kolakowski。參閱他的著作*Main Currents of Marxism* (3 vols., Clarendon Press, 1978)。對於第一個階段的一個很好的闡述：John Plamenatz. *German Marxism and Russian Communism* (Harper Torchbooks, 1965)。

2 引述自Pierre Brocheux. *Ho Chi Minh. A Biography* (Cambridge University Press, 2007), p. 65。

3 Richard Kindersley. *The First Russian Revisionists. A Study of 'Legal Marxism' in Russia* (Clarendon Press, 1962), p. 218; Bertram D. Wolfe. *A Life in Two Centuries. An Autobiography* (Stein and Day, 1981), p. 175.

4 Angelica Balabanoff. *My Life as a Rebel* (Hamish Hamilton, 1938), p. 32.

5 Whittaker Chambers. *Witness* (André Deutsch, 1953), p. 146.

6 Douglas Hyde. *I Believed. The Autobiography of a Former British Communist* (William Heinemann, 1950), p. 61; Arthur Koestler et al. *The God That Failed. Six Studies in Communism* (Hamilton, 1950), p. 15.

7 Koestler et al. *The God That Failed*, p. 130, 166; André Gide, *Journals* (4 vols., Secker & Warburg, 1949) vol. 3, p. 276; André Gide. *Back from the U.S.S.R.* (Martin Secker & Warburg, 1937), p. 15.

8 Czeslaw Milosz. *Native Realm. A Search for Self-Definition* (Sidgwick & Jackson, 1981), p. 113。他曾回憶道：「人們經常聽到這樣一句話：『如果馬克思主義遭到拒絕，那麼歷史就沒有意義了。』」（同上，pp. 114–15。）

9 Koestler et al. *The God That Failed*, p. 202.

10 引述自David Caute. *The Fellow-Travellers. A Postscript to the Enlightenment* (Weidenfeld & Nicolson, 1973), pp. 24, 33.

11 Milosz. *Native Realm*, p. 119.

12 Hyde. *I Believed*, pp. 56, 80, 89, 111.

Chapter 1——馬克思主義與社會民主，一八八三至一九一八年：修正主義的辯論

1 這段時期的馬克思主義概論有：Perry Anderson. *Considerations on Western Marxism* (NLB, 1976); Eric J. Hobsbawm, ed. *The History of Marxism, Volume One. Marxism in Marx's Day* (Harvester Press, 1982); Martin Jay. *Marxism and Totality. The Adventures of a Concept from Lukács to Habermas* (Polity Press, 1984)。

2 關於這段時期的思想，參閱G. D. H. Cole. *A History of Socialist Thought, Volume*

Marx, Allison & Busby, 1976, p. 56。）另一種替代的觀點則是，公共財產（包括經驗）的消費將取代許多資本主義下的私人財產的消費。

6 John Dewey. *The Later Works, 1925–1953, Volume Three. 1927–1928* (Southern Illinois University Press, 1984), p. 206.

7 David McLellan. *Marx before Marxism* (Macmillan, 1970), p. 216.

8 John Plamenatz. *German Marxism and Russian Communism* (Harper Torchbooks, 1965), p. 159.

9 John Plamenatz. *Karl Marx's Philosophy of Man* (Clarendon Press, 1975), pp. 173–201.

10 Bertram D. Wolfe. *A Life in Two Centuries. An Autobiography* (Stein and Day, 1981), p. 197.

11 Leszek Kolakowski, introduction to Leszek Kolakowski and Stuart Hampshire, eds. *The Socialist Idea. A Reappraisal* (Weidenfeld & Nicolson, 1974), p. 35.

12 Eugene Kamenka. *The Ethical Foundations of Marxism* (Routledge & Kegan Paul, 1962), p. 163。儘管如此，Kamenka錯誤地宣稱，馬克思「還沒準備好……將社會主義視作已為工人所展現出的自由與企業的擴張與高點。」（同上，p. 164。）這就是為何他於一八六〇年代中期如此集中地支持合作。

13「Wir wissen, da *β* die neuen Kräfte der Gesellschaft, um richtig zur Wirkung zu kommen, nur neuer Menschen bedürfen, die ihrer Meister werden – und das sind die Arbeiter.」（W12:4）意思就是：「我們知道，為了正常發揮作用，社會的新力量只需要那些會成為它們的主人的新人，而這些人就是工人」（14:656）。

14 Benedetto Croce. *Essays on Marx and Russia* (Frederick Ungar, 1966), p. 39。

15 Karl Heinzen. *Die Helden des teutschen Kommunismus* (1848)。馬克思曾說它是「垃圾作品」（38:181）。

16 G. W. F. Hegel. *Lectures on the History of Philosophy, 1825–6* (3 vols., Clarendon Press, 2009), vol. 1, p. 243.

第二部分　馬克思主義

引言　轉變

1 關於「ism」（「主義」、「論」）的概論性闡述，參閱Alasdair C. Macintyre. *Marxism. An Interpretation* (SCM Press, 1953); Sidney Hook. *Marx and the Marxists. The Ambiguous Legacy* (Van Nostrand Co., 1955); George Lichtheim. *Marxism. A Critical and Historical Study* (Routledge & Kegan Paul, 1961); C. Wright Mills. *The Marxists* (Dell,

（5:230）。關於Stirner對於馬克思的衝擊，參閱*The Communist Manifesto*, ed. Gareth Stedman Jones (Penguin Books, 2000), pp. 140–44。Nicholas Lobkowicz為「Stirner在超越Feuerbach上幫助了馬克思」這個論點做了辯護；參閱Nicholas Lobkowicz. 'Karl Marx and Max Stirner', in Frederick J. Adelmann, ed. *Demythologizing Marxism. A Series of Studies on Marxism* (Martinus Nijhoff, 1969), pp. 64–95。恩格斯認為，Stirner的思想「必須立即轉變為共產主義」，因為他把資產階級利己主義納入其邏輯荒謬的結論（38:11）。

18 這是一個先後直接與Proudhon和Bakunin面對面的問題。

19 Edward Hallett Carr. *Karl Marx. A Study in Fanaticism* (2nd edn, J. M. Dent, 1938), p. 81.

20 Maximilien Rubel. *Rubel on Karl Marx. Five Essays*, ed. Joseph O'Malley and Keith Algozin (Cambridge University Press, 1981), p. 18。這點後來在恩格斯於《家庭、私有制與國家的起源》（*The Origin of the Family, Private Property and the State*, 1884）一書引用Lewis Morgan的信念中獲得迴響，Lewis Morgan認為，未來的共產主義將涉及「以更高的形式」恢復「古代氏族的自由、平等與博愛」（26：276）。這個主題後來在俄國重現於「民意黨」（Narodnaya Volya）的綱領中，Georgi Plekhanov將它描述成，「國家生活原始形式的理想化」：*Selected Philosophical Works* (5 vols., Lawrence & Wishart, 1977), vol. 1, p. 119。

21 Stephen Lukes. 'Marxism and Utopianism', in Peter Alexander and Roger Gill, eds. *Utopias* (Duckworth, 1984), p. 156.

22 Fritz J. Raddatz. *Karl Marx. A Political Biography* (Weidenfeld & Nicolson, 1979), p. 273.

23 Alfred Schmidt. *The Concept of Nature in Marx* (NLB, 1971), p. 127.

24 Rubel. *Rubel on Karl Marx*, pp. 26–8.

Chapter 12——總結馬克思

1 Georg Lukács. *Lenin. A Study on the Unity of His Thought* (MIT Press, 1971), p. 10.

2 Edward Hallett Carr. *Karl Marx. A Study in Fanaticism* (2nd edn, J. M. Dent, 1938), pp. 300–301.

3 引述自Robert Payne. *Marx* (W. H. Allen, 1968), p. 399。

4 一本以十分正統的方式來處理這個問題的著作：Franz Jakubowski. *Ideology and Superstructure in Historical Materialism* (Allison & Busby, 1976)。

5 Agnes Heller認為，馬克思相信，在未來的社會中，「人的需求與能力將具有質的性質，質的只能用質的來『交換』」，從而避免了這個問題。（*The Theory of Need in*

Chapter 11——烏托邦

1 Ernst Bloch是主要的例外，例如他的著作*The Principle of Hope* (3 vols., Basil Blackwell, 1986)。概論性的論述，請參閱Vincent Geoghegan. *Utopianism and Marxism* (Methuen, 1987); Darren Webb. *Marx, Marxism and Utopia* (Ashgate, 2000)。

2 Benedetto Croce. *Essays on Marx and Russia* (Frederick Ungar, 1966), p. 34.

3 V. I. Lenin. *Selected Works* (3 vols., Progress Publishers, 1977), vol. 2, p. 272.

4 特別是在*The Principle of Hope*。

5 Bertram D. Wolfe. *Marxism. One Hundred Years in the Life of a Doctrine* (Chapman & Hall, 1967), p. 337.

6 Bruno Bauer. 'The Genus and the Crowd' (1844), in Lawrence S. Stepelevich, ed. *The Young Hegelians. An Anthology* (Cambridge University Press, 1983), pp. 198–9, 204. Ruge同樣喜歡批評：Robert Gascoigne. *Religion, Rationality and Community. Sacred and Secular in the Thought of Hegel and His Critics* (Martinus Nijhoff, 1985), p. 122.

7 Herbert Spencer後來將「工業的團結」說成是產生自勞動分工（*Principles of Sociology*, 1874–5）。Émile Durkheim則是做出「機械的團結」與「有機的團結」的區分，參閱*The Division of Labor in Society* (Free Press, 1960)；在這本書裡，「積極的或合作的關係」被與勞動分工等同起來。.

8 Karl Marx. *The Civil War in France* (1871), in Karl Marx and V. I. Lenin. *The Civil War in France. The Paris Commune* (International Publishers, 1968), p. 116.

9 David McLellan. *Karl Marx: His Life and Thought* (Harper & Row, 1973), p. 300.

10 David W. Lovell. *From Marx to Lenin. An Evaluation of Marx's Responsibility for Soviet Authoritarianism* (Cambridge University Press, 1984), p. 18.

11 例如Eric Voegelin. *Political Religions* (Edwin Mellen Press, 1986), p. 62。Karl Löwith探討了，「猶太教的彌賽亞主義（messianism）與先知主義（prophetism）」在《共產黨宣言》中的角色；參閱他的著作*Meaning in History. The Theological Implications of the Philosophy of History* (University of Chicago Press, 1949), p. 45。

12 John M. Maguire. *Marx's Theory of Politics* (Cambridge University Press, 1978), p. 234.

13 David Leopold. *The Young Karl Marx. German Philosophy, Modern Politics, and Human Flourishing* (Cambridge University Press, 2007), pp. 185–6, 223.

14 參閱拙作*Dystopia. A Natural History* (Oxford University Press, 2016), pp. 236–68。

15 Jon Elster. *An Introduction to Karl Marx* (Cambridge University Press, 1986), p. 43.

16 Iring Fetscher. *Marx and Marxism* (Herder & Herder, 1971), p. 45.

17 馬克思在此依然堅持，「私有財產不僅異化了人的個性，也異化了物的個性」

到了一八八九年，他將「所謂的馬克思主義者」對比於「我們的馬克思主義者」（48:246）。他後來譴責「那些使自己成為正統馬克思主義者並將我們運動的概念變成一種僵硬教條的人」，這些人把它變成「僅僅只是個教派」（49:197）。

7 Norman Levine. *The Tragic Deception. Marx contra Engels* (Clio Press, 1975), p. xv.

8 關於這個主題，參閱 Manfred B. Steger and Terrell Carver, eds. *Engels after Marx* (Penn State University Press, 1999)。另可參閱 Gareth Stedman Jones. 'Engels and the History of Marxism', in Eric Hobsbawm, ed. *The History of Marxism, Volume One. Marxism in Marx's Day* (Harvester Press, 1982), pp. 290–326。

9 J. D. Hunley. *The Life and Thought of Friedrich Engels. A Reinterpretation* (Yale University Press, 1991), p. x. 這種觀點最強而有力的說法當屬 Levine. *Tragic Deception*。

10 Russell Jacoby. *Dialectic of Defeat. Contours of Western Marxism* (Cambridge University Press, 1981), p. 53. 概論性的闡述，請參閱 Marcel van der Linden. *Western Marxism and the Soviet Union. A Survey of Critical Theories and Debates since 1917* (Brill, 2007)。

11 恩格斯的詮釋摘要，參閱 S. H. Rigby. *Engels and the Formation of Marxism. History, Dialectics and Revolution* (Manchester University Press, 1992)。

12 Henri Lefebvre. *Dialectical Materialism* (Jonathan Cape, 1968), p. 16.

13 Louis Althusser. *Politics and History. Montesquieu, Rousseau, Hegel and Marx* (NLB, 1972), p. 167.

14 在別的地方，馬克思堅稱，他的「闡述方法不是黑格爾式的，因為我是唯物論者，而黑格爾則是唯心論者」（42:544）。

15 Wilhelm Liebknecht. *Karl Marx. Biographical Memoirs* [1901] (Journeyman Press, 1975), pp. 91–2.

16 Edward Aveling. *The Students' Marx. An Introduction to the Study of Karl Marx* (George Allen & Unwin, 1920), p. iv.

17 參閱拙作 'Social Darwinism. Power-Worship and the "Survival of the Fittest" ', in Gregory Claeys, ed. *The Cambridge Companion to Nineteenth-Century Thought* (Cambridge University Press, 2018)。

18 Carver. *Marx and Engels*, p. 133.

19 Enrico Ferri. *Socialism and Positive Science (Darwin–Spencer–Marx)* (Independent Labour Party, 1905), pp. 62, 81。Herbert Spencer（1820–1903）曾是位執牛耳的演化社會學家。

Krader, ed. *The Ethnological Notebooks of Karl Marx. Studies of Morgan, Phear, Maine, Lubbock*, Van Gorcum & Co., 1972, p. 172〕)，我們發現，這是逐字擷取自Lewis Morgan (*Ancient Society. Or, Researches in the Lines of Human Progress from Savagery, through Barbarism to Civilization*, Henry Holt, 1877, p. 149)。Krader認為，馬克思的立場「總體而言是駁斥盧梭的」，他認為原始人類本質上是不自由的（*Asiatic Mode of Production*, p. 259）。

18 參閱Krader, ed. *Ethnological Notebooks*, pp. 39, 60, 119, 329。

19 Morgan. *Ancient Society*, p. 552; Krader, ed. *Ethnological Notebooks*, p. 139.

20 參閱Leszek Kolakowski. *Main Currents of Marxism* (3 vols., Clarendon Press, 1978), vol. 1, p. 162。一項早期俄國人針對馬克思所做的闡述主張，「社會主義無非只是個人主義發揮到極致」。（M. Tugan-Baranowsky. *Modern Socialism in Its Historical Development*, Swan Sonnenschein, 1910, p. 29.）

Chapter 10——恩格斯的問題

1 近年出版的一本傳記：Tristram Hunt. *The Frock-Coated Communist. The Revolutionary Life of Friedrich Engels* (Allen Lane, 2009)。一本簡短的入門書：Terrell Carver. *Engels* (Oxford University Press, 1981)。

2 Gustav Mayer. *Friedrich Engels. A Biography* (Chapman & Hall, 1936), p. 13.

3 一八四六年，憲章運動者George Julius Harney曾寫信給恩格斯表示，「在這個國家，組織、建議發動一場革命，將是一個虛榮且愚蠢的計畫。」（MEGA2, III (1)），p. 524。

4 這個文本和*The German Ideology*一樣晚被提及（5:212）。

5 Terrell Carver. *Marx and Engels. The Intellectual Relationship* (Wheatsheaf, 1983), p. xiv.

6 Maximilien Rubel. *Rubel on Karl Marx. Five Essays*, ed. Joseph O'Malley and Keith Algozin (Cambridge University Press, 1981), p. 17. Bakunin曾於一八七三年在《國家主義與無政府》（*Statism and Anarchy*）一書中使用「馬克思主義者」（Marxists）一詞。恩格斯顯然在一八八二年六月略帶貶抑地使用了「馬克思主義者」（46:289）一詞，到了十一月，他在致Lafargue的信中回顧馬克思的評論表示，「可以肯定的是，我不是馬克思主義者」（46:356）。一八八七年二月，他則譴責了「馬克思主義者慣常的不寬容」（原文同樣也是法文〔48:14〕）。接著，在一八八八年二月，他較為中性地使用這個詞彙，將蘇格蘭社會主義者Robert Cunninghame Graham稱為「一個號稱的馬克思主義者」，這意謂著，他試圖「沒收所有的生產資料」（48:156–7）。但他也說，Graham曾公開表示，「他『完完全全』立於卡爾・馬克思的基礎上」（48:159）。

6 Teodor Shanin, ed. *Late Marx and the Russian Road. Marx and the 'Peripheries of Capitalism'* (Routledge & Kegan Paul, 1983), p. 11.

7 早在一八五二年，恩格斯就已駁斥「將舊的斯拉夫集體財產制曲解成共產主義，並且將俄國農民描繪成天生的共產主義者，這種老泛斯拉夫的閃躲。」（39:67）到了一八九三年，他則認為，「俄國並不比其他地方更能從原始的農業共產主義發展出一種更高的社會形式，除非更高的形式早已存在於其他某處」（50:214）。

8 然而，到了一八九二年，恩格斯卻寫道：「恐怕我們得把村社（Obshchina）視為過去的夢想，未來得把一個資本主義的俄國納入考量」（49:384）。

9 不過，正如Keith Tribe所指出，馬克思只在法文版的《資本論》中將資本主義運動的「歷史宿命」限制在西歐國家。（*The Economy of the Word. Language, History, and Economics*, Oxford University Press, 2015, p. 174）

10 一八九四年，恩格斯堅稱，任何將俄國公社變為更高形式的轉型，「都不會發自公社本身，只會發自西方的工業無產階級……與此相連的是，由社會管理的生產取代資本主義的生產」（27:425）。因此，「所有處於前資本主義階段的國家」都可能實現一個「縮短的發展過程」，不過，唯有在資本主義於其心臟地帶被廢除後，才有可能（27:426）。

11 參閱Hunt. *Political Ideas of Marx and Engels*, vol. 2, pp. 135–7。

12 同上，pp. 162–211。

13 Karl Popper. *The Open Society and Its Enemies* (2nd edn, 2 vols., Routledge & Kegan Paul, 1952), vol. 2, p. 200.

14 特別是實證主義哲學家Auguste Comte的英國追隨者，對於馬克思有著清楚的認識，其中之一就是Edward Beesly。參閱拙作*Imperial Sceptics. British Critics of Empire, 1850–1920* (Cambridge University Press, 2010), pp. 131–40。

15 參閱Lawrence Krader. *The Asiatic Mode of Production. Sources, Development and Critique in the Writings of Karl Marx* (Van Gorcum & Co., 1975); Kevin B. Anderson. *Marx at the Margins. On Nationalism, Ethnicity, and Non-Western Societies* (University of Chicago Press, 2010)。

16 Shanin, ed. *Late Marx*, p. 15.

17 Karl May是「威尼圖」（Winnetou）系列的作者，這些故事讚頌了美國原住民的生活，從一八七〇年代中期起就廣受德國小學生的喜愛。James Fenimore Cooper寫了《最後的摩西根人》（*The Last of the Mohicans*, 1826）與其他的邊疆生活故事。甚至在馬克思顯然讚美「易洛魁聯盟」（Iroquois）的地方（例如他曾寫道：「在演說中雄辯，在戰爭中復仇，在奮鬥中不屈不撓，他們在歷史上贏得了一席之地。」〔Lawrence

Class. An Analysis of the Communist System）中大行其道。參閱Marshall S. Shatz. *Jan Wacław Machajski. A Radical Critic of the Russian Intelligentsia and Socialism* (University of Pittsburgh Press, 1989)。

15 Michael Bakunin. *Statism and Anarchy* [1873] (Cambridge University Press, 1990), pp. 177, 136–40, 178, 181.

16 Noam Chomsky. *Power Systems. Conversations with David Barsamian on Global Democratic Uprisings and the New Challenges to U.S. Empire* (Hamish Hamilton, 2013), p. 173.

Chapter 9——馬克思的成熟體系

1 關於馬克思的政治理論，參閱J. B. Sanderson. *An Interpretation of the Political Ideas of Marx and Engels* (Longman, 1969); Hal Draper. *Karl Marx's Theory of Revolution* (5 vols., Monthly Review Press, 1977–2005); John M. Maguire. *Marx's Theory of Politics* (Cambridge University Press, 1978); Alan Gilbert. *Marx's Politics. Communists and Citizens* (Martin Robertson, 1981)。

2 這種並列最早出現於*The German Ideology*（5:537）。十八世紀的空想主義者Étienne-Gabriel Morelly，《自然法典》（*The Code of Nature*, 1755）的作者，可能就是Blanc與馬克思的這個座右銘的來源。（Louis A. Loubere. *Louis Blanc. His Life and His Contribution to the Rise of French Jacobin-Socialism*, Northwestern University Press, p. 42）Saint-Simon的表述是，「神聖的正義就是，希望人人按照他的能力分類並根據他的工作給付報酬。」（*OEuvres de Claude-Henri de Saint-Simon*, 6 vols., Éditions Anthropos, 1966, vol. 4, pp. xxiv–xxv）

3 關於這些立場的搖擺，參閱拙作'The Political Ideas of the Young Engels, 1842–1845. Owenism, Chartism, and the Question of Violence in the Transition from "Utopian" to "Scientific" Socialism', *History of Political Thought*, 6 (1985), 455–78。

4 Richard N. Hunt認為這並不代表馬克思的觀點，參閱*The Political Ideas of Marx and Engels* (2 vols., Macmillan, 1975–84), vol. 1, p. 247。

5 直到一八九三年，恩格斯都還認為，如果「唯有革命的手段才能使德國擁有它自己……那麼我們很有可能被迫掌舵與玩起一七九三年的遊戲」（49:266–7），換言之，追隨雅各賓派，朝更激進的方向去推動革命。他在一八九五年描述了「和平與反暴力戰術」，他表示，「我只為今天的德國宣傳這些策略，儘管還帶有許多的保留。對於法國、比利時、義大利、奧地利來說，這樣的策略無法做為一個整體來遵守，對於德國來說，到了明天，它們則可能變得不適用」（50:490）。

3 同上，p. 467。

4 選民人數增加到大約是成年男性的三分之一，男性選民從大約一百萬倍增到大約兩百五十萬。此時，約有百分之七十七的成人被歸類為體力勞動者。

5 關於馬克思與其他人的同時代作品脈絡集合，參閱Marcello Musto, ed. *Workers Unite! The International 150 Years Later* (Bloomsbury Academic, 2014)。評述這個組織的一系列文章，參閱Fabrice Bensimon, Quentin Deluermoz and Jeanne Moisand, eds. *'Arise, Ye Wretched of the Earth'. The First International in a Global Perspective* (Brill, 2017)。另可參閱Paul Thomas. *Karl Marx and the Anarchists* (Routledge, 1980), pp. 249–340。

6 引述自*Woodhull & Claflin's Weekly*, 12 August 1871；同樣引述自Shlomo Avineri. *The Social and Political Thought of Karl Marx* (Cambridge University Press, 1968), p. 216。

7 委員每年的工資為六千法郎，實際上可能是此一時期法國工人平均工資的四倍。

8 恩格斯在一八九一年堅持認為，雖然宗教團體被剝奪掉國家的一切支持以及對於公共教育的所有影響，但「不能禁止它們用自己的資金建立它們自己的學校，也不能禁止它們在那些學校中教授它們自己的胡說八道」(27:229)。

9 以Richard N. Hunt的話來說就是，「沒有專業人士的民主」；*The Political Ideas of Marx and Engels* (2 vols., Macmillan, 1975–84), vol. 2, p. xi。

10 G. P. Maximoff. *The Guillotine at Work. Twenty Years of Terror in Russia: Data and Documents* (The Chicago Section of the Alexander Berkman Fund, 1940), p. 21.

11 然而，恩格斯在一八七五年致August Bebel的信中建議：「普遍以共同體取代國家；這是個很好的、古老的德語單詞，十分有助於法語的『公社』一詞」(45:64)。參閱Joseph M. Schwartz. *The Permanence of the Political. A Democratic Critique of the Radical Impulse to Transcend Politics* (Princeton University Press, 1995)。

12 Michael Bakunin. *Selected Writings*, ed. Arthur Lehning (Grove Press, 1973), pp. 236–7.

13 Michael Bakunin. *Marxism, Freedom and the State*, ed. K. J. Kenafick (Freedom Press, 1950), pp. 27–8.

14 同上，pp. 38, 30。在二十世紀初期，特別是波蘭的馬克思主義者Wacław Machajski擴大了這樣的主題，他提醒，馬克思的模式將會，「以一個世襲的、手無縛雞之力的知識分子階級取代資本家，那些人會使體力勞動者及他們的後代永久遭到奴役。」(引述自Max Nomad. *Rebels and Renegades*, Macmillan, 1932, p. 208。) Machajski是第一個詳細探索這個「新階級」的人，他早在一九〇五年就做了許多的預料，這些預料後來在Milovan Djilas於一九五七年發表的、更為著名的作品（*The New*

48 恩格斯曾在一八八六年寫道：「馬克思和我從未懷疑過，在向完全的共產主義經濟過渡的過程中，必須廣泛利用合作管理做為中間階段。唯有它才意謂著將事物組織成，社會（最初為國家）保留對於生產資料的所有權，從而防止合作社的特殊利益優先於整個社會的利益」（47:389）。

49 Ernest Jones將這裡的「合作」定義為，「透過獨立與聯合的勞動之發展，消除利潤製造與工資奴役」（11:587）。

50 主要的同時代資料來源有：George Jacob Holyoake. *The History of Co-operation in England. Its Literature and Its Advocates* (2 vols., Trubner & Co., 1875–9); Beatrice Potter. *The Co-operative Movement in Great Britain* (Swan Sonnenschein, 1893); Benjamin Jones. *Co-operative Production* (2 vols., Clarendon Press, 1894)。

51 George Jacob Holyoake. *Self-Help by the People. The History of the Rochdale Pioneers, 1844–1892* (10th edn, Swan Sonnenschein, 1900), pp. 12, 28, 38, 81。Holyoake曾評論道，「眾所周知，工人造就了壞雇主」，他們旨在「從他們僱用的人那裡獲得最大的勞動，正如他們所服務的最壞的雇主對他們所做的那樣。」（同上，pp. 106–7）

52 Holyoake曾寫道，羅奇代爾先鋒「計畫運用他們在生產性製造業中的利潤」（*History of Co-operation*, vol. 2, p. 17）。他們建立了羅奇代爾玉米磨坊合作社，並且本於合作原則營運了一家大型紡紗廠三年，直到外部投資者將它轉為股份制（同上，p. 52）。這或許就是馬克思所指的。兩台六十匹馬力的紡紗機，「合作」與「堅持不懈」，被改名為「合股」與「貪婪」。

53 在它們的辯護者中，E. V. Neale強調，「合作渴望堅持個人主義的原則，而社會主義則試圖消除它。」（引述自Jones. *Co-operative Production*, vol. 2, p. 738）

54 George Jacob Holyoake. *The History of Co-operation* (revised edn, 2 vols., T. Fisher Unwin, 1906), vol. 2, p. 342.

55 引述自Jones. *Co-operative Production*, vol. 2, p. 755。

56 Potter. *Co-operative Movement*, p. 83.

57 Eduard Bernstein. *Evolutionary Socialism. A Criticism and Affirmation* [1899, revised 1909] (Schocken Books, 1967), pp. 109–27。Bernstein反而將工會視為「工業中的民主元素」（同上，p. 139）。

Chapter 8——國際工人協會（一八六四～一八七二）與巴黎公社（一八七一）

1 恩格斯寫道，「當馬克思創立國際工人協會……」（48:9），意思其實是，「當它變成一個完整的組織」。

2 Gareth Stedman Jones. *Karl Marx. Greatness and Illusion* (Allen Lane, 2016), pp. 471–2.

是誇大它們的重要性。」；*Karl Marx. His Life and Thought* (Harper & Row, 1973), p. 296。

31 István Mészáros. *Marx's Theory of Alienation* (Merlin Press, 1972), p. 227.

32 Kolakowski. *Main Currents*, vol. 1, p. 173.

33 例如，《作品集》（*Collected Works*）的編者認為，異化的概念「在很大的程度上被其他更具體的判定所取代，這些判定更徹底且更清晰地揭示出……工資勞動的剝削」（3:xviii）。

34 Louis Althusser. *For Marx* (Allen Lane, 1969); *Essays in Self-Criticism* (NLB, 1976), p. 153。「反人道主義者」意謂著放棄Feuerbach的「人」及相關的「道德唯心論」的概念，包括「異化」。（Louis Althusser. *The Humanist Controversy and Other Writings (1966–67)*, Verso, 2003, p. 186）原本是寫於一場關於史達林主義的論戰中，我們至少可以說，「反人道主義者」是一個令人遺憾的措辭選擇。

35 Althusser. *For Marx*, p. 227.

36 因此，馬克思後來寫道：「我的分析方法不是從人出發，而是從社會的某個特定的經濟時期」（24:547）。

37 Sidney Hook. *From Hegel to Marx* (Victor Gollancz, 1936), pp. 5–6.

38 Daniel Bell. 'The Debate on Alienation', in Leopold Labedz, ed. *Revisionism. Essays on the History of Marxist Ideas* (George Allen & Unwin, 1962), p. 204.

39 John McMurtry. *The Structure of Marx's World-View* (Princeton University Press, 1978), p. 222.

40 參閱William Clare Roberts. *Marx's Inferno. The Political Theory of 'Capital'* (Princeton University Press, 2016)。

41 它完全遭到忽略，例如，在Mehring的*Karl Marx*，還有在Jonathan Sperber的*Karl Marx. A Nineteenth-Century Life* (Liveright, 2013)。

42 Terrell Carver. *The Postmodern Marx* (Manchester University Press, 1998), p. 126.

43 Plamenatz. *Karl Marx's Philosophy of Man*, p. 132.

44《作品集》的編者為讀者指出了始於一八四四年的羅奇代爾先鋒消費者合作社。（32:562n135 & 35:784n254）這不是馬克思在這裡所描述的那種協作擁有的工廠。

45 Roberts. *Marx's Inferno*, pp. 254–5。馬克思顯然偏好工業合作更勝於任何形式的「鄉村」生活。

46 關於共和主義與合作在這裡的重疊，參閱Roberts. *Marx's Inferno*, pp. 246–57。在這個問題上，馬克思的語言往往更接近於William Thompson而非Owen。

47 本版中的注釋提及了成立於一八四四年的羅奇代爾消費者合作社。

（6:143）。

20 正如馬克思在一八四八年（8:130）以及恩格斯在一八七二年（23:329）所承認的那樣。

21 Robert C. Tucker. *The Marxian Revolutionary Idea* (Norton, 1970), p. 51。

22 恩格斯後來描述了「Ricardo的理論的社會主義應用」，該理論聲稱「所有社會的產品做為工人的產品屬於工人，因為他們是唯一真正的生產者」，這「在形式經濟方面是不正確的，因為它僅僅是道德在經濟學中的應用」。相較之下，馬克思「從來沒有將他的共產主義的要求建立在這上頭，而是建立在資本主義生產模式無可避免的崩潰之上……他只說，剩餘價值包含無償勞動，這是個簡單的事實」（26:281–2）。經濟學家Joan Robinson被解釋成，認為馬克思採取這種策略，做為一種理想的獎勵制度（Rosdolsky. *Making of Marx's 'Capital'*, p. 542）。

23 這本小冊子的作者是Charles Wentworth Dilke，他的靈感來自於William Godwin，Robert Owen的老師之一。

24 Alfred Schmidt. *The Concept of Nature in Marx* (NLB, 1971), pp. 139, 142.

25「人類的再生」（W1:390）一詞並未出現在馬克思晚期的著作中。「解放」當然有各種使用方式，包括「完全從工資奴役中解放出來」（W10:128）、「無產階級的解放」（W12:3）與「工人階級的解放」（W16:13）。

26 一八七八年時在（25:279）處重複了這種意見。恩格斯寫道：「空想主義者已然清楚地意識到勞動分工的影響，一方面是勞動者的發育受阻，另一方面則是勞動功能的受阻，勞動功能被局限於終身、統一、機械性地重複同一操作動作」（25:278）。

27 恩格斯繼續在《社會主義從空想到科學的發展》（*Socialism. Utopian and Scientific*, 1880）中使用「普遍解放」的用語，它被連結到「按照一個預定計畫的社會化生產」，還有根據「無政府狀態在社會生產中消失」的程度的國家權威的消亡。（24:325）馬克思在其他地方寫道：「個性的自由發展，因此不是為了假定剩餘勞動所做的必要勞動時間的減少，而是社會的必要勞動普遍降至一個最低限度，然後，憑藉自由的時間和為他們所有的人製造出的工具，去從事藝術、科學等等的活動，去促進個人的發展」（29:91）。

28 參閱，例如，John Plamenatz. *Karl Marx's Philosophy of Man* (Clarendon Press, 1975), p. 144。

29 參閱Mandel. *The Formation of the Economic Thought of Karl Marx*, pp. 164–86; Leszek Kolakowski. *Main Currents of Marxism* (3 vols., Clarendon Press, 1978), vol. 1, pp. 262–7。

30 David McLellan, ed. *Karl Marx. Early Texts* (Barnes & Noble, 1972), pp. xxxvi, xxxix。因此，從這個角度，McLellan堅稱：「以『一八四四年的諸手稿』為他的核心著作……

9 然而，根據偶而擔任馬克思祕書的Wilhelm Pieper所述，馬克思和Mill是朋友（Pieper to Engels, 27 January 1851; 38:269–70）。這開啟了一種吊人胃口的可能性，那就是，Mill在此一時期轉向社會主義，有部分可能得歸因於馬克思，儘管他對合作的接受先於此。參閱拙作*Mill and Paternalism* (Cambridge University Press, 2013), pp. 153–72。這點普遍被那些比較過他們的人所忽視，例如：Graeme Duncan. *Marx and Mill. Two Views of Social Conflict and Social Harmony* (Cambridge University Press, 1973)。不過，Mill當然熱中於保持經濟競爭。

10 激進的醫生Charles Hall，曾在一八〇五年時，根據某種超越他人的權力渴望，描述了所有的經濟關係。參閱拙作'Republicanism, Commerce and the Origins of Modern Social Theory in Britain, 1796–1805', *Journal of Modern History*, 66 (1994), 249–90。

11 Julius Braunthal. *History of the International, Volume One. 1864–1914* (Nelson, 1966), p. 265。

12 G. D. H. Cole, introduction to Karl Marx. *Capital* (J. M. Dent, 1933), p. xxi.

13 Louis Althusser. *The Future Lasts a Long Time and The Facts* (Chatto & Windus, 1993), p. 211.

14 J. Bonar, preface to Eugen v. Böhm-Bawerk. *Karl Marx and the Close of His System. A Criticism* (T. Fisher Unwin, 1898), p. 7.

15 J. F. Bray. *Labour's Wrongs and Labour's Remedy. Or, The Age of Might and the Age of Right* (David Green, 1839), p. 49.

16 William Thompson. *An Inquiry into the Principles of the Distribution of Wealth Most Conducive to Human Happiness* (Longman, Hurst, Rees, Orme, Brown, and Green, 1824), p. 224.

17 Beatrice Potter. *The Co-operative Movement in Great Britain* (Swan Sonnenschein, 1893), p. 47。社會理論家Anton Menger於一八八六年提出了類似的主張（26:609）。他的《全部勞動權史論》（*The Right to the Whole Produce of Labour*, Macmillan & Co., 1899）一書指出，「整套剩餘價值理論」「從Thompson的著作中借用了所有的要素」（p. 101）。

18 參閱Paul Mason. *Postcapitalism. A Guide to Our Future* (Allen Lane, 2015), p. 137。

19 馬克思先前曾將Proudhon的勞動時間價值計算歸類為「Ricardo的理論的烏托邦式詮釋」（6:124）。馬克思拒斥勞動交換勞動的理論聚焦於這樣一個事實，那就是，它確實「沒有改變生產者的互惠地位」，這在交換之前和之後都可能非常不平等，從而，他們的不平等，甚至是階級對抗，也保持不變（6:126, 133）。馬克思認為，唯有「預先就物質生產所需的時數達成協議」，這會「否定個人交換」，該模式才有效

18 Wheen. *Karl Marx*, p. 268.

19 同上，pp. 356–7。

20 H. M. Hyndman. *The Record of an Adventurous Life* (Macmillan & Co., 1911), p. 288.

21 Olga Meier, ed. *The Daughters of Karl Marx. Family Correspondence, 1866–1898* (André Deutsch, 1982)；透過這本書我們可以描繪出一幅細膩的肖像。

22 相關的傳記有：Chushichi Tsuzuki. *The Life of Eleanor Marx, 1855–1898. A Socialist Tragedy* (Clarendon Press, 1967); Yvonne Kapp. *Eleanor Marx* (2 vols., Lawrence & Wishart, 1972–6); Rachel Holmes. *Eleanor Marx. A Life* (Bloomsbury, 2014)。

23 參閱Leslie Derfler. *Paul Lafargue and the Founding of French Marxism, 1842–1882* (Harvard University Press, 1991)。

24 Lafargue後來撰寫了 *The Right to Be Lazy* (1907)；這是對於更廣泛的自由時間的一個諷刺性辯護，它嘲笑了現代人對於工作的痴迷。

CHAPTER 7 ——政治經濟學

1 關於馬克思的經濟思想，參閱Ernest Mandel. *The Formation of the Economic Thought of Karl Marx* (NLB, 1971); Allen Oakley. *Marx's Critique of Political Economy. Intellectual Sources and Evolution* (2 vols., Routledge & Kegan Paul, 1984–5)。Keith Tribe. *The Economy of the Word. Language, History, and Economics* (Oxford University Press, 2015), pp. 171–254；本書針對做為一個整體的馬克思的經濟計畫做了批判性的闡述。

2 David McLellan, ed. *Marx's Grundrisse* (Macmillan, 1971), p. 15.

3 關於文本，參閱Roman Rosdolsky. *The Making of Marx's 'Capital'* (Pluto Press, 1977); Geoffrey Pilling. *Marx's 'Capital'. Philosophy and Political Economy* (Routledge & Kegan Paul, 1980); Anthony Brewer. *A Guide to Marx's 'Capital'* (Cambridge University Press, 1984); David Harvey. *A Companion to Marx's 'Capital'* (Verso, 2010); Ben Fine and Alfredo Saad-Filho. *Marx's 'Capital'* (6th edn, Pluto Press, 2016)。

4 William Morris et al. *How I Became A Socialist* (Twentieth Century Press, 1896), p. 18.

5 p. 270有其他的說明（Andrés Suárez. *Cuba. Castroism and Communism, 1959–1966*, MIT Press, 1966, p. 16）。

6 Pierre Brocheux. *Ho Chi Minh. A Biography* (Cambridge University Press, 2007), p. 14.

7 對照Max Stirner：「我不要求任何權利，因此我也不需要承認任何權利。我可以用武力獲得的，我用武力獲得，我無法用武力獲得的，我也沒有權利獲得。」（*The Ego and His Own* [1844], A. C. Fifield, 1913, p. 275）

8 工廠法案始於一八〇二年，隨後更在整個十九世紀擴大了範圍與目標。

munism [1933–4] (Rand School Press, 1946), p. 32。

Chapter 6——流亡，一八五〇至一八八〇年代

1 Wilhelm Liebknecht. *Karl Marx. Biographical Memoirs* [1901] (Journeyman Press, 1975), p. 121.
2 關於這個時期，參閱Christine Lattek. *Revolutionary Refugees. German Socialism in Britain, 1840–1860* (Routledge, 2006)。
3 同上，pp. 79, 113–15, 127, 158。據說Schapper「拒絕」擔任「領導」（MEGA2, III (1), p. 526）。
4 引述自Jerrold Seigel. *Marx's Fate. The Shape of a Life* (Princeton University Press, 1978), p. 231。
5 某些傳記作者在這方面有不同的意見，例如Saul Padover. *Karl Marx. An Intimate Biography* (McGraw-Hill, 1978), pp. 170–71。參閱恩格斯的反反猶太主義的評論（27:50–52）。馬克思曾叫Lassalle是個「猶太黑鬼」（41:389）。
6 *Marx and Engels through the Eyes of Their Contemporaries* (Progress Publishers, 1972), pp. 127, 184.
7 Liebknecht. *Karl Marx*, pp. 11, 71.
8 Friedrich Lessner. *Sixty Years in the Social-Democratic Movement* (Twentieth Century Press, 1907), pp. 13–14, 58–9.
9 Robert Payne. *Marx* (W. H. Allen, 1968), pp. 154–6; Carl Schurz. *The Reminiscences of Carl Schurz* (The McClure Company, 1907), p. 139.
10 Payne. *Marx*, p. 321.
11 P. V. Annenkov. *The Extraordinary Decade. Literary Memoirs* [1880] (University of Michigan Press, 1968), pp. 167–8.
12 H. F. Peters. *Red Jenny. A Life with Karl Marx* (Allen & Unwin, 1986), p. xiii.
13 同上，p. 73。
14 Lessner. *Sixty Years*, p. 58.
15 引述自Francis Wheen. *Karl Marx* (Fourth Estate, 1999), p. 64.
16 Lenin曾在某回訪問倫敦期間與Frederick Demuth暫住。Frederick Demuth一直活到一九二九年，而且活躍於「哈克尼工黨」（Hackney Labour Party）。他的兒子Harry後來曾回憶道，他和他的父親一起走後門進入恩格斯在攝政公園路的寓所。
17 引述自Boris Nicolaievsky and Otto Maenchen-Helfen. *Karl Marx. Man and Fighter* (Allen Lane The Penguin Press, 1973), pp. 256–7。

1948), p. 188.

15 一八四八年，恩格斯認為，在斯拉夫人中，唯有波蘭人和俄國人才有未來；其他的則注定要做為「整個反動民族」消失（8:238）。參閱Roman Rosdolsky. *Engels and the 'Nonhistoric Peoples'. The National Question in 1848* (Critique Books, 1987), 特別是p. 86。德國社會主義者Ferdinand Lassalle曾寫道，他「原則上不支持國籍……我僅將國籍權歸於偉大的文化國家。」（引述自Bertram D. Wolfe. *Marxism. One Hundred Years in the Life of a Doctrine*, Chapman & Hall, 1967, p. 30）

16 這也是一份集體文件，我們無法確定馬克思對它的任何一部分的作者身分。

17 馬克思所建議的更進一步的政策是，愛爾蘭的農業革命及由一個獨立的愛爾蘭對英格蘭課徵保護性關稅（42:487）。

18 引述自Gustav Mayer. *Friedrich Engels. A Biography* (Chapman & Hall, 1936), p. 99。一八四八年，恩格斯曾將法國及德國的農民稱為「活在文明中的野蠻人」（7:519）。參閱Athar Hussain and Keith Tribe. *Marxism and the Agrarian Question* (2 vols., Macmillan, 1981)。恩格斯在一八九四年補充道：「相較於樂於永遠當個老闆的小手工業者，我們做為一個黨員對於農民不會比較有用，如果他期待永久保有自己小農場中的財產」（27:495）。但他也寫道：「我們不會用武力干涉他們的財產關係，違背他們的意願」（27:497）。同樣參閱Hal Draper. *Karl Marx's Theory of Revolution, Volume Two. The Politics of Social Classes* (Monthly Review Press, 1978), pp. 317–452。

19 參閱，例如，David Mitrany. *Marx against the Peasant. A Study in Social Dogmatism* (George Weidenfeld & Nicolson, 1951)。

20 這個概念的主要論述，參閱Hal Draper. *Karl Marx's Theory of Revolution, Volume Three. The 'Dictatorship of the Proletariat'* (Monthly Review Press, 1986)。

21 關於最初的用法，參閱同上，pp. 175–8。

22 在一八六六年時，馬克思還轉向廢除國際工人協會主席的職務。

23 參閱Hunt. *Political Ideas of Marx and Engels*, vol. 1; J. L. Talmon. *The Origins of Totalitarian Democracy* (Secker & Warburg, 1952)。

24 Hunt. *Political Ideas of Marx and Engels*, vol. 1, pp. 292–8.

25 Weydemeyer移民到了美國，美國內戰期間他在聯邦軍裡服役，晉升至上校軍階。他成為有史以來唯一一位將馬克思作品（〈國際工人協會成立宣言〉〔*the Inaugural Address of the International Working Men's Association*, 1864〕）的拷貝發給其所屬部隊的美國高級軍官。

26 不過Karl Kautsky認為，在一八五〇年代初期，馬克思「將布朗基主義者完全視為法國工人黨。他們，高於其他一切，擁有他的贊同。」*Social Democracy versus Com-*

財富，那些年齡介於三十到四十歲的人則將管理共同體。至於最成熟的族群（年齡介於四十到六十歲），則將負責「外交事務」。參閱G. Claeys, ed. *The Selected Works of Robert Owen* (4 vols., Pickering & Chatto, 1993), vol. 3, pp. 286–95。Fourier建議，包括兒童在內的個人，每天應有多達八種不同的活動，所以，雖然「勞動分工及至最後一級……每個性別和年齡都能專注於適合他自己的職責」，並且「充分享有勞動權或在他們樂於選擇的部門裡勞動的權利，只要他們提供健全與能力的證明」。（Charles Gide, ed. *Selections from the Works of Fourier*, Swan Sonnenschein, 1901, pp. 163–71, here p. 164）有些證據顯示，馬克思的想法被接受。第一位蘇維埃教育委員會主席Anatoly Lunacharsky後來寫道：「如同馬克思所預見的那樣，真正的、完整的馬克思主義學派，只能在一個與工業建立並存且在後者的存續中做出貢獻的教育體制的實踐中實現。」（*On Education*, Progress Publishers, 1981, p. 190）他稱此為「馬克思的勞動教育原則」（同上，p. 210）。

8 Penguin Books出版社的《共產黨宣言》（*The Communist Manifesto,* ed. Gareth Stedman Jones, 2000）對於背景的理解最為有用。相關評論請參閱Terrell Carver and James Farr, eds. *The Cambridge Companion to* The Communist Manifesto (Cambridge University Press, 2015)。不過，恩格斯的貢獻不應被低估，參閱Carver. *Marx and Engels. The Intellectual Relationship* (Wheatsheaf, 1983), pp. 78–95。標題是恩格斯的（38:149）。但他卻把這個作品說成「實質上」是馬克思的（21:61）。

9 後來恩格斯加深了分歧，在一八四七年時稱社會主義是「一場中產階級運動」，對比於共產主義的「工人階級運動」（26:516）。

10 馬克思認為，「每個九歲以上的孩子都應花一部分時間從事生產勞動」，但目前還不是這樣（21:383）。一八七五年，他表示，「生產勞動與教育的提早結合是當今社會的轉型最有力的手段之一」，他還表示，「普遍禁止童工與大型工業的存在並不相容」（24:98）。

11 參閱Jon Elster. *An Introduction to Karl Marx* (Cambridge University Press, 1986), p. 147。

12 Hunt. *Political Ideas of Marx and Engels*, vol. 1, p. 248。恩格斯後來指出，它是「由馬克思和我編輯的」（26:326）。

13 Marx寫給P. G. Röser，一八五〇年七月，引述自Hunt. *Political Ideas of Marx and Engels*, vol. 1, p. 238。關於「它可能沒有反映馬克思與恩格斯的個人觀點」這個論點，參閱，同上，pp. 235–6。這裡也使用了「不斷革命」一詞，其他任何一個由他們署名的著作都沒有採用這個用語。

14 Isaiah Berlin. *Karl Marx. His Life and Development* (2nd edn, Oxford University Press,

39 Nicolas Berdyaev. *The Origins of Russian Communism* (The Centenary Press, 1937), p. 118.

40 「Der Staat wird nicht "abgeschafft", *er stirbt ab.*」(「國家不會被『廢除』，它將消亡。」)(W20:262)

Chapter 5——社會主義，一八四八年歐洲革命與《共產黨宣言》

1 Alexander Herzen. *From the Other Shore* (Weidenfeld & Nicolson, 1956), p. 64.

2 但馬克思補充道：「普選權已完成了它的使命。大多數的人都通過了發展的訓練，它是普選權在革命時期所能服務的一切。它必然會被革命或反動擱在一旁。」(10:137，於517–18再次重複。) 對於馬克思與列寧的親近性的這個問題，這個段落有著可觀的影響。德文原文為：「Die Majorität des Volkes hatte die Entwicklungsschule durchgemacht, zu der es allein in einer revolutionären Epoche dienen kann.」(W7:100)

3 Gareth Stedman Jones and Douglas Moggach, eds. *The 1848 Revolutions and European Political Thought* (Cambridge University Press, 2018)，書中的許多文章為理解這些發展提供了良好的背景脈絡。

4 引述自 Richard N. Hunt. *The Political Ideas of Marx and Engels* (2 vols., Macmillan, 1975–84), vol. 1, p. 157。

5 「Superstitious belief in authority」(對於威權的迷信) 被 Richard N. Hunt 譯為「authoritarian superstitions」(威權的迷信)(*Political Ideas of Marx and Engels*, vol. 1, p. 265)。德文原文為「Autoritätsaberglauben」(權威迷信)(W34:308)。

6 參閱 Hess. 'A Communist *Credo*. Questions and Answers' [1844] and 'Consequences of a Revolution of the Proletariat' [1847], in Shlomo Avineri, ed. *The Holy History of Mankind and Other Writings* (Cambridge University Press, 2004), pp. 116–35, 尤其是 p. 132。在《共產主義者的信仰懺悔草稿》(*Draft of a Communist Confession of Faith*)中，恩格斯將共產主義的目標描述為，「以這樣一種方式去組織社會，也就是，每個成員都能完全自由地發展和利用他所擁有的能力與權力，而且不會因此侵犯這個社會的各種基本條件」(6:96)。

7 Owen 的計畫涉及到貫穿人生所有主要活動的連續運動。第一「級」，從出生到五歲，將要入學。年齡在五到十歲間的人將協助家務勞動，部分由年齡在十到十五歲之間的人指導，這些人也將學習農業與工業的技能。所有年齡介於十五至二十歲的人都將參與生產，並且協助指導低一級的年齡組。年齡介於二十到二十五歲的人將管理所有生產與教育部門。所有年齡介於二十五歲到三十歲的人將負責保管與分配

pp. 155, 176.

23 恩格斯所發明的一個用語「einem falschen Bewu *β* tsein」（虛假意識）（W39:97）。

24 參閱Leszek Kolakowski. 'Karl Marx and the Classical Definition of Truth', in Leopold Labedz, ed. *Revisionism. Essays on the History of Marxist Ideas* (George Allen & Unwin, 1962), pp. 179–87。

25 Louis Dupré. *The Philosophical Foundations of Marxism* (Harcourt, Brace & World, 1966), p. 208.

26 Steven Lukes. *Marxism and Morality* (Oxford University Press, 1985), p. 29.

27 後來，馬克思與恩格斯把「所有能力的自由發展」一詞與Saint-Simon連在一起，把「誘人的勞動」一詞與Fourier連在一起（5:481）。

28 Eugene Kamenka. *Marxism and Ethics* (Macmillan, 1969), p. 5.

29 Richard N. Hunt. *Marxism and Totalitarian Democracy, 1818–1850* (University of Pittsburgh Press, 1974), p. 131。另可參閱Eugene Kamenka. *The Ethical Foundations of Marxism* (Routledge & Kegan Paul, 1962)。

30 Philip J. Kain. *Marx and Ethics* (Clarendon Press, 1988), p. 1.

31 Bertell Ollman. *Alienation. Marx's Conception of Man in Capitalist Society* (Cambridge University Press, 1971), p. 47.

32 Kain. *Marx and Ethics*, p. 117。Peter Singer同樣認為，「馬克思主義是個『科學的體系，沒有任何道德的判斷或假設』」這種說法「顯然是無稽之談」。（*Marx*, Oxford University Press, 1980, p. 81）。這方面最棒的酸文，莫過於George Orwell's *Nineteen Eighty-Four* (1949)；在書中，O'Brien透過斷言「黨追求權力完全是為了它自己的利益」來解釋這個體系。

33 Robert Payne. *Marx* (W. H. Allen, 1968), p. 132.

34 V. I. Lenin. *Selected Works* (3 vols., Progress Publishers, 1977), vol. 3, p. 419。所以一般共產黨人所理解的是「Lenin的話，『道德從屬於階級鬥爭』」。（Douglas Hyde. *I Believed. The Autobiography of a Former British Communist*, William Heinemann, 1950, p. 45）

35 Wood. *Karl Marx*, pp. 138–9.

36 Jon Elster. *An Introduction to Karl Marx* (Cambridge University Press, 1986), p. 92.

37 Jay Bergman. *Vera Zasulich. A Biography* (Stanford University Press, 1983), pp. 176–7.

38 儘管如此，Kolakowski卻認為，「馬克思從不採取首先確立目標、然後尋找實現目標的最佳方法這樣的道德規範觀點。」（*Main Currents of Marxism*, vol. 1, p. 222）這是完全相信馬克思所言。

且放棄私人利益。只要他們在現實生活中分離……個別的人就會繼續分裂於他的『意識』中。」

10 例如Jerrold Seigel就曾表示，「取代馬克思在《德意志意識形態》一書中當成史觀基石的異化理論的……就是勞動分工。」*Marx's Fate. The Shape of a Life* (Princeton University Press, 1978), p. 173。

11 原文是「einer allseitigen Entwicklung der Individuen」(個人的全面發展)(W3:424)。

12 參閱Terrell Carver: 'Communism for Critical Critics? A New Look at *The German Ideology*', *History of Political Thought*, 9 (1988), 129–36。

13 恩格斯曾表示，「基本思想完全屬於馬克思」，當他們在一八四五年春天於布魯塞爾會面時，馬克思「早已將它想好」(26:119)。《資本論》說Ricardo把「階級利益的對立性、工資與利潤的對立性、利潤與租金的對立性」當成他的「出發點」(35:14)。Ricardo背後隱藏著Malthus，Malthus的人口學說將這種鬥爭觀念引入政治經濟學。

14 Georgi Plekhanov. *Selected Philosophical Works* (3rd edn, 5 vols., Progress Publishers, 1977), vol. 2, p. 425。

15 這方面最好的入門書，當屬Istvan Hont. *Jealousy of Trade. International Competition and the Nation-State in Historical Perspective* (Harvard University Press, 2005)。Eduard Bernstein後來表示，Harrington「非常接近唯物主義的歷史概念」。(*Selected Writings of Eduard Bernstein, 1900–1921*, ed. Manfred Steger, Humanities Press, 1996, p. 47)。

16 參閱Keith Tribe. 'Capitalism and Its Critics', in Gregory Claeys, ed. *The Cambridge Companion to Nineteenth-Century Thought* (Cambridge University Press, 2018)。

17 Adam Smith. *An Inquiry into the Nature and Causes of the Wealth of Nations* [1776] (2 vols., Clarendon Press, 1869), vol. 2, p. 298.

18 49:59; W37:490。一八五九年，恩格斯稱該體系為「唯物史觀」(16:469)，到了一八八六年時則稱「馬克思的歷史觀」(26:396)。

19 參閱Paul Thomas. *Marxism and Scientific Socialism. From Engels to Althusser* (Routledge, 2008)。

20 參閱Bhikhu Parekh. *Marx's Theory of Ideology* (Croom Helm, 1982); J. Larrain. *Marxism and Ideology* (Macmillan, 1983); John Torrance. *Karl Marx's Theory of Ideas* (Cambridge University Press, 1995); Michael Rosen. *On Voluntary Servitude. False Consciousness and the Theory of Ideology* (Polity Press, 1996)。

21 Allen W. Wood. *Karl Marx* (Routledge & Kegan Paul, 1981), pp. 117–19.

22 Leszek Kolakowski. *Main Currents of Marxism* (3 vols., Clarendon Press, 1978), vol. 1,

2 恩格斯後來表示，它「非常破爛且零碎；仍需重新安排」。(49:136)。Hess在〈近代哲學家〉(*The Recent Philosophers*；1845) 一文中更簡潔地重複了許多相同的說法(參閱Lawrence S. Stepelevich, ed. *The Young Hegelians. An Anthology*, Cambridge University Press, 1983, pp. 359–75)，他在一八四五年一月向馬克思指出的一個事實(MEGA2, III (1), pp. 450–52)。

3 兩個文本的平行並置，參閱Terrell Carver. *Marx and Engels. The Intellectual Relationship* (Wheatsheaf, 1983), pp. 72–6。

4 這與Hess的說法相呼應，他認為，人性是「社會的，包含所有個人對於同一目標與利益的合作行為」，他最後更表示，如果「神學」對於Feuerbach而言是「人類學」，對於他Hess本人來說，「人類學則是社會主義」；Moses Hess. *Philosophische und Sozialistische Schriften, 1837–1850*, eds. Auguste Cornu and Wolfgang Mönke (Akademie-Verlag, 1961), p. 293。

5 關於這一點，參閱Norman Geras. *Marx and Human Nature. Refutation of a Legend* (NLB, 1983) 。

6 馬克思在此使用「意識形態者」一詞去指稱，那些在沒有充分理由下堅持某種思想體系的人。

7 參閱M. M. Bober. *Karl Marx's Interpretation of History* (2nd edn, Harvard University Press, 1950); Helmut Fleischer. *Marxism and History* (Harper Torchbooks, 1973); William H. Shaw. *Marx's Theory of History* (Hutchinson, 1978)；還有，特別是G. A. Cohen. *Karl Marx's Theory of History. A Defence* (Clarendon Press, 1978)。

8 Cohen. *Karl Marx's Theory of History*, p. 151.

9 Hess的〈行動的哲學〉(*Philosophy of Action*, 1843) 一文堅稱，「在歷史中，在精神的生命中，重要的不是結果；重要的是結果的產生。」(Albert Fried and Ronald Sanders, eds. *Socialist Thought. A Documentary History*, Edinburgh University Press, 1964, p. 268)(德文原文為：「In der Geschichte, im Leben des Geistes, handelt es sich nicht um Resultate, sondern um das Hervorbringen derselben. Das "Wirken, nicht das Werk" ist die Hauptsache」；Moses Hess. *Ausgewählte Schriften*, ed. Horst Lademacher, Fourier Verlag, 1962, p. 144.) Hess也曾在一八四五年寫道，「所有這些在理論上解決特定人與人類物種之間的差異的嘗試必然都會失敗，因為就算這個單一個人確實理解了世界和人類、自然和歷史，只要人的分歧未被實際克服，他其實仍然只是個零碎的人。」(Lawrence S. Stepelevich, ed. *The Young Hegelians. An Anthology*, Cambridge University Press, 1983, p. 360) 他接著寫道，「這種人與人之間的分離，只能透過社會主義來實際解決；也就是說，如果人們在集體生活與行動中團結起來，並

一個人，有多麼成為自己並理解自己」（3:296）。

12「自由勞動與自願交換」曾是歐文派的一個口號；參閱 William Thompson. *An Inquiry into the Principles of the Distribution of Wealth Most Conducive to Human Happiness* (Longman, Hurst, Rees, Orme, Brown, and Green, 1824), p. 26。

13 原文是「Gattungsbewu β tsein und Gattungsverhalten des Menschen」（人類的類意識與類行為）（W2:41）。

14 Philip J. Kain. *Marx and Ethics* (Clarendon Press, 1988), p. 3.

15 Smith 曾寫道，「我們對於我們的晚餐的指望，不是來自屠夫、釀酒師或麵包師的仁慈，而是來自他們對於自己的利益的關注。」（*An Inquiry into the Nature and Causes of the Wealth of Nations* [1776], 2 vols., Clarendon Press, 1869, vol. 1, p. 15）

16 參閱 W. H. Bruford. *The German Tradition of Self-Cultivation. 'Bildung' from Humboldt to Thomas Mann* (Cambridge University Press, 1975)。

17 Friedrich Schiller. *On the Aesthetic Education of Man, in a Series of Letters* (1795) (Clarendon Press, 1967), pp. 33, 41, 43。Hess 曾在一八四五年時寫道，「某位社會主義者建議我們應當成為真正的類存在，從而也建議建立一個人人都能培養、鍛煉與完善他們的人性的社會。」（'The Recent Philosophers', in Lawrence S. Stepelevich, ed. *The Young Hegelians. An Anthology*, Cambridge University Press, 1983, p. 373）

18 Iring Fetscher 表示（*Marx and Marxism*, Herder & Herder, 1971, p. 22），《資本論》從 Stirner 那裡借用了「自由人的聯合」一詞（W23:92：「einen Verein freier Menschen」；35:89：「community of free individuals」）。但 Stirner 所寫的卻只是「自由的聯合」（Verein der Freien）。（Hans G. Helms, ed. *Der Einzige und sein Eigentum und Andere Schriften*, Carl Hanser Verlag, 1969, p. 25）

19 直到一八六五年，馬克思仍將 Proudhon 的 *What Is Property?* (1840)「與 Saint-Simon 及 Fourier 的關係」視為「宛如 Feuerbach 與 Hegel 的關係」（20:26）。

20 *New Moral World*, 6 (26 July 1845), 461。細節請參閱拙作 *Citizens and Saints. Politics and Anti-Politics in Early British Socialism* (Cambridge University Press, 1989), pp. 247–61。

Chapter 4——《德意志意識形態》，歷史與生產

1 參閱 Terrell Carver and Daniel Blank. *A Political History of the Editions of Marx and Engels's 'German Ideology Manuscripts'* (Palgrave Macmillan, 2014)、*Marx and Engels's 'German Ideology' Manuscripts. Presentation and Analysis of the Feuerbach Chapter* (Palgrave Macmillan, 2014)。

17 David McLellan把這個段落形容成是「末世的」(*The Young Hegelians and Karl Marx*, Macmillan, 1969, p. 152)。其他人則認為，馬克思「繼續了中東與地中海世界的一個偉大的末世論神話，也就是：由正義所扮演的救贖的部分……在我們這個時代則是無產階級。」(Mircea Eliade. *Myths, Dreams and Mysteries*, Harvill Press, 1960, p. 25)

Chapter 3 ——《巴黎手稿》，異化與人道主義

1 主要的相關研究有：Bertell Ollman. *Alienation. Marx's Conception of Man in Capitalist Society* (Cambridge University Press, 1971); John Maguire. *Marx's Paris Writings. An Analysis* (Gill and Macmillan, 1972); István Mészáros. *Marx's Theory of Alienation* (Merlin Press, 1972)。另可參閱Richard Schacht. *Alienation* (Doubleday, 1970)。關於文本本身的不完整性，參閱Keith Tribe. *The Economy of the Word. Language, History, and Economics* (Oxford University Press, 2015), pp. 215–22。關於其出版與說明史，參閱Marcello Musto. 'The "Young Marx" Myth in Interpretations of the Economic-Philosophic Manuscripts of 1844', *Critique*, 43 (2015), 233–60。

2 例如Franz Mehring. *Karl Marx. The Story of His Life* (George Allen & Unwin, 1936)。

3 Henri Lefebvre. *Dialectical Materialism* (Jonathan Cape, 1968), p. 13.

4 參閱MEGA2, I (2)，原始文本最清晰的版本。

5 Maguire. *Marx's Paris Writings*, p. 12.

6 在這裡被翻譯成「association」的德文原文是一樣的：*Assoziation*(W40:508)。在此期間，這個概念最常與Fourier連在一起。這是馬克思承認農業生命潛在價值的少數罕見時刻之一。

7 參閱Shlomo Avineri. *The Social and Political Thought of Karl Marx* (Cambridge University Press, 1968), p. 97。

8 參閱John Plamenatz. *Karl Marx's Philosophy of Man* (Clarendon Press, 1975)；這本書深入探討了這種方法。

9 「自由」勞動與「強迫」勞動的並列，也是Hess的重點（參閱*The Holy History of Mankind* [1837], in Shlomo Avineri, ed. *The Holy History of Mankind and Other Writings*, Cambridge University Press, 2004, pp. 116–17)。不過Hess也將自由活動定義為「快樂或美德」。至於馬克思的定義則遠遠較為政治化。

10 Allen W. Wood. *Karl Marx* (Routledge & Kegan Paul, 1981), p. 8. 關於馬克思做為一個存在主義者，不妨參閱Erich Fromm. *Marx's Concept of Man* (Frederick Ungar, 1966)。

11「從這種關係的特徵，」馬克思繼續說道，「我們了解到，人做為一個類存在，做為

Chapter 2——馬克思轉向共產主義的過程

1 對照馬克思在一八四八年對於新聞自由的陳述。（7:250–52）

2 M. Cabet. *Voyage en Icarie* [1840] (Bureau du Populaire, 1848), p. 568。它與「利己主義的體制」並列。

3 關於馬克思對於這個概念的論述，參閱R. N. Berki. *Insight and Vision. The Problem of Communism in Marx's Thought* (J. M. Dent, 1983)。

4 關於這個主題的概述，參閱Michael Levin. *Marx, Engels and Liberal Democracy* (Macmillan, 1989)。

5 原文為「das Gemeinwesen, das kommunistische Wesen」（「集體，共產主義的存在」）（W1:283），後來在英文版裡被翻譯成「communal being」（集體的存在）（3:79）。

6 Hegel的*Philosophy of Right*一書有三百六十段；馬克思的評論則止於 §313。

7 Robert Payne. *Marx* (W. H. Allen, 1968), p. 185。

8 「增強的社會性」在此意謂著「人為的、刻意的、對於過度競爭的個人主義懷有敵意的」，相對於差異十分顯著的任何已知社會「自然的」社會性。參閱拙作*Searching for Utopia. The History of an Idea* (Thames & Hudson, 2011)。

9 Bauer的論文有部分被翻譯於Lawrence S. Stepelevich, ed. *The Young Hegelians. An Anthology* (Cambridge University Press, 1983), pp. 187–97。

10 關於馬克思使用「階級」一詞，參閱Hal Draper. *Karl Marx's Theory of Revolution, Volume Two. The Politics of Social Classes* (Monthly Review Press, 1978)。

11 德文是「völlige Wiedergewinnung des Menschen」（人類的完全再生）（W1:390）。

12 David McLellan. *Karl Marx. His Life and Thought* (Harper & Row, 1973), p. 96; Berki. *Insight and Vision*, p. 51。

13 在他的文章〈論金融業〉（Über das Geldwesen, 1845）中，Hess完全朝著這個方向前進。參閱Moses Hess. *Philosophische und Sozialistische Schriften, 1837–1850*, eds. Auguste Cornu and Wolfgang Mönke (Akademie-Verlag, 1961), pp. 329–47。

14 馬克思對於恩格斯的論文所做的筆記，日期標記為「一八四四年上半」（3:375–6）。參閱拙作 'Engels' *Outlines of a Critique of Political Economy* (1843) and the Origins of the Marxian Critique of Capitalism', *History of Political Economy*, 16 (1984), 207–232。

15 參閱Moses Hess. 'Die eine und ganze Freiheit' [1843], in Moses Hess. *Ausgewählte Schriften*, ed. Horst Lademacher (Fourier Verlag, 1962), pp. 148–9。

16 Moses Hess. *The Holy History of Mankind* [1837], in Shlomo Avineri, ed. *The Holy History of Mankind and Other Writings* (Cambridge University Press, 2004), pp. 101–2, 104, 106, 117, 119, 122.

35 Friedrich Lessner. *Sixty Years in the Social-Democratic Movement* (Twentieth Century Press, 1907), p. 13.

36 恩格斯使用這個用語於*Anti-Dühring* (1878) (25:247)。

37 *The Doctrine of Saint-Simon*, pp. 13, 89。

38 在Blanc的計畫中，政府可以藉由提供資金協助設立工坊一年，但往後則由工人選出的領導者控制它們，最終則在一個集體所有的體制下。競爭將受到一個連結所有工業的國家工坊系統所限制，最終將被消除。儘管Blanc不希望國家成為工業的「所有者」，但他「從未討論過政治的與經濟的等級制度之間的關係」，儘管他喜歡最終控制權更勝於仰賴立法機關。在一八四七年時他曾支持平等工資，但到了一八四八年卻放棄了這個想法。（Louis A. Loubere. *Louis Blanc. His Life and His Contribution to the Rise of French Jacobin-Socialism*, Northwestern University Press, 1961, pp. 38–40.）不過，Blanc抱怨說，實際開始的計畫遠遠偏離他自己的想法，而且也與社會主義差得很遠。（Louis Blanc. *1848. Historical Revelations*, Chapman & Hall, 1858, pp. 111, 197）

39 Johann Gottlieb Fichte（1762–1814）有時被認為是這個團體的先驅，特別是因為他的論文*The Closed Commercial State* (1800)。

40 關於Cieszkowski，參閱André Liebich. *Between Ideology and Utopia. The Politics and Philosophy of August Cieszkowski* (D. Reidel, 1979)。

41 Moses Hess. *Briefwechsel*, ed. Edmund Silberner (Mouton & Co., 1959), pp. 102–3.

42 同上，pp. 103, 80。

43 引述自John Weiss. *Moses Hess. Utopian Socialist* (Wayne State University Press, 1960), p. 55。一八四六年，馬克思與恩格斯都竭盡全力地破壞工人對於Hess的印象，他們甚至還曾暗示，他的妻子是個妓女（W. O. Henderson. *The Life of Friedrich Engels*, 2 vols., Frank Cass, 1976, vol. 1, pp. 88–9）。

44 馬克思對於Robespierre所讚揚的「普遍的斯巴達節儉」（3:199）同樣不屑一顧，對於任何「降至某個預想的最低限度」（3:295）的禁欲苦行也是一樣。

45 P. V. Annenkov. *The Extraordinary Decade. Literary Memoirs* [1880] (University of Michigan Press, 1968), pp. 169–70。Weitling後來寫信給Hess說道，馬克思「無非就是本良好的百科全書，但並非天才。」（Hess. *Briefwechsel*, p. 151）

46 關於他們的關係，參閱J. Hampden Jackson. *Marx, Proudhon and European Socialism* (Collier Books, 1957)。

47 George Woodcock. *Pierre-Joseph Proudhon. A Biography* (Routledge & Kegan Paul, 1956), p. 91.

人在上帝面前是情有可原的；也就是說，藉由在他身上點燃人性的想法，個別的人參與了物種的神聖人類生活。」（*The Life of Jesus Critically Examined* [1835], SCM Press, 1975, p. 780）

24 Toews. *Hegelianism*, p. 353.

25 Antonio Labriola. *Essays on the Materialist Conception of History* (Charles H. Kerr, 1908), pp. 75–6.

26 Ludwig Feuerbach. *Principles of the Philosophy of the Future* [1843] (Bobbs-Merrill, 1966), p. 71.

27 Feuerbach. *Essence of Christianity*, p. 266.

28 如同馬克思，Edgar Bauer宣稱，「從現在起，歷史就是一種自覺的歷史，因為人類知道它藉以前進的原則，因為人類眼中有歷史的目標——自由。」（'Critique's Quarrel with Church and State' (1844), in Stepelevich, ed. *Young Hegelians*, p. 273）

29 *The Doctrine of Saint-Simon: An Exposition. First Year, 1828–1829*, ed. George Iggers (Schocken Books, 1972), pp. 62–3, 84。

30 參閱H. G. Reissner. *Eduard Gans. Ein Leben im Vormärz* (Mohr, 1965), pp. 141–2; Norbert Waszek. 'Eduard Gans on Poverty. Between Hegel and Saint-Simon', *Owl of Minerva*, 18 (1987), 173–8; Michael H. Hoffheimer. *Eduard Gans and the Hegelian Philosophy of Law* (Kluwer, 1995); Reinhard Blänker, Gerhard Göhler and Norbert Waszek, eds. *Eduard Gans (1797–1839). Politischer Professor zwischen Restauration und Vormärz* (Leipziger Universitätsverlag, 2002); Myriam Bienenstock. 'Between Hegel and Marx. Eduard Gans on the "Social Question" ', in Douglas Moggach, ed. *Politics, Religion, and Art. Hegelian Debates* (Northwestern University Press, 2011), p. 167。

31 參閱Albert Fried and Ronald Sanders, eds. *Socialist Thought. A Documentary History* (Edinburgh University Press, 1964), pp. 51–5。

32 參閱Noel Thompson. *The People's Science. The Popular Political Economy of Exploitation and Crisis, 1816–34* (Cambridge University Press, 1984)，以及拙作*Machinery, Money, and the Millennium. From Moral Economy to Socialism, 1815–1860* (Princeton University Press, 1987)。

33 Adam Smith. *An Inquiry into the Nature and Causes of the Wealth of Nations* [1776] (2 vols., Clarendon Press, 1869), vol. 2, p. 365。參閱Ali Rattansi. *Marx and the Division of Labour* (Macmillan, 1982).

34 Wilhelm Liebknecht. *Karl Marx. Biographical Memoirs* [1901] (Journeyman Press, 1975), p. 82.

versity Press, 2012), p. 177.

16 關於這個團體，參閱Sidney Hook. *From Hegel to Marx. Studies in the Intellectual Development of Karl Marx* (Victor Gollancz, 1936); William Brazill. *The Young Hegelians* (Yale University Press, 1970); John Toews. *Hegelianism. The Path towards Dialectical Humanism, 1805–1841* (Cambridge University Press, 1980); Robert Gascoigne. *Religion, Rationality and Community. Sacred and Secular in the Thought of Hegel and His Critics* (Martinus Nijhoff, 1985); Harold Mah. *The End of Philosophy, the Origin of 'Ideology'. Karl Marx and the Crisis of the Young Hegelians* (University of California Press, 1987); David Brudney. *Marx's Attempt to Leave Philosophy* (Harvard University Press, 1998); Warren Breckman. *Marx, the Young Hegelians, and the Origins of Radical Social Theory* (Cambridge University Press, 1999)。

17 André Liebich, ed. *Selected Writings of August Cieszkowski* (Cambridge University Press, 1979), p. 77.

18 關於Bruno Bauer：Zvi Rosen. *Bruno Bauer and Karl Marx* (Martinus Nijhoff, 1977); Douglas Moggach. *The Philosophy and Politics of Bruno Bauer* (Cambridge University Press, 2003)。

19 Bruno Bauer. *The Trumpet of the Last Judgment against Hegel the Atheist and Antichrist* (1841).

20 在'The Genus and the Crowd' (1844), in Lawrence S. Stepelevich, ed. *The Young Hegelians. An Anthology* (Cambridge University Press, 1983), p. 204。參閱Moggach. *Philosophy and Politics of Bruno Bauer*, p. 168; Brudney. *Marx's Attempt*, p. 118。

21 Ludwig Feuerbach. *The Essence of Christianity* [1841] (Harper & Row, 1957), p. xvi。關於Ludwig Feuerbach，參閱Eugene Kamenka. *The Philosophy of Ludwig Feuerbach* (Routledge & Kegan Paul, 1970); Marx W. Wartofsky. *Feuerbach* (Cambridge University Press, 1977)。

22 Ludwig Feuerbach. *Lectures on the Essence of Religion* [1843] (Harper & Row, 1967), p. 17。在這裡，基於集體心理學的說明是不可或缺的。參閱我的*Dystopia. A Natural History* (Oxford University Press, 2016), Part 1。神同樣可被視為一種人性的理想化形象，而非其「本質」;「人的上帝只不過是被神化的人的本質」(Feuerbach, Lectures, p. 17)。或者，上帝也可被視為人性的某種殘酷形象，天堂被視為一個扭曲的共同體，類生命則被視為群體般的認同，而非道德優越的存在。任何「對於共同體的需求」同樣都能用兩種方式表達。

23 Strauss解釋基督教信仰：「憑著對於這位基督的信仰，特別是對於他的死和復活，

Marx. A Nineteenth-Century Life (Liveright, 2013); Gareth Stedman Jones. *Karl Marx. Greatness and Illusion* (Allen Lane, 2016)。關於馬克思的生平很不錯的編年式一覽，Maximilien Rubel. *Marx. Life and Works* (Macmillan, 1980)。一本十分簡潔有力的概論，Jon Elster. *An Introduction to Karl Marx* (Cambridge University Press, 1986)。仍有助益的參考文獻，Isaiah Berlin. *Karl Marx. His Life and Environment* (4th edn, Oxford University Press, 1978)。David McLellan曾在許多作品中審視了馬克思，其中包括了 *The Young Hegelians and Karl Marx* (Macmillan, 1969) *Marx before Marxism* (Macmillan, 1970)與*Karl Marx, His Life and Thought* (Harper & Row 1973)。

2 在此處與全文中，像是「man」、「mankind」、「humanity」等，保留了在早期的作家中表述的原始性別。很顯然，如今所使用的是中性的表述。不過，「man」一詞在德文中則有泛指之意。

3 *Reminiscences of Marx and Engels* (Foreign Languages Publishing House, n.d.), p. 72.

4 近期對於馬克思的早期發展的一項研究：David Leopold. *The Young Karl Marx. German Philosophy, Modern Politics, and Human Flourishing* (Cambridge University Press, 2007)。

5 G. W. F. Hegel. *Lectures on the History of Philosophy, 1825–6* (3 vols., Clarendon Press, 2009), vol. 1, p. 53.

6 Charles Taylor. *Hegel* (Cambridge University Press, 1975), p. 51.

7 Shlomo Avineri. *Hegel's Theory of the Modern State* (Cambridge University Press, 1972), p. 84.

8 Judith Shklar. *Freedom and Independence. A Study of the Political Ideas of Hegel's 'Phenomenology of Mind'* (Cambridge University Press, 1976), p. 13.

9 Hegel. *Lectures on the History of Philosophy*, vol. 1, p. 195.

10 Herbert Marcuse. *Reason and Revolution. Hegel and the Rise of Social Theory* (2nd edn, Routledge & Kegan Paul, 1954), p. 5.

11 對此主要的闡述是，Norbert Waszek. *The Scottish Enlightenment and Hegel's Account of 'Civil Society'* (Kluwer, 1988)。一本很好的入門書：Michael O. Hardimon. *Hegel's Social Philosophy. The Project of Reconciliation* (Cambridge University Press, 1994)。

12 G. W. F. Hegel. *System of Ethical Life (1802/3) and First Philosophy of Spirit (1803/4)* (State University of New York Press, 1979), p. 248; Marcuse. *Reason and Revolution*, p. 79.

13 Waszek. *Scottish Enlightenment*, pp. 224–5.

14 G. W. F. Hegel. *Philosophy of Right* (1821), §51.

15 G. W. F. Hegel. *Lectures on Natural Right and Political Science* [1817–18] (Oxford Uni-

注釋
Notes

此處的注釋旨在提供一些關於馬克思及馬克思主義的英文文獻摘要指南。

縮寫

括號內（例如「43:449」）的所有英文參考文獻均指：Karl Marx & Frederick Engels. *Collected Works*（50 vols., Lawrence & Wishart, 1975–2005）。

— *Karl Marx-Friedrich Engels Werke*（43 vols., Dietz Verlag, 1957–68）標記為「W」。

— *Karl Marx Friedrich Engels Gesamtausgabe*（預計有120 vols., Dietz Verlag, 1975-98, 後為Akademie Verlag, 1998-）標記為「MEGA2」。

諸多馬克思

1 William Hard. *Raymond Robins' Own Story* (Harper & Row, 1920), p. 226.

2 引述自Francis Wheen. *Karl Marx* (Fourth Estate, 1999), p. 298。

3 關於其衝擊請參閱Eric Hobsbawm. 'The Fortunes of Marx's and Engels's Writings', in Eric Hobsbawm, ed., *The History of Marxism*, Volume One: *Marxism in Marx's Day* (Harvester Press, 1982), pp. 327–44。

4 例如Shlomo Avineri. *The Social and Political Thought of Karl Marx* (Cambridge University Press, 1968)。

第一部　馬克思

Chapter 1——青年卡爾

1 關於馬克思的傳記後來主要有：Edward Hallett Carr. *Karl Marx. A Study in Fanaticism* (2nd edn, J. M. Dent, 1938); Robert Payne. *Marx* (W. H. Allen, 1968); Jerrold Seigel. *Marx's Fate. The Shape of a Life* (Princeton University Press, 1978); Francis Wheen. *Karl Marx* (Fourth Estate, 1999); Mary Gabriel. *Love and Capital. Karl and Jenny Marx and the Birth of a Revolution* (Little, Brown, 2011); Jonathan Sperber. *Karl*

馬克思與馬克思主義

作　　者　格雷戈里．克雷斯（Gregory Claeys）
譯　　者　王榮輝
責任編輯　林如峰
國際版權　吳玲緯
行　　銷　闕志勳　吳宇軒　陳欣岑
業　　務　李再星　陳紫晴　陳美燕　葉晉源
副總編輯　何維民
編輯總監　劉麗真
總 經 理　陳逸瑛
發 行 人　凃玉雲

出　　版
麥田出版
台北市中山區104民生東路二段141號5樓
電話：(02) 2500-7696　傳真：(02) 2500-1966
網站：https://www.facebook.com/RyeField.Cite/

發　　行
英屬蓋曼群島商家庭傳媒股份有限公司城邦分公司
地址：10483台北市民生東路二段141號11樓
網址：http://www.cite.com.tw
客服專線：(02)2500-7718; 2500-7719
24小時傳真專線：(02)2500-1990; 2500-1991
服務時間：週一至週五09:30-12:00; 13:30-17:00
劃撥帳號：19863813　戶名：書虫股份有限公司
讀者服務信箱：service@readingclub.com.tw

香港發行所
城邦（香港）出版集團有限公司
地址：香港灣仔駱克道193號東超商業中心1樓
電話：+852-2508-6231　傳真：+852-2578-9337
電郵：hkcite@biznetvigator.com

馬新發行所
城邦（馬新）出版集團【Cite(M) Sdn. Bhd. (458372U)】
地址：41, Jalan Radin Anum, Bandar Baru Sri Petaling, 57000 Kuala Lumpur, Malaysia.
電話：+603-9057-8822　傳真：+603-9057-6622
讀者服務信箱：services@cite.my

馬克思與馬克思主義／格雷戈里．克雷斯（Gregory Claeys）著；王榮輝譯. －初版.－臺北市：麥田出版：英屬蓋曼群島商家庭傳媒股份有限公司城邦分公司發行，2022.3
面；　公分
譯自：Marx and Marxism
ISBN 978-986-344-629-3（平裝）
1.馬克思（Marx, Karl, 1818-1883）
2.馬克思主義
549.3　　108001542

封面設計　許晉維
印　　刷　漾格科技股份有限公司
初版一刷　2022年3月
初版二刷　2023年2月

定　　價　新台幣550元

I S B N　978-986-344-629-3
Printed in Taiwan